国家出版基金项目
NATIONAL PUBLICATION FOUNDATION

刘大年全集

中国近代史研究

二

长江出版传媒
湖北人民出版社

编者说明

1.《刘大年全集》第一卷至第三卷，是刘大年学术文章的汇编。收入文章按专题分类，按类分卷：第一卷，历史学理论研究，计18篇；第二卷，中国近代史研究，计25篇，下分中国近代史关键问题研究、孙中山研究、抗日战争研究三个类目；第三卷，中国历史学的思考，下分中国古代史研究、亚洲历史评价、中国近代史研究与学风、中国历史学的思考以及前辈和同辈人物怀念与研究、序跋6个类目，计76篇。各类目内文章按初刊或撰写时间先后排序，以见作者思想和学术脉络。

2.收录文章大部分为已刊，有的原在刊物上发表，后又收入由作者手定并先后出版的《中国近代史诸问题》（人民出版社1965年版）、《中国近代史问题》（人民出版社1978年第2版）、《刘大年史学论文选集》（人民出版社1987年版）、《刘大年集》（中国社会科学出版社2000年版）等几部文集中。也有少量没有发表过的已经成文或初步成文的文稿，有的为打印稿（其中或有作者手写修改字迹），有的为作者手写稿。编者在每篇文章标题下作题注，说明该文刊发及未刊等情况。

3.有的文章在初刊后收入文集时，标题及内容有所改动。由于此前出版的几本作者文集，均经作者手定，当为文章的终定稿，故此次收入时即以此为本。有个别例外者，在该篇题注中予以说明。文章内容初刊文被删除部分，有助于理解初刊文原貌及背景者，在文中以〖〗符号补充标出。

4.编者在编校过程中，对原文中个别文字、标点、注释等作了校正，改动不涉及文中观点及论述内容。

5.作者引用的马克思主义经典著作，未便核对新版本，引文及注释均维持原貌；所引《毛泽东选集》，改用1991年第2版，注释页码也作相应变动。

6. 第一、二卷由中国社会科学院近代史研究所李长莉研究员负责编辑。

目　录

中国近代史关键问题研究

孙中山研究

抗日战争研究

中国近代史关键问题研究

关于曾彦修同志对《美国侵华史》的评论[①]

自一九四九年拙作《美国侵华简史》作为一个小册子印行到现在，有好多位历史研究者和热心的读者或在报刊上著文评论，或直接对作者提出意见。其中很多批评意见都是十分宝贵的，给予了作者多方面的指正和帮助。曾彦修同志的文章是这些评论文章中把问题提得最尖锐，涉及的方面最广的一篇，可以看出是一篇费了工夫写出的文章。因此，更是值得欢迎、值得重视的。为了便于讨论、求得对于美国侵略中国的历史的正确认识，现在把我对曾文所涉及的许多主要问题的意见分别写出来，向读者请教。我的意见分为同意曾文批评的部分、关于《美国侵华史》[②]写法上几个中心问题、我对曾文的不同意见以及我自己对此书的初步检查等几个方面。

一、先说同意书评作者的批评是哪一些

我同意的意见，归纳起来有下述几点：

（一）对个别的事件没有根据实际资料去具体分析，凭推想作了论断。我指的是关于蒋介石在一九二七年“出洋”到日本活动的一段。蒋介石要充当反革命反人民的内战祸首，必须要进一步从帝国主义那里取得支援。他在日本的期间以及从日本重新回到南京走马上任的前后，和日本帝国主义、英美帝国主义有了进一步的勾结，有各种事实主证。那种反革命的勾结，是可以采取密约之类的形式的，但是并非一定要从这种形式上才能说明它的实质，特别是在没充分的资料以前去作这种说明，更是不妥当的。

---

① 本文写于1956年1月，是对曾彦修给《历史研究》投稿《评刘大年著〈美国侵华史〉》（打印稿）一文的答辩。曾文和本文为《历史研究》编辑部的“送审稿件”，经陆定一、范文澜、田家英等阅过后，决定两文暂不发表。——编者注

② 刘大年：《美国侵华史》（修订本），人民出版社1954年版。

（二）有两处涉及孙中山的活动，叙述得不恰当或者是不必要作那样的叙述。一处是说一九一二年南京政府成立后，孙中山允许日人阪谷芳郎设立“中华国立中央银行”，以后日本又从南京临时政府取得了苏州铁路及汉冶萍公司。这里有两个问题：一是美国始终反对以孙中山为代表的资产阶级革命势力，支持代表大地主大买办的袁世凯，这是事实；但是日本则是对革命势力和以袁世凯为代表的反革命势力，同时都企图加以操纵利用，不是只在革命方面作破坏活动。二是没有必要列举日本在南京政府活动的某些细节。不那样，同样可以揭露美国当时的侵略行动。不过我认为这里没有书评作者说的“明目张胆”的“荒谬理论”。历史的本身是不许人们把它丑化，也不需要人们去美化它的。领导辛亥革命的中国资产阶级那时不可能提出反对帝国主义的纲领，辛亥革命是没有明确的反帝思想所指导的革命。孙中山的革命思想和革命活动也有它自己的发展过程，说明这个过程，丝毫也无损于孙中山的革命先行者的光辉。再一处是叙述第二次直奉战争时说：当美国与英国支持直系时，日本既在北方扶植张作霖，又有孙中山在南方准备北伐。把反革命势力分作南北两方，放在一句话里来讲，必然引起混乱。

（三）有两个统计数字不正确，一个统计数字的来源选择不当，第一个不正确的数字是以一九二八、一九二九两年和第一次世界大战前的一九一三年相比较的日本的工业产品总值数。数字的最初出处是日本昭和十一年出版的《经济统计年鉴》。上面记载一九一四年，日本的工业产品总值为 1346.3 百万日元，一九二八年为 7205.5 百万日元。我是从一个杂志上间接引来的，把位数弄错了，也抄错了个别的字。第二个不正确的数字是一九一二年至一九二二年美国国民收入数。另外，关于从一九三七到一九四〇年美国历年对日军需品贸易的比例数，是采用了日本官方公布的数字，它可能是被缩小了的。曾彦修同志举出了美国“中国经济研究会”的出版物上所载的同一项目的比例数，比日本发表的数字大得多。因为资料是来自美国的某种机构，理应更可靠些（我现在没有找到这本书去查对）。书评上还举别逊的《美国远东政策》和《今日之中国》刊物上的材料，来证明《美国侵华史》同一地方的其他数字也是不正确的。不过这点同实际不合。因为上述两个资料的数字所代表的年份和我所说的不是一个年份。前者都是指一九三七年到一九四一年上半年，后者只是指一九四〇年一年，数字当然不能相同，我上面写的一九四〇年公开的统计材料：全年美国输日的战争物资总数达二亿零六十三万八千美元。别逊书上所载的一九四〇年的数字，是年美国对日贸易总额为二亿二千七百二十万零四千美元。其中包括废铁、其他铁及钢的半制品、钢工厂制品、铁合金、石油制品、机器工具、铜、锌、铅、铝、汽车、航空机器、棉花、木浆等项，无论除去可以算作非军需品的棉花、木浆两项或只除去木浆一项，数字便当减少。因此前后两个数字大致相合。

（四）有的说明把问题过于简单化了。如关于一九二四年段祺瑞召开善后会议的叙述，关于张作霖被日本炸死的叙述，关于一九四四年美国报刊对解放区人民抗日业绩报导的叙述等，便是如此。

上面的几点，曾彦修同志的批评是正确的。

最近我对《美国侵华史》上所引用的过去没有找到原书的材料，又查对了一遍。发现第 10 页上把《国朝通商始末记》作者王之春说的一段话，误成了桂良的话。王书原文是："臣按：美人初亦与英法合纵内犯，特其国在外大西洋，距中国逾远；且建国未久，犹遵循华盛顿遗规，不敢轻动。凡遇两国相争，必调停其间以联交。故其国亦以近少战争，驯致富庶，合其全部，得侪于数大国之列。当其来请换约，非不欲效英俄之肆志；并可联络英俄。及见英俄已受大创，诸欲皆不得逞，即思居间排解，而势已决裂，不可挽回。故特卑词陈请，易倨为恭。"[①]这一段话对美国的分析比原先引用的被简化了的文字要透彻得多。王之春此书成于一八八〇年（光绪六年）以前，王本人出使过几国，做过广西巡抚。从这段话说明清政府中很早就有人看破了美国当时的两面手段，也合乎事实。但是在本书的资料考订上是个大的错误。我应该趁此机会把它指出来，告诉读者。

二、关于《美国侵华史》写法上的几个中心问题

第一个问题，美国侵略中国的历史应该如何分期？

没有谈到分期本身以前，有两件事需要说清楚。一是要弄明确分期的目的和要求。研究历史、把历史的发展分为若干时期的目的，是要找出历史发展过程中的各个时期的特征，指出那个时期和另一个时期的不同，来表现出

---

①王之春：《国朝通商始末记》第 14 卷，第 5 页，与美利坚换约条。

整个历史发展的客观过程。历史的现象总是极其错综复杂。各种不同的现象往往同时存在或互相矛盾。因此，分期就是要指出某一个时期中的本质的和主要的东西，概括其特征。如果离开了这个要求，企图把一切现象都罗列在一起，加上一个包罗万象的说明，分期会成为无意义的事，也是不可能的事。无论对于研究美国侵略中国的历史和研究其他的历史，这点应该没有什么不同。二是要确定分期的依据。我在这里所说的分期依据，不是指在阶级社会里，是不是可以把显示社会经济关系方面各项变化的阶级斗争的高涨和爆发，作为分期标志的问题。关于这一点，似乎已经为史学界多数人所承认了。我所指的是历史的范围、内容不同，分期应当依据什么的问题。例如世界近代史，即世界资本主义制度的历史，一般是从十八世纪法国资产阶级革命算起的，中国近代史则要从一八四〇年鸦片战争算起。又如社会主义制度的历史在世界上是从一九一七年俄国十月社会主义革命算起，中国则一直到中华人民共和国成立才结束了半封建半殖民地的社会，中国的工人阶级领导的新民主主义革命时期一般也是从一九一九年五四运动算起，因之如果不分别历史的范围和内容不同，找出个一定的依据，只是各人把自己认为重要的事件，加上随心所欲的解释，认为应该从这里或那里分期，那就会很容易按照各人的见解，把历史划分为许多不相干的段落。这和科学的分期要求毫无相同之点。研究美国侵略中国的历史究竟应该依据什么来分期，有三个方面可以考虑。一、美国侵略中国的历史是近代国际关系史的一部分，可以从国际关系史来考虑分期。二、美国侵略的是中国，可以考虑按照中国近代历史的分期来分期。三、研究美国侵略中国，也可以考虑从美国发生的某些事件来分期。不论从哪种依据来考虑，阶级关系的重要发展和变化，仍是最根本的内容。

我写作《美国侵华史》是依据中国国际关系史来分期的。因为美国侵略中国的历史是全部中国国际关系史的一个方面，一个组成部分，美国侵略中国的历史过程，是反映了美国资本主义的发展和中国人民抵抗外国侵略的过程，特别是反映了各个侵略国家在华势力的消长变化的过程，资本主义发展的不平衡规律，也就贯穿在它们对外侵略势力的消长变化之中。中国近代历史的发展，有和上述历史过程相一致、相吻合的，也有不一致、不吻合的。反之，美国的历史发展亦然。因之，我认为研究美国侵略中国的历史时，既不是按照中国历史分期，也不是依据美国发生的某些事件来分期，而是应当依照和中国、美国都有关系的国际关系的重大变化来分期。近代国际战争则往往是国际关系的重大变化发展、改变现状、改变势力对比的关键。近代国际战争，是国与国的统治阶级之间，或某些国家的统治阶级与另外某些国家的广大人民之间，或二者兼有的相互间矛盾的最剧烈的表现，是它们之间斗争的最高形式。美国及其他侵略国家在中国的地位和势力，从根本上说，不是用和平方式，例如发表宣言、举行会议之类来取得的，而是用强力、用战争方式来取得的；它们相互间力量的变化消长，照例不是通过其他手段实现的，而是通过战争来实现的。列宁指出列强分割世界的方式说："既然势力对比变更了，那末在资本主义制度下，除了诉诸强力，还能有什么解决矛盾的办法呢。"[①] 侵略的、非正义的战争引起上述变化，反侵略的正义的战争也同样引起上述变化。鸦片战争使英法美等外国势力开始侵入中国，日俄战争使日俄英美在中国的势力对比发生了显著的变化，第一次世界大战和俄国十月革命，第二次世界反法西斯战争的胜利，意义之大及其所引起的帝国主义在中国的侵略势力的变化，更是尽人皆知。《美国侵华史》便是依据这些不同性质的国际战争所引起的帝国主义在中国的力量的消长嬗变以及在这些变化中美国侵略中国的势力的逐步发展，来划分美国侵华史的不同时期的。

下面我们来看书评作者的反对意见是不是可以成立。

反对意见的一个方面，是指责以一九〇五年的日俄战争、一九一七年的十月革命分期的不正确，另一个方面，是主张把一八九九年美国提出"门户开放"政策、一九二一年华盛顿会议和一九三七年抗日战争作为分期的界线。我先说书评作者所举出的认为日俄战争和十月革命不能分期的理由，是不能成立的。一九一七年不论从国际关系史或整个世界历史看，都可以从此截然划分一个界线，前面已经说明《美国侵华史》是依据国际关系史来分期的，在此不去多论，现在单说一九〇五年的日俄战争。

书评上反对一九〇五年分期的一个理由，是说原书引用的列宁在《马克思学说底历史命运》一文中讲的话，在此全不适用。原书引用列宁的话是要证明上文所揭出的"一九〇五年是世界历史上极其重要的一年"，列宁的话正是充分阐发了这一点。原书接下去便是讲日俄战争和它的影响。书上既没有把一九〇五年的俄国革命和日俄战争混为一谈，也没有把列宁关于世界历史到一九〇五年分为一个时期的话拿来代替对日俄战争的估计。举出列宁的分

---

①《列宁文选》两卷集，第1卷，第1003页。

析，对于了解一九〇五年的重要性正是很有益处。反对的再一个理由，是说日俄战争是“一件与美国侵华史实上关系不大的事情”[①]，它“无论在美国侵华史上以及在中国近代史上，都没有特别构成为一个划分历史阶段的重要标志”[②]。我认为这个断语和历史事实完全不合。（一）前面指出过，日俄战争引起了侵略中国的帝国主义之间的矛盾和相互关系的显著变化。战争以前，日英美三国关系很密切，三国和俄国的矛盾非常尖锐。战争结束不久，日俄很快由敌人变为朋友，日美则由亲善变为“交恶”。从一九〇七到一九一六年十月，日俄订立了三个公开协定、四个秘密协定，主要是反对美国在东北的活动。战争前早已形成的德法俄、英美日在中国的两个对立集团，在战后也因日俄的接近起了变化。（二）日俄战争的结果，日本代替了沙俄在中国东三省南部的地位。日本侵入中国，甲午战争是第一个关键，日俄战争是第二个关键。甲午战争以后日本新近发展起来的实力，还比较有限。日俄战争使日本获得了中国东北财富之区。日本的侵略势力从此迅速膨胀起来，并以此为基地，给后来的全部侵华活动作了准备。（三）日俄战争及这以后，美国侵华的政治、经济势力有了新的发展，并采取了文化侵略的新方式，显然表示出美国侵华活动的逐步加紧。（四）日俄战争是以争夺朝鲜，争夺中国东北为目的，而又在中国领土上进行的强盗战争，自然不能不在中国当时的政治经济生活中发生深刻的影响（中国近代史是否可从一九〇五年划分一个阶段，那是另一回事）。因此认为日俄战争对近代中国历史并不重要，是和事实相违反的。

美国提出“门户开放”政策，华盛顿会议的召开，抗日战争的开始，是否应作为分期界线？书评上列举的理由同样地是极不充分，并且表示出书评作者对美国侵华历史发展过程的认识是根本自相矛盾的。

关于美国的“门户开放”政策：书评列举的应当从此分期的理由有三点：（一）美国提出“门户开放”，表示出美国是“作为争取侵略中国诸霸中一霸”。“不然，就根本无法说明‘门户开放’政策的意义和实质”[③]。（二）美国在一八九九和一九〇〇年进入帝国主义阶段，“美国政府提出对华‘门户开放’

① 曾彦修：《评刘大年著〈美国侵华史〉》（打印稿），第 4 页。

② 同上书，第 4 页。

③ 同上书，第 3 页。

政策的时候，正是美帝国主义完全成熟的时候。就在这两三年内，美国执行了对外大力扩张的政策”[①]。（三）“在‘门户开放’政策提出的不久和同时，美帝国主义即在一九〇〇年公开地参加了‘八国联军’的对中国的武装侵略（美国政府公开地这样派遣大军到中国领土来正式对中国作战，这还是第一次）”[②]。三点理由中第一点是最主要的，因为它标示出书评作者对美国当时的侵华势力到底作怎样的了解。二十世纪初期，侵略中国的主要国家，已经由早期的英国为主，变成了英、美、法、德、日、俄六国，其他如葡、比、荷、意也都押上一脚。英美等六国那时谁也没有力量独霸中国。它们像一堆臭虫，都希望多吸吮中国人民一些血液，各自竞争，互相矛盾，又互相利用。那时说不上谁为雄长，谁有霸权。美国此时不成其为一霸，是很明显的。此其一。前面六个主要国家在中国的地位和实力，还很有差别。美国和日本，同英法德俄相比，是两个后起的帝国主义。美国本身直到第一次世界大战以前仍是个负债国。据估计，那时它在国外的投资不过三十五亿多美元，而外国在美国的投资达到七十二亿美元。大战以后的一九一九年，美国的国外投资才迅速增加到外国在美国投资的五倍。这是资本主义发展不平衡的规律的表现。在中国，一九〇〇年前后，美国的经济、政治势力比英法德俄都要小。据一九〇二年的统计，外国在华投资（包括企业投资、不动产投资及政府债务）是英国第一位、沙俄第二、德国第三、法国第四、美国第五、日本第六（此处系据魏子初《帝国主义在华投资》。吴承明《帝国主义在旧中国的投资》上同样的年代、项目，是沙俄位列第一，其他位次相同），说明美日的经济势力不如英法等国。上述四国和日本都在中国有租借地和势力范围，美国没有，说明美国的政治势力不及上述四国，同时也不及日本。因此，说美国那时已经开始和英法等四国争霸，更是不合实际情形。此其二。正是在上述情形之下，美国提出了对侵略者说来是“有福大家享”的“门户开放”要求。它的真实意义，一是表示美国对中国侵略的加紧，一是表示美国在中国的势力还远不够强大。离开了这个本质，对“门户开放”去作别的解释，会是很困难的。书评作者为了强调要从一九〇〇年划分一个历史时期，把“门户开放”政策说成是美国开始在中国争霸的表现，显然使自己陷入了一个极为矛盾的境地。书评的

① 曾彦修：《评刘大年著〈美国侵华史〉》（打印稿），第4页。

② 同上书，第4页。

很大一部分，是批评《美国侵华史》把美国的侵略活动，特别是早期的侵略活动提得太高了，不合历史主义；而书评作者在这里正是主张早在一九〇〇年，美国便已经开始在中国成为一霸。这个矛盾确实是很尖锐的。这是书评在分期问题上表现出的第一个根本矛盾。

二、三两点理由，同样是很不妥当。如说“美国帝国主义完全成熟的时候，就在这两三年内”，是把资本主义变成帝国主义的过程作了过于机械的了解。列宁指出：“自然界与人类社会中的一切界线当然都是有条件的，是变动的，所以，如果争论帝国主义究竟是在哪一年或哪一个十年‘最终’确立，那便是愚不可及了。”[①] 说美国一九〇〇年“第一次”“公开地”参加对中国的武装侵略，亦不尽然。一八五七年、一八五九年、一八六七年是美国几次追随英法，武装向中国挑衅，并单独武装侵入中国领土。每一次也都是公开的。

关于华盛顿会议：美国在一九二一年召集的九国华盛顿会议，是美国同日本争夺远东霸权的会议。《美国侵华史》上说，美国在华盛顿会议中用各种手段达到了巩固它在中国现有势力的目的，并安置下进一步夺取中国霸权的基础。看来对这件事本身的了解是相同的，问题在于华盛顿会议是否可以作为美国侵华历史的分期标志。书评作者举出的应当从此分期的唯一根据是毛主席在《论反对日本帝国主义的策略》中说过的一段话。毛主席说：“第一次世界大战曾经在一个时期内给了日本帝国主义以独霸中国的机会。但是中国人民反对日本帝国主义的斗争，以及其他帝国主义国家的干涉，使得经过那时的卖国头子袁世凯签了字的对日屈服投降的条约二十一条，不得不宣告无效。一九二二年美国召集的华盛顿九国会议签订了一个公约，又使中国回复到几个帝国主义国家共同支配的局面。”[②] 整个这一段话是客观地分析了第一次世界大战以后日本在中国的侵略势力的前后变化，对华盛顿会议本身也作了充分估计。是不是应该据此来划分美国侵略中国的历史时期呢？我以为：第一，毛主席的话根本不涉及美日侵华的全部历史，很明白地讲的只是“第一次世界大战”以后。我们要整个考虑如何划分历史时期，显然不能只从半路上讲起。特别是第二，如果上面的引文的确应该作为分期的根据，那末，本期的上限就必须从第一次世界大战算起，因为引文上明明说的是“第一次世界大

① 《列宁文选》两卷集，第 1 卷，第 996 页。

② 《毛泽东选集》第 1 卷，第 143 页。

战曾经在一个时期内给了日本帝国主义以独霸中国的机会”，可是书评作者却肯定上限是一八九九年。就这样，作者自己提出了一个认为确切不移的根据，又立刻自己推翻了这个根据，书评作者因为没有考虑到上述种种自相矛盾的地方，把毛主席不是回答这个问题的一段话拿来作为立论的根据，不可避免地在事实上、逻辑上都要发生困难。

更重要的是曾彦修同志把“门户开放”和华盛顿会议定为同一个时期的上下两个分界线，使自己陷入了整个分期问题上的又一个极为矛盾的境地。书评上说：“本来事情是很明显的，在一九〇〇年‘门户开放’政策着重提出后，美国侵华的其次一个重要变化，并不是在一九一七年发生的，而是在第一次世界大战结束之后发生的。这时，美国在世界的地位一跃而起，在远东的地位也大大提高，这才由美国于一九二二年初（？）出面召开华盛顿九国会议，在这个会议上，对日本加了一些限制，美国在中国问题上的发言权提高了以后侵略活动加强了，中国也由第一次世界大战时被日本独占的局面变成了各帝国主义共管的局面。如要划分时期，这里当然是一个十分显明的划分标志。”[①] 书评作者前面认定了提出“门户开放”政策，是表示美国已经成为诸霸中的一霸，当然也就是说美国那时有了共管中国的资格，现在又认定华盛顿会议使美国参加了共管中国，当然也就是说美国有了在中国成为诸霸中一霸的资格。把书评作者提出的这一个时期的上下两限的标志加以比较，那就是：“门户开放”是美国获有霸权、共管中国的开始，华盛顿会议仍是美国获有霸权、共管中国的开始。我们且不去追问美国的霸权到底是何时形成的，第一次霸权又是在何时丧失，才又需要有第二次霸权的等等，我们只需看华盛顿会议以前和以后，既然只是时间先后不同，历史的内容并无两样，那怎么又能据此分作前后两个不同的历史时期？它们的区别是什么，历史的发展又表现在哪里呢？这个矛盾同样是很尖锐的。这是书评作者在分期问题上表现出的第二个根本矛盾。

关于“九一八”事变和卢沟桥事变是否应当作为分期的标志？我认为美国争夺中国霸权斗争的历史，并没有在这时告一段落。无论日本对中国的武装进攻，美国同日本的明争暗斗，到这里都没有完结。直到第二次世界大战结束，日本战后失败，才有了个结局。因此，我不认为应当从此划分美国侵略中国

① 曾彦修：《评刘大年著〈美国侵华史〉》（打印稿），第6页。

的历史时期。书评作者在此引用了毛主席《中国共产党在抗日时期的任务》中的一段话，然后断定：不这样分期，是违反了党中央和毛泽东同志的指示。关于此点我将在后面说明。

归纳以上所述，书评作者对美国侵华历史分期的主张是：（一）没有一定的依据。例如“门户开放”政策是依据美国发生的事件（美国进入帝国主义、实力增强了），华盛顿会议是从国际关系上考虑的，“九一八”或卢沟桥事变则是按中国的历史分期来分期。说法很不统一，通于彼而不通于此，或彼此都不相通。（二）不是从国际关系发展变化的重大事变上来划分历史时期。例如“门户开放”政策显然没有日俄战争引起的变化大，华盛顿会议显然没有十月革命引起的变化大，卢沟桥事变显然没有日本投降引起的变化大。因此，那些分期，只能把历史分成一段一段。每一段没有特点，不能从此看出历史发展的客观过程，更没有发展规律之可言。书评作者不顾到这些，反而认为从日俄战争、十月革命和第二次世界大战分期，是“违反正常的常识的”，是“常识所难于理解的东西”，正是把事情全部颠倒过来了。（三）前后各期自相矛盾，不能自圆其说。因此，我认为曾彦修同志的分期意见是不可取的。

第二个问题，所谓“计划侵略主义”。

和反对《美国侵华史》的分期办法相联系的，是书评作者坚决反对那上面对于美国侵华历史过程的理解和叙述。原书上说：“在世界资本主义国家中，美国又是比较后起的一员。它毕竟立国太晚，到了十九世纪六十年代以后，才能大量开发资源与应用工业生产技术；加以它本身资源很丰富，可以首先着重经营国内，然后才去加强对海外的扩张。这又使得美国对中国的侵略，形成了下述的历史过程，即：起先是追随或通过别国向中国侵略，其次是逐渐独立地侵略中国，再其次是争夺中国霸权，最后则进行独占中国，但遭到了彻底的失败。在这全部过程中，美国的侵略行为与邻近中国的日本，尤有特别密切的关系。”[①] 书评作者对此深恶痛绝，认为原书是“发现”和“创造”了一种不可思议的“计划侵略主义”理论。书评写道：“这就是一种主观主义的唯心主义的东西，它不是去研究生动复杂的历史，而只是努力去阐发一种‘计划侵略主义’的样子，事事都好像是先计划好的，以后不过一步一步地实现，一切的事情都要解释得合乎这个框子，这就是读者对这本书感到特别难

① 刘大年：《美国侵华史》，第1—2页。

于忍受的地方。”[①]“作者……实际上发挥了一种美国的资本主义可以预见详细计算好它在几十年以至一百年以后的发展程度，它和其他资本主义国家之间的实力对比的变化，以及相应的扩张计划的发展等的主观唯心主义的理论，也即‘计划侵略主义’的理论。”[②]

所谓“计划侵略主义”，很像是和“计划资本主义”之类有点关联的特别名称。不过书评上认为构成了这个“主义”的证据，除了分期“起讫的时间”不当，没有提出其他资料，分期的时间问题在前面都讲过了，在此只需说明我是如何看待美国侵华历史发展过程的。事情足可以明白。

照我的理解，研究历史是可以而且也需要说明历史发展的客观过程的。本来科学研究的任务，是要发现事物本身存在的不以人们意志为转移的客观规律。研究自然科学是要探究自然界的规律性知识，马克思主义的历史科学是要探究社会发展的规律性知识。资产阶级历史学最根本的谬误之一，是引导人们只去注意历史的个别现象和各个孤立的事件，用罗列现象或对个别事件作些鸡毛蒜皮的繁琐叙述来代替对历史发展过程的研究。从科学的观点来看，研究历史除了叙述历史的个别事件，还必须找出那些事件的相互联系，提示出历史发展的自身过程，指出过程的特点。否则历史研究不是成为可有可无的事，便是要走到资产阶级历史学谬误的老路上去。《美国侵华史》是一部粗浅的材料书。它的写作与科学研究的距离至少有十万八千里，真是远隔天壤，无法相提并论。不过它的写作，倒是没有被单纯的编纂材料、罗列现象的方法限制住。上面除了列举各种史料，还把许多相关的事实贯穿在一起，提出了一个历史发展过程的轮廓。我认为这并不违反编辑史料、写作历史书的要求，不会因此构成“计划侵略主义”。

同时，《美国侵华史》上指出的过程，又和美国侵华发展的客观趋势基本上是相合的。美国由于力量不足，直到十九世纪末，还不配充当侵略中国的主角。二十世纪初期有了变化，第一次世界大战有了大变化。美国从这时起，已超过英德等国，成为资本主义世界的头等强国之一，开始卷入到世界范围的争夺殖民地霸权的斗争之中去。列宁在《帝国主义是资本主义底最高阶段》中指出：世界上用殖民政策剥削压迫地球上极大多数居民的“是两三

---

① 曾彦修：《评刘大年著〈美国侵华史〉》（打印稿），第2页。

② 同上书，第3页。

个雄震全球而全身武装的恶兽”。美国在其中名列第一。斯大林在一九二七年说：所谓太平洋问题，是美、日、英三国“争夺亚洲和通往亚洲的道路的霸权”的三国间的“对抗”。美国此时在全世界有如此重要的地位，在中国自然并不例外。第二次世界大战以后日本失败，美国成了中国最凶恶最危险的敌人。事实俱在，人所共晓。在各个时期内，美国和所有外国的侵略活动，当然都要遭受到中国人民反侵略斗争的严厉打击，也要受到它们本身力量的不足和相互矛盾的牵制。因此，在每一个大的段落中，美国（其他外国也是如此）对中国的侵略，绝不可能按部就班，通行无阻。反之，它是表现为时隐时现，有起有落。但是美国对中国的侵略是一贯的，美国侵华势力发展的总趋势是先小后大，由小到大，中间经过了不同的时期，则是十分明显的。《美国侵华史》上的这种理解和叙述，并不违反历史的客观实际，它当然不能作为“计划侵略主义”的根据。

全书的叙述强调了美国侵华过程中和日本的关系，这与事实也无不合。有人在评论中认为这一点是书上比较值得注意的地方，或者不全是敷衍之辞。眼前美国帝国主义竭力扶植日本军国主义再起，绝不是偶然的。

至此，我们可以看出：构成书评所说的“计划侵略主义”的，实际上只有两个来源：一是原书上的“一贯侵略”被解释成了一贯有“计划侵略”；二是各时期的客观过程被解释成了有“计划侵略”的主观过程。除此以外，没有其他任何根据。

我说《美国侵华史》上没有什么“计划侵略主义”，当然不等于同意帝国主义是“无计划侵略主义”。帝国主义侵略中国的每一次行动，都是有目的、有计划的。最后把中国彻底变为殖民地，是帝国主义不肯放弃的主观愿望。

第三个问题，关于对党的政策的认识。

中国共产党在各个时期的政策，是中国人民的利益和愿望的反映。它是和社会发展的客观规律相符合的，并且促进了中国历史的向前发展。毛主席的著作体现着党的政策的指导思想，它对党的政策作了集中的、深刻的说明和分析。因此，党的政策、毛主席的著作是研究中国历史、研究中国社会生活中各种重要问题的指针。凡是具有科学历史观点的人，都是了解这一点的。

曾彦修同志的书评中说，《美国侵华史》在许多地方，甚至“在全书中却一点也不顾到”党的政策和毛主席的指示，这确实是个根本问题。书评引用的毛主席著作和认为原书违反党的政策指示的地方共有五处。除了《论反对日本帝国主义的策略》中的一段话，前面已经说过，其他还有四处。（一）（二）两处是关于抗战前夕和抗战初期美国侵华活动的分析；（三）处是关于抗战后期美国对华政策转变的问题；（四）处是关于一九四五年杜鲁门声明、一九四六年整军方案两件具体的事。我对党的政策体会很差，很不善于根据党的政策对具体问题进行具体的分析，这一点我自己很是清楚。不过书评作者对毛主席的著作和党的政策所作的解释，实在不能令人同意，也不能表明原书在这里是错误的。

（一）关于抗战前夕和抗战初期美国侵华活动的分析。

原书上《争夺中国霸权》一章，包括抗日战争时期在内。书评上批评道："作者却不去研究一下党中央和毛泽东同志是如何分析这个时期的局势的。毛泽东同志说：从一九三一年九一八事变特别是一九三五年华北事变以后的形势，使帝国主义与中国人民之间的矛盾"，"由一般帝国主义和中国的矛盾，变为特别突出特别尖锐的日本帝国主义和中国的矛盾，日本帝国主义实行了完全征服中国的政策。因此，便把若干其他帝国主义和中国的矛盾推入次要的地位，而在这些帝国主义和日本帝国主义之间，扩大了矛盾的裂口。但是我们的作者在全书中却一点也不顾到这些指示，看不见日本的独霸……"。[①]原书上叙述抗战初期美国的态度说：美国"让这个战争打下去，借日本扑灭中国革命火焰，同样，反过来又借中国人民力量削弱日本。自己却搬出一个'严守中立'的伪装面孔"[②]。书评上批评道："照作者这样分析，美国一个'借……'，一个'又借……'，似乎日本侵略我国的战争对美国说来简直是天造地设，专为美国而打的！这完全是作者的主观主义的说法，与当时的大势和史实完全不符……这个革命的火焰，在当时在基本上是不侵犯英美在华的利益的，因此当时在基本上也就没有英美要借日本的力量来把这个火焰加以扑灭的问题。正因为如此，党的正确政策，在抗日战争前及抗日战争中始终是争取英美或团结英美共同打击日本的国际统一战线的政策。但是作者的这些分析却从根本上否定了党的政策的基础。毛泽东同志说得很清楚，他说在抗日战争开始时，'若干其他帝国主义为了它们自己的利益，暂时地赞助中国的统一与和平'。刘大年同志的书中处处发表这类和党中央及毛泽东同志针

① 曾彦修：《评刘大年著〈美国侵华史〉》（打印稿），第5—6页。

② 刘大年：《美国侵华史》，第158页。

锋相对的理论，一味大唱高调，除了在无意中重复了当时托洛茨基分子的某种理论之外，在反对美帝国主义侵略方面，有什么好的作用呢？”① 很明显的，有两个问题，原书和书评的意见是根本不同的：一个是抗战开始前后，美国同日本的矛盾问题；一个是抗战开始的前后，中国同其他帝国主义的矛盾问题。

关于前一个问题，原书上认为美国同日本的矛盾不是减少，美国正在行使两面政策，继续同日本争夺中国的利益，书评相反，认为这时不存在美国同日本的争夺，只有“日本的独霸”。现在只需全文举出书评上引用的毛主席著作中的一段话，就很容易把问题说清楚。毛主席说：“由一般帝国主义和中国的矛盾，变为特别突出特别尖锐的日本帝国主义和中国的矛盾。日本帝国主义实行了完全征服中国的政策。因此，便把若干其他帝国主义和中国的矛盾推入次要的地位，而在这些帝国主义和日本帝国主义之间，扩大了矛盾的裂口。因此，便在中国共产党和中国人民面前提出了中国的抗日民族统一战线和世界的和平阵线相结合的任务。这就是说，中国不但应当和中国人民的始终一贯的良友苏联相联合，而且应当按照可能，和那些在现时愿意保持和平而反对新的侵略战争的帝国主义国家建立共同反对日本帝国主义的关系。我们的统一战线应当以抗日为目的，不是同时反对一切帝国主义。”② 整个这段话包含三个意思：一、日本同中国的矛盾变为特别突出的矛盾；二、其他帝国主义和日本的矛盾扩大；三、党的统一战线是以抗日为目的，不是同时反对一切帝国主义。

按照上面的指示我们看看哪一个意见是正确的。日本一九三七年发动的战争，是以灭亡中国为目的的侵略战争。如果有什么人认为在抗日战争开始前后，日本帝国主义和美国帝国主义对中国的侵略是没有区别的，美国和日本一样，都是当时中国最危险的敌人，那当然是不可救药的错误，是和史实不符，也是和党的政策指示完全相违反的。因为从中国与帝国主义的关系上看，中国和日本的矛盾最突出，其他帝国主义和中国的矛盾处于次要的地位。但是从帝国主义的相互关系上来看，正由于日本实行完全征服中国的政策，它们之间的矛盾，首先是美国、英国同日本的矛盾显然不是减少，而是裂口扩

① 曾彦修：《评刘大年著〈美国侵华史〉》（打印稿），第18—19页。

②《毛泽东选集》第1卷，第252—253页。

大了、是加剧了。美国、英国同日本矛盾的加剧，正是说美国、英国加紧了同日本争夺中国的冲突，否则这个矛盾便根本没有内容了。《美国侵华史》上“争夺中国霸权”一章，把抗日战争包括在内，是说明美国对中国的侵略在抗战开始前后并没有停止，美日争夺中国的矛盾没有在此告一段落，美国在抗战开始前对日本采取两面政策，抗战开始后对中国采取虚伪的“中立”政策，是它争夺中国、侵略中国所运用的不同斗争形式。这样看待那时的历史，显然不能指为是把美国和日本等同起来了，或是把美国作为最危险的敌人去分析的，更是牵涉不到党的政策基础。因为帝国主义在侵略中国过程中发生的相互间的矛盾和帝国主义同中国的矛盾，无论如何不是一回事。如果把事情反过来，像书评上所说，那时只有日本独占中国的问题，没有其他帝国主义同日本争夺中国的矛盾，历史的本身固然解释不通，党的政策更是不可理解。因为中国和其他帝国主义的矛盾推入次要的地位，其他帝国主义和日本“扩大了矛盾的裂口”，正是党的“和那些在现时愿意保持和平而反对新的侵略战争的帝国主义国家建立共同反对日本帝国主义的关系”这一正确政策真正的基础。

关于后一个问题，原书上认为中国和其他帝国主义的矛盾没有消灭，美国企图利用抗日战争来两面取利，侵略中国、危害中国革命；书评相反，认为当时有的是中国和英美的统一战线，没有中国同美国的矛盾。在此首先应该弄清楚，我们说抗战开始前后，其他帝国主义同中国的矛盾推入次要的地位，是同与日本的矛盾相比较而言的，中国与其他帝国主义的矛盾并不因为抗日战争的发生便减少或是消灭了。毛主席在我们上面引用的同一篇文章里说：“中日民族矛盾的发展，在政治比重上，降低了国内阶级间的矛盾和政治集团间的矛盾的地位，使它们变为次要和服从的东西。但是国内阶级间的矛盾和政治集团间的矛盾本身依然存在着，并没有减少或消灭。中国和日本以外其他帝国主义国家之间的矛盾亦然。因此，就在中国共产党和中国人民面前提出了下列的任务：适当地调整国内国际在现时可能和必须调整的矛盾，使之适合于团结抗日的总任务。这就是中国共产党要求和平统一、民主政治、改良生活及与反对日本的外国进行谈判种种方针之所由来。”[①] 我的理解，“中国和日本以外其他帝国主义国家之间的矛盾”“并没有减少或消灭”，不是别的意思，正是说此时其他帝国主义侵略中国、危害中国革命的阴谋并没有放

---

①《毛泽东选集》第1卷，第254页。

弃，某些侵略活动没有停止，中国人民不能没有反对其他帝国主义阴谋的警惕，不能不同它们进行某些斗争，虽然很明显的不是同时反对一切帝国主义。“其他帝国主义”中当然首先是美英帝国主义。那时日本发动了独占中国的战争，美国则并没有打算“强盗收心做好人”，没有放弃侵略中国的阴谋活动。这个事实是客观存在的。《美国侵华史》只是描写了这个事实，并没有在哪一点超过事实或把此时的美国和日本等同起来，一样看待了。因此，在这里并没有违反党的政策指示或推翻党的政策基础的问题发生。书评上提出有这个问题，那实际上是书评作者把毛主席说的“若干其他帝国主义为了它们自己的利益，暂时地赞助中国的统一与和平”作了错误的解释，即是：把其他帝国主义暂时地赞助中国的统一与和平，解释成了其他帝国主义同中国的矛盾由于日本同中国的矛盾特别尖锐“暂时地”减少或消灭了。

从同一个思想出发，书评作者对抗战初期其他帝国主义同中国的关系作了完全错误的分析。书评认定：抗日战争的革命火焰“基本上是不侵犯英美在华利益的，因此，当时在基本上也就没有英美要借日本的力量来把这火焰加以扑灭的问题”；并且进一步以为：说英美帝国主义这时企图两面取利，那便是“重复了当时托洛茨基分子的某种理论”。陈伯达同志在《人民公敌蒋介石》一书中引证毛主席的话分析抗战初期英美帝国主义的态度说：“英美帝国主义当时的政策，正如毛泽东同志所巧妙形容的，叫做‘坐山观虎斗’。日本帝国主义既然在中国那末横冲直撞，看不见英美原来的帝国主义利益，英美帝国主义也就乐得让中国抗他一抗，但英美帝国主义却深深骇怕中国民族因此大觉醒起来，结果中国人民抗战的火焰就不但要烧死日寇，而且也会烧死在中国的所有帝国主义。因此，他们怀有和蒋介石同样的心情，只要日寇在一定界线上，让英美过得去，让蒋介石下得了台，就必须停止中国革命火焰的燃烧。”[①] 曾彦修同志这些议论的确可以说和毛主席的巧妙形容，和陈伯达同志的分析是针锋相对的。在这里，曾彦修同志显然把其他帝国主义为了自己的利益“暂时地赞助中国的统一与和平”，错误地解释成了它们“基本上”赞成中国革命了。

看来《美国侵华史》上对抗日战争前后美国同日本的矛盾、其他帝国主义同中国的矛盾所作的叙述并没有错误，书评上的意见则是不正确的。

---

① 陈伯达：《人民公敌蒋介石》，人民出版社 1954 年版，第 96—97 页。

（二）关于抗战后期美国对华政策的转变。

原书上有“侵略分子赫尔利来华，美国政策转变的起点”一节。赫尔利是一九四四年十一月以罗斯福私人代表的资格来到延安的。书评上说，把赫尔利来华看作是美国政策转变的起点，是违反毛主席的指示的。美国政策的“确定转坏”是一九四五年的春天。其根据是毛主席在《评赫尔利政策的危险》里指出过：“罗斯福总统在世时，他是估计到了这一点的，为了美国的利益，他没有采取帮助国民党以武力进攻中国共产党的政策。一九四四年十一月，赫尔利以罗斯福私人代表的资格来到延安的时候，他曾经赞同中共方面提出的废止国民党一党专政、成立民主的联合政府的计划。但是他后来变卦了，赫尔利背叛了他在延安所说的话。这样一种变卦，露骨地表现于四月二日赫尔利在华盛顿所发表的声明。”[①]我们知道书评引的毛主席这篇文章是在一九四五年七月十二日发表的。就在两天以前，即七月十日毛主席写过另外一篇题为《赫尔利和蒋介石的双簧已经破产》的论文。现抄引一段如下：

> 这件公案（案：指国民党提出的所谓召集国民大会）[②]，也和帝国主义者赫尔利有关系。原来这位帝国主义者是极力怂恿蒋介石干这一手的，蒋介石的腰这才敢于在今年元旦的演说里稍稍硬了起来，至三月一日的演说而大硬，说是一定要在十一月十二日“还政于民”。在蒋介石的三月一日的演说里，对于中国共产党代表中国人民的公意而提出的召开党派会议和成立联合政府一项主张，则拒之于千里之外。对于组织一个所谓有美国人参加的三人委员会来“整编”中共军队，则吹得得意忘形。蒋介石竟敢说：中共必须先将军队交给他，然后他才赏赐中共以“合法地位”。所有这一切，赫尔利老爷的撑腰起了决定的作用。四月二日，赫尔利在华盛顿发表声明，除了抹杀中共的地位，污蔑中共的活动，宣称不和中共合作等一派帝国主义的滥调而外，还极力替蒋介石的“国民大会”等项臭物捧场。如此，美国的赫尔利，中国的蒋介石，在以中国人民为牺牲品的共同目标下，一唱一和，达到了热闹的顶点。从此以后，似乎就

① 《毛泽东选集》第3卷，第1114—1115页。

② 括号内文字为引者按语。——编者注

走上了泄气的命运。反对者无论在中国人和外国人中，在国民党内和国民党外，在有党派人士和无党派人士中，到处皆是，不计其数。其原因只有一个，就是：赫尔利蒋介石这一套，不管他们怎样吹得像煞有介事，总之是要牺牲中国人民的利益，进一步破坏中国人民的团结，安放下中国大规模内战的地雷，从而也破坏美国人民及其他同盟国人民的反法西斯战争和战后和平共处的共同利益。①

在这里毛主席的两篇文章都讲到了四月二日赫尔利的演说。后面发表的一篇，对赫尔利叛变了他在延安说的话作了有力的揭露。其中在讲到罗斯福的政策时指出："为了美国的利益，他没有采取帮助国民党以武力进攻中国共产党的政策。"毛主席的文章上把界线说得很清楚，是没有"帮助国民党以武力进攻中国共产党"，而不是其他。前面发表的一篇除了指出四月二日赫尔利声明，还有两个同赫尔利有关的时间，一是"今年元旦的演说"有赫尔利"极力怂恿"，一是"三月一日的演说""赫尔利老爷的撑腰起了决定的作用"，四月二日赫尔利声明则是"热闹的顶点"。《美国侵华史》在这一节里是要说明美帝国主义在抗日战争后期行使的扶蒋反共政策，依照毛主席著作中的分析，我以为从赫尔利来华活动说起，显然是合理的，而不应该是照书评上说的从它的"顶点"来开始。于是书评作者提出质问道："那末，党的政策就要在一九四三（案：一九四三是书评上加进去的）——一九四四年……用大力去反对美国政府的反动政策了。"我看是反对的。帝国主义分子赫尔利一九四四年十一月到延安，毛主席在一九四五年七月连续发表了反对美国反动政策的文章，正是党在那时反对美国反动派的有力表示。中国共产党人对于美帝国主义一贯的狡猾手段，向来十分清楚，不是像书评作者所设想的党对于美帝国主义的反动政策那时没有警惕过或没有反对过。②

（三）关于一九四五年杜鲁门声明，一九四六年整军方案。

书评上写道："作者对于一九四五年杜鲁门的对华政策声明，对于一九四六年二月的在重庆签订的全国整军方案（包括当时的人民武装在内）

---

①《毛泽东选集》第3卷，第1110—1111页。

②作者按：《毛泽东选集》第3卷《论联合政府》（1945年4月24日）"外交问题"中一段、《愚公移山》（1945年6月11日）中一段，尖锐批评了美国，后者后几页明确地指出了"美国政府扶蒋反共的政策"。

等，都只片面地说这些东西是美国一心阴谋消灭共产党的结果。……照作者这样说，党的政策不是就处处都上了美国的当吗？处处都满足了美国消灭共产党、灭亡全中国的要求了吗？作者在全书中到处这样不管党在一定时期对于时局的具体分析，以及随之而来的具体的策略和口号，而专去发挥自己的一套主观主义的议论，这是一个根本性的错误。”①《美国侵华史》上对杜鲁门声明是这样写的：“一九四五年十二月十五日美总统杜鲁门正式发表一对华政策声明，表示‘完成中国政治团结所必须采取的详细步骤，应由中国人自行制定，并认为任何外国干涉这些问题都是不适当的’，想用些好听词句来欺骗中国人民。同时，声明中又着重指明，‘自治性的军队，例如共产党军队之存在，与中国政治统一不相符合……应有效地合成一中国国民军’，来表示出它消灭中国人民军队的真正企图。”②关于整军方案，只有“同月二十五日马歇尔参加制订‘整军方案’，规定人民武装不得移动防地”一句话。除此以外，查遍全书，再没有一个字讲到这两件事。不知书评作者是根据什么去作那种种推论，并作出了“这是一个根本性错误”的严重断语！

以上几点，就是书评上所指的“作者在全书中到处”不合党的政策、毛主席指示之处。凡是讲到党的政策、毛主席的指示的地方，书评作者有一个根本的思想：党的政策是说明美国不侵略中国，你《美国侵华史》的作者说是美国侵略中国，因此，你就是违反了党的政策指示，你就是犯了根本性的错误！如前面所说，这是书评作者曲解了党的政策和无视党对美国帝国主义的警惕和进行斗争的结果。

第四个问题，《美国侵华史》可不可以集中写美国的侵略活动。

本来这是没有疑问的，书评上也未正面提出这个问题。但是书评中认为原书上处处只强调了美国，只看见美国，看不见其他帝国主义，实际上是涉及了《美国侵华史》可不可以集中写美国的侵略活动。

对此我只简单说明两点：一、书上不是只讲了美国没有讲其他帝国主义。例如书评上说：一八七四年美日进攻台湾，把日本写成了“完全是被动的从犯”，中日甲午战争前没有写日本对朝鲜的侵略，日俄战争没有写英日同盟，袁世凯的政治活动没有写英日的支持，等等。其实原书上都不是如此。美日

---

① 曾彦修：《评刘大年著〈美国侵华史〉》（打印稿），第21页。

② 刘大年：《美国侵华史》，第187页。

进攻台湾一段中说："本来'出征'台湾，是日本所愿意做的事，但这时它还是个贫弱小国，不敢轻举，现在能得美国人的帮助，自无不同意之理。"① 中日甲午战争前有关朝鲜的一段，从"一八七六年，日本和朝鲜缔结了《江华条约》，日本在朝鲜的势力日渐膨胀"起，以下共四页②，全是把美国和日本的活动联系起来叙述的。日俄战争中关于英日同盟的问题，一开始就说明了"日本方面，虽然也有英日同盟，但英国这时的重点并不在东北，不过是要利用日本来牵制俄国，好图谋西藏"③。对于袁世凯的政治活动，作了这样的叙述："袁世凯的政治活动，主要是依靠英国，对美国也有上述种种关系。……在这个时期内，争夺中国的帝国主义者，主要是英国和日本……美国一般是赞助英国的。英美与日本利用中国的政策有不同之处，日本是制造中国的纷乱，从中取利，因之对各种对立势力常同时操纵，英美则常扶持中国一个最反动的代表人物及其政府。"④ 二、我认为对美国的侵略活动可以集中写，而且也应当集中写，因为题目是《美国侵华史》。帝国主义侵略中国和中国人民反抗外国侵略者的历史是一部中国的近代史。我们说可以在这里集中揭露美帝国主义的罪恶，那绝不等于忽视了其他帝国主义的侵略中国的罪恶，更是不等于否定了中国人民是中国历史的主体。

上面讲的几个问题，我都不同意书评作者的看法。但是我认为书评上有些意见是有启发作用的。那就是对于美国侵华活动的叙述，有些地方要有分寸，要更切合美国当初所具有的地位。如果经过讨论，把这些地方弄得更加明确，对于写出一部较好的美国侵华史会很有帮助的。我希望在讨论中学到新的东西。

三、不同意书评关于美国侵华历史的根本看法

曾彦修同志在批评《美国侵华史》的同时，提出了他自己对这次历史事件的一些看法。这些看法是在很大的程度上歪曲了历史的真面目，集中起来，

---

① 刘大年：《美国侵华史》，第 23 页。

② 同上书，第 35—38 页。

③ 同上书，第 73 页。

④ 同上书，第 107—108 页。

则是从根本上歪曲了美国侵略中国的历史，是不能同意的。兹拣重要的分述如下：

（一）中日甲午战争。原书上这一节是叙述美国“帮助日本在甲午战争中打败中国”，列举各项具体材料，长达十页。书评上不能举出其中有哪一点、哪一项是不合事实的，却凭空断定：“照作者的说法，中日战争似乎倒要叫做‘中美战争’才更恰当了！这当然是违反历史事实的。人所共知，这是日本帝国主义者首先为了争夺朝鲜而对满清政府进行的战争。”[①]谁也没有争辩过中日战争不是日本为了奴役朝鲜所发动的进攻朝鲜和中国的战争。提出这个问题，是怎么也不能驳倒美国在战争中帮助了日本的论据的。不过有些一驳之后，书评作者指给人们的看法是，美国并没有什么大力帮助日本，美国和中日战争是毫不相干的。

（二）日俄战争。书评上说：“整个一节，作者都大大地发挥了他的美日一家的理论，看来这个战争也要叫做‘美俄战争’才对。但人所共知，日俄战争是日俄两国为了争夺对朝鲜和对我国的东北的控制权，而由日本的进攻打起来的战争。当时，日本之敢于打，主要是得到了与俄国对立的英美两国主要是英国的帮助。”[②]同前面一样，书评上没有举出原书上所讲的美国帮助日本有哪一项不合事实，只是又用一个“人所共知”，便一笔勾销了美国参与日俄战争的种种活动。

支持书评作者上述诊断的有两个理由：一是原书不该称美国“参与日俄战争”和“日美方面”，因为如此说，是把美国放到了“交战国的地位”。显然这是离开事实转到法律问题上去了。即使如此，美国“参与”日俄战争的法律根据也是存在的，那就是一九〇五年七月的塔虎脱桂太郎美日秘密会议记录。记录上载有塔虎脱代表美国方面说：“他确信，无需任何协议，在维护远东的和平（？）上，美国人民与日本和英国的政策是完全一致的。在任何场合下，为了维护远东和平的那个目的，日英两国可以确信，美国将会同他们采取适当的行动，如同美国在条约下有义务行动一样。”事后日本发表的秘密会议内容说：“事实上这是英、美、日三国同盟。”美国承认日本灭亡朝鲜，日本承认美国占有菲律宾，便是这个“法律”的效力。美国“参与”了日俄

① 曾彦修：《评刘大年著〈美国侵华史〉》（打印稿），第11页。

② 同上书，下篇，第2页。

战争，正是合得上“铁案如山摇不动”一句俗语。书评列举的另外一个理由，是联共党史上“日俄战争”一段，只说到“英国害怕沙皇俄国势力在远东加强，所以暗中援助日本”，而没有说有美国对日本的帮助。因此，书上说美国帮助了日本，便是“信口乱说”。我想谁也不会以为马克思主义的经典著作有那种必要去和普通的历史书一样，把每一件历史事实都去详细写到。既然如此，我们无论如何也不能认为经典著作中没有讲到的具体历史事件，便是历史上不存在的事件。

（三）蓝辛石井协定。从那时国际的局势和协定的内容都可以看出，此事是美日“争夺中国霸权的第一个回合”。原书有下面一段叙述：“美国以‘门户开放’（或‘机会均等’）对日本的‘特殊利益’，是日美开始以对等地位处理中国问题，日本原来独有的优势又被它挤下去。同月十二日，蓝辛对中国驻美公使的谈话：‘中国在今日对于美国投资的吸引力与过去不同……只有日本同美国是目前有剩余资金可以投资的国家……’又说：‘假如我们退出，整个地盘，便落入日本手里，设想中国也不愿意。’这就是说，现在中国的主要侵略者除了日本还有美国。在美日两国中，只要有一方从中国‘退出’，另一方就可以得到‘整个地盘’，反之两方都同时前进，就可以平分中国。”① 书评作者没有指出其中哪项资料，哪个看法是不对的，却从美日照会中引出美国承认日本“特殊利益”的一段，丢掉日本承认美国“门户开放”“机会均等”的另一段，来作出如下的论断：蓝辛石井协定不过是日本“逼迫美国承认日本在中国的独占性的利益”，“美国出卖了中国”。② 美国既是如此软弱又如此和善，所以原书上列举的事实便是错误的，是把黄色的都当成了金子。

我们要知道：第一，帝国主义在有关中国问题上相互订立的任何条约和协定，其根本内容都是出卖中国。牺牲中国人民的利益，帝国主义才能获得利益。“出卖中国”并不是帝国主义间某一个协定的特色。第二，蓝辛石井协定决不单是美国把中国利益出卖给日本；同时，也是日本把中国利益出卖给美国。协定上明明写着两方的要求是对等的，不是只有日本向美国提出了要求，美国同时也向日本提出了要求。美国从未打算从中国“退出”，让日本得到“整个地盘”，而是以承认日本的利益为条件，使日本也承认美国的“地

---

① 刘大年：《美国侵华史》，第 118 页。

② 曾彦修：《评刘大年著〈美国侵华史〉》（打印稿），下篇，第 4 页。

盘”。第三，片面地认定美日协定只是“美国出卖了中国”，那就应当同时承认，没有订立这个协定以前，美国如果不是保护了中国，至少也是没有损害过中国的什么利益。书评上此种论点，无论怎么说，也和美国侵略中国的历史不相符合。

（四）关于帝国主义支持军阀混战。一九二〇年到一九二六年这个时期里的军阀混战，美英日三国是主要的幕后操纵者。原书上着重写了美国和日本，写英国较少，是个缺点。但是上面对于美国支持直系军阀的活动的各种揭露，却没有不符合事实之处。书评不加分别，对原书上讲的美国支持直系军阀进行内战、支持曹锟贿选等，全都采取了否定的态度。看了书评上这一大段文字，不禁令人想起了胡适的《国际的中国》一文中的论点。

（五）第一次国内革命战争初期美国的活动。原书上说：“这时日本因奉系地盘扩大，想组织一个六省三特别区的北京政府，造成最少是独占北方的局面。英国则单独扶持吴佩孚再起，希望以此巩固它在长江流域的利益。在这种情况下，美国拿定主意，自己先不出手，让北伐军与英日势力直接冲突，如果直奉战胜，则达到借英日的手，消灭中国革命的目的，也可藉战争把直奉军力削弱，然后另图对付英日办法。”[①] 这是说明美帝国主义的本质和英日没有不同，它采取的手段则是一种很狡猾的两面取巧的手段。书评上称此为“玄之又玄的理论”和“挖空心思也想不出来的唯心主义”。照书评作者看，“美国当时在中国的政治、经济的利益远不如英日来得大，同时当时的革命口号和革命的锋芒又主要地是对准英日两国的”。因之，美国就“不如英日那样积极露骨干涉中国革命”，那是“自然的现象”。而要知书评作者的看法对不对，我们可以看看斯大林是怎样分析那时美日帝国主义的阴险态度的。

斯大林说：“因此，帝国主义对中国的干涉是毫无疑问的事实，中国的革命也正是把自己的锋芒指向这一事实。因此，谁忽略或低估帝国主义干涉中国的事实，谁就是忽略或低估中国最主要和最基本的东西。据说日本帝国主义者对广东派和整个中国革命有表示‘好感’的某些迹象。据说美帝国主义者在这方面也不落后于日本帝国主义者。同志们，这是自己骗自己。必须善于区别帝国主义者（包括日、美帝国主义者）的政策的本质和它的伪装。列宁常说，革命者很难被棍棒和拳头制服，可是，他们有时却很容易被亲善制

---

① 刘大年：《美国侵华史》，第 138 页。

服。同志们，永远不要忘记列宁说的这个真理。不管怎样，显然日、美帝国主义者倒很好地领会了这个真理的意义。因此，必须把帝国主义者对广东派的亲善和恭维跟下述事实严格地区分开来：殷殷地表示亲善的帝国主义者紧紧地抓住‘自己’在中国的租界和铁路，无论如何不肯放弃。”[①] 斯大林的分析是如此之灵验。过此不到四个月，美国联合英国炮击南京，美帝国主义积极干涉中国革命的本来面目便完全暴露出来了。书评作者不分别美帝国主义的“政策本质和它的伪装”，把美帝国主义的“不积极”“不露骨”的一时表面现象看作是它应有的“自然现象”，正是低估了美国帝国主义的凶恶本性，未免自己骗自己。

（六）“九一八”事件。日本在“九一八”后占领中国东北，美国鼓励日本反苏的恶毒政策，起了很大的帮助作用，原书列举各项具体材料证明了这一点。书评上没有举出任何反证材料，却断定美国不过是“听任日本占领东北”而已。如果这个断案可以成立，美国帮助日本占领东北的种种罪恶活动都成了子虚乌有。

（七）抗战前夕美国在蒋介石集团中的影响。“九一八”以后抗战发生前，美国对日政策一直是两面政策，即一面在中国内地继续让步，鼓励日本反苏，一面又反对日本的扩张加以某些限制，装出一些积极对日本的姿态，使日本不致过分妨害美国的帝国主义利益。日本则在“九一八”后对中国步步进逼，一部分同英美有联系的大资产阶级受到了越来越大的威胁。特别是到一九三五年，北上抗日的红军主力到达陕北，抗日高涨震动了全国。中国人民的反帝斗争锋芒突出地指向日本帝国主义。美国的影响，在这种情形下必然地要在代表地主买办阶级利益包括亲日、亲美等不同势力在内的蒋介石政府中增长起来。

《美国侵华史》上说：一九三五年，美国“通过用蒋介石国民党五届一中全会名义调动南京政府行政人员，蒋亲自接替汪精卫为行政院长，对亲日派大肆清洗（各部长中存留汪派亲信仅顾孟余一人，余多为蒋亲信及政学系要角），使美国势力在南京政府中大为增强”[②]。这一段叙述，把事情经过过于简

---

①《斯大林全集》第 8 卷，第 324—325 页。

② 刘大年:《美国侵华史》，第 155—156 页。作者案：准确地说“亲日派”应为“汪派”。又关于政学系可参看《毛泽东选集》第 2 卷，第 556 页注解。

单化了，是有缺点的。但是下面的事实是明白无疑的：蒋介石、汪精卫都是帝国主义的头号走狗，蒋汪及其派系之间的狗打架，正是帝国主义对华政策的不同影响的反映。此次蒋汪人事更替不过是其中一个具体的事例。书评上根本否认这个事实，一笔断定：“这时期正是冀察政务委员会成立的前夕，蒋介石政府中的亲日势力正是在向前急剧发展”！这时“正是蒋政府中亲日派大红特红的时候”！“在此前后，也同时是其他亲日丑类……在全国大肆活动的时候”！[①]据书评作者看，此时美帝国主义的势力、它的影响，在蒋介石政府中，在“其他”地方，简直连一点影子都找不到。当然亲日派的猖狂活动是事实。原书上叙述一九三五年的一段也说过：“日本直到这时，仍没有如美国盼望的去进攻苏联，而是接连几次发动所谓‘华北事变’，蒋介石也表现出有完全变为日本走狗的可能。”但是不论如何，总也不能说这时只有日本在展开侵华活动，美国帝国主义、其他帝国主义只是“听任”日本活动，对蒋介石政府的政策是毫无影响。毛主席在一九三五年年底分析当时中国地主资产阶级的动向说：“在整个地分析中国地主资产阶级在大震动中的姿态时，还有一个方面应该指出，那就是：即使在地主买办阶级营垒中也不是完全统一的。这是半殖民地的环境，即许多帝国主义争夺中国的环境所造成的。当斗争是向着日本帝国主义的时候，美国以至英国的走狗们是有可能遵照其主人的叱声的轻重，同日本帝国主义者及其走狗暗斗以至明争的。”[②]显然，照书评上所说，这时是没有美英帝国主义对其走狗的叱声存在的。此时唯一的是日本帝国主义对蒋介石政府的影响，美英帝国主义对蒋介石政府是没一点影响的。在书评作者看来，中国“是半封建半殖民地的环境，即许多帝国主义争夺中国的环境”，只是一个没有任何具体内容的抽象概念。

（八）魏德迈调查报告。书评写道：“作者……把一九四七年七月魏德迈的再一次来蒋管区调查，说得津津有味，专立一大节，对魏德迈的所谓调查报告，不厌其详地大介绍特介绍，又大惊小怪地说：‘这样大规模吞并中国领土的计划……在近代外国侵华史上再也无可比拟’……大惊小怪地说这‘在近代外国侵华史上再也无可比拟’，只能把事情越说越混乱，大大地妨害读者对战后美国侵华政策的系统的本质的了解。‘再也无可比拟’是战后整个时期

---

① 曾彦修：《评刘大年著〈美国侵华史〉》（打印稿），下篇，第7—8页。

②《毛泽东选集》第1卷，第148页。

的美国独占中国的全部侵略行为，而不是随便抓一个表面现象，……相反的，在许多头等重要的问题上，例如在美军如何运送与部署蒋军……等等都完全没有材料。”①

魏德迈报告，是美国侵华史上极重要的文件之一。报告所提出的用联合国“托管”或“保护”来吞并中国东北领土的计划，如果付诸实行，确实是除了日本武装占领东北，成立“满洲国”，在近代外国侵华史上再也找不到可以相比的先例。不知书评作者根据什么作出了上面的论断。美国吞并中国领土的计划不能算是“头等重要”的事，还有什么算是“头等重要”的事！吞并中国的领土算是“表面现象”，照理说，运送蒋军，援蒋物资应该更是“表面现象”，什么才是美国侵略中国的“本质”呢？《美国侵华史》上讲了美国吞并中国领土的计划，就“大大地妨害读者对战后美国侵华政策的系统的本质的了解”，如此重要的事不应当讲，其他应当讲的就很少了，那我们是不是可以说，对美国的侵略活动只有什么都不讲，才“大大地”有助于“读者对战后美国侵华政策的系统的本质的了解”呢？有个写历史的故事：孔子作《春秋》，闻获麟而绝笔。现在书评作者不主张人们在美国侵华史上写出美国吞并中国领土的阴谋，莫非说教那些研究美国侵华历史的人都要“绝笔”不成？我主张像魏德迈报告之类的罪恶文件是应该着重写在美国侵略中国的历史书上的。这样做并没有错。因为美国既是阴谋吞并中国领土，那难免中国人要“大惊小怪”一点。

整篇书评上唯一的例外，是对于第二次世界大战后美国侵华政策的了解，书评上比《美国侵华史》要“左”得多。原书关于这一段先是举出美国政府自己供认的、日本投降后美国对华政策可能选择的有三条路，然后即指出美国：“采取它自己所说的第三途，实质上，就是使用政治阴谋手段来掩盖和帮助表面由蒋介石出面的对中国人民空前规模的军事进攻，以便一举扑灭革命火焰，达到所谓‘避免内战’，最后变中国为美国殖民地的目的。”②书评作者把这段话丢在一边，往下写道：“作者在书中就无条件地同意了美国国务院自称的采用了所谓第三条途径的说法……作者上了一个大当。所谓美国采用了第三条途径的说法，本是美国国务院的遮羞布，这在美国帮助国民党调兵

① 曾彦修：《评刘大年著〈美国侵华史〉》（打印稿），下篇，第11页。

② 刘大年：《美国侵华史》，第184页。

遣将以便发动内战的准备工作尚未完成以前，在表面或者还可以这样说，但在一九四六年夏天，在美蒋发动了进攻解放区的全面内战爆发以后，还能说是美国促使双方妥协，避免内战吗？不幸的，我们的作者在这里被美国国务院牵着鼻子走了。”①

我想在此已无须乎去辩论是不是“无条件地同意了美国国务院的说法”“被美国国务院牵着鼻子走了”等等，因为书上对于“第三途”的内容是什么，是说得很清楚的。这里值得特别注意的，是书评作者认为“在一九四六年夏天，在美蒋发动了进攻解放区的全面内战爆发以后”，美国已经不是采取的第三途，也就是说，美国此时已经是实行的第二条方针了。②美国政府所说的第二条方针，是“大规模地在军事方面加以干涉”。美国国务院说这句话，的确是用了遮羞布的。它的明确的意思，是美国公开向中国大规模出兵。公开出兵，还是其他方式的军事援蒋，是美国政府所经常讨论的题目。美国侵略者一开始就认为公开出兵是“吸人心目”的。它由于惧怕比以往任何时期都更为强大的中国人民的力量，同时也顾虑到本国人民反对美国“军队在一九四五年后肩负如此巨大的义务”，才没有出此一着。因为美国没有公开大规模出兵，而是在背后支持蒋介石发动反人民内战，中国共产党本着全国人民反对内战、要求和平的愿望，同意了美国居中调停，并同蒋介石国民党政府进行了谈判。和平谈判从一九四五年秋天毛主席飞重庆起继续到一九四六年十一月中旬中共南京代表团飞返延安终止。在这个时间里，中国共产党正确地同美蒋进行斗争，一步一步地揭露了美国支持蒋介石发动战争的各项阴谋，美帝国主义及其走狗因而在全国和全世界人民面前陷于了完全孤立。到一九四七年初，美国先后宣布马歇尔离华和终止与“三人小组”之关系，便是美国用政治阴谋手段来掩盖和帮助表面上由蒋介石出面的对中国人民空前规模的军事进攻这一政策已经宣告了彻底破产的表示。书评作者不顾这个根本事实，以为从一九四六年夏天全面内战爆发以后，美国就是实行了第二条方针。依照书评作者的时局分析，那末，党的政策就在要一九四六年夏天以后动员全国人民直接对美国作战，而不是继续进行和平谈判，从事争取和平

---

① 曾彦修：《评刘大年著〈美国侵华史〉》（打印稿），下篇，第10页。

② 作者案：本文写作时还只看到《历史研究》编辑部印的书评第一次打印稿。上面有“美蒋发动了进攻解放区的全面内战爆发以后，美国就是明显地实行第二条方针了”。第二次打印稿上删去了后面半句，但意思一点没有改变。

的努力了。在事实上这是如何说得通呢？

不通之处，还远远不止如此。如果把“一九四六年夏天”以后说成是美国已经公开大规模地向中国出兵，整个第三次国内革命战争的历史就要全变成另一个样子。一九四九年毛主席在一篇论文上指出了鸦片战争以来的外国侵略者进攻中国的战争以后说：“最后是最近三年来表面上是蒋介石实际上是美国进攻中国人民的战争。这最后一次战争，艾奇逊的信上说，美国对国民党政府的物质帮助占国民党政府的‘货币支出的百分之五十以上’，‘美国供给了中国军队（指国民党军队）的军需品’。这就是美国出钱出枪蒋介石出人替美国打仗杀中国人的战争。”①美国出钱出枪、表面上是蒋介石出面，和公开出兵、公开是美国出面，无论如何总是两件事。按照书评作者所说的美国在一九四六年夏天就已经公开出兵，“这最后一次战争”就应当称之为“中美战争”，而决不能是“美国出钱出枪蒋介石出人替美国打仗杀中国人的战争”了，曾彦修同志这种种论断实在教人不能接受。

从上面列举的书评作者一系列的意见中，显然可以看出《美国侵华史》的作者和书评的作者对于美国侵略中国的历史是抱着两个绝不相同的看法，有着两个互相反对的根本论点。原书上所表现的看法、所持的论点，是前面已经讲过的，美国侵略中国是一贯的。自从加入鸦片战争，成为中国的侵略者起，直到于今，美国侵略中国的活动没有停止过。但是美国是个后起的资本主义国家，最初它本身的力量是很小的。因此，美国侵华势力发展的过程，是先小后大，由小到大，经过了几个不同的时期，到第二次世界大战以后成了中国最主要最凶恶的敌人。与此相反，书评上所表现的看法，所持的论点是：美国对中国的侵略并不是什么一贯的。实际上只有提出“门户开放”政策，发起华盛顿会议等几件值得注意的事。在这以前和以后，如前面所分别列举的许多历史事件，不是根本不存在的，就是极不关重要的。一九二一年华盛顿会议以后到一九四五年抗日战争结束前夕更是美国侵华史上完全空白的时期。美国侵略中国的过程则是其来也突然，其去也匆匆的。十九世纪末期美国提出“门户开放”政策已成为侵华一霸，华盛顿会议又一度成为一霸，但从此即中断，直到抗日战争后再来侵略中国。这两个绝不相同的看法、两个相互反对的论点，到底哪个是唯心主义、反历史主义，哪个不是唯心主义、

① 毛泽东：《丢掉幻想，准备斗争》，《毛泽东选集》第4卷，第1484页。

是历史主义，我们让历史事实去回答。在我自己，是不同意书评作者的这个根本看法的。

说明了书评作者许多见解不能成立和许多歪曲美国侵华史的主张不能令人同意之后，还可以指出一下书评作者采取的批评方法和分析方法有相当一部分是不严格、不合理的。因限于篇幅，这里不去一一论列，只举出下面两段曲解原文的文字作个例子。

一段是第二、第三页上："所谓甲国通过乙国去侵略丙国，无疑地，甲国才是正凶，乙国不过是被利用的工具，而且侵略得来的果实只能落到甲国手里，而乙国则要首先失掉独立，然后或者能够得到主人的几块赏钱！我们的作者就是这样把美日中三国在十九世纪下半期与二十世纪初期的关系，长期地比作上述甲乙丙三国的关系。"另一段是第四、第五页上："更奇怪的是，作者并且说：'在日俄战争以后，首先是美国在东方——主要是在中国的政治地位大大提高了。'这真是可算得信口乱说的典型了。任何人都知道，经过中日战争、日俄战争之后，首先的，也是最突出的，在东方和在中国的政治地位大大提高了的，不是别国，正是日本帝国主义，并且从此以后，直到一九四五年，几十年间日本就成为了中华民族最主要的敌人。作者的这种理论，只能使人感觉到一种出人意外的轻率。"关于前面的一段，不论是从全书叙述的美国侵华发展过程或每次具体事件来看，原文的意思是说明美国此时力量不足，某些活动要依附别国。此点正确与否要商榷。书评作者不顾原意，用甲乙丙一比，原文意思便完全改变。美国固然一变而成了侵略国的"正凶"，原书上大体合乎历史发展过程的叙述，因之，一变而成了完全反历史主义的观点。要证明书评的曲解是如此之明显，不如举出一九五五年一月十三日《光明日报》上发表的《对刘著〈美国侵华史〉的一些商榷》一文作个对照。此文论据相当确切、也有见地，作者是从不同意原书第一章所包括的时期和不同意用"追随或通过别国向中国侵略"概括这个时期的特征的角度来立论的。文章上说："不错，在十九世纪国际资本主义侵华诸强盗中，美国是一个后起者。我们完全该按照历史的真实面目区分各时期资本主义诸强盗在侵略我国中的先后和主次要地位。但每个强盗都是按照自己的条件各自走过一条掠夺与压迫的血腥道路，一条独立的而不是什么追随的道路。"很明白，此文作者肯定原书上写的是美国"追随的道路"，不是什么唯一的正凶。而我们的书评所描绘的甲乙丙的关系，歪曲了原书的内容是多么明显！关于后面的一段，原书从六十九到七十二页上写着："在日俄战争以后，首先是美国在东方——主要是在中国的政治地位大大提高了。""第二，日俄战争以后的一个时期，美国在中国的经济地位，也有了变化。""第三，在日俄战争之后不久，美国与对中国的政治经济侵略分工合作，同时并进的，还有大规模的文化侵略。"本来讲的首先是美国的政治势力，第二是美国的经济地位，第三是美国的文化侵略。在书评作者笔下一变而成了首先是美国的政治势力，其次是日本的政治势力。这和原文是毫不相干的。

其他还有不少的地方，书评作者用断章取义、任意推想和凭空下断语的办法，把原书上有的说成了是没有，本来是合乎事实的被说成了是与事实不合，合乎逻辑的说成了是违反逻辑，在此难以备述。我主张学术批评应该是尖锐的、认真进行的，因此，我也如在前面说过的欢迎曾彦修同志对《美国侵华史》的尖锐批评。但是严格的、尖锐的学术批评，必须建筑在实事求是的基础上才能表现出它的真正的重要作用和意义。

曾彦修同志对《美国侵华史》的整个评价，在书评的开头说，希图站在中国人民的立场上揭露美国侵华的历史的"这本书应该说是第一本"。"作者确实在感情上是与美国侵略者站在势不两立的地位"。[①] 中间则说："由于本书的空论太多，全书虽有二十几万字，但材料却很不多。尽管满纸都是分析、论断，但在重要的问题上、关键的问题上，材料却很少甚至完全没有。"[②] 在书评的末尾作了如下的一个概括：这是"一本充满了错误的，在基本的观点与方法上是唯心主义与反历史主义的著作，是一本对大大小小的历史事件进行了一系列的随心所欲的解释的著作。它在政治上和科学上都传播了一种不好的作用。特别在科学研究上传播一种反科学的、主观主义的，随口而说的极坏的作风，大大地损伤了在阐述美国侵华史这个极为重要的问题上应有的严肃性和战斗性"[③]。我对书评上所提出的各项主要问题都在前面讲出了自己的意见，《美国侵华史》是不是一部在政治和科学上都是有害无益的书，我看不用亟亟去申辩。只要经过大家讨论，事情到底怎样，总可以说清楚。但是我必须着重指出一点，书评的全部精神所给予读者的这样一个指示是不正确

---

① 曾彦修：《评刘大年著〈美国侵华史〉》（打印稿），第1页。

② 同上书，第6页。

③ 同上书，下篇，第12页。

的！《美国侵华史》是一本“很少甚至没有”材料根据的书，只是作者“在感情上”与美国处在敌对地位，从头到尾用主观唯心主义编造出来的“第一本”描写美国侵略中国的历史书。我在前面讲的一切，说明了书评作者的这样一个指示是没有根据的。有鉴于曾彦修同志表示自己的书评是站在马克思主义的立场上来进行反对反马克思主义思想斗争的作品，更是有必要指出上面这一点。我赞成在历史研究中要反对唯心主义，要尽快写出一部有科学性的美国侵华历史书，但是我不赞成在学术批评和反对主观主义的如此严肃的题目上来减少美帝国主义一贯侵略中国的罪实。再说一遍，坚决反对任何这样的企图。

四、最后讲到我对此书的初步检查

前面不同意曾文绝大部分的在具体问题上的意见，并不是我认为《美国侵华史》是一部什么好书。序言上已经如实地说出了我的看法：由于作者主观力量的薄弱，这本书远不是一部令人满意的研究美国侵略中国的历史著作。要说它对读者可能有哪些作用，我将认为其主要内容是企图按照历史唯物主义的基本观点，即阶级分析与阶级斗争的观点来叙述的。全书所要着重进行分析和揭露其罪恶的，是美国的资产阶级侵略者。同时书上揭载的历史事实，可以说是信而有征，不用怀疑的（关于材料方面，虽然如曾文所正确指出的有个别论述缺乏资料，有两处数目字有误，但是并不足以怀疑全书根本材料的可靠性）。过去我的看法是这样，现在我的看法也还是这样。我一向认为《美国侵华史》只是把美国资产阶级侵略者侵华活动的若干材料集合在一起，加上了作者的一些粗枝大叶的解释和说明的一部材料书，远不是一部研究美国侵略中国的历史的研究著作。

现在看来，作为一本名副其实的材料书来要求，上面的错误和缺点也是很明显。有一部分关于美国侵华活动的资料说明解释是不尽恰当的。全书是企图通过这些资料按照历史主义的原则，说明美国侵华历史发展的几个时期。但是由于某些说明解释不是恰如其分，有的地方便没有能够把美国侵华活动的真实地位和作用讲清楚。因此，这些地方的叙述是没有说服力的或者是不合于历史主义的。全书的根本性错误或缺点是在这里。其他的错误缺点还有：

第一，个别的论断资料不足；第二，少数的资料没有经过认真考订，如前面已经指出的均是；第三，有的地方叙述不集中或没有区别出事情的主要和次要；第四，文字上有缺点。重复一句，这些错误和缺点都只是作为一本粗浅的资料书来要求的。我觉得要称得起是科学的历史著作，它必须不限于记录一些历史的表面现象，而要深入地发掘历史的内部联系，全面地总结历史发展规律，并阐明这些规律的客观性质。这就需要进行巨大的理论综合与分析，把丰富的实际材料与高度的理论综合紧密结合在一起。作者完全缺乏这样的能力，只能心向往之而已。

回头检查《美国侵华史》的时候，我自已真是十二分惭愧。从最初准备写作《美国侵华简史》这本小册子，到现在已经整整十年了，费了十年的光阴，几次改写，连这么一本粗枝大叶的材料书也写得很不像样子，错误缺点一大堆，实在是有负于读者，对于读者的公正的责备，我是无可逃避也不应该逃避的。《美国侵华史》的错误和缺点，我相信比上面初步检查到的要多得多。我希望史学界的同志和其他读者趁这个机会对美国侵华历史写作上的许多问题展开一次讨论。我愿意接受批评的意见，重新修改《美国侵华史》；同时，也希望史学界的同志们尽早地写出美国侵华历史的科学著作来。

作者附白：这篇稿子是在一九五六年一月上旬写出来的，快要完稿的最后一两天内，见到了曾彦修同志的文章的第二次打印本。此次送付铅印前只对原稿作了个别词句的改动，上面所涉及的问题仍以曾文第二次打印本为限，所有引述亦以曾文第二次打印本为据。

中国近代史研究中的几个问题①

中国近代史研究中存在的问题很多。这里所要谈的是目前正在争论和我认为是重要的问题。一般情况且不去叙述，简单说一点我对这些问题的粗浅看法。

第一个是中国近代史始于何时的问题

资本主义社会与资产阶级统治形成及其开始没落、消灭的时代，就是我们今天所说的近代。中国没有独立的资本主义时代，有一个属于资本主义体系的半殖民地半封建时代。我们通常说的中国近代史就是指中国半殖民地半封建时代的历史。因此，历来应用马克思主义观点研究中国历史的人都主张一八四〇年中英鸦片战争是中国近代历史的起点。因为中国半殖民地半封建社会是从此开端的。近来有一种新的主张，以为中国近代史的上限应当划在十六世纪中叶或稍后一点的“明清之际”②。理由是那时已有资本主义萌芽，中国的近代就应当从那时算起。十六世纪或明清之际以后的中国社会与一八四〇年鸦片战争以后的中国社会到底是只有程度上的不同呢还是有根本性质的区别，就是这两种主张分歧的实质。

让我们撇开各种枝节，来考察一下这个问题的两个主要方面：一、半殖民地半封建的中国是从十六世纪或明清之际开始的还是鸦片战争以后开始的。二、中国的资本主义是在外国资本主义侵入的影响下产生的还是从十六世纪发生发展而来的。

半殖民地半封建社会，是指外国资本主义在中国社会生活的各方面占有

---

①原载《历史研究》1959年第10期。后收入《中国近代史诸问题》《中国近代史问题》《刘大年史学论文选集》。——编者注

②《明清社会经济形态的研究》序言，上海人民出版社1957年版。

控制地位，原来的封建社会遭到了破坏。而这种控制、破坏是外国通过一系列的侵略战争、不平等条约、各种形式的投资等等来实现的。十六世纪起，中国和西方资本主义势力开始有交往，也有过早期的冲突。整个十八世纪里，中外贸易上发生过许多争执。稍后一点，还有战争行动。那时外人要求增辟通商口岸，清政府只准在广州贸易，外商要求减低税额，清政府要求征收较高的税额，外商反对官商监督，清政府坚持外人的活动要由官商监督。这些争执都是一般的，不具有后来那种不平等的性质。马克思指出："东印度公司与天朝之间的斗争，在十八世纪的时候，还带有外国商人与中国海关之间的各种争执所共有的特色，但从十九世纪开始起，这个斗争则有了完全不同的特征。"[①] 十九世纪初，英国开始大量输入鸦片，中国对外贸易由此逆转。在英国大炮打开门户之前，中国社会生活遭受着鸦片这种特殊武器越来越重的打击。然而这根本说不上外国有什么半殖民地控制，中国封建经济也并无显著变化。社会阶级还很简单，主要是农民与地主的对立，中外矛盾尚未成为那么严重的矛盾。只有鸦片战争是剧烈变化的发端。中国由一个独立国逐渐地变成了半独立国，社会经济生活中呈现出一幅新的复杂的图景。一、封建经济独立发展的进程改变了，广阔的自然经济开始遭到破坏，原有的城市手工业者、农村的家庭手工业者分别破产失业。二、外国在中国自由倾销商品，掠夺原料，中国成了资本主义世界市场的一部分。三、中国出现了资本主义和近代工业，有了近代资产阶级和工人阶级。但在外国资本主义极力阻碍、压迫下，新生产力停滞不前，民族工业得不到自由发展。四、自然经济破坏了，但封建剥削制度依旧保持着，外国资本主义和本国封建势力结合在一起，把封建剥削制度变成维持半殖民地半封建统治的支柱。这种根本改变面貌的变化，比起十六世纪或明末清初那点变化来不知要大过多少，深刻多少。毛泽东同志指出鸦片战争以后，中国一步一步变成了一个半殖民地半封建的社会，就是对这些事实最好的概括。

中国资本主义的产生也有它的特殊过程。

十六世纪至鸦片战争前夕，中国的农业和手工业无疑地比前代发展得更高些。手工业技术达到了新的高峰。某些地区、某些行会手工业的行东开始脱离原来的地位而变为工场主，另外的师匠则变为雇佣劳动者。手工业者与城市

① 《马克思恩格斯论中国》，人民出版社 1957 年版，第 83 页。

贫民的数目有了增加。封建经济内部的资本主义萌芽是明显存在的。没有外国资本主义影响，中国封建社会也将缓慢地走向资本主义。不承认这一点就说不上马克思主义观点。但是这时的中国是个封建的中国。正如马克思所指出的，中国社会经济的广阔基础，是小农业和家庭手工业相结合的自然经济。当资本主义萌芽还远没有突破自然经济结构时，外国资本主义侵入截断了它的前进道路。资本主义是在中国出现了，但是它不是十六世纪以来萌芽状态的扩大，而是在十九世纪六七十年代开始，直至这个世纪的末期才逐渐成长起来的。最初出现的近代工业，大部分是有买办倾向的地主、官僚、商人的投资，手工工场主或中小商人兴办的为数极少。这说明中国的资本主义是在半殖民地半封建社会里产生的，是欧风美雨波及的结果。半殖民地半封建规定了中国民族资本主义与帝国主义封建势力都有矛盾，又都有联系。建筑在这个基础上的民族资产阶级是个软弱无力的阶级。维新运动、辛亥革命都证明先天软弱的中国资产阶级无法取得一个革命胜利的结局。毛泽东同志指出，自外国资本主义侵入中国，中国社会又逐渐地生长了资本主义的因素，而在这个基础上形成的民族资产阶级是一个带两重性的阶级。这就是中国资本主义和民族资产阶级的根本特点。不承认这个特点就更说不上马克思主义观点。原有的封建社会内部的资本主义萌芽在鸦片战争以后到哪里去了？回答是那些手工业因为所处的地位、条件不同，归宿也不同。鸦片战争以后，它们破产了一些，被买办化的商人控制了一些，也保留和发展了一些。没落破产的是广大群众生活所需要、而外国工业又特别发达的部门，这是大量的。如棉纺织业、制铁业、染制业等都是。买办化商人控制的是一部分，起初主要的是提供出口货物的缫丝、制茶等行业。如浙江南浔镇号称“四牛八象七十二只狗”的丝商，广东香山等处的丝茶买办，多半是以经营丝茶贸易起家，后来又投靠外商积聚起了更巨额的财富。保留下来的是有长远历史的著名手工业。如有的陶瓷业、丝织业也在新的条件下采用机器生产，由工场手工业发展为半近代或近代化的工业。不过这一部分数量既少，而且也不是经济生活里最主要的部门。

外国资本主义侵入和中国资本主义发生是对立统一的两面，也是构成中国近代社会最基本的两面。考察这两个方面，只能得出一个结论：以鸦片战争为标志开始的时代是一个完全新的时代，中国社会的变化具有不同于过去一切时代的特征。从十六世纪或明末清初来划分中国近代史，事实上是混淆了鸦片战争以前和以后的社会性质，抹煞了它们的根本区别。

根本事实既是如此，那些反对的理由，不论是正面论述应当从十六世纪分期的，还是反过来指责从鸦片战争断代为不当的，都显得顾此失彼，无法自圆其说。

正面的理由，主要是认为今天的近代既是指资本主义时代，中国近代史当然应从有资本主义萌芽的十六世纪算起。这种说法本身就包含着否定它自己的谬误。马克思说，封建主义也有过自己的无产阶级，"即包含着资产阶级的一切萌芽的农奴等级"①。恩格斯说，十六世纪的德国农民战争中，"在农民后面还有近代无产阶级的先驱"，他们手里拿着红旗，口里喊着财产公有的要求。②但是马克思、恩格斯都没有认为应当根据这些"萌芽"或"先驱"来改变封建社会和农民战争的性质。最少从奴隶制到资本主义，各个社会的萌芽都是很早就存在的。如果可以从萌芽区分历史，那就再也无法区分奴隶制、封建制和资本主义。再有就是认为十六世纪欧洲已出现资本主义，中国与欧洲不应相差太远。持这种理由的出发点有二：一是欧洲为世界中心，二是各国社会的发展在时间上也应当整齐划一。作为世界史分期当然要有统一的标准，而我们现在讨论的却是国别史。各国历史本身从来就不是按照人们所想象的某种单纯整齐的步子进行的。两千多年以前中国就进入了封建社会，那时希腊还是奴隶制。四十年以前苏联建立起了第一个社会主义国家，而美国今天还处在资本主义的残暴统治之下。假使谁认为可以把希腊的奴隶制和中国的封建制、美国的资本主义和苏联的社会主义从某个年份起看作是同一时代，人们会指出那是绝顶荒唐的。我们不能要求中国的近代向欧洲的近代看齐，正是同一个道理！

反过来指责从鸦片战争断代为不当的理由，一种是认为从鸦片战争分期是斩断了历史发展的线索。这要分析一下。封建制度发展的线索从此开始被永远斩断了，封建社会内部资本主义萌芽发展的线索也明显地被斩断了。但是这些都只能成为中国的近代应当始于鸦片战争的理由，不能成为否认鸦片战争以前和以后中国社会有根本区别的理由。相反地，从十六世纪划分近代史，那真正是斩断了中国封建社会的历史。再一种是认为外国侵入只能形成半殖

①《哲学的贫困》，《马克思恩格斯全集》第 4 卷，第 154 页。

②《自然辩证法》"导言"，人民出版社 1963 年版，第 4 页。

民地，不能形成半封建。其所以成为半封建是由于中国有了近代资本主义。[①]这是试图从否定半殖民地半封建的统一性，来达到否定近代中国始于鸦片战争的目的。虽则拐弯抹角，还是矛盾毕露。毛泽东同志在《中国革命和中国共产党》里指出：外国资本主义侵入，一方面破坏了中国自给自足的自然经济，破坏了城市的手工业和农民的家庭手工业，一方面又促进了中国城乡商品经济的发展。这就对中国封建经济基础起了解体的作用，给中国资本主义生产的发展造成了某些客观的条件和可能。这两个方面是不可分割的。如果说，外国侵入只决定半殖民地，只干涉中国资本主义，不决定半封建，不干涉封建经济，或者是相反，这就必须承认社会生活不是一个统一的整体，在同一个社会里可以截然分为两个互不相干的独立世界，确实这比任何诗人所敢于想象的情景都来得奇异。不承认外国侵略有破坏封建经济的一面，恰恰就是不承认外国资本主义有促进中国封建经济解体、给中国资本主义创造了条件的一面。外国侵入既不决定半封建，又不影响中国资本主义的发生发展，所谓半殖民地半封建社会云云，就成了一句响亮的空话。这种论点本来只是要否认半殖民地半封建的统一性，结果却走到了否定半殖民地半封建社会的极端。试看何等矛盾！要想否定半殖民地半封建的统一来反对从鸦片战争分期，必定要被这个矛盾的绳索紧紧地捆住，无法摆脱。不用说，外国资本主义侵入的目的，不是要把封建的中国变成一个资本主义的中国，而是要变成它们的半殖民地和殖民地。可是外国的侵入，毕竟引起了促进中国资本主义的这种反面效果。指出这一点，是为了正视中国资本主义所具有的半殖民地半封建的社会特性，抹煞它、轻视它都是不行的。还有一种是认为拿外国侵略中国的战争作为划分时代的标志，就是外因论者，这更缺少根据。“唯物辩证法认为外因是变化的条件，内因是变化的根据，外因通过内因而起作用”[②]。外国资本主义侵入影响中国内部发生变化，正是由于中国封建社会高度发展提供了根据。中国封建社会的高度发展，是由于社会生产各方面所达到的水平构成的。其中有资本主义因素，但不只是资本主义因素。

从鸦片战争揭幕的时代是一个完全新的时代，无论从哪方面来的反对理由，都不足以改变这个合理的结论。

---

① 尚钺：《有关资本主义萌芽问题的二三事》，《历史研究》1959 年第 7 期。

②《毛泽东选集》第 1 卷，第 302 页。

前面提到过，把中国的近代看作是从鸦片战争开始，并不是认为在这以前中国封建社会永远停滞在那里，没有前进，只有因为遭到外国的侵略，才开始了变化。同时把鸦片战争作为分界线，并不是认为社会生活就从此一刀两断，一切都毫无关联了。世界现实从来也没有那么玄妙。指出鸦片战争是近代的起点，目的只在于说明这以前和以后的社会本质有区别。不承认这个区别，就会不可避免地要对近代中国的社会性质、帝国主义侵略、资本主义和资产阶级的地位和作用等许多重大问题作出错误解释，失去历史的本来面目。

第二个是太平天国革命的性质问题

理解太平天国革命和理解中国的近代有密切联系。太平天国运动是一场农民战争。它爆发于中国进入近代的初期，领导这次运动的拜上帝会是在鸦片战争结束的第二年成立的，再过八年就是金田起义。中国资本主义出现则是这次农民战争以后的事情。与此相反的一种主张，说太平天国不是农民战争，是所谓“市民运动”或“市民革命”。其目的是要证明太平天国是资本主义因素增长的产物，提前中国资本主义。

双方着重辩论的，首先是如何看待当时社会经济矛盾的问题。

鸦片战争以后，资本主义产生以前，社会经济生活中有三种因素。有广大农村中的自然经济，有城市手工业生产和商品经济，有外国资本主义的经济掠夺。四十年代至太平天国起义，外国资本主义尚未深入内地，反侵略斗争主要在沿海地区进行。封建经济占有统治地位，封建土地所有制是基本的所有制。清朝初年经过农民战争，地主受到打击，土地集中有过暂时的缓和。以后地主阶级不断聚积财富，土地又开始新的集中。直到太平天国期间，集中的趋势尚在继续。据雍正至咸丰年间一些记述所描绘出的轮廓是：土地最分散的地区以西北甘肃为例，百分之六七十的人口是有土地的“粮户”，没有土地的“穷丁”占人口的百分之二三十。土地集中程度一般的地区，以中部的湖南为例，地主占有土地百分之五十至六十，没有或只有稍许土地的佃农占人口百分之六十左右。土地高度集中地区以东部的江苏为例，百分之十的人口占有大部分土地，百分之八九十的农民失掉土地，变为佃农。一些大地主占有的土地由几万亩至几十万亩不等。拜上帝会发源地的广西省和桂平、贵县、平南一带是全国一个缩影。广西省素称“阡陌开而田大半归富户，而民大半皆耕丁”。桂平、贵县、平南有一大群各拥有几十万斤租至百万斤租的大地主。这些都确切说明当时社会生活的主要矛盾是以土地问题为中心的封建经济内部矛盾。太平天国正是在这个矛盾上产生的，是农民和地主之间阶级斗争的巨大爆发。

“市民运动”的主张者，一味夸张资本主义，降低农民与地主的矛盾，不能正确理解包括商业和手工业者的“市民等级”。那时拥有巨额货财的商业高利贷资本是和封建经济紧相拥抱的。许多商人高利贷者往往又占有大量的土地，是大地主。通商口岸的买办商人则依附于外国资本主义。他们都不是发展资本主义的势力。手工业者和城市贫民的各种成员，由于他们生活状况的差异所表现出的各种矛盾倾向，在封建经济统治下，最后也必然要以封建经济的矛盾为转移，即以农民和地主的阶级斗争为转移，要为这个根本矛盾所约制。

有的作者拿土地集中来证明资本主义的发展，是没有分清楚土地集中的不同性质。土地集中有两种。有封建的土地集中，有资本主义的土地集中。十八世纪英国颁布“圈地法”以后，村社土地集中到地主手里。一八六一年俄国废除农奴制度，一部分土地作为“份地”给农民耕种，以后又集中到富农手里，都是资本主义的集中。其特点是，土地集中使用、生产目的是向市场出售产品，小土地所有者的分化是农业企业主与农村工人两种新势力的分化。中国和这大相径庭。地主占有土地不是生产商品，而是“食租衣税”，进行封建剥削。农村的突出特点是土地集中所有，分散经营。佃农耕种着面积狭小的土地，必须依靠家庭手工业等“杂作”维持最起码的生活。农业和家庭手工业相结合的生产，牢固地保持着自然经济和简单再生产。土地集中所产生的分化是农民与地主的两极分化。显然这种集中是属于封建的性质，不属于资本主义性质。由此产生的只能是农民和地主的矛盾，不是市民和封建势力的矛盾。为了提早资本主义，把这种土地集中、阶级分化说成是资本主义发展的表现，无疑是一种错误。

运动参加者的成分是争论的另一个方面。

参加太平天国运动的成员，强烈表现了中国农民战争的传统特色。历来农民战争的参加者主要是最贫苦的农民，小部分是手工业工人和城市贫民。因为在封建经济统治下，所有的剥削阶级、阶层，包括贵族、地主、官僚、商人都是立于人口占绝大多数的农民群众之上的。侵入中国的外国资产阶级也是一样。农民在反抗封建剥削压迫的斗争中，无法和这些依靠吮吸他们的膏血为生的阶级相联合。只有手工业工人、城市贫民同样遭受封建剥削压迫，是农民可以联合的力量。太平天国的参加者正是如此。《李秀成自述》说：洪秀全教人敬拜上帝，“从者俱是农民之家、寒苦之家。自道光二十七八年上下，广西盗贼四起，扰乱城镇，各居户多有团练。团练与拜上帝之人两有分别。拜上帝人与拜上帝人一伙，团练与团练一伙”。大抵“盗贼”是抱着单纯经济目的的流氓集团，“团练”是地主武装。拜上帝会与团练相对立，又区别于盗贼，很明显的是以贫苦农民为骨干的反抗组织。后来加入太平天国运动的群众越来越广泛，农民而外，有矿工、水手、手工业工人和小商贩，等等。甚至有些地主阶级野心分子也向太平天国投机。

主张“市民运动”的作者在这里对市民等级、农民战争都发生了误解。第一，他们说太平天国的某些制度、思想不是农民中所能产生的，只有从“新兴市民等级”中才能产生。第二，他们说许多领袖人物不是农民出身，其中像杨秀清应当是所谓“萌芽无产阶级分子”的代表，这是市民运动的证据。按照第一条的观点，“市民等级”不仅是一个独立的阶级力量，并且是一种“新生产方式的体现者”，是远比农民先进的力量。恩格斯却明明指出，市民里面有三个不同集团，即名门望族的阀阅之家、中等阶级反对派和平民反对派，市民不是一个统一的阶级。有些作者所列举的市民，实际上是包罗城市和农村不属于地主的各种庞杂人群，不成其为一个阶级。市民等级中的那些手工业者、行会老板又都与旧生产方式联系着，是维护旧生产方式的，不是比农民更先进的力量。《共产党宣言》上指出：“原封不动地保持旧的生产方式，却是过去的一切工业阶级生存的首要条件。生产的不断变革，一切社会关系不停的动荡，永远的不安定和变动，这就是资产阶级时代不同于过去一切时代的地方。”[①] 认定农民战争只有依靠市民才能推向高峰的根本思想，是认为市民的意识自然比农民优异的“自发论”思想。列宁、斯大林都再三指出，绝不能用自发论观点看待近代工人阶级的意识。不言而喻，我们更没有理由用这种观点看待市民群众的意识。

① 《共产党宣言》，人民出版社 1964 年版，第 36 页。

按照第二条，太平天国的农民战争性质似乎有几分危险。有些领袖人物确实不是农民出身，甚至单纯的农民只占极少数。最早的《金陵癸甲纪事略》和《贼情汇纂》两书，载有太平天国前期人物二百五十余人，有本人出身可查的共五十人。其中农村里不属于地主富农的知识分子，包括秀才、塾师、医生、粗通文墨者十二人，会党活动分子、盗魁、江湖术士等八人，中农、贫农、雇农七人，推车驾船贩运米谷木材和贩卖绸缎烟土的商人、小贩七人，城市店伙、农村帮工、曲艺演唱者、理发匠等六人，地主富农四人，当铺老板四人，木匠铁匠各一人。真正的农民占第三位，只有百分之十四，真是少得很。但是只要翻开中国历史，就知道这是历来农民战争的特色。自秦汉至明末各次农民战争的主要领袖，几乎都不是农民出身。他们是屯长（陈涉），亭长（刘邦），狱吏（赤眉徐宣），道门首领（张角兄弟），封建贵族（李密），里长、下级军官（窦建德），私盐贩子（黄巢、王仙芝），商人（郭子兴），小商贩（徐寿辉），游方僧人（朱元璋），驿卒、屠户（李自成）等等。只有极少数人是雇农（陈涉、朱元璋）而又兼有其他身份的。可是谁也没有拿这个作为根据来断定自秦汉至明末的农民战争都不是农民战争，都是所谓“市民运动”。道理很简单，农民被束缚在土地上，见识狭窄，又是小私有者，挺身出来领导群众反抗的，首先总是那些富于阅历、敢死亡命或有所凭借、足资号召的分子。所以领导人物成分复杂，而又多半属于下层社会，这只是农民战争的根据，不是其他什么运动的根据。至于把种山烧炭的贫农如杨秀清称为“工人”或“市民”，那是把封建剥削下的农村雇农和资本主义的工资劳动者混淆起来了，是不对的。

争论较多的是关于太平天国土地纲领、制度的来源问题。

《天朝田亩制度》是一个伟大的农民革命纲领。它的内容是平分土地，具有彻底废除封建土地制度的革命意义。农民渴望获得土地的要求，在这里得到了最鲜明最强烈的反映。但它也只是农民革命的纲领。那上面只规定人民除耕种土地还要从事饲养猪鸡、蚕绩缝衣等家庭副业和手工业。这是因为在土地平分、自给自足的原始公社式的社会里，是既不需要商业，也不需要独立的手工业的。列宁说：“‘地权’和‘平分土地’的思想，不过是表现着农民力求平等而完全推翻地主权力，完全消灭地主土地所有制的那种革命愿望而已。"[①] 又说："这种乌托邦虽然对于重分土地应有（和将有）何种经济结果的问题是一种幻想，但它同时又是农民群众广阔伟大民主运动高涨底伴侣和征候……"[②] 斯大林说："平均主义的根源是个体农民的思想方式，是平分一切财富的心理，是原始的农民'共产主义'的心理。"[③] 毛泽东同志指出："绝对平均主义的来源，和政治上的极端民主化一样，是手工业和小农经济的产物。"[④]"在分配土地问题上主张绝对平均主义的思想，它的性质是反动的、落后的、倒退的。"[⑤] 所有这些对"平分土地"思想的论断，简直就像是直接对太平天国的论断。市民等级和这是不同的。市民一般可以参加反封建斗争，而平分土地却不是他们的直接要求，他们和土地只有间接的关系。

单讲思想来源，很容易从"大同之世、天下为公"以后的各种乌托邦那里找到《天朝田亩制度》的蛛丝马迹。在这一点上，不妨说它不是表示了某个阶级、阶层的独特思想体系，而是一般地表示被剥削者和在落后经济条件下生活的人们，幻想有一个没有剥削压迫的原始共产世界。但是太平天国的乌托邦所以比前代更有系统，把平分土地的思想表达得更明确，其本质是规模空前的农民战争风暴的影响所决定的，是农民与地主激烈斗争的产物。

主张"市民运动"的作者说，不管思想本质如何，《天朝田亩制度》在客观上终究是打击封建势力，为资本主义开辟道路的，因此还是反映了市民的要求。稍为分析一下就可以知道这种说法距离事实有多么遥远。其一，太平天国没有，也不可能照《天朝田亩制度》的规定平分土地。在太平军占领的区域里，有些是农民向地主交租，但租额减少，有些是农民不交租，直接向太平军纳税，有些是地主照旧收租，这几种办法同时并行。一、二两种打击了农村地主的政治经济势力，农民得到实际利益。可见这个制度的革命方面在一定程度上是见诸实行了，而其空想部分则始终只是空想。其二，《天朝田亩制度》即使全部实现，也绝不会促进资本主义。因为资本主义是不能从没有独立手工业和商业的原始公社式的社会里发展起来的。这就是称太平天国纲领是乌托邦的道理，是这个纲领反动的一面。其三，并非凡是打击封建势

①《列宁文选》两卷集，第 1 卷，第 787 页。

② 同上书，第 814 页。

③《斯大林全集》第 13 卷，第 105 页。

④《毛泽东选集》第 1 卷，第 91 页。

⑤《毛泽东选集》第 4 卷，第 1314 页。

力就一定促进资本主义。封建时代的农民战争没有一次不打击地主阶级，但是它只能多少推动一些封建社会的行程，并不成为孕育资本主义的产婆。列宁在《列·尼·托尔斯泰》一文中称俄国一九〇五年的革命是农民资产阶级革命，把给资本主义"扫清基地"的问题提到了第一位。但他一开始就指出："我国（俄国）革命的一个主要特点是：它是资本主义在全世界达到很高的发展程度并在俄国达到相当高的发展程度的时期的农民资产阶级革命。"[①] 必须具有"相当高的发展程度"的资本主义，农民革命才能起扫清资本主义基地的作用，这就是决定的关键。太平天国起了有利于资本主义的作用，那是因为它发生在鸦片战争之后，严重打击了内外反动势力，阻止外国进一步扩张鸦片贸易，阻止、延缓了外国资本主义扩大在华市场的结果，不是因为它的纲领里藏有发展资本主义的奥秘，更不是因为中国有了"相当高的发展程度"的资本主义。至于有的作者把洪仁玕的《资政新篇》看作是太平天国要求发展资本主义的证明，那是出于误解。洪仁玕在香港学得了一些资本主义知识，使他能够提出具有资本主义政策色彩的建议。《资政新篇》承认贫富差别，根本不提土地问题，明显地是反映了时代的特点，而不是太平天国的传统。因为在农民革命战争中找不到实行资本主义政策的土壤，所以洪仁玕的建议没有、也不可能产生什么实际效果。

其实，太平天国时期不止有《天朝田亩制度》这个土地问题方案，还有湖南陈正卯、浙江黄春申减租减息方案，有彝族李文学、大成国黄鼎凤耕地农有方案。陈正卯一八五六年起事，自称"穷团"，实行"勒典减息、勒田主减租、勒增雇工工价"。黄春申一八五九年起事，实行"田租只交七成"。李文学一八五六年起事，建立政权，规定"帅府督府近郊之庄主田悉收为军耕，庶民原耕庄主之田悉归庶民所有"。黄鼎凤一八六二年（？）告示："田地为务农之本，天下旱畲水田，均为我农所辟。田主历代收租，实干天怒。自此之后，仍照旧制，田主不得借故收租。"许多人在不同的斗争条件下提出要求，目标又都集中于土地问题这个焦点上，这决不会是偶然吻合。这是突出说明：从减轻封建地租剥削到废除封建土地制度的要求，并非天然和某个体现资本主义因素的阶层联系在一起，而是天然地和农民联系在一起，是农民革命高涨的标志。

---

①《列宁全集》第16卷，第322页。

恩格斯的确强调过十六世纪德国农民战争中市民等级所起的作用。但是恩格斯一再明白指出，这次农民战争是资产阶级革命，其意义甚至是和十七世纪的英国革命、十八世纪的法国革命并列的。不管如何夸张中国资本主义萌芽，太平天国时代绝没有可以和英国、法国资产阶级革命相比的社会条件。在这里，恩格斯是正确的，断定太平天国是所谓“市民运动”的论点则是谬误的。

归结上面的叙述，要点是：一、太平天国期间封建经济占统治地位，社会生活中最普遍、最突出的是农民和地主的矛盾。二、参加太平天国运动的群众仍是旧式农民战争中的群众。手工业者和城市贫民一向是农民革命的成员，不是要有资本主义萌芽才有手工业者和城市贫民参加农民战争。三、平分土地是农民的要求，不是市民的要求。太平天国有利于资本主义的成长，不是施行了《天朝田亩制度》的结果，是广阔的群众运动打击了封建统治势力、打击了外国侵略势力的结果。四、太平天国是旧式农民战争的顶峰，它的特点是反映了鸦片战争以后这个时代和中国社会这个发展阶段的特点。还是马克思说得对：太平天国是“停滞的社会生活之产物”①。各种为了提前中国资本主义所作的比附，都缺少切实的根据。

除了“市民运动”的主张，还有其他一些争论。有说太平天国是资产阶级农民革命的，也有说是农民革命而带有资产阶级民主革命性质的。分歧停留在概念上，不是在实质上，这里不去一一论述。

第三个是中国近代历史分期问题

这是指从鸦片战争到一九一九年五四运动这八十年的历史，应如何再分为若干段落、若干时期。前面讨论的两个问题涉及看待中国近代社会的某些基本观点，这个问题只涉及怎样认识半殖民地半封建社会的具体变化过程。

历史是一条不舍昼夜永远漩流着的长河。研究历史总要分时期、分段落进行。应用马克思主义观点划分历史时期，是要指出反映社会历史发展、变化的不同阶段间实质的区别，便于人们认识这些阶段的特征、内在联系和发

① 马克思：《中国事件》，《马克思恩格斯论中国》，人民出版社 1957 年版，第 140 页。

展趋向，掌握历史发展的必然规律。科学地叙述历史和科学地划分时期一样重要。

如何划分中国这八十年的若干段落，应该有一个客观的标志。考察这种标志，不外乎三个方面：一、基本上从阶级斗争表现来划分；二、从近代社会的主要矛盾变化来划分；三、从外国侵入后社会经济的发展变化来划分。这三者应当是统一的，不是互相排斥或彼此平列的三种东西。一定的社会经济产生相应的社会力量。阶级斗争、阶级关系的演变，归根结底是由社会经济变革所引起的。从来也没有与社会经济相隔绝的政治运动、阶级斗争。所谓社会的主要矛盾，更只能是这八十年间主要的阶级斗争。毛泽东同志在《矛盾论》上指出：事物发展过程的根本矛盾及为此根本矛盾所规定的过程的本质，非到过程完结之日是不会消灭的。“但是根本矛盾在长过程中的各个发展阶段上采取了逐渐激化的形式。并且，被根本矛盾所规定或影响的许多大小矛盾中，有些是激化了，有些是暂时地或局部地解决了，或者缓和了，又有些是发生了，因此，过程就显出阶段性来。”[①] 这里所讲矛盾的阶段性，当然就是阶级斗争、革命运动的高潮低落，外国侵略和国内斗争为主为次的转换，革命动力从农民战争到资产阶级革命的发展，在反侵略斗争中地主阶级的不同态度等等变化的阶段性。这些都是阶级斗争，并且这些斗争变化又是统一的整体，不是各自孤立的。所以只有基本上用阶级斗争的表现作为划分时期的标志，才能最可靠地区别出中国近代史的各个不同阶段。

遵循这个标准，中国近代史可以划分为三个时期。

鸦片战争至一八六四年太平天国失败是第一个时期。

这二十五年是中国进入半殖民地半封建的初期。封建经济开始破坏，资本主义还没有产生。在阶级关系的变化发展上有两个主要方面，两个完整的过程。一是中国封建势力与外国资本主义从对抗到结合的过程，一是农民战争从高潮到低落的过程。二者紧相结合，都是从鸦片战争开始到太平天国失败而成为定局的，形成了一个完整的历史阶段。

由于有外国的侵略，这个阶段里贯穿着两类战争。一类是抵抗外国侵略的民族自卫战争，一类是农民战争。前者有鸦片战争、两次英法联军之役，一八四二年以后广东等处人民的武装反英斗争也属于这一类。鸦片战争

---

①《毛泽东选集》第1卷，第314页。

是英国发动的，两次英法联军之役是英法出面，俄美两国参加发动的。英法俄美是资本主义或正在进入资本主义的强国。这类战争表现了中华民族与外国资产阶级侵略者的矛盾。后者有本期遍布全国的反清起事和一八五一年至一八六四年的太平天国运动。这是农民与地主间阶级矛盾的爆发。封建势力与外国侵略势力从对抗到结合、农民战争从高潮到低落的过程，具体表现为这两类战争不断演变的过程：第一步，外国发动鸦片战争，代表地主阶级的清政府最初出来组织抵抗，人民群众支持清政府，农民和地主阶级在对外战争中取得了暂时的一致。这个短时间里主要只有抵抗外国侵略的一种战争。但地主阶级很快发生动摇，“平英团”的活动使对外斗争中的两条道路明显揭露出来。第二步，农民与地主展开激烈搏斗，鸦片战争期间已经有酝酿，至太平天国达到高潮。侵略者经过鸦片战争，远未满足奢望，并且开始认识到要完全支配中国，主要敌人不是地主阶级的清政府，而是广大群众。侵略者利用局势再次、三次发动战争，目的是要驯服清政府，使它遵循自己的路线。农民和地主阶级间的战争是生死斗争，没有妥协余地。在受到外国武装侵略威胁的时候都分别进行了反抗，但它们是各自孤立进行的。以太平天国为代表的农民这时对外仍限于自发性反抗，不是对外国侵略势力有明确的认识。太平天国对第二次英法联军进行了大规模斗争，但并未缓和与地主阶级的矛盾。地主阶级则极力避免与外国冲突，只是由于对外国资产阶级还缺少了解，当然也还不甘心屈服，被迫打了两个回合。这表现出民族斗争和阶级斗争交织在一起的复杂情况，而主要矛盾是农民和地主的矛盾。正因为如此，第三步，在外国侵略和农民战争打击下，地主阶级宁肯向侵略者屈服，决不肯对农民让步。经过北京条约、借用洋兵，中外反动势力完全结合起来。这时由原来国外国内两种战争再变而为地主阶级与外国资产阶级合作来反对农民革命的一种战争。一八六四年太平天国失败，农民革命在全国范围趋向低落，近代史明显地在这里成为一个段落。

这时没有新的社会力量，推动历史的仍是农民这一个阶级。

一八六四年至一九〇一年义和团运动失败是第二个时期。

第二个时期里的社会经济生活有许多特点。欧美资本主义开始进入帝国主义，加紧了对中国的侵略。中国出现了资本主义，有了早期的资产阶级和工人阶级。半殖民地半封建社会是在这个阶段最后形成的。除了农民分散的反封建斗争，有几个新兴的社会运动贯穿着这个时期。

一、洋务派的活动，六十年代兴起，一八九五年中日战争后结束。

二、改良主义思想运动，大约在七十年代出现，一八九八年戊戌变法达到顶点。

三、反洋教运动，六十年代兴起，七十年代大盛，义和团运动达到最高峰。

洋务活动是地主阶级中最早带有买办倾向的一部分人主持的。洋务活动先标榜“求强”，后标榜“求富”，是地主阶级采用资本主义外壳以保持封建主义统治的一种自救运动。洋务活动有其发展过程。它的初期是有两方面的作用的：有投靠外国的一面，有从封建统治利益出发与外国抗争的一面。越往后，这种活动的买办性质越明显。洋务派人数不多，实力不小。六十年代以后清政府应付局势的权力、办法，主要不是掌握在最顽固守旧的那一派人手里，而是掌握在买办化的官僚手里。他们是地主阶级的当权派，因为这时只有他们最能得到帝国主义的赏识，找到支持的力量。改良主义思想运动来源于正在成长的资本主义。它的主要内容是要求保护工商业，要求国家独立，要求清政府作某些民主改革。甲午战争以后，这种反映资本主义要求的思想潮流，进一步发展为资产阶级的政治运动——戊戌维新。维新派虽然没有找到民族独立和发展资本主义的道路，但他们第一次尖锐地提出了这两个根本问题。反洋教斗争本质上是人民群众直接反抗外国侵略的行动。其中农民是主要力量。农民的斗争锋芒由指向地主阶级转而主要指向外国侵略势力是个极大的变化。这三个性质各异、作用不同的社会运动却有两个显著的相同之点。第一，都是以半殖民地化加深、中外矛盾加剧为背景而发展起来的。维新运动、义和团运动明确要求民族独立、抵抗瓜分危机，洋务派的求强求富都是半殖民地化加深的结果。清政府被迫连续组织、参加了中法、中日、义和团三次民族战争，把这个时期民族矛盾处于主要地位表露得更加清楚。第二，几个运动都是从六十年代开始，至本世纪末先后以失败而告终的。三个运动都经过三十多年陆续的发展，至九十年代末达到了一个决战阶段。结果是地主阶级彻底屈服在侵略者面前。资产阶级改良派的活动很快宣告破产，农民发动的反帝斗争有重要意义，但无法阻止中国在半殖民地轨道上滑下去。从此清政府与抵抗侵略绝缘，旧式的农民、新起的资产阶级改良派都抵抗不住外国的侵略，都完成了自己的使命，显著地标志了这个阶段的完结。

甲午战争、马关条约，对中国资本主义很有影响。外国由商品输入进而为资本输入，民族资本主义在这以后有迅速增长。这些都很明显。但是从阶级斗争的整个局势看，农民的和带有资产阶级倾向的两大运动，到甲午战争都还没有结局，高潮都还在后面，在这里不能切断。因此不需要从甲午战争划一个时期。中国近代史和经济史由于对象不同，分期可以有同有异。研究近代经济史或中国资本主义发展的历史，在甲午战争划一个阶段，也许会恰当一些。

一九〇一年至一九一九年五四运动爆发是第三个时期。

写在这十九年篇页上的是资产阶级发动革命、走向高潮到最后失败的历史。民族资本主义也主要是在这个期间进一步发展起来的。

毛泽东同志指出：中国资产阶级民主革命是从辛亥革命开始的。[①] 辛亥起义是最高潮，革命的形势在十年以前已渐渐出现。义和团运动失败、辛丑条约签订，引导出阶级关系一系列新的变化。统治阶级方面，经过义和团斗争，帝国主义再也不敢公开倡言“瓜分”中国，只能像窃贼一样，鬼鬼祟祟地瓜分。地主阶级的清政府对外完全屈服，彻底变成了外国统治中国的工具。在它内部存在了几十年的抵抗派和投降派、洋务派与顽固派的分歧最后消失了。这个统治势力因此进一步孤立起来，成为反抗的集中目标。以“反满”相号召进行反封建斗争是这时新的特征。前一阶段农民集中反抗帝国主义，北方义和团主张“扶清灭洋”，南方哥老会抱“顺清灭洋”宗旨。义和团运动以后，农民群众已认识到要反对外国侵略势力必须反对清政府的统治。河北广宗景廷宾提出“扫清灭洋”。湖南邵阳贺金声建立“大汉灭洋军”。四川巴县一带群众发出“灭清剿洋兴汉”的号召。这并不是重又回到了太平天国时代，而是进到了把反侵略反封建斗争统一起来的时代。最重要的是资产阶级的变化。资产阶级这时开始革命化，过去农民分散自发的斗争，开始让位于资产阶级小资产阶级知识分子领导的革命。义和团运动以前，资产阶级只要求清政府作一些改革，并不反对这个政权。地主阶级顽固势力用流血政变答复资产阶级的要求。这以后顽固派恢复了政变所取消的全部新政，以觅求与资产阶级妥协。后者用迅速开展起来的爱国、革命活动答复清政府，要求根本推翻这个政权。武毅会、光复会、华兴会、日知会等革命团体是这时出现的，激烈的反满宣传是这时蓬勃兴起的。以前资产阶级和农民分道扬镳，资产阶级知

① 参见《毛泽东选集》第1卷，第314—315页。

识分子更极力诋毁农民的活动。一九〇一年以后资产阶级知识分子发出崇敬义和团斗争的议论，并在实际行动上开始联合以会党为组织形式的农民群众。农民的反抗直接间接为资产阶级所影响。所以义和团失败，是上一个阶段的结束，也是资产阶级领导革命阶段的开始。一九〇五年同盟会成立，资产阶级革命已趋向高涨。

指出这时的革命是资产阶级民主革命，首先由于它是在中国进入半殖民地半封建社会的六十年以后，是中国资本主义初步成长的社会条件下产生的。虽然资产阶级还很幼弱，但它已经成为一种最成熟的足以发动一场革命运动的力量。发动这个革命的主要成员和农民战争的领袖人物大有区别。据一九〇五、一九〇六、一九〇七年三年加入同盟会，现在可以查出本人成分的三百七十九人统计，有留学生和学生三百五十四人，占百分之九十三以上，为绝大多数。官僚、有功名的知识分子十人，教师、医生八人，各占百分之二多一些。资本家、商人六人，占百分之一多一些。贫农一人，占百分之零点几。中国资产阶级中，有从地主官僚转化过来，与封建势力联系密切的一部分；有中小生产者，富有革命要求的一部分。这个革命运动明显地是代表中小生产者的资产阶级小资产阶级知识分子领导的。那些与封建势力联系密切的部分则坚决反对革命，只要求实行立宪政体，让自己分得一杯羹。革命的领导者提出了最明确的资产阶级民主革命纲领。包括“平均地权”、建立“民主共和国”的纲领，都不像单纯农民战争的纲领带有浓厚的空想色彩，而是具有很大的现实性。并且它确实是为争取资本主义最广泛的发展开辟道路的。最后，农民仍是革命的主力，但多少是在资产阶级的发动下活动的。工人阶级已经出现，但“还没有当作一个觉悟了的独立的阶级力量登上政治的舞台，还是当作小资产阶级和资产阶级的追随者参加了革命”[①]。历史发展的动力这时是集中到了资产阶级革命派手里。

贯串一九〇一至一九一九年的，是革命的资产阶级、小资产阶级争取资产阶级民主共和国和议会政治的斗争。前者是所谓“国体”问题，追求的是资产阶级专政的实质，后者是所谓“政体”问题，追求的是资产阶级专政的形式。一九〇二年资产阶级知识分子策划的“大明顺天国”主张“由民人公举贤能为总统，以理国事”。同盟会正式高举起“建立民国”的旗帜，宣布“敢有帝制

① 《毛泽东选集》第2卷，第672页。

自为者，天下共击之”。辛亥起义第一次实现了建立共和国的目标。一九一三年的所谓“二次革命”，是资产阶级挽救议会政治破产的努力。一九一六年的“护国运动”，是护辛亥革命草创的民主共和国。善观风色的大资产阶级改良派也乘机挤进了这次活动。一九一九年孙中山参加的“护法运动”，是护辛亥革命所产生的作为资产阶级民主革命理想而残存的《临时约法》。这些活动意义大小不同，但本质并无差别。与此相反，地主阶级在帝国主义支持下，拼命要求保持帝国主义封建主义联合统治的实质，尽可能多地保持地主阶级统治的形式。斗争的结果，资产阶级夺取政权的努力失败，帝国主义封建主义的统治原封未动，但是推翻了众叛亲离的清政府，推翻了几千年的君主政体。从此民主共和深入人心，并且也为资本主义发展带来了些有利的因素。历史的步伐到底是蹒跚地向前移动了。

不从辛亥革命划一个时期，并不是忽视这次革命的重大意义，而是因为它没有引起阶级关系的重大变化，没有触及封建实质的变动。毛泽东同志说：“国民革命需要一个大的农村变动。辛亥革命没有这个变动，所以失败了。”[①]这是辛亥革命失败的原因，也是不需要从此划一个阶段的理由。

五四运动以后，工人阶级开始作为一个自觉的力量登上政治舞台，阶级力量起了新的变化。失败了的资产阶级革命活动为工人阶级领导的革命运动所代替，历史由此走进一个新的局面——新民主主义革命的时期。

自鸦片战争起到中华人民共和国成立以前的一百一十年，都是半殖民地半封建社会，都是中国的近代。这里论述的几个问题属于五四运动以前这一段，是半殖民地半封建社会的前期。半殖民地半封建前期时间不长，变动不小，在中国社会历史发展中处在很重要的地位。它的前身是封建社会，五四运动以后的社会性质没有改变，但有了工人阶级领导的革命运动。中国资本主义正是在这时产生，并逐渐壮大起来的。应当说鸦片战争以后的八十年，是中国从封建时代转变为有工人阶级领导革命的时代的八十年，又是从农民战争到资产阶级领导革命失败的八十年。其中第一阶段，农民战争时期；第二阶段，农民战争和资产阶级改良运动并行时期；第三阶段，资产阶级革命及其失败时期。农民和资产阶级的革命都遭到了失败，都没有挽救中国半殖民地半封

①《毛泽东选集》第1卷，第16页。

建社会沿着下降线发展。五四运动以后，有了工人阶级领导的革命，局势才为之焕然一新。以后的三十年里中国革命是沿着上升线行进的。一九四九年中华人民共和国成立，标志着最后推翻了帝国主义封建主义统治，中国社会由此摆脱半封建半殖民地，重新走上了独立发展的道路。这一些，就是中国近百年来历史的简略过程，是中国近代远不完备的一个轮廓。

辛亥革命与反满问题[①]

欧洲的资产阶级革命有两种类型。一种是十七、十八世纪的英国法国革命，再一种是十九世纪四十年代的普鲁士革命。马克思称英国法国革命是欧洲范围的革命。英法资产阶级的胜利意味着新社会制度对旧社会制度的胜利。而普鲁士的革命只是在思想上建立君主立宪政体，在事实上建立起资产阶级专政。英国和法国的资产阶级确实领导了革命运动。普鲁士的资产阶级则不是想通过革命，是想通过和王权达成协议的办法取得政权。中国与欧洲的情形迥然不同。毛泽东同志指出：中国资产阶级民主革命是从辛亥革命开始的。[②]中国资产阶级领导的辛亥革命既不是英国法国的类型，也不同于普鲁士的类型。辛亥革命不是发生在世界资本主义上升的时代里，是发生在半殖民地半封建的国度里。辛亥革命没有像英国法国革命那样取得对旧制度的胜利，它只是推翻了两千多年的封建君主专制政体。辛亥革命中的资产阶级也没有像普鲁士的资产阶级那样直接与王权妥协，它鼓舞了群众的革命运动。这一些就是中国资产阶级革命与欧洲资产阶级革命的区别。

当然，中国资产阶级革命还有自己独特的外形。辛亥革命以推翻清政府的统治为直接目标，具有浓厚的反满民族斗争色彩。无论英法还是普鲁士革命都没有这种色彩。这是由中国特殊的历史条件决定的。辛亥革命要打倒的反动政权，是一个满洲贵族占有特殊地位的政权。满洲贵族利用它的地位采取一些实际上只符合于贵族特殊利益的民族歧视政策压迫国内其他民族，主要是压制汉族。包括劳动人民，某些地主以及后来的资产阶级，他们的利益都在不同程度上受到这种民族歧视政策的损害。清政权的建立，造成清代历史上连绵不断的反满斗争。辛亥革命就是发生在这个特定的环境里。资产阶级学者也就由此出发，散播了许多有关辛亥革命的荒谬论点。最主要的是他们

---

① 原载《历史研究》1961年第5期、《人民日报》1961年10月22日。后收入《中国近代史诸问题》《中国近代史问题》《刘大年史学论文选集》。——编者注

② 参见《毛泽东选集》第1卷，第314—315页。

这样或那样来否认辛亥革命的资产阶级民主革命性质，而把它看作是汉族反对满族统治的所谓国内民族革命。这种观点是资产阶级看待民族问题的超阶级观点。与此相反，也有的撰述只是一般地讲辛亥革命是资产阶级革命，力求避免涉及反满与资产阶级革命这种看来是矛盾的现象。我们要懂得这次革命是中国资产阶级革命，懂得它仅仅是不同于英国、法国或普鲁士类型的资产阶级革命，首先必须揭穿资产阶级在民族问题上的错误观点，弄清楚究竟反满与资产阶级革命是什么关系。对于躲开反满问题的简单化做法则应当指出：历史如果不是在矛盾混沌中发展，那就会不可思议。

反满从来不是一个独立的运动，它在不同时间里服从不同阶级的利益

斯大林说："极大多数民族运动无疑具有的革命性，也正与某些个别民族运动底可能反动性一样，都是相对的和特殊的。"[①] 根据什么区别不同民族问题的革命性和反动性？就是根据它的阶级内容和历史条件。照马克思主义观点，从来没有某种脱离阶级斗争的单纯的民族运动。反满作为一种民族运动，它只能是当时阶级斗争主流里随风起伏的浪波。清代全部历史都证明了这一点。清初到辛亥革命之前，阶级斗争的主流经历了两个不同时期。反满斗争也随着历史的发展变化而有不同的阶级内容。

清政府在全国建立统治权至十八世纪末、十九世纪初，反满问题和地主阶级内部不同势力之间的斗争联系在一起。它在很大程度上是从属于地主阶级内部斗争的。

其时农民与地主的阶级矛盾暂时趋向缓和，地主阶级内部新旧地主势力之间争夺统治权的矛盾猛烈加剧。满族入关，许多中小地主转向拥护这个新政权、形成地主阶级中反明拥满的一派。清朝的统治就是受到这些中小地主或新兴地主的支持而稳定下来的。早期的如陈名夏、谭泰，稍晚一点的如李光地、汤斌、徐乾学、高士奇等，他们是这一派的著名人物。拥明反满派地主则在很长一个时间里采取不同的形式相对抗。若干地主知识分子利用儒家学说，特别是发挥"夷夏之防"的春秋大义，宣传仇满思想。有些人利用天

①《列宁主义问题》，人民出版社 1964 年版，第 59 页。

地会等秘密结社武装起事，“反清复明”成为天地会的口号就是来源于此。这个口号没有半点农民与地主对立的影子，有的只是地主阶级内部斗争的影子。清政府针锋相对，兴文字狱对付反满宣传，用武力镇压会党反抗活动。文字狱自顺治五年毛重倬等坊刻制艺序案起，至乾隆五十三年贺世盛笃国策案，多至八十起。牵连既广，根究穷治。会党起事更是无例外地遭到镇压，残酷无比。十八世纪末、十九世纪初，文字狱告一段落，地主知识分子参与的会党斗争也显著减少。嘉庆年间胡秉耀、丘天泽等在江西奉朱毛俚起事失败是这种斗争的尾声。相传是胡秉耀在狱中写给江西巡抚阮元的几首诗，那上面全是“能解春秋有几人，漫将刘备作黄巾”一类的词句，把反满派地主知识分子的立场和情感表现得非常鲜明。地主阶级的反满斗争不是打击、推翻封建统治的问题，而是争的由谁来做皇帝，由哪一派地主当权来维护封建统治的问题。因此，这时的反满运动便不是一种革命运动。虽然反满斗争也有暴露封建社会内部矛盾，削弱当权派的意义，但事情的性质并不由此而改变。

十九世纪初到这个世纪末年，阶级斗争已经处于另一种形势之下。变化的关键是农民与地主阶级的矛盾尖锐化，农民革命的兴起。地主阶级内部的各派进一步联合起来抵抗农民革命。反满这面旗子从此成了农民号召群众的旗子。

嘉庆年间白莲教暴动是农民斗争大爆发的第一声。鸦片战争以后太平天国农民战争更登上了一个新的高峰。十九世纪末的义和团运动仍是农民战争。反满斗争这时不但是处在农民革命高涨的年代里，而且农民革命对反满问题采取的态度，也正保持着农民的朴素本色。白莲教、太平天国、义和团反满色彩都很淡薄，没有把反对满族作为斗争目标。反映地主阶级反满派要求的“反清复明”，在这些斗争里早已销声匿迹。白莲教的口号是“官逼民反”。义和团先是号称“扶清灭洋”，后来改为“扫清灭洋”。太平天国号召反满，但是与地主阶级煽动狭隘的民族情绪大不相同。太平天国的诏旨等正式文告里有斥责“胡奴”“鞑狗”的词句。它与《天朝田亩制度》中体现的彻底废除封建土地制度的革命要求相比，就显得是微不足道。早期以杨秀清、萧朝贵名义发布的《奉天讨胡檄》，是一篇充塞仇满议论的文字。文中引经据典、大掉书袋的格调和屡称“诸公”如何如何的内容，与太平天国其他文字区别那么明显。一望而知，是出于新附太平军的封建文人之手。太平天国的反满色彩淡薄，辛亥革命以前的资产阶级评论家也指出过。照他们的说法，洪杨起事，参加者都以获得财物为目的。他们打击的对象根本没有满汉的界限。反过来出死力抵抗、破坏太平天国的，绝大多数都是汉人，足见当时种族之见很薄弱。[①]决定农民革命对反满保持这种态度的，是农民与地主两个阶级壁垒分明，对农民来说，唯有地主阶级的存在，地主占有土地，是他们深受压迫、剥削的根源。因此，农民反抗的目标是对着地主阶级统治势力，而不是反抗这个势力中的满族或者汉族统治者。农民战争是打击封建统治，推动历史前进的，伴随着农民战争的反满斗争也就具有革命的意义。

民族运动不是脱离阶级斗争的独立运动，这绝不等于说历史上不存在民族矛盾或民族问题。列宁就批评过那种试图“否认”民族问题的小资产阶级观点。问题在于：高喊民族矛盾，拒绝揭露它的阶级实质，丝毫也不说明历史的真相。恰恰相反，这是挂起一层薄薄的帷幕掩盖起了它的真相。清代历史上的民族矛盾、反满斗争，如前所述是客观存在的。这种国内民族矛盾的最后基础是封建制度，到鸦片战争以后是半殖民地半封建制度。用超阶级观点看待这种矛盾是错误的，同样地，不承认封建社会半殖民地半封建社会里有这种矛盾也是错误的。有人以为可以用阶级原则理解民族斗争，但是不能用同一原则看待民族感情。民族感情似乎是个猜不透的谜语。其实民族感情或民族恶感，并不是什么天生的东西。它只是长期的剥削制度和阶级矛盾造成的。剥削制度、阶级矛盾消除以后，民族恶感最后也就归于消除。列宁、斯大林一再讲过这个道理。总之，历史告诉我们，有清一代的反满问题，是在不同时间里有不同阶级属性的。辛亥革命中的反满，既是旧题目的复习，又是新篇页的加工涂写。

辛亥革命中的反满问题是从属于资产阶级民主革命的

翻开资产阶级革命派的文献，连篇累牍，轩然赫然的是“排满”两个大字。兴中会誓词、同盟会的纲领，都列有“驱除鞑虏”的明文。一九〇一到一九一一年间，各种从事革命宣传的报刊，在沉痛地陈述帝国主义灭亡中国的危险局势，揭露封建统治的种种罪恶的同时，反复宣传了满洲久已灭亡中

①《蔡元培选集》，中华书局1959年版，第3页。

国，汉人应当光复旧物的观点。《民报》第二号上刊有一篇名为《狮子吼》的小说，甚至预言推翻清政府以后五十年人们举行纪念会的时候，也将用反满眼光来看待这段历史。反满与否，成了资产阶级革命派与改良派斗争的焦点，反满与否，也是革命与反革命的分界线。骤然一看，确实这是斗争的关键。

那么，我们说这时的反满斗争是从属于资产阶级民主革命、服务于资产阶级利益的，理由何在？理由在于这时的反满是资产阶级发动的，反满斗争的主要内容也就是资产阶级民主革命的主要内容。

二十世纪开头至辛亥革命，是资产阶级发动革命，走向高潮的时期。单纯的农民战争已经过去。工人阶级还没有作为一个独立的力量登上政治舞台。资产阶级不但提出了发展资本主义的纲领，并且发动了实际的革命斗争。历史前进的动力是集中在资产阶级革命派手里。除了资产阶级革命的风暴，当时没有其他社会力量能够卷起这股反满怒涛。

中国的资产阶级革命由于发生在半殖民地半封建国度里，按照客观的需要，它的任务是要打倒两个敌人：其一，打倒帝国主义；其二，打倒封建势力。辛亥革命时期的反满斗争，实际上就是要反对帝国主义封建势力这两个敌人。为什么要革命？兴中会宣言在回答这个问题时就写出了非常警醒的词句："方今列强环列……蚕食鲸吞，已见效于踵接；瓜分豆剖，实堪虑于目前……中国一旦为人分裂，则子子孙孙世为奴隶，……倘不及早维持，乘时发奋，则数千年声名文物之邦，累世代冠裳礼义之族，从此沦亡，由兹泯灭。"孙中山在《孙文学说》中回忆说，他自中法战争中国失败之后，始决意倾覆清廷，创建民国。当时人们要起来革命，首先是由于帝国主义侵略的刺激，革命是以避免帝国主义瓜分鲸吞为出发点的。通俗宣传家陈天华在《警世钟》《猛回头》等作品里把为什么反满的道理讲得最为透彻。他一再申述，清朝的统治早已名存实亡。现在的朝廷其实是外国人的政府。中国的各种权力都操在外国人手里。只要洋人下个命令，清政府就要立刻奉行。"朝廷固然是不可违拒，难道这洋人的朝廷也不该违拒么？"人们反满，就是反对帝国主义的奴才。人们只要打倒了清朝统治者，就是打击了清统治者背后的帝国主义者。既要革帝国主义的命，就必须同时革封建主义的命。二者是不可分割的。同盟会预拟的军政府宣言上明白写着：今天的革命与前代不同，除了推倒清朝，"国体民生，尚当变更。虽经纬万端，要其一贯之精神，则为自由、平等、博爱"。革命者在这里并没有以反满为最终目的，而是举起法国资产阶级革命的旗子作为自己反封建的旗子。很重要的是关于土地问题的主张。同盟会“平均地权”的纲领是一个反封建的纲领。同盟会宣言的作者没有说反满是为了平均地权，但是要做到这一点，就必须推翻代表封建势力的清政府的统治，这是很明显的。《民报》第十五号的《悲佃篇》一文里，更直接主张“籍豪富之田”。作者把没收地主土地与资产阶级的民主政治联系起来，认为即使推倒了清政府，不废除封建土地制度，民主政治仍是有名无实。作者号召农民起来革命，夺取土地。从这些基本事实可以看出：辛亥革命时期的反满，其阶级内容，是反对帝国主义统治中国的工具和清政府背后的帝国主义，反对本国的封建统治阶级。这正是中国资产阶级民主革命要打倒的两个敌人。当然，对于帝国主义是革命的主要敌人，那时人们的认识还不是很明确的。兴中会、同盟会都没有建立明确的反帝国主义纲领。同盟会用“世界和平”，要求外国赞成中国革新事业等词句代替反帝国主义的口号。它实际上是企图不经过与帝国主义的正面斗争而获得民族独立。资产阶级革命活动家对封建主义的认识也很肤浅。同盟会的土地纲领，实际上是企图不经过群众斗争而实现有利于发展资本主义的土地国有。但这只是说明资产阶级本身的软弱，并不是说明反满问题不是从属于资产阶级民主革命的，或不为资产阶级利益服务。全部反满斗争，都是要消灭资产阶级的敌人，消灭专制制度，为资产阶级取得政权、发展资本主义开辟道路。

社会观念是社会生活在人们头脑中的反映。当时一些反满宣传的提倡者，其实也是从阶级矛盾的意义上来理解反满斗争的。蔡元培、章炳麟就是这样。

蔡元培在一九〇三年发表的《释仇满》一文上说：满人这个名词，是代表特权的记号。满人的特权包括世袭君主，驻防各省和不治生产，靠剥削别人生活。反满就是为了反对这些特权。蔡元培最后指出：西方文化输入以后，种族畛域之见应当有所消释。“而仇满之论反炽于前日者，以近日政治思想之发达，而为政略上反动之助力也”。章炳麟在《民报》第二十一号上发表的《排满评议》一文里说：“排满洲者，排其皇室也，排其官吏也，排其士卒也。若夫列为编氓，相从耕牧，是满人者，则岂欲剸刃其腹哉？……所欲排者，为满人在汉之政府。”他举出各地革命党人起义和游侠刺客所诛戮的十之八九是汉人为例，说明凡为清政府效劳的汉人也都在排除之列。照这些解释，反满就是反对封建统治阶级的特权，反对皇室、官吏、军队代表的统治势力。章炳麟为了强调满汉矛盾，讲得很含糊其词，但归根结底，也还是这个意思。

毛泽东同志说：辛亥革命是在比较更完全的意义上开始的资产阶级民主主义的革命。[①] 又说："辛亥革命是革帝国主义的命。中国人所以要革清朝的命，是因为清朝是帝国主义的走狗。"[②] 毛泽东同志的论断指出了辛亥革命中的反满问题的实质。事实证明这个论断是完全正确的。

马克思主义告诉我们：一切民主政体、君主政体或争取选举权的斗争，都不过是形式。它的内容是各个不同阶级间的真正斗争。反对帝国主义更是反对外国资产阶级残酷剥削压迫的尖锐的阶级斗争。中国资产阶级在进行这种斗争的时候，要紧紧抓住反满这个武器，这表明那时的资产阶级是又革命又软弱。历史上向来是这样："进行革命的阶级，仅就它对抗另一个阶级这一点来说，从一开始就不是作为一个阶级，而是作为全社会的代表出现的；它俨然以社会全体群众的姿态反对唯一的统治阶级。"[③] 资产阶级展开炽烈的反满宣传，显然在"以社会全体群众的态度反对唯一的统治阶级"。许多革命宣传者并不强调最有光辉的建立共和国和平均地权的思想，而把反满放到第一位，又是资产阶级软弱性的表现。他们不愿深刻揭露资产阶级与帝国主义封建主义的阶级矛盾，而情愿用反满冲淡和掩饰这种矛盾。

这个事实也是很重要的：反满革命参加者的内部并非一律。最热衷宣传满汉矛盾的是光复会的章炳麟一派。章炳麟的许多作品不但一般地搬弄儒家经典讲解华戎之辨，并且直接从清代前期地主阶级反满派那里借用语言，吸取思想，把自己的活动说成仿佛是王夫之、吕留良、曾静、齐周等人活动的继续。这使从属于资产阶级的反满运动，涂上了一层传统的封建的颜色。尤其与农民战争时期相对照是如此。原因是章炳麟等人代表的并不是资产阶级，是地主阶级反满派。据章氏对当时革命的解释："改制同族，谓之革命，驱除异族，谓之光复。"[④] 反满是光复，不是革命。"光复会（原名复古会）"的名称就是取义于此。孙中山领导的兴中会则一开始就比较注重振兴国体，讲求富强之学。由此可以看出：辛亥革命反满宣传之所以突出，大部分不是来源于资产阶级小资产阶级革命思想，主要是来源于地主阶级反满派的思想。不过这时的地主阶级反满派是资产阶级化的封建主，是跟资产阶级革命派搭伙

---

① 参见《毛泽东选集》第2卷，第667页。

②《毛泽东选集》第4卷，第1513页。

③《马克思恩格斯全集》第3卷，第54页。

④ 章炳麟：《邹容〈革命军〉序》。

的。他们是用前人的腔调，穿着古代服装，参加演出世界历史的新场面。

革命者的集中的反满宣传，发生了两方面的作用。一个方面：加速了清政府的瓦解过程。清政府当时在人们心目中是一切黑暗势力的罪恶渊薮。许多人最为关心的不是平均地权，甚至也不是建立中华民国，而是推翻清政府。反满宣传吸引了更多的群众去参加斗争，并得到一部分地主阶级知识分子的响应。清政府由此越发陷于孤立。又一方面：模糊了革命斗争的方向。把一切仇恨简单地集中在满族统治者身上，模糊了对帝国主义封建主义两个主要敌人的认识。资产阶级革命派本身对这方面的认识与一般群众几乎没有区别。革命的方向没有由反满进一步明确指向反对帝国主义封建势力，没有真正提高群众的民族觉悟和阶级觉悟。清政府一旦倒塌，革命势力跟着迅速解体，这是原因之一。

资产阶级的特点、资产阶级在革命斗争中与工人农民的关系，规定了辛亥革命的面貌和结局

正因为反满这时是从属于资产阶级领导的革命，从反满问题上就无法找到辛亥革命成功或失败的根本原因。辛亥革命的面貌和结局显然不是由反满斗争决定的。

全部革命的图卷迅速展开，又异常急剧地收卷起来。同盟会高举起资产阶级民主主义的旗帜，以革命先觉的姿态出现在群众面前。许多革命参加者在与敌人的斗争中，充满了“虽千万人吾往矣”的革命精神。从同盟会成立到武昌起义，不过六七年工夫，就把中国最后一个封建王朝推翻了。胜利是巨大的。但是，那些惊心动魄的场面和革命的胜利都是暂时的。一转眼之间，革命产生的政权落到了反革命手里，革命派的势力风流云散了。人民照旧在帝国主义封建主义统治下过着奴隶式的生活。革命宣告了失败！为什么情形会是这样？反满斗争是一个因素，但决非主要的因素。决定整个革命的面貌和结局的是阶级斗争的形势，是领导这个革命的资产阶级本身的特点和资产阶级与工人农民群众的关系。

发动辛亥革命的资产阶级是处在这样的情况下：第一，就资产阶级内部而言，领导这个革命斗争的主体是资产阶级小资产阶级知识分子。在经济上他们

代表资产阶级中下层，政治上属于最激进的一翼。中国资本主义的发生和资产阶级形成有两条道路：一条是由“官商合办”进至商办，若干地主官僚顺着这条道路变为资本家或兼有资本家的身份。一条是少数手工工场主或中小商人开设工厂，由小资产者发展为资本家。因此，资产阶级在政治上也逐渐形成了两个不同的派别：一个是改良派，他们同封建势力联系密切，只要求实行立宪政体，坚决反对革命。戊戌变法时的维新派，辛亥革命中的立宪派，都是属于资产阶级改良派。一个是革命派，这些人同封建势力联系较少，有较强的革命要求。从孙中山、杨衢云组织的兴中会到后来的同盟会都一直保持革命派的特色。兴中会初期可以查到材料的二百余人中，有半数是商业和农业资产者，半数是学生、各种小资产者、工人和会党活动分子。一九〇五至一九〇七年加入同盟会现在可以查出本人成分的三百余人中，百分之九十三是留学生和学生，其余是官僚、有功名的知识分子、教师、医生、资本家和商人。同盟会的上述成员中包括资产阶级自由派和地主阶级反满派的代表，但他们只是少数。资产阶级中下层的要求，就是通过这大批的资产阶级小资产阶级知识分子反映出来的。第二，就资产阶级与工人阶级的关系而言，资产阶级与工人阶级之间的矛盾还没有清楚表现出来，资产阶级没有感到工人阶级敌对的威胁，对前途有信心。辛亥革命时期，中国近代产业工人只有五十万至六十万人。工人的罢工斗争早就出现了，但主要是要求改善待遇的经济斗争，并且多半发生在外国人在华兴办的工厂里。工人阶级与资产阶级在政治上当时不但还没有利害冲突，而且工人群众还是资产阶级从事民主斗争的重要支持力量。孙中山写的《民报》发刊词里就说过，像欧美工人阶级与资产阶级冲突的那种剧烈祸害，在中国还是未来的事情。同盟会时期的活动家不但介绍欧洲资产阶级的革命思想，介绍法国、俄国资产阶级革命，也介绍马克思主义思想。《民报》第二、第三号上刊载的朱执信《德意志社会革命家小传》里对马克思、恩格斯生平和《共产党宣言》《资本论》都有简略介绍。他的结论基本上是肯定的。孙中山在辛亥革命这一年讲演《社会主义之派别及其方法》时，也称赞马克思阐发真理，不遗余力，肯定马克思主义的科学社会主义。资产阶级这时是处在它的黄金时代。其所以如此，当然不是“改变”了资产阶级与工人阶级的根本对立，而是当时存在的帝国主义封建主义的压力之下，资产阶级同一切非统治阶级的利益还多少有些联系，还来不及发展为特殊阶级的特殊利益。上面两种状况决定资产阶级可以在一定程度上依靠革命热情蓬勃高涨的广大群众，来扮演辛亥革命这幕轰轰烈烈的史剧里的一个重要角色。

同样地，辛亥革命没有取得反对帝国主义封建主义的胜利，以资产阶级对帝国主义封建主义的妥协而结束，又是在于资产阶级的软弱无力。它既不敢与帝国主义封建主义决裂，也不敢真正依靠群众。辛亥革命时期的资产阶级的这个特点，除了表现为它的经济力量薄弱，还突出地表现为它对待农民的翻手为云，覆手为雨，敌视农民的态度。

首先是资产阶级非常轻易地抛弃了自己关于平均地权的诺言，不敢正视农民迫切的土地要求。虽然“平均地权”只是一个抽象口号，但它在农民中有过反响。同盟会影响下的哥老会改组为龙华会所发出的会规宗旨中，就规定“要把田地改作大家公有财产，不准豪富霸占”[①]。资产阶级就是用反满和平均地权的号召来发动农民参加斗争的。但是同盟会的绝大多数人根本没有实现这个纲领的信心，没有这个能力。各地反清斗争一经发动，他们便群起反对这个纲领，理由是“理想太高，不适中国之用”。孙中山后来屡次讲到这个问题，指出它是辛亥革命失败的重要历史教训。事情还不止于此。资产阶级革命派在自己上台以后，立刻翻脸，站在农民群众的对面，反对农民群众的革命运动。他们对于农民向地主豪绅展开的斗争，认为“行动越轨”，用武力镇压。群众自动组织的武装，革命派也往往诬以“假革命”等罪名，杀逐解散。革命的处境越危殆，资产阶级的软弱无力，它的不敢相信农民就越发显得厉害。南京政府成立前后，革命这只航船在内外夹击下，已经处在风雨飘摇的境地。这时同盟会内部的各派势力在要求与敌人妥协这一点上成了一个嘈杂的合唱队。他们之中几乎无人敢于主张依靠广大农民，扫荡农村封建势力，把革命坚持下去。他们在革命的紧要关头，宁愿让革命遭受失败，也不敢触动封建势力去向农民求救。资产阶级在这里又是那么不相信自己，不相信人民。辛亥革命的结局就是这样决定的。资产阶级没有肩负起自己的历史使命！

列宁在其名文《中国的民主主义和民粹主义》里对辛亥革命时期的中国资产阶级作过这样的评价：“这个阶级不是在衰落下去，而是在向上发展；它不是惧怕未来，而是相信未来，奋不顾身地为未来而斗争；它憎恨过去，善

① 平山周：《中国秘密社会史》。

于抛弃死去了的和窒息一切生命的腐朽的东西，决不为了维护自己的特权而硬要保存和恢复过去的东西。”[①]列宁的这段话很好地概括了当时资产阶级本身和它与工人阶级相互关系的状况的特点。列宁在这篇文章里还说过：“亚洲这个还能从事历史上进步事业的资产阶级的主要代表或主要支柱是农民。”资产阶级在辛亥革命中脱离农民，甚至暂时取得一点权力以后就一脚踢开农民，这就使自己失掉了主要支柱。并且中国资产阶级能够独立在历史上发挥进步作用，到辛亥革命已经达到了顶点。

帝国主义封建主义两个革命敌人那时还很强大。必须看到这一点。但是帝国主义封建主义的强大只有在资产阶级软弱的条件下才能特别显示其力量，不是在任何时候都能显示力量。资产阶级不敢触动旧制度的基石，迅速与反动势力相妥协，并且抛弃了自己不可缺少的同盟者——农民群众，为反革命压倒革命创造了条件。

欧洲的历史什么时候也不等于中国的历史。中国资产阶级革命必然有自己的面貌和特点。一定要中国资产阶级革命向欧洲某个类型的资产阶级革命看齐，那是削足适履。反之，夸大中国的特点，以至认为辛亥革命不是资产阶级革命，是所谓国内民族革命，那是对历史的故意歪曲。

这里特别要指出：中国与西方资产阶级学者对待民族问题的超阶级观点，根源都是资产阶级世界观；但是，在论述辛亥革命的时候，西方资产阶级学者把他们这个观点的反动本质暴露得更加彻底。他们发了许多议论。有说辛亥革命是所谓“反王朝”起义的；有说它是“国家制度的革命”的；有说根本不存在什么阶级，是全中国人反对满族人的。牛溲马勃，不一而足。他们的调子有别，目的相同，就是否认它是一场剧烈的阶级斗争，特别是否认它是反对帝国主义的革命斗争。没有反帝国主义斗争，当然也就是没有帝国主义对中国的侵略。最近有个叫作鲍尔斯的美国人，以美国副国务卿的资格大肆编造中国近代史，并着重讲到了辛亥革命这个题目。他说这次革命推翻的封建专制政体，是在中国“内部的腐朽和西方的冲击力量的联合影响下崩溃的”[②]。什么是“西方的冲击力量”，自然就是鲍尔斯的前辈艾奇逊讲的“西方的影响”。说明白一点，即所谓西方的观念输入中国，引起了中国革命的

---

①《列宁全集》第18卷，第153页。

② 鲍尔斯：1961年6月11日在华盛顿美国书业协会“国际晚会”上的讲演。

那一派胡言。艾奇逊、鲍尔斯都是美帝国主义的代言人。他们对帝国主义的侵略讳莫如深，是理所当然的。而西方资产阶级学者有关中国近代史的观点，恰恰也就是帝国主义代言人的观点。其反动本质暴露得何等明显！历史事实和那些帝国主义辩护士的说教没有丝毫相同之处。一部中国近代史，在一方面说就是中国人民反对帝国主义侵略的历史。中国人民革命的伟大胜利，最后捣碎了帝国主义瓜分鲸吞中国的迷梦，这个胜利，也是宣告了资产阶级唯心历史观的破产。

中国近代思想史的一页[1]

中国人民反帝反封建斗争的光辉篇章，从抵抗英国侵略的反鸦片战争开始写起。鸦片战争时期有进步倾向的士大夫思想是这个新篇章里的一页。

马克思对鸦片输入和鸦片战争所作的一系列分析为我们理解当时的社会思想指示了捷径。马克思写道：中国禁止鸦片贸易，是由于英国政府在印度取得鸦片垄断权引起的。中国立法者加诸本国顽梗臣民的严惩和有关的禁令都归于无效。中国人民在道义上抵制鸦片，结果是清朝官吏普遍地为英国人所腐化。“浸透了天朝的整个官僚体系和破坏了宗法制度支柱的营私舞弊行为，同鸦片烟箱一起从停泊在黄埔的英国趸船上偷偷运进了天朝”[2]。马克思又写道：皇帝下诏严禁鸦片贸易，结果引起了比他的诏书更有力的反抗。那些纵容鸦片走私、聚敛私财的官吏贪污行为，腐蚀着中国家长制的权力，腐蚀着这个广大的国家机器各个部分的精神联系。鸦片日益成为中国人的统治者，皇帝及其周围墨守成规的大官僚们也就日益丧失自己的权力。南方各省的群众因此率先起义。“历史的发展，好像是首先要麻醉这个国家的人民，然后才有可能把他们从历来的麻木状态中唤醒似的”[3]。马克思在这里指出了两个基本事实：鸦片输入、英国侵略，给中国社会带来了深刻的破坏和中国人民由此觉醒起来，展开反抗外国侵略势力和本国封建势力的斗争。

中国在鸦片战争时期还没有跨出封建社会的大门。封建的知识分子不可能对自己的环境、时代作出科学的判断。然而按照马克思的指示去观察，我们就发现当时一部分知识分子对环境有很敏锐的认识，时代剧变在他们的思想上有鲜明、强烈的反映。

---

① 原载《新建设》1962年第12期。原为《鸦片战争时期思想史料选辑》（中华书局1963年版）序言，题为《鸦片战争时期的士大夫思想》。后收入《中国近代史诸问题》《中国近代史问题》，改现题。——编者注

②《马克思恩格斯全集》第12卷，第588页。

③《马克思恩格斯全集》第9卷，第110页。

回顾一下鸦片战争以前半个世纪思想界的状况，主要是颂扬封建统治，讴歌“升平盛世”；现实生活中的矛盾极少深刻的反映，思想领域里充满一片冷落沉寂。

半个世纪以前，坚守封建伦理的程朱理学照旧是受统治者表彰优宠的正统思想。由清初萌芽发轫的正统汉学在思想界气势正盛。有人形容那时是家谈许郑，人说贾马。力求脱离现实，埋首旧纸堆里，成为这派学者的特色。绝口不谈政治，就是他们的政治态度。林林总总的士大夫里虽然有人对当前统治流露出一些不满，也是隐蔽曲折的。并且他们之中，有些议论表面带有抗议精神，实际上是有意无意在为封建统治辩护。洪亮吉的某些思想就是如此。十八世纪末，洪亮吉写的一组名为《意言》的论文极力发挥这样一个见解：有清百余年中社会比较安定，人口增长迅速。同一个时间，耕地与房屋不过增加一倍，顶多增加三倍五倍，户口的增加却多至十倍二十倍。因此，“田与屋之数常处其不足，而户与口之数常处其有余”。再加以豪强兼并，一人占据百人的房屋，一户占据百户的土地，许多人要饥寒颠踣而死，那就不足为奇了。洪亮吉的见解让人很容易联想到马尔萨斯的《人口论》。[①] 马尔萨斯把社会现象变成自然现象，把无产阶级的贫困看作是它本身的罪过，并且主张因此惩罚它；资本主义社会残酷的阶级剥削压迫都被轻轻掩饰了过去。那是一种为资本主义说教的虚伪愚蠢的理论。洪亮吉区别于马尔萨斯的，只在于他为之粉饰辩护的不是资本主义，是中国封建制度。他的这种理论不是对封建制的抗议，只是对封建统治者的良心安慰。一句话，那时士大夫里面很少有集中抨击封建统治的，更没有人去注意中国与西方资本主义的关系。甚至嘉庆年间的白莲教农民起义对封建统治的沉重打击，也没有在士大夫认识上引起什么风浪。十九世纪初，还只有少数人比较肯正视现实生活中的矛盾，并发出“衰世”已经来临的叹息。

为什么是这样？当然是由于长期停滞的社会生活没有发生显著变化，中国与西方的矛盾尚处在初期；清政权的统治也比较巩固，比较有力。半个世纪以前一样有着严重的阶级矛盾，人民一样是在漫漫长夜里生活。在封建士大夫看来那是理所当然的，只要群众不起来“造反”或者“造反”而不过度

---

① 洪亮吉（1746—1809）《意言》1793年成书，马尔萨斯（1766—1834）《人口论》1798年初版，洪亮吉要算是“人口论”的发明者。

摇撼封建统治，就不是严重的问题，就可以视而不见，听而不闻。

英国攻打中国门户的炮声惊起了封建士大夫中一部分人要出来看看现实、看看世界。这派士大夫人数不多，影响不小。主要的代表者是林则徐、黄爵滋、姚莹、龚自珍、魏源、包世臣、张穆等人。他们彼此虽有差异，基本的立场和思想倾向则是共同的。与后来的资产阶级改良主义者相反，这部分人照旧是站在封建统治者的立场上看待世界的；他们刚刚接触半殖民地半封建社会的边沿，封建生产方式仍是他们的根基。与同一个时期那些浑浑噩噩、因循保守的士大夫相比，这部分人就要开明一些，乃至带有叛逆性格一些。他们最大的特点是敢于面对现实，承认社会生活中的严重矛盾和危机。马克思指出的英国侵入加给中国的灾难和中国人民起来进行反抗斗争的事实，由这些士大夫一一用自己的语言作了记录，作了描写。

《鸦片战争时期思想史资料选辑》里收录的就是这种记录、描写的一部分。

关于清政权的封建主义统治，他们指出：吏治暗无天日，武力已不可靠，这个政权完全失去活力，成了一具五官犹存，关窍不能运转的僵尸；它的“盛极之时”早已过去。

张际亮《答黄树斋鸿胪书》说：海内虚耗，官吏玩怠，地方官“贪以浚民之脂膏，酷以干天之愤怒，舞文弄法以欺朝廷之耳目。虽痛哭流涕言之，不能尽其情状”。黑暗如此，“不知天日何在，雷霆何在，鬼神又何在？吾意天日之梦梦也，雷霆之喑哑也，鬼神之冥漠也。不然，未有不霆怒而夺其魄者”。金应麟《水师操演废弛请饬查究折》说：清军武备废弛，“需用之时，不唯急切难恃，即有忠勇大臣，亦至束手无策。……水师之敝坏，未有似今日之甚者也”。张穆《海疆善后宜重守令论》说：“方今良法美意，事事有名无实。譬之于人，五官犹是，手足犹是，而关窍不灵，运动皆滞，是以当极盛之时，而不及四期，已败坏至此。”陈庆镛《申明刑赏疏》更公开指责最高统治者“刑赏失措，无以服民”。吴嘉宾《论内外欺罔疏》说：“逆夷深入，并无一人迎敌，即已失地。……窃见无识者流，皆谓国家无人、无兵、无粮、无饷、无械，不得不从权宜。”中国在抵抗英国侵略的战争中遭到的失败，就是这个统治势力的反动性决定的，是这个统治腐朽已极，对外屈服投降的结果。以农民为主体的人民群众一开始就在反侵略斗争中表现了自己的力量。统治者走的是屈服投降的路线，人民走的是坚决抵抗的路线。由于这个事实，这些士大夫相信“民心可用”，主张依靠群众，用类似游击战争的办法与英军作战。林则徐、邓廷桢《缕陈英夷诡诈各情形片》说：“臣等察看民情，所有沿海村庄，不但正士端人衔恨刺骨，即渔舟村店亦俱恨其强梁，必能自保身家，团练抵御。”陈金城《筹守福州议》说：“朝廷额设之兵，兵不习战，罔知炮法，一旦有急，拱手就戮；否则闻声先溃耳，庸有济乎？计莫如团结乡民，募之宜早，练之宜勤。以父兄子弟之兵，守桑榆父母之邦，诚为至便。”梁廷枏《夷氛闻记》上载臧纡青的建议：“募选鲁、汴、江、淮勇士万人，加以沿海渔蛋与近场盐枭，并及江湖土盗二万……不区水陆，不合大队，不克期日，水乘风潮，陆匿丛莽。或伺伏道路，见夷即杀，遇船即烧。……人自为战，战不择地。……然后应以大军，伏舟港口，内外交逼而尽歼之。”广州三元里和沿海群众的英勇斗争特别使这些人感到人民确实有力量，认为要抵抗外国侵略，就应当运用这种力量。包世臣《致祁大臣书》说：“广州三元里义民，被毒不甘，集乡人歼其渠魁。有司反为逆夷请命，致留遗孽。嵊县之沈山头义民愤切同仇，再破其火轮兵船，夷匪不敢言复仇……是草泽中大有人在。……患在封圻节钺，不知既不求，知者复不用，甚且扼塞其志意，沮遏其忠愤，以馁吾士气而张贼威耳。”王拯《送龙翰臣典试粤东序》说：“广州三元里义民，激于愁愤，一呼千万，俟夷酋登岸而围数重，聚将歼焉。守土吏惧妨朝廷恩信，抚解其众，酋首获全于颔，其气隐夺。当时闻者莫不踊悦……而又窃叹此邦之人，其锄耰棘矜之众，犹且感激忠义若此，矧其诗书泽化之君子，岂无才武非常之士，足为国家先后御侮者哉！”苏州唐某《剿逆说》指出：群众在与侵略者斗争中，“是有畏于官，非有畏于夷也。逆夷唯官兵畏之，此辈不畏也。不闻粤东城外之役乎？官兵尽溃，而百姓一战杀其数千，擒其数百，斩其渠魁，且围逆夷之馆，将尽歼焉。脱非钦差、将军之仁，立驰令箭禁遏解救，则早无噍类，奚有今日。此百姓不畏逆夷之明证，亦足见逆夷非若天神之不可以人制也。”前引张穆论海疆善后文里说：“粤东屡遭逆夷之毒，而忠爱不衰，义檄义旗相继而起。闽省厦门逆夷畏民驱逐，遁不敢居。此真祖宗积累之厚，皇天眷佑之深，所当乘其机而利用者也。”重视群众力量，赞扬群众斗争，当然不等于站在人民立场上观察问题，更不能认为那就是革命人民的思想。但这是从正面道出了人民群众的影响，是一种进步思想。

关于鸦片输入和鸦片战争，这些士大夫是坚决的抵抗派。他们指出：中国在战争中失败，遭外人挟制凌辱，是旷古未有的奇耻大辱；要抵抗侵略，制止危机，就必须了解西方，了解世界。英国侵入是中国历史一大变局，西方资本主义势力与中华民族的矛盾成了社会生活中的根本矛盾，这在少数知识分子的认识上也得到了一些反映。

黄爵滋《严塞漏卮以培国本折》提出禁止鸦片，必须采取严厉手段，“请皇上严降谕旨：自今年某月日起，至明年某月日止，准给一年期限戒烟。……若一年之后，仍然吸食，是不奉法之乱民，置之重刑，无不平允。”龚自珍《送钦差大臣侯官林公序》说：“鸦片则食妖也，其人病魂魄，逆昼夜。其食者宜环首诛，贩者、造者宜刎脰诛，兵丁食者宜刎脰诛。……公以文臣入夷笮，其可乎？此行宜以重兵自随……。刑乱邦，用重典，周公之训也。难者皆天下黠猾游说，而貌为老成迂拙者也……宜杀一儆百。”林则徐《密陈夷务不能歇手片》说：“……知鸦片之为害，甚于洪水猛兽，即尧舜在今日，亦不能不为驱除，圣人执法惩奸，实为天下万世计，而天下万世之人，亦断无以鸦片为不必禁之理。……然未有浙洋之事，或尚可以仰恳恩施。今既攻占城池，戕害文武，逆情显著，中外咸闻。非惟难许通商，自当以威服叛。……臣之愚昧，务思上崇国体，下摄夷情，实不敢稍存游移之见也。”西方资本主义是一个陌生的势力，主张坚决抵抗侵略的人必然要去了解这个势力，寻求抵抗的途径。姚莹《复光律原书》说：海外诸夷，侵凌中国，“天主邪教，明禁已久，一旦为所挟而复开。其他可骇可耻之事，书契以来所未有也”。姚莹在这封信上反复申说：“而吾中国曾无一人焉留心海外事者，不待兵革之交，而胜败之数已较然矣。……莹实痛心。故购求异域之书，究其情事，……著之于书，正告天下，欲吾中国童叟，皆习见习闻，知彼虚实，然后徐筹制夷之策。是诚喋血饮恨而为此书，冀雪中国之耻，重边海之防，免胥沦于鬼域，岂得已哉！……古今时势不同，当务为极。今事势可忧可惧如此，似不宜守拘墟之见，犹以复辙为美谈也。”魏源《海国图志序》明白地说：“是书何以作？曰：为以夷攻夷而作，为以夷款夷而作，为师夷之长技以制夷而作。”什么是夷之长技，如何学法，这些士大夫提出了自己的看法。他们认为西方的长处在于军事与近代工业，中国也应当由此着手。魏源在《筹海篇》里讲到的办法是：一、“请于广东虎门外之沙角、大角二处置造船厂一、火器局一。行取佛兰西、弥利坚二国各来夷目一二人，分携西洋工匠至粤，司造船械，并延西洋柁师司教行船、演炮之法……而选闽粤巧匠、精兵以习之。工匠习其铸造，精兵习其驾驶、攻击”。二、仿效西法选兵练兵，增设水师科目。“今宜于闽粤二省，武试增水师一科。有能造西洋战舰、火轮舟，造飞炮、火箭、水雷、奇器者，为科甲出身……”三、创办民用工业。“量天尺、千里镜、龙尾车、风锯、水锯、火轮机、火轮舟、自来水、自转碓、千斤秤之属，凡有益民用者，皆可于此造之”。四、允许私人设立工厂。“沿海商民，有自愿仿设厂局以造船械，或自用，或出售者听之”。魏源《海国图志》里还介绍某些资本主义国家的政治制度，天真地认为“其章程可垂奕世而无弊”，把那里描绘成“惩硕鼠之贪残，而泥封告绝”的桃源乐土。[①] 鸦片输入，西方资本主义侵略对整个中国的影响，照他们的话来说是“方今中外汲汲，莫不以鸦片夷务为事”，“海国之局，至斯而一变矣”。

把这些士大夫的议论集中一下，基本上是这么两条：第一，对清政府的腐烂统治极度不满，甚至绝望，对封建制度提出了某些怀疑，承认人民群众的巨大力量。封建制度的弊害在这里受到了猛烈的攻击。无论这种攻击是出于怀疑封建制度还是针对一些丑恶的事物，都只是导向一个结果：动摇、瓦解封建统治，使人相信这个统治是注定要完蛋的。第二，坚决反对西方资本主义对中国的侵略，承认资本主义某些方面优于封建制度，要求对封建制度作一些改革，学习资本主义的富国强兵之道。当时没有“向西方学习”这个概念，也不可能见诸实行，而实际上却提出了这个问题，并且抢在太平天国农民革命之前提出了这个问题。

历史唯物主义指出：人们的意识，是随着人们的生活条件、人们的社会关系和社会存在的改变而改变的。鸦片战争时期士大夫思想的变化，正是反映出那时的民族危机和封建统治危机引起了人们的生活条件、社会关系的改变，引起了社会存在的改变。

马克思和恩格斯于一八五〇年初根据以前德国传教士郭士立从中国带到欧洲去的消息对中国形势作过如下的评述：这个国家缓慢地但不断地增加的过剩人口，早已使它的社会条件成为这个民族的大多数人的沉重枷锁。后来英国人来了，用武力达到了五口通商的目的。成千上万的英美船只开到了中国；这个国家很快就为不列颠和美国廉价工业品所充斥。以手工劳动为基础

---

①最早介绍资本主义国家政治制度的还有徐继畬。《瀛寰志略》卷九有这方面的论述。徐继畬鸦片战争以后任福建巡抚，主张“抚夷”，与林则徐、魏源等人政治倾向不同。

的中国工业经不住机器的竞争。牢固的中华帝国遭受了社会危机。税金不能入库，国家濒于破产，大批居民赤贫如洗，这些居民开始愤懑激怒，进行反抗，殴打和杀死清朝的官吏。“这个国家据说已经接近灭亡，甚至面临暴力革命的威胁，但是，更糟糕的是，在造反的平民当中有人指出了一部分人贫穷和另一部分人富有的现象，要求重新分配财产，过去和现在一直要求完全消灭私有制”[①]。当时中国的政治形势，社会遭遇的危机就是这样。中国历史上的封建王朝，一般是经过短暂的稳定以后便渐渐走向衰败解体。清王朝至鸦片战争时期已经在下坡路上疾驰。周而复始的封建王朝危机的阴影笼罩在它的上空。最显著的征候是农村骚动增多，农民群众因生活压迫而卷进反抗斗争的洪流里面。西方资本主义向东方发展、英国的侵略，既加深旧有的危机，又挑起了新的更严重的矛盾。鸦片输入使劳动人民要替剥削阶级偿付进口鸦片的巨款，负担加重。潮水般的白银外流造成银贵钱贱，直接殃及人民的日常生活。烟毒侵入贫民层，又造成社会生产力的破坏。相当一部分统治者及依附于统治势力的人吸食鸦片，威胁着地主阶级的国家机器。中国在对英战争中失败，更激起整个社会动荡不宁。《南京条约》和以后几个不平等条约为外国侵入中国打开了大门。中国由一个独立国从此变成半独立国。原有经济生活独立发展的进程打乱了。劳动人民首当其冲，统治者也感到某种压力。人们不仅又一次碰到了历史上重复出现的改朝换代的老问题，而且破天荒第一次碰到了整个封建制度破坏、衰亡和中国沦为外国殖民地或成为独立自主的国家的问题。国内阶级矛盾由此更加尖锐化，全国农民战争的大爆发已经迫在眉睫。林则徐等人的思想不是由其他任何条件产生的，而是由这种社会条件、社会关系，这种社会存在产生的。

鸦片战争时期有进步倾向的士大夫思想的意义是什么，从这里可以看得很清楚。这个思潮明确宣告：中国的封建制时期已经“开罢荼蘼花事了”，中国正被迫走上半殖民地半封建社会的痛苦道路，对于不久以后的太平天国革命，在某种程度上也是一个预告。鞭挞封建统治，称赞人民力量，要求抵抗侵略和学习西方，都是合乎人民利益，顺乎历史前进方向的。在那一片漆黑的时代，这些思想开榛辟莽，前驱先路，使人们看到前面有一线曙光。我们把这个思潮看作是近代中国人民反帝反封建斗争篇章里的一页，原因也就在

---

①《马克思恩格斯全集》第7卷，第264页。

这里。

由于揭露、批判封建统治，学习西方，是鸦片战争时期思潮的两个基本内容，它对后来的影响也就主要在这两个方面。

林则徐、黄爵滋等人指陈朝政、剖析时局的奏疏，着重于暴露封建统治的一面，也指出了需要了解外国。林则徐、姚莹等人研究外国或者提倡这种研究的著作，着重于寻求世界知识的一面，也包含对封建统治的鞭笞。它们在不同程度上受到后来人们的注意。影响最著的自然要推龚自珍、魏源的思想。梁启超在《清代学术概论》里说：龚自珍“往往引公羊义讥切时政，诋排专制。……晚清思想之解放，自珍确与有功焉。光绪间所谓新学家者，大率人人皆经过崇拜龚氏之一时期。初读《定庵文集》，若受电然”。梁启超在《论中国学术思想变迁之大势》里又说：魏源“好言经世之术，为《海国图志》，奖励国民对外之观念……数新思想之萌蘖，其因缘固不得不远溯龚、魏”。龚自珍的著作其所以引起资产阶级改良主义新学家那么震耸，以至于“若受电然”，就是因为它“讥切时政，诋排专制”，即对封建统治的揭露和鞭挞。头脑受封建主义蔽锢的知识分子，经过一番振聋发聩，思想获得解放，开始用怀疑的眼光看待世界。再加以龚自珍善于袭取儒家经典里二千年来几乎成为绝学的公羊学说来表述自己的社会历史观点，要求对现状作某些改革，谁也不能一概指为异端邪说。资产阶级改良主义者从这里受到应当或可以批判什么的启示，也受到用什么方法来进行斗争的启示。魏源著作里的“经世之术”和“奖励国民对外之观念”为改良主义者所瞩目，也不是偶然的。梁启超没有明言那些新学家从魏源“对外”思想受到什么启发，从事实上却可以窥见其影响。康有为、谭嗣同、梁启超、严复等人都很注意觅取外国资产阶级的社会政治学说来作为自己的斗争武器。他们之中有些人在接触西方资产阶级哲学思想以后形成了自己的哲学体系，试图把西方哲学思想同儒家、佛家思想混杂起来，解释历史，解释客观世界。中国在鸦片战争以后充满了复杂的阶级斗争。这些斗争推动思想解放的潮流接连兴起。第一个高潮是维新运动中资产阶级改良主义思想对封建主义思想论战，第二个是同盟会成立以后资产阶级革命派对改良派论战，第三个是五四运动以前一部分小资产阶级和资产阶级知识分子发起的新文化运动。每一次斗争都是以批判封建制度、反对外国侵略、学习西方世界为中心的，每次都是激进思想战胜保守的思想。这些斗争又都是朝着鸦片战争时期社会思潮指出的方向进行的，批判封建制度主要是指向封建统治和封建文化思想，学习西方就是要学习西方资本主义。只有到五四运动以后才把批判封建统治和没收地主土地联系起来，学习外国把方向转换为学习马克思主义，学习俄国十月革命，情况才发生根本变化。可见鸦片战争时期有进步倾向的封建士大夫思想不只是对资产阶级维新运动有启发，在全部旧民主主义革命的八十年里也一直多少保留着它的地位。鸦片战争至五四运动以前，农民革命是失败的，资产阶级改良派的活动是失败的，资产阶级革命派的斗争也是失败的。它们都没有能够阻止中国坠入半殖民地的深渊里面。五四运动以后，有了工人阶级的领导，中国革命才由失败转而逐步走向胜利。自那时起，再经过三十年的斗争，中国人民最后打倒了帝国主义封建主义两个凶恶敌人，建立了中华人民共和国。这一百一十年的历史，说明中国这样的半殖民地半封建的国度必须要有工人阶级的领导，方能取得民主革命的胜利，把中国从帝国主义封建主义统治下解放出来，变为一个独立自主的国家。这是经过亿万群众无数次斗争实践检验过的真理。这个真理的光辉是日新又新的。鸦片战争是中国民主革命准备阶段的开端。以林则徐等人为代表的士大夫思想对那个开端作了第一手的描述。从这一点上讲，那些思想又不只是与旧民主主义革命时期有关的。

那末，是否因此就可以认为这些士大夫思想已经很现代化、与资产阶级思想没有什么区别了呢？是否因此就可以说这些士大夫思想只有反映时代要求的一面，而且他们之间也是整齐划一的呢？根本不是这样。

龚自珍、魏源、林则徐、黄爵滋等，或是地主阶级反对派，或是地主阶级开明派，还有的人只是地主阶级的非当权分子。这些人都是站在地主阶级立场上讲话的，没有谁是农民或资产阶级的代表。他们揭露的封建制度的危机、清王朝的统治危机，远非矛盾的全部。对那种危机个别方面的描写是惊心动魄的，实质问题却往往讲得不突出、不明确。他们感到旧的统治是不行了，必须重新寻找出路。出路何在？谁也不能真正离开旧的制度，另外指出前途。他们激昂慷慨批评封建统治的某些东西，但是不与当权势力决裂；他们腐心切齿痛恨贪官污吏，却相信好皇帝和正直大臣。对某些问题的看法，他们彼此抵触、互相矛盾，乃至自相矛盾。他们一面要求抵抗外国侵略，一面又把人民群众看作是危险的敌人；一面主张学习西方，一面又不改变封建统治者的立场。现实的态度和明见使他们能够睁开眼睛看世界，发出风暴已经来临的呼声；统治阶级的地位和偏见又使他们具有传统的浓厚的封建特色。

更重要的是这些思想根本没有触及封建制的根基——封建土地所有制的问题，即没有触及中国封建社会阶级矛盾的根源——地主集中土地、农民失掉土地的问题。太平天国革命爆发、《天朝田亩制度》出现，是当时土地问题严重到什么程度的集中说明。地主阶级思想家绝不会看不见这个封建社会矛盾的根源。他们不敢像农民那样提出问题，只是不敢正视这个残酷的现实。凡此种种，都属于鸦片战争时期社会思潮消极保守的一面。即使某些最有天才的思想家也要受其阶级地位严格的限制，要强烈地表现出这一面。总之，这些士大夫思想有民主精华，也有封建糟粕。民主思想还夹杂着封建糟粕。封建士大夫的毛既然附在地主阶级的皮上面，不这样是不可能的。他们在对外斗争中有某种依靠人民的思想，在国内阶级斗争、农民革命时又坚决站在与人民相对立的地位，这也完全合乎统治阶级的性格。统治者内部一部分人长于制造某种思想和幻想，另一部分人对那些思想和幻想比较消极，两者可以发展为相互对立。一旦发生某种冲突，阶级本身受到威胁，那种对立便自行消灭。历史上常常有这种事情。这些士大夫里有少数人在太平天国盘桓过。相传太平天国的“三老、五更”里就有他们侧身其间。但他们是由于被迫，并且总是和农民革命格格不入的。

辩证唯物主义不承认人类生活里有什么“纯粹的”现象。资本主义思想里还会有封建主义和小市民意识掺杂其间，何况是封建时代的意识形态。对统治阶级内部的开明思想或叛逆思想，不应该离开实际斗争，过高估计它的意义；同时，也不可脱离历史，否定它的客观意义，特别是当这种思想与人民反抗斗争在一定条件下相联系的时候。

与这些士大夫思想有关的还有一个士林风气问题。

龚自珍在他早年的作品《古史钩沉论》里对清代士风卑下作过尖锐的评论。他形容当时的士人有的以仆妾姿态阿谀取容，有的像狗马一般卑贱，去追求功名利禄。士人们没有操守，没有志节，“小者丧其仪，次者丧其学，大者丧其祖”。他还指出，士林风习卑下是统治者为巩固自己的权位，长期震荡摧锄士人的廉耻，蹂躏天下人才造成的。鸦片战争时期清政府的控制力量削弱，过去噤若寒蝉的士人又渐渐趋向活跃。《水窗春呓》记载：道光十五六年后，都门若干士大夫谈论时政，发起禁烟。“一时文章议论，掉鞅京洛，宰执亦畏其锋”，其中包括黄爵滋、徐宝善、朱琦、苏廷魁、陈庆镛、吴嘉宾、梅曾亮、臧纡青、张际亮、江开等人。[①] 林则徐、黄爵滋、姚莹等在这些人中最有影响。他们以讲求经术文章，砥砺志节相标榜，不屑于与世浮沉。王鼎为当时著名正直大臣。龚自珍赋诗献给王鼎，直率地要求他负起自己的责任，不要因为年老而消极退缩，和那些没有肝肠，杀人不见血的大官僚一样。龚自珍的锋芒毕露的批评，连魏源也认为有点过火，想替他改得缓和一些。陈庆镛一疏劾琦善、奕经、奕山等三亲贵，名望很高。张穆《与陈颂南先生书》批评他满足于结纳名士，不肯闭户自精，读书味道；见面只有些泛泛不关痛痒的语言，讲不出研究学问的心得，长此下去很危险！陈庆镛不以为忤，称赞张穆的才能高过自己。讲求经术文章，就是在学术研究上从脱离实际、崇尚空疏，转向注重研究现实问题。林则徐的《四洲志》、魏源的《海国图志》《圣武记》、姚莹的《康辅纪行》、徐继畬的《瀛寰志略》、张穆的《蒙古游牧记》、何秋涛的《朔方备乘》、夏燮的《中西纪事》、梁廷枏的《夷氛闻记》和包世臣论述漕运、盐政、银荒、鸦片等问题的作品都是这时出现的。讨论边疆和外国历史、地理，记述当代政治斗争、经济生活，蔚然成为风尚。满足某种现实需要，是这些作品的共同出发点。封建制度注定了知识分子中的糜烂风习，现实斗争又要求减少它的腐蚀。鸦片战争时期的社会思潮就是出现在这个环境里，反过来，它又给环境注入几丝新鲜空气。

《鸦片战争时期思想史资料选辑》里没有编入学术思想资料，是为了让内容简单一些。其实要说明一种社会思潮，这是不可忽视的一个方面。归根到底，学术思想总是受政治思想支配的，总要或隐或现埋藏着政治思想的灵魂。

---

① 陈庆镛:《籀经堂类稿》卷一二,《江亭展禊后序》载有1836年参加陶然亭集会的人名录。其中黄爵滋等若干人见于《水窗春呓》，另有蒋湘南等三四十人。他们大多数官位不高，并出生于南方各省，对鸦片流行情况比较熟悉，要求禁烟。

中国近代史问题①

中国近代史包括从鸦片战争到中华人民共和国成立以前一百一十年的历史，即包括前八十年的旧民主主义时期和后三十年的新民主主义时期。本文所论述的主要是鸦片战争至五四运动这八十年，即旧民主主义革命时期。目的是想要说明今天我们为什么要研究中国近代史的问题，或者说中国近代史研究如何有的放矢，为社会主义革命和社会主义建设服务的问题。

一、中国近代史研究的根本任务

近代史研究如何为社会主义革命和社会主义建设服务？回答这个问题，首先要弄清楚中国近代史研究的根本任务是什么。历史研究真正成为一门科学，是由马克思主义开辟出道路的。马克思主义把辩证唯物主义应用到社会历史研究上来，发现瞬息万变、矛盾混沌的历史现象，是一种有客观规律可循的发展过程。历史研究的任务，就是通过特定时间、地点发生的特定历史事件的独立研究分析，揭示历史发展的客观规律性。把历史看作是遵循一定规律变化发展的客观过程，还是随心所欲地解释历史现象，这是历史研究是否真正建立在科学基础上的问题，也是马克思主义历史科学根本区别于资产阶级唯心主义历史学的地方。马克思主义经典作家论及社会历史研究的时候，曾经多次指出过这个问题。

恩格斯说：社会历史的研究，“完全像在自然领域里一样，应该发现真实的联系，排除这种臆造的、人为的联系。这一任务，归根到底，就是要发现那些作为支配规律在人类社会史中为自己开辟道路的一般运动规律。……凡

① 原载《历史研究》1963年第3期；日本《亚细亚经济旬报》1963年11月译载。后收入《中国近代史诸问题》，题作《中国近代史诸问题》；又收入《中国近代史问题》，改为现题。——编者注

表面上看去是偶然性在起作用的地方，其实这种偶然性本身始终是服从于内部的隐藏着的规律的。全部问题就在于发现这种规律”[①]。列宁在《卡尔·马克思》那篇名文里说：先前一切历史理论里有两个主要缺点，即：一，它们至多考察了人们历史活动的动机，却没有捉摸到社会关系体系发展中的客观规律性，没有认定物质生产发展程度是这种关系的根源。二，它们恰巧没有包括到人民群众的行动。历史唯物主义消灭了这两个主要缺点。历史唯物主义指出了“以科学态度研究历史的途径，即把历史当做一个十分复杂并充满矛盾但毕竟是有规律的统一过程来研究的途径”[②]。毛泽东同志在《实践论》里说：过去人们对于社会的历史只能限于片面的了解。一方面这是由于剥削阶级的偏见经常歪曲社会发展的历史，另一方面则由于生产规模的狭小，限制了人们的眼界。“人们能够对于社会历史的发展作全面的历史的了解，把对于社会的认识变成了科学，这只是到了伴随巨大生产力——大工业而出现近代无产阶级的时候，这就是马克思主义的科学”[③]。社会历史进展规律的发现，其重要意义早由恩格斯着重指出过。恩格斯讲到马克思首先发现历史发展规律、阶级斗争规律的时候写道：“正是马克思最先发现了伟大的历史进展法则，按照这个法则，一切历史上发生的斗争（不论它是在政治的、宗教的、哲学的领域中发生的，或是在任何其他意识形态领域中发生的），实际上只是各个社会阶级彼此斗争的多少明显的表现，而这些阶级的存在以及它们之间的冲突，则是由它们经济状况的发展程度、生产的性质和方式及由生产所决定的交换的性质和方式来制约的。这个法则对于历史的意义，是与‘能力转化律’对于自然科学的意义相同的。”[④]

马克思主义历史科学要通过具体历史的研究，揭示历史规律，谁都知道这不是出于好奇，不是出于其他动机。马克思主义者揭示历史规律是为了当前斗争，是要武装自己，摧毁敌人，改造世界。目前资本主义在全世界范围内正由共产主义所代替；全世界范围内激烈的阶级斗争在迅速地改变人类历史的面貌；社会主义正在日新月异取得成就。这一切，正是马克思主义揭示的在人类历史上共产主义必然实现，资本主义必然灭亡这个客观规律在现实

① 恩格斯：《费尔巴哈与德国古典哲学的终结》，人民出版社 1965 年版，第 37—38 页。

②《列宁全集》第 21 卷，第 39 页。

③《毛泽东选集》第 1 卷，第 283—284 页。

④《路易 · 波拿巴的雾月十八日》，人民出版社 1963 年版，第 7 页。

生活中的普遍反映与无数次的证实。阐述历史发展规律、阶级斗争规律，这就使一切革命的人们可以根据对客观规律性的认识去能动地改造世界，加速消灭资本主义，实现共产主义。

马克思主义历史科学揭示历史规律的战斗性，在资产阶级历史学里反映得非常强烈。数不清的现代资产阶级哲学家、历史家千方百计地反对马克思主义的历史有规律地发展的学说。最近的一些例子是英国的反共宣传专家西·亨特、牛津大学的伯尔林、加拿大社会学家迈约、美国的萨维尔及美国极端反动的所谓“现在主义”者毕尔德、贝克尔、李德等人有关这个问题的议论。西·亨特说：“历史唯物主义要求建立在科学的基础上，那就非假定历史是一种精密的科学，而且可以预言它的未来发展不可。”照他看来那是根本不可能的。[①]伯尔林疯狂地攻击历史科学这个概念。他认定历史写作本质上是“无定向的流水”，人们编纂历史，只是将形形色色的思想和假想组织起来。[②]迈约说：历史唯物主义“最大的错误——导致历史有规律的观点的错误——就在于：似乎为我们生成了某种一定的历史”[③]。萨维尔说：讲述历史，不可能“根据历史的规律作出判断，因为并没有历史的规律这种东西”[④]。“现在主义”者毕尔德、贝克尔、李德等人赤裸裸地为美帝国主义反动宣传服务。他们绝对否认历史发展中有客观真理的可能性，宣称每个人有权力成为“他自己的历史学家”。比较早的例子有罗素、胡适、梁漱溟等人的议论。英国资产阶级唯心主义哲学家罗素反驳有任何历史规律存在的说法，认为历史倒是必须当作一种艺术形式来考察的东西。中国买办阶级代言人胡适忽而把历史比作一百个大钱，随便你摆成什么样子，忽而把历史比作一个小姑娘，任人去涂脂抹粉。其根本意思就是否认历史发展有客观规律存在，否认有阶级斗争、有阶级斗争规律存在。地主阶级思想的宣传者梁漱溟则断定历史的根本是“意欲”。中国历史只是偶然地“循环于一治一乱”，毫无客观规律之可言。这类例子真是举不胜举。某些资产阶级学者，如当代资产阶级历史大师汤因比也大讲历史规律。汤因比的所谓规律是把世界历史看作是从希腊文明、欧洲文

---

① 亨特：《共产主义的理论和实践》。

② 斯科特：《解释和重新解释》（“美国历史学会”1959年芝加哥年会的报道），《美国历史评论》1960年4月号。

③ 迈约：《民主和马克思主义》。

④ 斯科特：《解释和重新解释》。

明……到美国文明等二十几种文明的综合体。而每一种文明都经历着同样的阶段：诞生、成长、崩溃、解体与灭亡。这就是历史的“普遍规律”。汤因比在这里当然不单纯是为了炫耀他的惊人浅薄，主要是表示他拒绝承认历史发展有任何客观规律存在。汤因比等人那些所谓历史规律与科学的客观规律不相容就像水火不相容一样。

列宁说过，马克思的学说在整个文明世界中引起全部资产阶级的最大仇视和憎恨。马克思主义历史学把通过具体历史事变的研究揭示历史客观规律作为自己的任务，要引起资产阶级的竭力攻击，那是理所当然的。因为资产阶级从这里感受到一种切身威胁。对于他们，这种威胁不止是芒刺在背，而是像在脖子上横了一口钢刀。历史既然遵循客观规律发展，资本主义就一定最后死亡。资本主义死亡，就是资产阶级的消灭。万千资产阶级哲学家、历史家总是力图用断定历史并无所谓客观规律的办法，来证明马克思主义关于资本主义必然要为共产主义所代替的理论并无根据。他们极力想要证明历史发展并没有给革命人民以客观真理。他们以为只要无休止地重复历史并不是按照什么规律发展的，这就是给腐烂透顶的资本主义灌进了一剂续命汤。它就会返老还童，如松之寿。资产阶级的拼命抗拒真理，正是证明马克思主义科学具有多么巨大的威力，证明揭示历史规律的战斗意义。

历史规律当然是一个复杂问题。它有自己的内容，有自己的特殊性。毛泽东同志在《矛盾论》里说：科学研究的区分，就是根据科学对象所具有的特殊的矛盾性。对于某一现象的领域所特有的某一种矛盾的研究，就构成某一门科学的对象。“数学中的正数和负数，机械学中的作用和反作用，物理学中的阴电和阳电，化学中的化分和化合，社会科学中的生产力和生产关系、阶级和阶级的相互斗争……等等，都是因为具有特殊的矛盾和特殊的本质，才构成了不同的科学研究的对象”①。历史发展的特殊矛盾不同于物理现象、化学现象等自然领域的矛盾。历史现象是由有意识的人的活动构成的。历史规律也就不同于永恒的自然规律。它既会产生，也会消失；有的短期就会化为陈迹，有的要长时期支配人类的命运。从原始社会到奴隶社会、封建社会、资本主义社会、共产主义社会的发展过程，由低级到高级的规律；以往各个社会里社会生产力与生产关系由适合到不适合的规律；阶级社会里由阶级斗争、

① 《毛泽东选集》第 1 卷，第 309 页。

一分为二推动历史前进的规律；基础决定上层建筑，上层建筑反过来又作用于基础的规律等，这是历史发展的基本规律或带有共同性的规律。它们是在漫长时间里起作用的。某个时代、某个阶段的历史发展变化，那个时代、那个阶段里阶级、阶级斗争的发展变化，表面上千头万绪，自相矛盾，并且常常表现为不合规律，实际上它总是受一定的规律约制着的。那个时代、阶级、阶级斗争的内容改变了，原有的规律也就跟着改变。恩格斯说："没有一个表现纯粹资产阶级关系的规律是先于现代资产阶级社会而存在的；那些或多或少地对过去的全部历史起过作用的规律则仅仅表现了以阶级统治和阶级剥削为基础的一切社会所共有的关系。"[①] 由于历史发展规律的复杂性，我们研究某个时代、某个领域的历史，就不但要阐述它与前后时代相同的东西，证实、丰富那些基本的、共同的规律，而且更重要的是要研究那个时代独特的不同于其他时代的东西，揭示出那个时代特殊的、具体的规律。因此，历史研究的内容总是丰富多样的，总是要不断在人们面前出现新的问题。

现在我们论述的是鸦片战争至五四运动这个时期的历史。鸦片战争至五四运动时间很短，在历史发展上却相当重要。这是中国社会发生剧烈变化的八十年。中国由一个封建社会变成了一个半殖民地半封建社会。在这以前虽有资本主义萌芽，仍是处在封建社会时代。在这以后社会性质虽没有改变，革命斗争已经不是处在旧民主主义时期，而是处在新民主主义时期，那时中国工人阶级是革命的领导者。中国由封建时代转变为一个有工人阶级领导的人民革命运动的时代是由这八十年历史完成的重大使命。

近代中国历史的这个巨大转变当然不是凭空发生的。其中充满了空前激烈、空前复杂的阶级斗争。中国在鸦片战争以前社会阶级很简单。那时基本上是地主与农民两大阶级对立。主要斗争是这两个阶级之间的斗争。现在情形大不相同了。外国资产阶级侵入中国，并且愈来愈深地渗进了中国社会生活里面。外国资产阶级不是中国的一个阶级，是一个外部力量。它侵入中国之后，在社会生活一切重要领域里取得了支配地位。近代中国的全部阶级斗争，处处与这个反动势力紧相关联着。中国这时开始有了资本主义。资本主义尽管很微弱，但它是一种新的生产方式。工人阶级是这时诞生的。资产阶级是这时形成的。和资本主义生产方式相联的还有一个小资产阶级。实际上它

---

①《马克思恩格斯书信选集》，人民出版社 1962 年版，第 181 页。

是一个属于资产阶级范畴的社会势力。农民阶级、地主阶级这些旧的阶级并没有消亡。它们在新的形势之下继续活动。农民阶级还充满着活力。农民是太平天国运动的发动者，又是义和团运动的发起者。地主阶级一直是统治力量，还不是告朔之饩羊。虽然它已经日暮途穷，必须屈从帝国主义去维持其统治地位。所有这些阶级、这些社会力量既非彼此无关，更不知道什么叫和平共处。阶级斗争在这八十年里一直激烈地进行着。中国社会被压迫阶级与帝国主义无时无斗争；人民群众与封建统治势力无时无斗争；工人阶级与资产阶级有斗争；反动统治阶级内部也有斗争。由于这时的阶级斗争既是非常尖锐，又是格外复杂，历史发展的客观规律，阶级斗争的客观规律在这里就显露得越发彻底，越发显著。对这些阶级、这些阶级的复杂斗争进行具体的分析研究，把中国半殖民地半封建社会这个特定历史时代的阶级、阶级斗争规律揭示出来，让人们能够认识它、理解它，这就是中国近代史研究的根本要求、根本任务。

我们不是要回答近代史研究如何为社会主义革命和社会主义建设服务的问题吗？归根到底，研究近代史，就是要通过对这个时代的阶级、阶级斗争的具体研究分析，揭示出这个时代的历史发展、阶级斗争规律来为当前斗争服务，满足当前斗争需要。

无比激烈、复杂的近代历史上的阶级斗争距我们只有几十年、百把年。它与今天的生活息息相关。那些斗争过去了，那些斗争所表现出的历史规律——其中有共同规律，更有这个时代阶级、阶级斗争特有的具体规律——今天还在继续发生作用，还没有过去。我们迫切需要掌握这些规律性知识。这些知识与今天斗争的联系是多方面的。一些基本的东西不但与国内当前斗争实践有联系，而且与世界革命人民当前斗争实践有联系。

第一，近代中国阶级、阶级斗争规律的知识可以武装一切真正的革命者，武装正在建设社会主义的我国广大人民。

社会主义革命、无产阶级专政，是从资本主义过渡到共产主义的一个历史时期。在这个时期里，无产阶级和资产阶级之间的阶级斗争，社会主义和资本主义两条道路的斗争是不可避免的。近代历史上那些与社会主义相对立的阶级至今并没有过去或者没有完全过去。帝国主义仍旧包围着我们。地主阶级、买办资产阶级进了坟墓，阴魂还未消散。它们总是不甘心灭亡，时时企图复辟。资产阶级尚在蠕蠕而动。社会上还存在着资产阶级的影响，存在着旧社会的习惯势力和一些小生产者自发的资本主义倾向。遇有机会，其中一些人就想离开社会主义道路，走资本主义道路。这个历史时期，这个斗争需要几十年，甚至更长的时间。毛泽东同志在《关于正确处理人民内部矛盾的问题》里说："在我国，虽然社会主义改造，在所有制方面说来，已经基本完成，革命时期的大规模的急风暴雨式的群众阶级斗争已经基本结束，但是，被推翻的地主买办阶级的残余还是存在，资产阶级还是存在，小资产阶级刚刚在改造。阶级斗争并没有结束。无产阶级和资产阶级之间的阶级斗争，各派政治力量之间的阶级斗争，无产阶级和资产阶级之间在意识形态方面的阶级斗争，还是长时期的，曲折的，有时甚至是很激烈的。无产阶级要按照自己的世界观改造世界，资产阶级也要按照自己的世界观改造世界。在这一方面，社会主义和资本主义之间谁胜谁负的问题还没有真正解决。"[①] 现实生活每天都在说明毛泽东同志这个分析的深刻意义。

如何看待社会主义建设时期的两条道路斗争，这是一个关系社会主义前途、关系社会主义历史命运的问题。谁要是忘记了阶级斗争，忘记了无产阶级专政这个马克思列宁主义基本原理，谁就必然要犯错误，要受历史惩罚。懂得近代阶级斗争、阶级斗争的规律，我们就可以更清楚地认识社会主义革命和社会主义建设时期的阶级斗争，辨别方向，在社会主义道路上坚定不移地前进。

第二，需要研究近代中国阶级斗争的客观规律，来深刻阐明党在民主革命时期的路线、方针和政策。

近代中国社会生活、近代中国历史是党在各个时期的路线、方针、政策的出发点，是毛泽东同志指导中国革命的思想、理论的出发点。那些政策、理论之所以正确，就是因为它们符合于历史发展的规律，符合于阶级斗争的客观规律。鸦片战争至五四运动以前，中国革命进行了八十年。每一次斗争无不以失败而告终。马克思说一八四八年至一八四九年法国革命编年史中，每一较为重要的篇章都标题为革命之失败。中国这八十年革命编年史也是如此。五四运动以后，中国工人阶级政党——中国共产党诞生，并担负起革命领导任务，革命面貌从此焕然一新。原因是什么？原因就是我们党领导民主革命的方针、路线和政策，是根据马克思列宁主义分析中国社会生活，分析中国近代历史以后制订出来的。毛泽东同志把近代历史与社会生活叫作中国国情，

---

①《毛泽东著作选读（甲种本）》，人民出版社 1965 年第 2 版，第 352 页。

把那种正确分析叫作以马克思主义之矢射中国革命之的。研究近代阶级斗争规律，就可以帮助人们了解党怎样以马克思主义之矢射中国革命之的，党在怎样的历史条件下领导人民取得了民主革命的伟大胜利。当然熟悉那些斗争，对于了解社会主义革命和社会主义建设也是需要的。今天社会主义建设中有许多问题是昨天的继续。为什么我们只有遵循党的总路线从事社会主义建设，而不是走其他道路；为什么一些事物是现在这种状况，而不是别种状况，都有其发展过程，有其历史的因缘。学习毛泽东同志的著作，研究毛泽东思想，更必须懂得这八十年阶级斗争的历史。目前马克思列宁主义思潮和反马克思列宁主义的修正主义思潮的斗争，是世界共产主义运动中一个严重的课题。毛泽东思想高举着马克思列宁主义旗帜。把这个思想的历史背景阐述清楚，对于宣传马克思主义，反对现代修正主义正是不可缺少的工作。

第三，中国民主革命时期复杂的阶级斗争为中国人民积累了异常丰富的革命经验。今天迫切需要对这些经验从理论上，即从历史规律性上加以阐述、总结。

目前世界殖民地半殖民地人民大部分还在进行民主革命斗争。中国革命经验宝库里无疑地有他们所需要的东西。分析一下中国民主革命的类型，这一点就更加明显。中国的民主革命不同于英国法国类型的民主革命。英国法国类型的国度由封建社会进到资本主义社会的过程是独立发展的过程。资本主义在世界范围里处在上升时期。那些国家民主革命的唯一敌人是封建统治势力。革命任务单纯，比较容易获胜。中国民主革命有异于英国法国类型。中国没有独立的资本主义时期。外国资本主义侵入破坏了中国社会独立发展的过程。外国侵入把中国变成了一个半殖民地半封建社会。中国民族资本主义的成长遭受着严重阻碍。民族资产阶级异常软弱。中国民主革命不只是要战胜一个敌人，而是要战胜本国封建势力和外国资本主义侵略势力即帝国主义这两个凶恶敌人。战胜帝国主义是一个严重任务。情况就是这样：世界主要国家由封建社会进到资本主义出现的社会有两条途径，一条，独立发展的途径；一条，沦为殖民地半殖民地然后发生资本主义的途径。资产阶级民主革命因之也有两个类型，一个是只反对本国封建势力的类型；一个是除了反封建，还要着重反帝国主义的类型。中国民主革命在后面这个类型里显然具有典型性。中国是一个东方国家。中国又是一个人口众多的国家。它在民主革命时期与所有帝国主义作过斗争。中国革命最后又在无产阶级领导下取得了彻底胜利的结局。英国法国那种类型的民主革命早已进了博物馆。中国这个类型的民主革命目前在亚洲、非洲、拉丁美洲正如野火燎原，威胁着帝国主义统治。亚洲、非洲、拉丁美洲多数国家的革命运动是资产阶级发动的。无产阶级在那些地方还没有取得领导地位。作为世界革命的同盟军，它们是世界无产阶级革命的一部分，但在那些国家内部还是资产阶级革命时期。中国民主革命的经验，特别是中国共产党领导下的新民主主义革命时期的丰富经验，肯定是那些地区的革命人民所需要的东西。我们现在讲的是中国旧民主主义革命时期。中国人民在这个时期里的反对帝国主义的斗争中碰到过各种各样的情况、各种各样的问题。其中有些东西也显然对于今天的亚非拉美革命人民具有值得借鉴的意义。研究中国近代史，应该重视这方面的需要。

列宁讲到研究当代史、总结历史经验的时候这样说："……我们必须力求赶上事件的发展，作出总结、作出结论，从今天的历史经验中吸取教训以便应用于明天，应用于今天'人民还在沉默'而不久的将来革命的火焰必将以这样或那样的形式燃烧起来的地方。我们必须做政论家经常要做的事情——写现代历史并力求使我们的描写给运动的直接参加者和活动在现场上的无产者英雄们带来更多的帮助，能够促进运动的开展，有助于自觉地选择耗费力量最少而能够提供最大的最持久的结果的斗争手段、方式和方法。"[①]列宁这里提出的要求，对于我们今天研究中国近代史也是适用的。今后几十年，百把年，世界历史将要发生翻天覆地的变化。殖民地半殖民地人民取得民主革命胜利，对于改变世界面貌将占有重要地位。我们的近代史研究工作，必须赶上当前世界这个形势，把中国人民反对帝国主义斗争的经验和教训提供给今天正在现场上从事同样活动的人们。

第四，我们需要掌握近代中国阶级斗争规律的知识，更有力地与资产阶级反动思想作斗争。

与资产阶级反动思想作斗争，中国近代史研究是一个重要战场。帝国主义发言人任意颠倒近百年中国与西方关系的历史。他们极力宣传：西方资本主义势力并没有侵略中国，只有对中国的传统友谊。西方侵入从未带给中国什么灾难，而是给中国输入民主观念，带来了进步。中国人民对于帝国主义似乎不是应当抵抗，倒是应当拍手欢迎。对于这样解释近代中国历史，美帝

---

①《列宁全集》第8卷，第82页。

国主义拥有发明权利。艾奇逊、鲍尔斯之流就是这么讲的。中国买办阶级代言人叙述近代史除了照抄洋人的文章，还归咎中国人自己不争气，特别是归咎人民抵抗外国侵略阻碍了历史进步。照洋奴买办看来，中国愈来愈贫穷落后，与外国资本主义压迫剥削根本没有关系。中国之所以落后，是由于人们愚昧无知，顽固守旧，不肯与洋人推诚合作，没有完全按照列强要求去进行改革，等等。胡适、蒋廷黻的近代史"著作"里充斥着这类绝顶荒谬的议论。若干反动文人近年来在台湾编造的近代史出版物上又唱着另一种调子。那些出版物枉费心机地为蒋介石反动统治复辟寻找历史根据。蒋介石叛卖革命，成为空前绝后的卖国贼，被描绘为继承了革命传统；帝国主义侵略中国，被描绘成共产主义"侵略"了中国。他们幻想经过这些捏造窜改，历史就将帮助他们死灰复燃，重新攫取世界。至于资产阶级的超阶级观点，反对人民群众的观点，在中外资产阶级编写的近代史著作里更屡见不鲜。不承认太平天国、辛亥革命是阶级斗争，不承认义和团运动的正义性质等，就属于这类观点。对于中外资产阶级在这个领域里散播的反动思想，必须加以批判，并且应当正面阐述清楚近代中国的阶级、阶级斗争，肃清它们的影响。

这里讲的是我们今天研究中国近代史的基本目的，也是直接目的。

毫无疑问，昨天研究近代史与今天、明天研究近代史，研究近代史与研究古代史，研究中国史与研究外国史，还具有共同的目的。研究历史，总是要宣传爱国主义、传播历史经验、总结文化遗产、揭示生产力和生产关系之间的矛盾与发展规律，揭示经济基础和政治、思想等上层建筑之间的关系与发展规律，用历史经验、历史知识丰富人们的思想，提高人们的认识。今天研究中国近代史也不例外。研究近代中国阶级斗争、阶级斗争规律，并不排除这些目的。相反的，进行这种研究恰恰能够使宣传爱国主义、传播历史经验、总结文化遗产等等变得更有生气，更富有战斗力。历史事物中，各个时期总是既有普遍性的东西，又有特殊性的东西。历史事物的普遍性，即寓于不同时期的特殊性之中。研究近代中国历史事物的特殊性，不止对于当前革命实践有意义，对于了解历史事物的普遍性也有意义。研究历史和研究其他问题一样，说明的东西愈多，愈带有普遍意义，就愈是有成绩。懂得这一点是很重要的。但是研究历史也和研究其他问题一样，总是要有具体目的，要通过具体事物的研究才有可能从中引出某种带普遍性的结论。懂得这一点同样是很重要的。

二、需要着重研究的一些问题

中国近代史研究的根本任务、目的确定了，现在我们就可以根据这个任务、目的来看看近代史上有哪些需要着重研究的问题。

帝国主义侵略中国的历史，帝国主义与近代中国的阶级斗争，我想是首先需要认真研究的一个方面。

毛泽东同志说："帝国主义和中华民族的矛盾，封建主义和人民大众的矛盾，这些就是近代中国社会的主要矛盾。……而帝国主义和中华民族的矛盾，乃是各种矛盾中的最主要的矛盾。"① 毛泽东同志又说："帝国主义侵略中国，反对中国独立，反对中国发展资本主义的历史，就是中国的近代史。历来中国革命的失败，都是被帝国主义绞杀的，无数革命的先烈，为此而抱终天之恨。"② 学术界过去在这方面做了不少工作。现在看来有许多问题需要集中研究，需要进一步提高研究的水平。

帝国主义是怎样破坏中国革命的——帝国主义是怎样破坏太平天国革命的，帝国主义是怎样破坏义和团运动的，帝国主义是怎样破坏辛亥革命的，帝国主义是如何在中国培养代理人的，帝国主义是如何对待、利用中国资产阶级知识分子的，帝国主义是怎样纵横捭阖、争夺中国利权的等等，要一一分析研究。其中一些根本的东西，对于殖民地半殖民地人民现在是、将来也会是有教益的东西。

太平天国是一场农民革命。中国农民革命第一次碰到西方资本主义这个陌生势力。革命群众在西方侵略者面前表现出不妥协的立场，而对它的本质还缺少明确认识。外国侵略者很快就看出了农民革命和他们的侵略利益是相对立的，对太平天国极力加以破坏。表面上宣布"中立"，从太平天国内部蛊惑革命的领导者，企图影响革命前进的方向，这是一种方式；撕下"中立"的假面具，直接站在清政府一边向革命人民武装进攻，这又是一种方式。太平天国失败，清朝政权得以延续下去，外国的武装干涉起了决定作用。义和团运动是又一次农民战争。太平天国着重于反对本国封建势力，义和团运动则

---

①《毛泽东选集》第2卷，第631页。

② 同上书，第679页。

把打击锋芒指向外国侵略者。帝国主义为要破坏义和团运动，公开发动了侵略战争。这就是所谓“八国联军之役”。帝国主义要联结一起来反对义和团，说明广大农民群众反抗外国侵略的力量是十分强大的。世界各地的帝国主义都来反对义和团，说明帝国主义与殖民地半殖民地革命人民的势不两立，绝无例外。辛亥革命是资产阶级发起的革命。帝国主义采取了另一套破坏手法。辛亥革命与义和团不同，它没有正面号召反对外国侵略者。革命派在武昌起义一发动，就表示与外国侵略势力是可以妥协的。各地的斗争迅速展开，帝国主义互相间的矛盾冲突，更使帝国主义不可能进行武装干涉。在这个形势下面，帝国主义再一次打起“中立”旗号来施展阴谋诡计。一方面，帝国主义利用革命阵营内部君主立宪派与革命派的矛盾、对立，利用同盟会各派之间的龃龉、扞格，从内部来破坏革命，促成它的分崩离析；另一方面，帝国主义直接用军事的、外交的、财政的力量从外部来对革命施加压力，支持大地主、大买办的代表袁世凯窃取政权。帝国主义极力破坏是辛亥革命失败的外在的原因。

与在革命内部进行破坏同时并行的就是在反动势力里面收买走狗，培养代理人。近代中国是一个半殖民地，不是一个殖民地。帝国主义统治中国必须依靠它的代理人来实现。清政府统治时期，中国外表上还维持着全国统一的局面。帝国主义这时寻求代理人是把眼光集中在地主阶级当权派身上。它们对地主当权势力一打一拉，先打后拉。先用武力强迫他们驯服，然后再加以扶植，让他们统治下去。那拉氏、奕䜣以下的清政府当权派就是这样出现的。最初那拉氏等人夺取权力的“宫廷政变”，实际上是统治集团中同外国侵略势力建立起了某种联系的一派与对外国侵略者深怀疑虑的一派这两种势力之间的斗争。那拉氏、奕䜣一边得胜，证明外国侵略者的声威、外国的洋枪快炮战胜了封建皇权的声威，战胜了咸丰选择载垣等人辅政的遗诏。往后大约半个世纪里，那拉氏及其党羽在很大的程度上一直是以帝国主义代理人的身份在执掌政权。清朝覆亡以后中国表面上的统一也很快消失了。帝国主义这时主要是从军阀官僚中各自物色对象，供应军火，供应政治、军事顾问，让他们争夺地盘，互相厮杀，自己从中取利。当那些军阀官僚在群众中完全陷于孤立以后，他们就丢掉一批，再换上一批。当然，无论在哪种情况下，帝国主义都没有忽视在革命营垒里培养代理人。不过在农民革命战争中他们的这种活动总是落空的。中国近代历史上出现了大大小小许多叛徒卖国贼。他们受雇佣、收买、利用、驱使的过程，就是帝国主义在中国推行其黑暗统治的过程。

文化侵略，改造、利用中国资产阶级知识分子，是帝国主义的非常阴险、狡猾的侵略政策。传教、办医院、办学校、办报纸和吸引留学生等等，就是这个侵略政策的实施。其目的，在于造就服从它们的知识干部和愚弄广大的中国人民。美国帝国主义在这方面更是先知先觉。人们还记得，很早就有个叫作詹姆士的美国人向美国政府提出过一个培养中国知识分子的方案。照那上面说：哪一个国家能够做到教育这一代的青年中国人，哪一个国家就将由于这方面付出的努力而在精神的和商业的影响上得到最大的收获。“为了扩张精神上的影响而花一些钱，即使从物质意义上说，也能比别的方法收获更多。商业追求精神上的支配是比追随军旗更为可靠的”。帝国主义这个毒辣政策给中国留下了长远祸害。直到中国民主革命胜利以后，对于应当如何看待中国和帝国主义国家的关系，还是许多知识分子碰到的一个严重问题。毛泽东同志在《丢掉幻想，准备斗争》里指出：那些知识分子在这个问题上还是被动的，还没有跟美国帝国主义（以及英国帝国主义）作长期斗争的决心。他们怀有旧民主主义思想，亦即民主个人主义思想，而对人民民主主义或民主的集中主义，不赞成，甚至抱有反感。他们对美国还抱有幻想，相信美国什么都好，希望中国学美国等等。[①] 要懂得帝国主义侵略的全部历史，必须研究这方面的问题。

今天，历史还在重演。哪里有革命，哪里就有帝国主义破坏革命。破坏的方式不是武装干涉，就是分化革命阵营内部，或者是双管齐下，各种手段同时采用。帝国主义的经济、政治、军事势力推广到什么地方，代理人就在什么地方出现。其中有公然依靠侵略者的刺刀保护而存在的，有以某种“独立”面貌出现于世的。他们都是帝国主义的猫爪子。美国在许多地区推行的“和平队”是文化侵略的一种形式。美国在日本实行的“赖肖尔公式”是文化侵略的又一种形式。帝国主义现在从事这些阴谋活动，常常捏造新的借口，披上新的外衣，挂起新的招牌。它的本质却仍是百把年前、几十年前的殖民主义老朽货色，丝毫没有两样。

英帝国主义、日本帝国主义、美帝国主义是侵略中国的，也是横行东方

---

① 参见《毛泽东选集》第 4 卷，第 1488 页。

的主要帝国主义势力。列宁早在一九一六年就指出："资本主义已成为极少数'先进'国对地球上大多数居民施行殖民压迫和财政扼制的世界体系。瓜分这种'赃物'的是世界上两三个强大的全身武装的强盗（美、英、日），他们把全世界卷入他们为瓜分自己的赃物而进行的战争。"[①]研究帝国主义与中国的关系，必须着重研究英国、日本、美国这些帝国主义与中国的关系。美国帝国主义是当前中国人民的、也是当前全世界人民的最凶恶、最危险的敌人。美国帝国主义正在野心勃勃追求世界霸权，不断地对中国、对世界许多地区发动侵略。毛泽东同志早在一九四九年就指出："美帝国主义侵略中国的历史，自从一八四〇年帮助英国人进行鸦片战争起，直到被中国人民轰出中国止，应当写一本简明扼要的教科书，教育中国的青年人。"[②]研究帝国主义侵略中国的历史，必须着重研究美国帝国主义侵略中国的历史。写出这样一本教科书，在今天，不止是可以教育中国的青年，对世界各地的革命人民也是一种帮助。

地主阶级与帝国主义一起是压在中国人民头上的两座大山。研究帝国主义侵略中国的同时，必须研究地主阶级的历史。

地主阶级在近代历史上表现出的一个基本动向是，在外国侵略者面前节节屈服，最后成为帝国主义统治中国的工具和支柱。中国在第一次鸦片战争、第二次鸦片战争、中法战争、中日战争、抵抗八国联军战争中的失败，都是地主阶级当权势力对外屈服所造成的。地主阶级对待外国资本主义侵略者，一开始就与人民群众走着根本不同的道路。人民群众走的是坚决抵抗的道路，地主阶级走的是妥协投降的道路。但是应当看到，地主阶级在外国侵略者面前并不是无所作为的。地主阶级对外屈服的过程，是它与帝国主义狼狈为奸、互相利用，共同反对中国人民的过程。它在这里是一个为着保持自己的统治顽强斗争的阶级，而不只是一味受帝国主义欺凌侮弄的可怜虫。勾结帝国主义必须支付代价。那就是无止境地出卖中国主权，使自己的统治变为适合于帝国主义的需要。地主阶级在近代历史上表现的又一个基本动向是，在本国人民面前极端残暴，极端反动，反对一切进步和改革。在太平天国时期无比残暴地屠杀革命群众，在百日维新时期发动流血政变，在义和团运动中恶毒

①《列宁全集》第22卷，第183页。

②《毛泽东选集》第4卷，第1505页。

出卖、杀戮广大农民，在辛亥革命以后要求全部保持旧的统治秩序，一再阴谋复辟。这一切，都表现了地主阶级仇恨人民，反对进步的阶级本性。近代中国阶级斗争在这里显示出了一条规律：反动统治阶级与外国侵略势力有矛盾，很快是可以互相结合的；与本国人民有矛盾，永远是不能妥协的。研究近代历史上的地主阶级，要着重阐明这个规律。

资产阶级的出现是近代中国的重要变化之一。《共产党宣言》上说：西方资产阶级迫使一切落后民族都在唯恐灭亡的忧惧之下采用资产阶级的生产方式，在自己那里推行所谓文明制度，把自己变成资产者。中国资产阶级出现在半殖民地半封建社会里，活动时间很短促。从它产生、发展到退出历史舞台，有不少需要进一步研究的问题。

中国资产阶级有两个部分。有买办资产阶级，有民族资产阶级。买办资产阶级有哪些特点，在这八十年里是如何活动的，很值得研究。买办资产阶级是直接为帝国主义的资本家服务并为它们所豢养的阶级，又和农村封建势力有千丝万缕的联系。买办资产阶级作为一种社会势力一出现，就与人民革命相对立，这是一个特点。买办势力最早在政治上显露作用，是参与反对太平天国。《北京条约》以后，英法俄各国准备在军事上援助清政府。那时上海出现一部分人极力要求清政府借用外兵。那些人里包括几种不同的成员。有外国洋行买办或者从事过买办勾当、与外国资本家有直接联系的地方官吏，有江浙一带被太平天国赶出家园、麇集上海的逃亡地主，有江浙一带的富商大贾。那些人或者是依靠外国发财致富的，或者是指望凭借外国势力保障他们的生命财产和统治特权。他们是中国早期的买办和带有买办倾向的社会势力。洋务派在这以后越来越成为买办阶级的政治代表。洋务派在清政府里也就越来越显赫，成为统治阶级里反对人民的当权派。义和团和辛亥革命时期，买办阶级更是明显地站在帝国主义一边与革命人民为敌。中国买办阶级的各个集团有着不同的帝国主义背景。当帝国主义相互间的矛盾尖锐化，当革命锋芒主要指向某一个帝国主义的时候，属于另一帝国主义系统的买办资产阶级集团可能在一定程度上、一定时期内参加反对某一个帝国主义的斗争，这又是一个特点。辛亥革命以前各派官僚势力的分化与对立，都多少反映出一些帝国主义的对立。辛亥革命以后各个军阀官僚集团的矛盾与对立，更只能从帝国主义相互矛盾里寻找根源。中国买办资产阶级活动的历史告诉人们，对殖民地半殖民地的大资产阶级，必须遵照马克思主义作具体分析。看不见殖民地半殖民地大资产阶级与帝国主义有矛盾，是一种错误，把大资产阶级与民族资产阶级不加区别，抹煞它的反动本质，显然是更大的错误。

中国民族资产阶级是一个带两重性的阶级。民族资产阶级一方面受帝国主义封建主义压迫，在一定程度上有反帝反封建斗争的积极性，另一方面又与帝国主义封建势力在经济上有联系，没有彻底反帝反封建的勇气。不断摇摆于革命与反革命势力之间，是民族资产阶级的一个显著特点。其革命性的一面应当研究，其妥协性的一面——不敢触动封建土地制度、对帝国主义存有严重幻想、不敢依靠革命群众等等尤其需要研究。

土地问题对资产阶级曾经是一个严重考验。资产阶级改良派根本不敢提出土地问题。康有为在《大同书》里有所谓“公农”的说法。何时才能公农？他认为那要待之百年以后。改良派在变法过程中丝毫未触及封建统治的根基。他们小心翼翼地避免损害封建统治权力，希望取得封建势力的合作来从事某种改革。资产阶级革命派虽然没有回避土地问题这一关，却表现出绝对没有能力解决这个问题。辛亥革命中资产阶级的政治代表提出了“平均地权”“土地国有”的理想。这是一个进步。如何实现平均地权，实现土地国有？他们的办法是“核定天下地价”，向地主收买土地，而不是无代价没收地主土地。他们不赞成农民“夺富人之田为己有”。实际上资产阶级革命派是企图不经过群众斗争而实现有利于发展资本主义的土地国有。毛泽东同志说：“孙中山是中国最早的革命民主派，他代表民族资产阶级的革命派、城市小资产阶级和乡村农民，实行武装革命，提出了‘平均地权’和‘耕者有其田’的主张。但是可惜，在他掌握政权的时候并没有主动地实行过土地制度的改革。”[①]资产阶级在反封建斗争中的软弱性暴露得非常明显。对于反对帝国主义、推翻帝国主义在中国的统治，资产阶级始终没有建立明确的纲领。相反的，它的政治代表对帝国主义处处充满着幻想。戊戌变法时期的改良派对封建势力是妥协的，对帝国主义也是妥协的。他们的爱国思想并没有发展为反帝思想。改良派幻想不经过严重斗争，就可以改变中国的半殖民地地位，解决帝国主义压迫、束缚中国的问题。照他们的看法，问题不在外国侵略，而在于中国不自强。中国发愤图强，有了成效，那时就会“海内回首，外国耸听”。那时中国就不会受外人轻视，就可以和平谈判来改订条约了。改良派还幻想中国可以

①《毛泽东选集》第3卷，第1075页。

依靠某个帝国主义的支持完成自强改革事业。中日甲午战争以后一个短时期里，帝国主义在中国的争夺大致是俄国德国法国为一个集团，英国美国日本为另一个集团。改良派看出了帝国主义在中国的互相矛盾、互相争夺，看不出帝国主义反对殖民地半殖民地人民的反动本质。清政府极意与以俄国为主的帝国主义一方相结纳，改良派就反过来幻想投靠以日本为主的一方去从事活动。辛亥革命时期资产阶级革命派突出宣传的是反满问题。革命派在如何摆脱帝国主义压迫、束缚的问题上和改良派基本一样。他们幻想不经过与帝国主义的正面斗争就可以获得民族独立。他们认为独立和救亡的关键是在于排满。至于反帝则“今无作用”。改良派非难革命必召瓜分之祸，革命派天真地回答：中国革命是反对封建专制，伸张民权，完全合乎世界各国潮流；革命后独立自主，列强不会来侵略中国。武昌起义，帝国主义表面上“中立”。革命派更幻想帝国主义真正会做革命的朋友。他们宣布承认外国在华一切特权，希望以此来换取帝国主义不反对革命政府，乃至协助革命政府。辛亥革命就这样既没有解决反封建问题，也没有解决反对帝国主义，解决使中国获得民族独立的问题。民族资产阶级对革命敌人所以表现非常软弱，根本原因就在于它不敢依靠革命群众——主要是不敢依靠农民群众。反帝反封建的一面使资产阶级与农民可以有某种联合。资产阶级的阶级利益又使它处处害怕农民，与农民群众的革命要求格格不入。戊戌变法是一次证明，义和团时期资产阶级各派系一致反对农民是一次证明，辛亥革命时期资产阶级多少取得一些权利以后立刻翻脸镇压农民是又一次证明。既要求摆脱帝国主义封建主义的枷锁，又非常害怕群众的革命火焰烧到自己的眉毛。中国民族资产阶级这种两面性格表现了殖民地半殖民地民族资产阶级的典型性格。

革命斗争不断前进，民族资产阶级内部也不断分化。资产阶级革命派与改良派是如何分野的需要研究，革命派本身是如何分化的更值得研究。资产阶级势力的分化可以发生在民族危机严重、群众革命斗争趋向高涨的时候，也可以发生在它们取得了部分权力的时候。义和团运动以后资产阶级右翼很快要求与当权势力消除宿怨，其他部分则转向于革命，这是一种分化。辛亥革命以后资产阶级改良派和革命派里都有一部分人爬上了统治地位而与另一部分人相对立，这又是一种分化。辛亥革命以后，原来同盟会的一批重要分子成了某些地区、某个时期的实际统治者。原来改良派的首脑更是军阀政权的风云人物。辛亥革命以后的军阀统治依然是买办资产阶级、地主阶级的统治。

资产阶级里一部分人爬上统治的地位，这并非表示民族资产阶级部分地获得了政治上经济上的解放。那些人成为统治阶级中的当权人物，是表示他们已经放弃原来的立场，走上了大地主大资产阶级的立场。辛亥革命以后资产阶级里一些人的变化，指出了这样一个事实：资产阶级里面与帝国主义封建势力联系较多的部分一旦取得权力，就必然和帝国主义封建势力相结合，表现出它的全部反动本质。政权对资产阶级是一道门槛，站在外面是一副面孔，站在里面另是一副面孔。

与资产阶级相关的，还有小资产阶级的问题也需要研究。中国的小资产阶级——包括广大知识分子、小商人、手工业者和自由职业者，人数仍然是很多的。要求革命是小资产阶级的特点，极端的动摇性是小资产阶级更突出的特点。小资产阶级没有决定过任何问题。它也没有站在任何重要斗争行列外面。小资产阶级往往可以替资产阶级打先锋，更多的时候又是资产阶级的尾巴和附属品。不深刻研究小资产阶级，就不能深刻说明资产阶级。

农民阶级、农民战争是我们一向注意研究的一个方面。但是这里仍有一些重要问题需要进一步加以说明。

半殖民地半封建国度里农民为什么是民主革命主力军的问题，需要加以说明。农民是中国民主革命的支柱。除了无产阶级是最彻底的革命民主派之外，农民是最大的革命民主派。中国的民主主义者不依靠亿万农民群众，就要一事无成。全部旧民主主义革命失败的历史都是证明。我们说中国民主革命有典型意义，农民是革命主力军这在殖民地半殖民地民主革命里就带有典型性。单纯农民战争为什么必然失败，也需要研究说明。太平天国、义和团，都是单纯农民战争。所谓单纯，就是说这些农民革命里没有加入新的力量，没有先进的阶级去领导。太平天国时期资本主义还没有诞生。资产阶级、工人阶级还没有出现。义和团时期有了资产阶级，但是资产阶级与农民并没有会合到一条道路上。农民仍是单枪匹马对世界帝国主义开战。半殖民地半封建社会并没有引起农民本身的重要改变。其优点没有改变，其弱点也没有改变。农民群众依旧是小生产者。他们和过去一样，可以在全国掀起革命的高潮，却无法形成一个统一的运动。农民斗争揭出了鲜明的革命纲领，但是那些纲领总是空想的部分多于现实的部分。农民无力应付比封建时代复杂得多的现实生活。从革命敌人一方面看，农民现在不是面对一个敌人，而是面对着两个敌人。农民现在既要反对本国封建势力，又要反对站在封建势力背后的帝国主义。最后战胜这两个凶恶敌人，单靠农民是永远办不到的。单纯农民战争必然遭受失败，这正是近代中国阶级斗争已经证明了的重要规律之一。

工人阶级是伴随中国资本主义出现的一个新兴阶级。中国历史命运最后是由这个阶级来掌握的。中国工人阶级不同于欧洲先进国家的工人阶级。它不仅与本国封建阶级、资产阶级的利害相对立，有根本冲突，有生死斗争；它还与压迫中国的外国资产阶级即帝国主义的利害相对立，有根本冲突，有生死斗争。研究工人阶级的历史无疑具有重要意义。这里有许多问题。中国工人阶级的形成过程及其特点问题，早期工人阶级在近代史上的作用问题，工人阶级从自在到自为的转变问题等需要研究。工人阶级与农民的关系问题，工人阶级与城市小资产阶级的关系问题，工人阶级与民族资产阶级的关系问题等也需要研究。具体说明这些问题，就可以具体说明工人阶级如何在旧民主主义时期是革命的参加者，而在新民主主义时期是革命的领导阶级。

外国侵略势力、中国地主阶级、买办资产阶级、民族资产阶级、小资产阶级、农民阶级、工人阶级这些阶级的不同地位、不同作用，它们从事活动、进行斗争的方式，它们互相间的关系、那些关系演变发展的过程等等，这就是阐明近代历史发展规律要涉及的主要方面，就是阐明近代中国阶级、阶级斗争要解决的主要问题。用马克思主义观点看来，那些阶级斗争、阶级关系的演变，不是表现了其他任何东西，正是表现了历史发展的客观规律性。那些阶级坚持反对什么，拥护什么，坚持向某个方向活动，不向另一个方向活动，这不是任何其他东西在起作用，正是阶级、阶级斗争的规律在起作用。把这些问题研究清楚了，近代中国阶级、阶级斗争的规律也就研究清楚了。撇开这些问题，就不可能理解近代中国阶级斗争有什么规律，撇开这些问题，近代历史研究也就脱离实际，无助于解答当前生活提出的问题。

马克思主义指出：人民群众是社会历史发展的决定力量，社会发展的历史同时也就是物质资料生产者本身的历史，是劳动人民群众的历史。马克思主义又指出：革命是历史的火车头，人民群众经过革命斗争迅速地推动历史前进。阐述近代历史发展的规律，要重视研究人民群众活动的历史，重视研究革命飞跃的历史。民族资产阶级、小资产阶级、农民阶级、工人阶级是近代中国的人民群众。农民阶级、工人阶级是人民群众里的劳动群众，也就是基本的人民群众。鸦片战争至五四运动的八十年里群众革命斗争很少间断过。太平天国、义和团运动、辛亥革命是几次革命斗争高涨的时期。人民群众的作用这时表现得最显著，各阶级的本质和面目这时暴露得最清楚。

马克思写出了《路易・波拿巴的雾月十八日》《法兰西阶级斗争》《法兰西内战》等著作。马克思这些著作是具体阐述阶级、阶级斗争规律的典范。研究近代史需要照马克思主义观点写出近代中国阶级斗争的著作。恩格斯写出了《英国工人阶级状况》《德国农民战争》等著作。研究近代史需要照马克思主义观点写出近代中国农民战争的著作，写出中国工人阶级历史发展的著作。

每个历史时代的经济生产以及必然发生的社会结构，是这个时代的政治和思想历史的基础。每个时代的阶级斗争就是由这个时代的经济生产、社会结构所决定的。近代中国的全部阶级斗争是近代中国的经济生产、社会结构的产物。研究近代历史发展规律、阶级斗争规律，必须研究近代经济生产发展变化的历史。

帝国主义、封建主义、官僚资本主义是中国社会生产力发展的三大敌人。半殖民地半封建社会是这三大敌人的残暴统治造成的。它们的经济统治有哪些特点，如何阻碍了社会生产力的发展，这是近代经济史研究必须解决的问题。目前这方面有很多工作需要大家动手去做，有许多具体问题需要深入细致去研究。

资本主义的产生和发展是中国近代经济史的根本内容。中国人民反对帝国主义及其走狗，要求发展资本主义，帝国主义与中国封建势力相结合，阻挠、压迫中国资本主义的发展，这个斗争贯穿着全部近代中国的历史。中国资本主义的状况如何，至今有些情况还不甚了了。第一，中国资本主义产生、发展的过程讲不很具体，讲不很确切。十九世纪六十年代末和七十年代初，一部分地主、官僚、商人投资于近代工业，中国资本主义由此诞生。十九世纪末到二十世纪二十年代初期，经过两三个兴办工业的小小浪潮，资本主义有了初步发展。资本主义在全部经济生活里始终很微弱。并且无论在轻工业和重工业的比重上，在外国投资和本国投资的比重上都具有殖民地半殖民地社会的特征。这就是我们所知道的基本情况。至于近代资本主义与封建时期的资本主义萌芽有什么关系；是不是中国资本主义一开始就只有采用大机器工业生产的一种途径，完全不存在那种在新的条件下从手工业逐渐发展起来的途径；资本主义在不同的发展阶段有些什么特点；它在社会经济生活里占有何等地位，这一些，都是问题，都需要研究。第二，中国资本主义与帝国主义和封建势力的关系讲不很具体，讲不很确切。中国资本主义一开始就有买办资本和民族资本两个部分。买办资本是帝国主义统治的工具。民族资本内部又相当复杂。民族资本无论是大企业、中等企业总是在不同方面、不同程度上与帝国主义和封建势力有联系，具有先天软弱性。这就是我们所知道的根本情况。至于买办资本与民族资本这两个不同而又相联系的部分，界线如何划分，它们在各个时期的消长情形怎样；民族资本与帝国主义和封建势力联系的具体内容如何，在什么情况下矛盾更多，又在什么情况下依附更多，这一些，都是问题，都需要研究。为了懂得资产阶级活动的规律，必须懂得资本主义发展的规律。列宁写《俄国资本主义底发展》一书，分析了俄国资本主义发展的一系列问题。其中包括国内市场问题、农业资本主义问题、地主经济问题、工业资本主义发展的形式和阶段问题、资本主义工场手工业与家庭手工业问题等等。研究中国资本主义历史也势必要讨论这些问题，不论中国资本主义如何不同于俄国资本主义。研究中国资本主义，需要照马克思主义观点写出“中国资本主义发展史”。

上层建筑方面同样有不少问题需要研究。近代中国的政治机构、法律、军队等都有很大的变化。这些变化如何反映了中国半殖民地半封建社会的经济基础，反过来又是如何为这个基础服务的，需要加以研究。鸦片战争至五四运动思想斗争空前尖锐。鸦片战争时期地主阶级里一部分人要求抵抗侵略、学习西方的思想，维新运动中的资产阶级改良主义思想，二十世纪初期的资产阶级革命思想，五四运动以前一部分小资产阶级、资产阶级知识分子的激进民主主义思想，都是这个时期里接连出现的思想斗争激流。这些思想是自己时代的产物，又对时代产生过影响。但是这些思想又都没有为中国的半殖民地半封建社会找到出路。毛泽东同志在论及这方面情形的时候说：“旧的顽固的封建主义的思想武器打了败仗了，抵不住，宣告破产了。不得已，中国人被迫从帝国主义的老家即西方资产阶级革命时代的武器库中学来了进化论、天赋人权论和资产阶级共和国等项思想武器和政治方案……但是这些东西也和封建主义的思想武器一样，软弱得很，又是抵不住，败下阵来，宣告破产了。”[①] 确切阐明毛泽东同志的论点，对近代思想史的遗产加以批判总结，作出科学估价，要对一些具体问题去进行研究。近代中国意识形

①《毛泽东选集》第4卷，第1514页。

态领域里的复杂斗争，证明历史唯物主义原理、共产主义原理是颠扑不破的真理。研究近代思想史，要照马克思主义观点写出近代中国的意识形态著作，在这个方面把马克思主义与中国实际相结合，宣传历史唯物主义原理，宣传共产主义原理。

中国近代史上值得研究的问题很多，一一列举会很困难。举出上面那些问题，只是就研究近代中国历史发展规律，阶级、阶级斗争规律的若干方面贡献一点刍荛之见。近代史研究要做到有的放矢，发挥战斗作用，选择题目并不是最重要的事情。重要的事情是要根据马克思列宁主义原理，根据毛泽东同志的著作和党的决议、文件，对那些题目涉及的事实进行广泛深刻的研究分析，作出马克思主义判断。无法想象不必认真掌握马克思主义，只需找到一个适当题目就能够使这种研究产生思想力量。一个题目可以写出各种文章。科举时代考状元，一个题目有许多人应试。每次总有考上的，有考不上的。谁希望在近代史研究中“考上状元”，谁就必须更多地去掌握马克思列宁主义。

三、坚持马克思主义历史科学的党性原则

坚持马克思主义历史科学党性原则，就是坚持马克思主义基本立场、基本观点。我们这里要讲的，首先就是反对在学术和政治相互关系问题上的资产阶级错误观点，坚持历史科学为无产阶级政治服务的原则。对于研究近代史，这是一个很突出的问题。

中国一向有书不读三代以下的说法。又有藏之名山，传诸其人的说法。近代某些资产阶级学者更在政治和科学或学术的关系问题上散播过许多混乱观念。他们之中的一派认为学术生就只是象牙之塔里的东西，是最清高、最有独立性的东西。他们研究问题，总以为离现实生活更远，才更有价值，越是古的东西，才越发显得精微奥妙。照这种观点，合乎此者就叫作学术，搞的人就叫作有学问；反乎此者就不能叫作学术，只是搞政治；那就既不清高，也无独立性。我们要求研究近代史必须从今天，即从社会主义革命和社会主义建设的实际出发，必须具有时代目的，照资产阶级观点看来这无疑只算是搞政治，不算是研究学问，根本没有科学意义。要使近代史研究有效地为无

产阶级政治服务，必须彻底地扫除这方面的障碍。

马克思主义指出，把学术和政治截然分开是一种很荒谬很虚伪的观点。一定的文化是一定社会的政治和经济在观念形态上的反映。所谓学术、学理或社会历史学说，都是反映着一定的政治和经济，又直接为一定的政治和经济服务。人们创造自己的历史，阐述自己的理论、思想，必须充实知识，取得论据。从哪里去找这些东西？总是一只手伸向现实生活、现实阶级斗争，一只手伸向过去，即伸向历史。人们研究历史，寻找规律，寻求知识，总结经验，归根到底是为了有助于解决现实问题。历史要是与现实全然无关，那它早已不成为一种科学研究对象。历史于是就变成一片沙漠，寂寞不堪。资产阶级的一派宣称研究历史不需要什么目的，历史与现实生活完全无关，正是为了这样一个明显目的：防止人们从历史这面镜子里照见现实事物正面或反面的影子，把人们引向脱离现实，脱离反抗资本主义腐朽统治的道路。

其实资产阶级历史家里面也有很多人承认研究历史需要有时代目的。二十世纪初，梁启超发表《中国史界革命案》等文章，指出封建时代的史书不过是帝王家谱，所谓正统、书法，不过是封建帝王用来保护统治地位的一种手段。他主张历史著作应该“叙选人群进化之现象而求得其公理公例”，让人们获得这方面的知识以增进人群的幸福。章炳麟在《訄书》里也提出过类似主张。很明显，梁启超、章炳麟都是从资产阶级的现实斗争出发，来要求历史研究为那种现实需要服务的。现代资产阶级历史学者把他们在这方面的主张讲得更明确。英国历史家巴拉克劳说：“现在主要的问题，就在于历史家能给他这一代什么东西，他准备在什么程度上来满足那种希望在历史中发现解决当前任务的关键和指示的要求。”[①]另一历史家林德认为：“只有和未来的变化有关的人，对于认识过去才真正发生兴趣。”“要是我们不大大奋发有为地去研究近代史对我们提供的经验，那么悲叹在历史中不能去进行试验就是不可思议的了。”[②]美国作者武德瓦德在一篇题为《重新解释的时代》的文章里就这个问题作了很多发挥。他认为每一桩重大的历史事件都迫使人们对过去采取新的态度，导致历史的重新解释。没有理由认为现在和将来的变革会对过去的解释不发生影响。历史家如果对历史的重新解释采取顽固态度，那他

① 巴拉克劳：《扩大历史的视野》，《泰晤士报》文学副刊，1956年1月6日。

② 林德：《历史客观性的性质》。

们就应当被人看作是好古家，他们所写的历史就必然被当作是不相干的东西。武德瓦德的结论是："过去没有任何时代像这样迫不及待地渴望从历史上去领会和加以解释，从而对历史学家有过这样多的要求。这个时代所要求于历史学家的是要求他们回答加速发展的历史进程所提出的问题，即关于过去与现在和未来的关系问题。如果现在的历史家规避这个问题，人们就要转向别处去寻求回答，那他们就有资格承受托尔斯泰曾送给他那个时代的历史学究的称号了——托尔斯泰把他们叫做在回答谁也没有问过他们的问题的聋子。"[①] 写过一部《国史大纲》，一心为蒋介石反动统治辩护的钱穆，最近也在大讲历史研究要服务于现实的问题。他说："历史是可以随时翻新改写的，而且也需要随时翻新改写的。我们自己不能翻新改写，却埋怨旧历史不适用，那是把自己的不尽责来推到古人身上去埋怨他们，真是不该。试问孔子写《春秋》，司马迁写《史记》，岂是为我们而写的？"[②] 巴拉克劳、林德、武德瓦德、钱穆等人的种种说法当然都是反映了资产阶级历史学的日暮途穷；但同时他们那些说法又都是证明研究历史最终是为了有助于解决现实斗争问题，为了满足某种政治生活的需要。资产阶级学者把政治与学术两者说成毫不相干，只是为资产阶级现实服务的又一种表现。

从来事实也是这样。古今中外从来没有与政治无关的历史书。重要的历史书总是要直接间接反映当时的政治观点。比较有系统的重要的历史书一向是政治教科书。孔子的《春秋》被尊为"经"，当然是一部重要历史书。但是孔子作《春秋》而"乱臣贼子惧"，足见其内容并不那么"独立"，并没有脱离政治。司马光修《资治通鉴》有明确的政治目的。他在《进书表》上说得很清楚：这部书是按照封建主义观点，"专取善可为法、恶可为戒者"编辑而成的。马士的《中华帝国对外关系史》显然是一部为帝国主义侵略中国说教的书。蒋廷黻、胡适之流讲中国近代历史的著作，其目的是为买办阶级出卖民族利益辩护。前面提到过的美国"现在主义"者毕尔德，写了几十部书。一个时候，美国学校里大都是采用他的历史教科书作教本的。而毕尔德在美国以"非马克思主义者的鸦片"驰名。可见最恶毒地反对马克思主义，为美国垄断资产阶级反动政治服务，是他那些著作的特色。"现在主义"者李德号称

①《美国历史评论》1960 年 10 月号。

② 钱穆：《中国历史研究法》，第 13 页。

美国“大历史学家”，写过不少作品。李德在一九五〇年担任美国历史协会主席时，号召美国历史研究者担负起自己的社会责任，使克里奥（按：希腊神话中司历史的女神）的训练成为美帝国主义与共产主义进行生死斗争的宣传工具。他强调“无论是冷战和热战，征调了每一个人，号召着每一个人尽他自己的责任。历史家和物理学家一样，不能逃避这种责任”①。不用说，这就是他编写自己那些著作的宗旨。

封建主义、资产阶级、马克思主义的历史研究，都要满足现实生活的需要，都要为政治服务，那它们还有没有区别？当然是有区别的。那就是反映某种政治观点、政治需要的历史书比较合乎历史、合乎科学，而反映另一种政治观点、政治需要的历史书则不合历史、不合科学，乃至是根本反历史、反科学的。

马克思主义历史科学的党性要求历史研究为无产阶级政治服务，反映当前时代需要，决不是要违反历史，把过去描述得适合于现在的口味或是粉饰现实。只有最庸俗地看待马克思主义的人才会那样思考问题。历史发展的客观真理与无产阶级革命利益天然一致。遵循马克思主义，揭露历史发展，阶级、阶级斗争的客观真理，这就是为无产阶级服务。然而人们对客观世界的认识，对历史真理的认识是绝对的，同时又是相对的。人们的知识向客观的、绝对的真理接近的界限必然要受时代条件的限制。虽然这个真理的存在是无条件的，我们向它的接近也是无条件的。历史研究，包括近代史研究都是从现在追溯过去。历史家要依据他所研究的材料来认识过去，这是不容争辩的事实。历史家要依据他所处的时代，依据那个时代社会实践所提供的知识来检验一切旧的和新发现的材料，并且重新认识过去，这更加是不容争辩的事实。历史不断前进，旧的时代条件、社会实践不断为新的时代条件、社会实践所代替，人们也就跟着在认识历史客观真理的长河里不断加进新的东西，抛弃一切过时的、陈腐的东西，保留先前已经取得的一切有价值的东西，反过来人们又以更精确、更丰富的历史客观真理的知识服务于现在，影响现在。对时代现实接触越广泛，反过来就越发能够作用于时代现实；先有现实意义，然后才可能有长久意义。马克思在《第一七九号科伦日报社论》那篇文章里讲过：“任何真正的哲学都是自己时代精神的精华，所以必然会出现这样的时

①《美国历史评论》1950年1月号。

代：那时哲学不仅从内部即就其内容来说，而且从外部即就其表现来说，都要和自己时代的现实世界接触并相互作用。”[①] 恩格斯在《自然辩证法》里也讲过：“每一时代的理论的思维（我们这一时代的理论的思维也是如此）都是一种历史的产物，在不同的时代具有非常不同的形式，并且具有非常不同的内容。”[②] 我们今天的一切有关社会生活、阶级和阶级斗争的研究，必须跟上社会主义大革命大建设的伟大时代，参与反对帝国主义、反对现代修正主义的现实斗争，才有可能成为战斗的马克思主义，才有可能表现出我们时代的精华。马克思主义历史科学要求反映当前时代需要，它只会引导这种研究最大限度地合乎历史、合乎科学，这是非常明显，容易理解的。

实用主义、“现在主义”等一切现代资产阶级唯心主义谈论的历史服务于现实，那完全是另外一种出发点。现代资产阶级唯心主义已经完全丧失科学地理解历史真相的自信，要依靠粉饰和捏造事实来维护自己的利益。资产阶级唯心主义主张一切历史就是现在的历史，主张历史要经常改写，就是根本否认历史的客观性，否认历史发展的客观规律，就是主张为了现实目的，随意解释历史，直至明目张胆伪造历史。“现在主义”者李德大声说：在美国，大多数历史家看来，科学首先是谋生之道，科学的客观性问题，实质上是“面包和黄油的问题”。历史家必须使付款人满意于他们的著作，这是解决任何科学问题的出发点。[③] 美国现代资产阶级历史学的理论是如此之厚颜无耻，它的实践也是一样。中国近代史目前正在引起美国资产阶级研究者的注意。美国历史协会主办的《美国历史评论》不断刊登论述中国历史的文章。新出版的有关中国历史的书籍也在增多。一向并非以爱好历史文化著称的美国垄断资产阶级当然不是对中国近代史发生了科学的兴趣。它们是为了反对中国人民，要来篡改历史。巴兰亭、费正清等远东史或中国史研究者的一些作品就是按照这个目的炮制出来的。巴兰亭的《台湾》、伯斯的《远东史》、费正清关于台湾的作品，都极力歪曲中国台湾地区、西藏地区的历史，来适合美国霸占台湾，侵略中国的需要。赖德烈的《中国近代史》为了替美帝国主义反华宣传服务，一笔抹煞中华人民共和国取得的历史性成就，虚构出一大堆中国人

①《马克思恩格斯全集》第1卷，第121页。

② 恩格斯：《自然辩证法》，人民出版社1963年版，第23页。

③《美国历史评论》1950年1月号。

民政权的专制可怕，群众的愚昧等等去欺骗读者。恩格斯在《关于英国和爱尔兰历史的笔记》里说的一段话，就像是在今天针对美国的情况讲的。恩格斯说：“资产阶级把一切变成商品，因而也把历史变成商品。由于资产阶级的本性，由于它的生存条件，它必然要伪造一切商品，它也伪造历史。因为在伪造历史方面最符合资产阶级利益的文章，赚钱也最多。”[①] 资产阶级历史学可以在一些具体问题的研究上作出贡献。但是一碰到历史的基本观点，碰到现实斗争，它就必然要充满偏见，走上根本反历史、反科学的道路。消灭了资产阶级历史学，然后才能消灭资产阶级历史学的这个厄运。

学术和政治当然有区别。怎样区别，那是属于另一个范围的问题，不在这里论列。至今妨害近代史研究为无产阶级政治服务的，仍然是资产阶级在学术和政治关系问题上的错误思想影响。研究近代史的人，必须在这个问题上彻底揭穿资产阶级的虚伪观点，树立起马克思主义观点。

坚持马克思主义历史科学党性原则的又一个根本内容，就是坚持无产阶级革命立场。不讲清楚无产阶级立场与科学地理解历史过程的关系问题，也就不能切实解决近代史研究如何为当前斗争服务的认识问题。

常常有这种情形：一讲到研究历史发展的客观规律，讲到历史科学的党性和为无产阶级政治服务，马上就碰到资产阶级观点的抗拒。一些资产阶级研究者总是把无产阶级立场和对历史的客观认识看作是两种根本对立、绝不相容的事物。他们断定站在无产阶级立场上就不能客观地对待历史。反过来也是一样。再没有什么比这更集中地表现出了资产阶级历史学的狭隘偏见。

马克思主义坚持历史科学的党性原则，坚持无产阶级立场，这与把历史作为客观过程来研究，要求这种研究具有严格的科学性，不但根本没有矛盾，没有抵触，而且只有坚持马克思主义的党性原则，坚持无产阶级立场，历史研究才能建立在科学的基础上。

我们研究的是阶级社会的历史。每个研究者又都具有他自己不可逃脱的阶级属性。封建时代有所谓史才、史德、史识的说法，又有所谓才学识三者缺一不可的说法。所谓学无非是指知识，所谓德无非是指立场。知识是必要的，不能忽视，但仅仅有知识是决不可能认识历史的本质过程的。站在封建主义的或资产阶级的立场上当然更不可能认识这种过程。阶级社会的历史充满了

---

①《马克思恩格斯文库》，俄文版第10卷，第104页。

进步的和倒退的、革命的和反革命的、正义的和非正义的斗争。如太平天国、义和团、辛亥革命等等。那些斗争虽然已经是过去了的事情，不是今天的事情，我们来研究它决不可能是冷眼旁观的。历史家对待历史不会像诗人描写的埃及狮身人面兽那样："坐在金字塔前面，注视着各民族的刑场、洪水、战争与和平，从无面部的表情。"那是不能想象的。应当如何对待那些斗争，才能把历史研究放在科学基础上？必须站在无产阶级的革命立场上，站在历史上革命的、进步的、正义的一面。必须如此，才能发现历史的本质过程，发现事实真相和历史客观规律。为什么？资产阶级是剥削阶级。现在又早已日薄西山，气息奄奄，处在死亡过程中。站在资产阶级立场上必然是戴着有色眼镜观察历史，无从看出事实真相。无产阶级根本不同。它是代表将来利益的阶级，是历史合法的继承者。站在无产阶级立场上就能够正确地了解历史的前进方向，发现真相，找出客观规律性。如前面讲到过的，马克思主义揭示的社会历史发展的客观法则，与无产阶级的革命利益正是完全一致的。资本主义社会在历史上必然灭亡，共产主义社会在全世界必然建立起来，这是马克思主义历史科学揭示的基本事物、基本规律。肯尼迪、蒋介石之流拒绝承认这是客观事物、客观规律。因为他们不甘心灭亡。无产阶级和革命人民就不怕揭露客观真理，不怕在全世界建立社会主义和共产主义。无产阶级要求彻底改造现实世界，实现历史所提出的任务。历史科学越是深刻地揭露历史发展的客观过程，就越可以成为无产阶级和一切革命人民认识现实、预测未来的工具。恩格斯说过："科学愈是表现得勇敢和坚决，它就愈加符合于工人们的利益和意图。"[①] 列宁说过：有两种客观主义，一种是阶级斗争的客观主义即马克思主义，一种是资产阶级为现实辩护的"客观主义"。"既然我站在这种阶级斗争的客观主义立场上，就决不为现实辩护，相反地，要指出这个现实本身就包含着改造它的最深刻的（虽则初看起来是不明显的）原因和力量"[②]。马克思主义历史科学的党性原则是真正客观的，真正勇敢、坚决与率真无私的。坚持党性原则，坚持无产阶级立场，并不是允许研究者依照自己的主观愿望去"改造"历史；并不是允许为了某种现实需要去美化或丑化过去的时代。那是根本不可能的。它只需要通过具体事实把历史本来面目栩栩如

① 恩格斯：《费尔巴哈与德国古典哲学的终结》，人民出版社1965年版，第50页。

②《列宁全集》第18卷，第323页。

生地描绘出来，把恩格斯讲的那种与自然科学上“能力转化律”意义相同的阶级斗争法则阐述得让人们能够理解，能够掌握。随意加进什么，减少什么，都只会与马克思主义背道而驰，都肯定不会真正成为马克思主义历史科学。

马克思主义历史科学公开宣称自己是党性的科学，是无产阶级的科学。资产阶级与此相反。资产阶级学者拼命标榜“浩然独立，无所偏党”，反对历史研究的党性思想。表面上好像资产阶级历史学并没有党性，党性只是无产阶级所特有的东西。事情是不是这样？当然不是这样。

党性本质上就是阶级性。各阶级政治斗争的最完整、最明显的表现就是各个政党之间的斗争。无党性就是对政党斗争、阶级斗争漠不关心。这种漠不关心既不等于保持中立，也不等于拒绝斗争。阶级斗争中不可能有真正中立者。漠不关心，只是默默地支持统治者，支持旧秩序。例如在民主革命时期，谁对反蒋反美斗争漠不关心，谁实际上只是默默地支持美蒋反革命统治。在今天，谁对社会主义革命和社会主义建设时期的阶级斗争漠不关心，谁实际上只是默默地容忍资本主义势力的复活、滋长。不关心某种政治斗争正是表现了对斗争的一定立场。列宁这样说过：“政治上的冷淡态度就是政治上的满足。饱食者对一小块面包表示出‘冷淡’和‘漠不关心’，饥饿者在关于一小块面包的问题上永远是‘有党性的’。对一小块面包‘冷淡’和‘漠不关心’，并不是说这个人不需要面包，而是说这个人已经永远不愁面包，永远不缺少面包，而是说他牢牢地依附于饱食者的‘政党’。在资产阶级社会中，无党性不过是依附于饱食者的政党、统治者的政党、剥削者的政党的一种虚伪、隐蔽和消极的表现。”①列宁又这样说过：“……建筑在阶级斗争上的社会里是不会有‘公正的’社会科学的。全部官家的和自由派的科学都这样或那样地为雇佣奴隶制辩护，而马克思主义则对这个奴隶制宣布了无情的战争。期望在雇佣奴隶制的社会里有公正的科学，正像期望在应不应该用减少资本利润来增加工人工资的问题上有公正的工厂主一样愚蠢可笑。”②历史科学是社会科学。期望资产阶级历史学不这样那样表现资产阶级的党性是不可能的。历史研究中的党性思想是无产阶级思想，无党性思想是资产阶级思想。主张历史科学无党性原则，就正是资产阶级党性原则。许多资产阶级研究者拼命反

---

①《列宁全集》第10卷，第58页。

②《列宁全集》第19卷，第1页。

对马克思主义历史科学的党性，拼命宣传客观的历史学，他们竭力喧嚷叫嚣的时候，就是他们在坚持资产阶级立场、坚持资产阶级党性原则的时候。

这里随手举两个例子：二十世纪初期著名的修正主义思想灵感者之一的克罗齐极力攻击“党性”史学的思想。克罗齐把马克思主义观点写的历史著作与法西斯伪造的历史作品等量齐观。他自己在《历史，它的理论和实践》里公然声称：“一切历史都是当代的历史。”① 照他说，对于人们来说，过去仅仅是作为一种曾经发生的事件的主观概念而存在的。人们只能以我们今天的心情去推想过去。连续性的观念在生活实践中虽是不可缺少，却不能给我们提供客观的现实。唯一的现实是主观的——也就是说，我们对于已知的具体事物有什么念头。历史不是一种科学。它和自然界不同，没有可以能够说得出来的规律，也不能从中抽引任何哲学体系，因为每一种思想和每一个时代都从它们各自不同的角度来看历史。事实虽然是历史性的，解释却纯粹是主观的。克罗齐所谓“一切历史都是当代的历史”，一切解释纯粹是主观的等等，是什么意思呢？这就是说，过去时代里那些阶级斗争，那些进步与倒退、革命与反革命、正义与非正义的斗争，都是不真实的，都根本没有意义。任何反动阶级按照“当代”需要捏造的历史都可以承认其合理。反之，任何客观的历史叙述又都不足凭信。历史上没有任何客观存在的东西。英国反动历史家古治在他写的《近代的历史研究》(《十九世纪的历史和历史家》第二版序言)里也诽谤马克思主义历史科学的党性。古治认为马克思主义既然承认所有的历史作品就是反映着作者的阶级意识形态，“客观性的旧理想不仅是不可能，并且反不需要了”。马克思主义于是就妨害了历史科学，“使公正的研究因之停废”。古治在自己写的《欧洲现代史》《大战之前》等作品里却根本不顾什么“客观性的理想”，而是一味替英国对外侵略辩护。克罗齐的观点曾为某些中国资产阶级学者加以抄袭、贩卖，表示他们的见解是一样的。古治的议论虽然没有引起什么人注意，但是跟古治那样，根本不能容忍马克思主义历史科学的党性，厌恶听到阶级斗争，厌恶谈论无产阶级立场，而自己却要去进行反动宣传，中国资产阶级学者里面正不乏其人。

问题显然不在于资产阶级历史学有没有党性。马克思主义历史科学有自己的党性，有自己的阶级立场。资产阶级历史学也是一样。问题只在于不同

① 克罗齐：《历史，它的理论和实践》，1921 年英文版，第 12 页。

的党性、阶级立场在历史学里面发生的作用是什么。严格的和高度的科学性，高度的革命性，以及这两者内在地结合在一起，这是马克思主义理论固有的特色。研究中国近代史，坚持无产阶级立场，坚持党性原则，就是最可靠地坚持革命性和科学性，最可靠地坚持两者的结合。

四、史料、现实斗争、理论

考证史实、整理资料是近代史研究的一个重要环节。有人以为我们要求揭示历史规律，提高马克思主义理论水平，就是轻视史料或不要考证史实。那是完全不对的。

马克思主义研究任何问题都必须详细占有资料，严格审查资料。大家都很熟悉马克思在《资本论》第二版跋语里讲过的两句话："研究必须详细地占有材料，分析它的不同的发展形态，并探寻出这各种形态的内部联系。只有在完成这种工作之后，实际的运动方才能够适当地叙述出来。"①《资本论》里引用了那么多的资料，坚决反对书上论点的人也要承认那些资料是无可怀疑的。唯一例外，是关于引述英国财政大臣格莱斯登演说的一句话所引起的资产阶级报刊的攻击。马克思生前两次考订这段引语的来源，对攻击者作出答复。恩格斯并且在事情发生将近二十年以后写《资本论》第四版序言的时候，还对这次争论作了最后一次清理。列宁写《帝国主义是资本主义的最高阶段》，预先掌握着无比丰富的材料。收集在《关于帝国主义的笔记》一书里的就有一百四五十种外文书籍和四十多种外文期刊上的二百多篇文章的摘录。列宁从大量资料中精心挑选出最能说明垄断资本主义基本和典型现象的可靠材料，摒去无用的细枝末节的东西。马克思和列宁的工作，就是马克思主义研究者对待资料工作的典范。研究近代中国阶级、阶级斗争，引出理论性的结论，绝不是靠讲空话。这需要做许多具体工作。要认真搜集整理资料；要考证重要史实；要讨论清楚一个一个具体问题；要掌握历史事变的各个方面和主要过程。近代史研究离开了详细占有资料、做好史料考证工作、进行科学分析，那末，揭示历史规律或引出理论性结论，就只是一句响亮的空话。这

---

①《资本论》第1卷，人民出版社1963年版，第22页。

不会产生一点价值。近代史研究根本不存在要不要史料考证的问题，只存在一个用什么观点从事史料考证的问题。

目前在近代史研究里面，资产阶级看待史料考证的影响已经大为减少。但是用史料学代替历史科学的观点并不是完全没有市场。某些人头脑中还保持着只有考据才是“实学”，其他都不能传之久远的思想。繁琐主义，为研究而研究，仍然支配着一些人的工作。与此相联系，理论探讨的空气薄弱。学术界很少提出在实际上、在科学上有重要意义的新的问题。一些讨论缺乏明确目的。反过来，少数人热心理论性探讨，又没有下工夫去钻研材料，限于在概念上兜圈子。这种状况显然是必须加以改变的。只有努力改变这种状况，近代史研究才能进一步摆脱资产阶级影响，加强战斗性，在社会主义革命和社会主义建设中作出自己的贡献。

占有资料、考证史实，都是讲过去的东西。研究近代史，还需要花更多工夫来熟悉当代历史，熟悉现实生活。前人有两句话：“知今不知古，是为盲瞽；知古不知今，是为陆沉。”盲瞽不是马克思主义者，陆沉尤其不是马克思主义者。研究近代史的人应当：一、熟悉社会主义革命和社会主义建设时期的国内国际形势，国内国际斗争。要熟悉基本形势、基本斗争，也要知道这些形势、斗争的发展。二、熟悉党在各个时期的路线方针和政策。要熟悉党的路线方针的根本内容，也要知道它们产生的环境、条件，懂得它们改造现实、推进历史的光辉意义。三、熟悉新民主主义革命时期的历史和社会主义革命和社会主义建设时期的历史。它们是前面八十年发展的结局，也是我们研究前面八十年的重要立脚点。四、熟悉近代史研究这条战线上的状况。要熟悉现在有些什么斗争，也要知道它们的背景和来龙去脉。总之，研究近代历史，要求我们温故知新，博古通今。对于现实生活、现实斗争，我们不能是一个旁观者，必须是一个积极参加者。我们要从实际斗争吸取思想，感受时代脉搏，辨别工作方向。有人会要说，这么一来，研究近代史就未免太困难了。困难自然是有的，但它不是研究近代史所独有的。科学研究本来是要发现客观世界的矛盾，寻找解决矛盾的途径。马克思主义是伟大创造性的科学。不能设想任何这种研究能够轻而易举地取得成绩。马克思说，科学工作中没有平坦的道路可走，只有不畏艰难困苦的人才能攀登到光辉的顶点。马克思又说，宇宙从来只肯把秘密泄露给少数人。马克思还把科学的入口处比作地狱的入口处，指出在这里一切犹豫与怯懦都无济于事。马克思自己就是这样实践的。他对于那些困难丝毫不存侥幸心理，丝毫不犹豫退缩。他站在无产阶级立场上孜孜不倦地、艰苦卓绝地战胜各种困难，以一批又一批的光辉灿烂的成果贡献给世界无产阶级革命事业。我们不准备在近代史研究中争取博大精深的成就，不准备要近代史研究更好地为社会主义作出贡献则已，准备这样做，就必须按照马克思的立场，按照马克思的革命精神来对待科学工作中的困难，对待现实生活，力求在参加实际斗争中不断提高自己。

当然，最根本的还有一个学习马克思主义理论的问题。对于近代史研究者，学习马克思主义理论绝不是一句口头禅，而是一个战斗使命。恩格斯讲到马克思主义者需要艰苦学习的时候说："我们当中也还有这样一些人，他们的原则是：我们干什么要刻苦学习呢，这是马克思老头的事，他的使命就是通万事。但是，一般说来，马克思派是相当刻苦地学习的。当人们看一下流亡者中的另一些蠢驴到处搬弄新词句因而把自己弄得糊里糊涂的时候，就能清楚地看到我们这一派人的优越性已经绝对地和相对地增加了。但是这也是必要的，因为艰巨的工作还在前头……"[①]我们不应该再遵循恩格斯所批评的把精通理论看作只是少数人的事情那种原则。我们需要认真刻苦学习许多东西。首先需要认真刻苦学习马克思主义理论。因为中国近代史研究的艰巨工作还在前面，因为我们要做马克思派。

---

①《马克思恩格斯书信选集》，人民出版社1962年版，第71—72页。

李秀成评价问题 ①

马克思不止一次对太平天国作过评论，这些评论有两个基本意思：一个意思，太平天国是停滞社会的产物，就是说是旧式农民革命的爆发；一个意思，太平天国是英国大炮把名为鸦片的那种麻醉剂强加于中国所引起的，就是说这场农民革命是反对外国侵略的。马克思这些思想是我们评论太平天国及其领袖人物首先应当注意的。

李秀成不是太平天国早期领导集团的成员，但他是太平天国后期的一位重要人物。

李秀成距今一百四十年前出生在广西藤县一个贫苦农民家庭里。二十几岁以前一直在家乡过着种地帮工的劳苦生活。1851 年太平天国在金田起义。李秀成全家受到农民革命火炬的吸引，烧毁破旧的庐舍，破釜沉舟地投入太平军。从这时起，李秀成个人的命运与这次农民革命的命运血肉般地凝合在一起，同国内外的敌人进行真刀真枪的斗争成了他的生活的基本内容。李秀成在太平天国从普通士兵渐次擢升而至军事统帅，在各种不同的情况下为农民革命的事业斗争了十四年。1864 年 7 月 19 日太平天国首都天京失陷，他保护幼主冲出城外，未能远逃。7 月 22 日落入清军手中，开始经受新的考验。据当时目睹其状的曾国藩幕僚赵烈文记述，李秀成被解入清营时，曾国荃“置刀锥于前，欲细割之。……叱勇割其臂股，皆流血，忠酋殊不动”②。他在刀

① 此稿为《历史研究》1963 年第 6 期排印稿，后未刊。上有作者手写修改数处，并在首页有手写批注二条，其一：“修改底稿，1964 年 3 月 21 日。”其二：“此稿无用。唯可以表明《田家英……》文中有关的说明。节录系原稿，无增删。1997 年 8 月。”1963 年《历史研究》第 4 期发表了戚本禹的《评李秀成自述》后，引起了学术界的议论和中宣部的紧张，经过中宣部周扬、范文澜、翦伯赞、刘大年、黎澍讨论，决定由刘大年写一篇文章。这篇针对戚本禹的文章，康生看过，不表态。作者请田家英代送毛泽东阅，田家英说：“送给毛主席看很简单，我可以马上给你交上去，但是我顶不住。我怕弄得不好，给你找个麻烦。”听了这句话，作者决定把送给《历史研究》的底稿撤销了。文章未发表，却成为作者被打倒的“罪名”之一。——编者注

② 赵烈文：《能静居日记》，同治三年六月二十日。见《太平天国史料丛编简辑》第 3 册，第 373 页。

锥的威胁下，没有屈服，也无所畏惧。当夜赵烈文问以“汝今计安出？”他回答说：“死耳。顾至江右者皆旧部，得以尺书散遣之，免戕贼彼此之命，则瞑目无憾。”[①] 他被关入敌人的囚笼，并受到汉奸刽子手曾国藩的讯问以后，着手写《自述》。这篇《自述》里面包含着一个革命者应有的豪言壮语和光辉的思想，同时也有不少谄谀敌人、丧失革命大节的卑污言辞，甚至提出了“收齐”太平军余部向敌人缴械的建议。但是卑躬奉承并不能换到敌人的仁慈。《自述》写到第九天，还来不及煞尾，曾国藩便对他下了毒手。他在生命的最后时刻，又恢复了应有的英雄气概。他写下绝命词，表其尽忠革命之意，然后引颈就义。这就是李秀成的一生。

从李秀成被害到现在，已经过去了整整一个世纪。不同阶级的人们对他的成败得失作过不同的评论。无产阶级对这个人物也应该有自己的明确看法。近年以来，历史学家们为解决李秀成的评价问题进行了辛勤的努力。人们对于他在战场上和在敌人囚笼中的不同表现感到难于理解，对《自述》中的不协调的东西感到迷惑。于是关于李秀成的评价便出现了严重分歧。其中有两种针锋相对的看法引起大家很大的注意。

罗尔纲同志代表了一派人的意见。他肯定李秀成对太平天国革命有重大贡献，把李秀成称为“革命英雄”和“太平天国杰出的领导人物”。他对《自述》作过仔细的研究。但在解释李秀成被俘后的动摇和幻想那一面时，他却苦心制造了一套说法来为之粉饰。照罗尔纲同志说来，李秀成在天京失陷时对当前的革命情势还有他的看法。李秀成认为太平天国革命的前途还有希望，实力还雄厚，人民还在拥护太平天国。当时清朝统治者与外国侵略者之间，清朝皇室与曾国藩之间，都存在着尖锐的矛盾，可以加以利用。他对革命并没有丧失信心，因此他做了俘虏后便“不放过任何一个时机以进行他复国的图谋”。他写《自述》提出为敌人“收齐”长江两岸的太平军部众，就是为了先保存革命的实力，然后等待敌人内部的矛盾爆发，再乘势恢复太平天国。这就是罗尔纲同志所创立的“伪降说”。他还强调李秀成写《自述》的另一意图是争取曾国藩把对内的矛头转而对外，与人民一道共同对付外国侵略者。李秀成既有这些政治意图和深谋远虑，所以《自述》中奉承敌人“甘言蜜语”、

---

① 赵烈文:《能静居日记》，同治三年六月二十日。见《太平天国史料丛编简辑》第3册，第375页。

故意污损自己及强调天王的过错之类的话，都不是他真心的话，而是一种“伪饰”。

《历史研究》1963 年第 4 期上发表的《评李秀成自述》一文，是评价李秀成的另一派主张的代表。这篇文章的作者戚本禹同志针对罗尔纲等同志关于李秀成及其《自述》的看法，尖锐地提出了一系列不同的意见。他批评和反驳了所谓“伪降说”，他对于李秀成在敌人面前所表现的动摇和幻想作了很多分析，指出罗尔纲同志没有正视这个事实。这是需要的，是完全正确的。但是他批评李秀成的缺点和错误，却采取了对这个历史人物全盘否定的态度。戚本禹同志只承认《自述》作为一种太平天国的史料有重要的价值，而不承认它的思想倾向也包含着应当肯定的一面。他把《自述》称为“背叛太平天国革命事业的‘自白书’”，“彻底叛卖革命事业的行动纲领”，并且由这种理解出发，引出了所谓“忠王不忠”的全称结论。他的文章里也提到对李秀成在太平天国革命史上的功绩“应当予以充分估价”，而全文的主旨却是要根本否定李秀成。戚本禹同志为了寻找李秀成在敌人囚笼里产生“投降变节”的根源，对这个农民革命英雄被俘前的活动提出了许多责难。他说李秀成对太平天国的革命理想，“一直缺乏明确的认识和坚定的信念”。李秀成“从士兵变元帅以后，首先从生活上，慢慢从思想上逐渐背离了本来的阶级”。这就是说，从李秀成的长期活动来看，这个人都是不足取的。

两种评论截然相反，分歧的焦点是在什么地方呢？集中一下，那些分歧不外乎是在两个问题上面。第一个问题是如何看待《自述》，特别是如何看待那上面所表现的在敌人面前的严重动摇；第二个问题是如何看待李秀成的功过，即如何全面评价李秀成的一生。罗尔纲等同志由于要肯定这位农民革命英雄，把他的严重污点也作了肯定的解释。戚本禹同志由于要否定这个人物，把他生活里主要的一面也作了非常黑暗的描写，并认为李秀成临终即使再有壮烈的表现，也都毫无意义。要正确评价李秀成，必须对发生分歧的这两个问题进行具体分析。

究竟应该怎样看待李秀成的《自述》，我们先讲这个问题。

首先必须指出：《自述》是一个内容非常丰富的文献，也是一个表现出作者思想上存在着深刻矛盾的文献。其中有显示一个忠实的农民革命英雄形象的一面，也有显示这个人物动摇和幻想、犯下严重错误的一面。

《自述》里面把前一个方面表现得非常明显的，主要有这样一些内容：一、怀念故国，总结革命历史。《自述》以最大的篇幅记载了太平天国反对清朝反动统治和反对外国侵略的战斗事迹，整个的战斗历程写得那么系统、详尽，而且对许多事情站在太平天国立场上作出了评论。《自述》中说：“今国破丧邦，被中承[丞]大人之获，……我闷闷于囚，我主势已如斯，不得不写呈中堂、中承[丞]之玉鉴，可悉我主欲立朝之来历，坏国根源素[诉]清，万不隐避，件件载清。”又就：“今国亡，兴衰得失不陈，不知来由。”这说明李秀成是怀着珍惜革命，企图总结革命成败得失的心情来写这段历史的。二、歌颂太平天国的胜利、成就，痛心革命的失误和失败。《自述》歌颂革命向上发展时期的欣欣向荣气象，称赞天王洪秀全及其他前期领袖领导革命的功劳都是有声有色的。反过来，在谈到内讧、分裂及太平天国后期朝政纷乱、佞臣害国、天王不理朝政等情况则充满了痛惜悲愤之情。三、反驳敌人的诬蔑，为太平天国辩护。敌人诬蔑太平军烧杀抢掠，《自述》以具体事实指出：扰害百姓、为人民所痛恨的乃是清军。李秀成不否认后期太平军将领中有少数害群之马，但太平天国并不是由这些人代表的。四、夸耀自己的革命功劳。《自述》中详细记述了李秀成本人的革命活动和贡献，在敌人面前丝毫没有隐瞒自己在革命中所起的重要作用。他详细叙述自己如何为打击敌人，保卫和推进革命事业而艰苦奋斗，如何主动团结太平军各将领，以及不断向天王“强奏”“力谏”，与谗佞之臣进行尖锐的斗争等等。他没有因为以往为革命做了许多事情而在敌人面前表示反悔，相反的倒是因为满怀忠心，未得畅行其志，而表示深为遗憾。这说明李秀成在写《自述》时对太平天国事业仍是忠心耿耿。五、谴责外国侵略者，揭露中外反动势力互相勾结。《自述》中痛斥“洋鬼作怪”“洋鬼之害”，谴责清朝官吏依靠上海、宁波税重钱多，用银子惹动洋鬼来反对中国。《自述》揭露清朝官兵在外国侵略者面前奴颜婢膝的丑态。与此相对照，《自述》详尽记载了太平军痛击外国干涉军的辉煌胜利，并着重指出天王拒绝与外国侵略军“平分地土”，拒绝接受他们的援助，不肯受他们的“押制”。革命的农民在外国侵略者面前是硬骨头，李秀成表现出是有强烈的民族自豪感，这都是很明显的。

《自述》里的这一面说明李秀成是忠实于太平天国革命事业的。那许多思想是一个农民革命领袖的思想，是一个民族英雄的思想。李秀成的英雄形象在这里不但没有减色，反而是表现得更加鲜明。我们在这里找不到什么要指责的东西，许多都是应当受到赞扬的东西。

《自述》里面还有另外的一面，也和上面讲的那些事实一样明显。

李秀成在《自述》中写下了一些贬损自己的卑污言辞，写下了更多的谄谀敌人、颂扬“大清皇上鸿福”，称赞曾国藩、曾国荃“恩深量广”“智才爰众”一类的言词。《自述》里表示“先忠于秦，亦丈夫信义；楚肯容人，亦而死报”。最后《自述》提出了为曾国藩“收齐”长江南北数十万太平军余部的建议，并对“收齐”的具体做法和步骤作了规定：“先收我儿子为先”；“收我堂弟李世贤为首”；接下去是“将听王陈炳文收复[服]”，“陈炳文从，汪海洋亦至；我家弟从，朱兴隆、陆顺德从之定也”；“收复[服]我弟及我子我侄我将之后，又收黄文金”；“我部从顺，处处皆从。天朝独我部众，我将我部收齐，余各记话而从”。如此等等。

《自述》里的这一面，对一个“铁胆忠心”的农民英雄无论如何也是难堪的。其他都是枝节问题，在敌人面前采取什么态度，用我们的语言来说，是一个原则问题。在敌人面前不是大义凛然，而是表示退却，表示顺从，这是丧失革命大节，是一个严重的污点。李秀成在敌人面前采取的这种态度，不论是出于什么动机，都是根本错误的，不足为训的。《自述》里面这一面所表现的李秀成绝不是伟大，而是渺小；不是光荣，而是极其耻辱。《自述》里面这一面所表现的李秀成，既不是旧时代革命群众的榜样，当然更不是鼓舞后人战斗的榜样。人们不论是拿“伪降”或其他什么说法去试图掩盖那种错误和污点都是讲不通的，都无法避免要违反革命的历史观点。

其次，我们必须指出：李秀成在《自述》里实际上也还提出了一个农民革命领袖在绝望的情况下如何最后保护一点阶级利益的要求，提出了农民群众反抗外国侵略的正义要求。这里有主观的幻想，同时又是反映了客观上深刻的阶级矛盾、阶级斗争。

李秀成在敌人面前为什么会采取那种错误行为？第一，当然是由于他个人的动摇不坚定；第二，也是受到农民阶级的局限性的约制。我们既要承认前面那个事实，也必须承认后面那个事实。李秀成从落入清营第一天起，到《自述》中写上“收齐章程”，他的言论里表现出的一条根本思想：自己是准备死的，希望太平天国群众免遭清军屠杀。《自述》从头到末尾没有一个地方表示要反动派开恩，免其一死，而是认为自己到了“临终之候”。《自述》在提出“收齐”部众的办法时，列举了“收齐”的条件。其中主要要求曾国藩“恩赦两广之人勿杀，给票其回，或散作生意”；“各省县之兵亦要赦去”；

"今将南京城内不计是王是将，不计何处之人，求亭[停]刀勿杀，赦其死罪，给票给资，放其[渠]他行"；"如行者求行，出示各省远近州县乡村，言金凌[陵]如此如此，今各众不计何〖人〗，具[俱]赦，仍旧为民，此是首要"。李秀成作为太平军全军统帅，又一贯爱护部众，现在主死国亡，自己也落在敌人手里，对余下的部队和群众怎么办？他不得不焦心考虑这个问题。农民反对封建统治的斗争，本来是自发的，不是自觉的。他们没有远大的政治理想，不能建立新的社会制度代替封建制度。农民领袖一般抱着改朝换代，个人打天下、坐江山的打算。在李秀成看来，现在太平天国坐江山的希望已经是没有了，这场农民革命和历史上的历次农民革命一样已经不能从失败中恢复起来了。因此，如何尽量保护一些部下，保护一些革命群众，这是他应当为革命做的最后一件事情。让他们停止斗争，要求敌人赦其死罪，这就是他现在能够想出的唯一办法。李秀成的希望当然注定是要落空的，但是在农民革命领袖看来这是合理的。陈玉成就义之前就特地发问："我所领四千之兵皆系百战精锐，不知尚在否？"石达开在大渡河无路可走时，宁愿自投虎口，只要求敌人"宥我将士，赦免杀戮"。农民革命领袖在这里不止是表示出自己的道义责任，而且是体现着农民阶级的深厚阶级感情。农民领袖习惯于用自己的善良愿望看待统治者，他们不可能懂得阶级斗争的规律。列宁先后讲过这个意思：农民有反对旧制度、反对农奴制、反对政治压迫的一面，同时又有同神甫及地主调和的倾向。[①] 农民革命总是难免要带有这样的特点和弱点。

农民革命领袖要受到农民阶级局限性的约制，可以对统治者抱有幻想，但并不是每个人都必然要抱有某种幻想。就李秀成而言，统治者施加的鬼蜮伎俩——曾国藩对他的恶毒欺骗大为加深了他本来就存在的幻想。这是特别值得注意的。曾国藩的欺骗，第一是从李秀成的态度变化中得到了证明。由前面引述的赵烈文日记里可以看出，李秀成刚一落到敌人手里，就有希望他的部众免遭屠戮的想法。但是他起先在曾国荃面前的表现和后来在曾国藩面前的表现是很不相同的。最初曾国荃用刀锥碎割威胁他，李秀成丝毫不为所动，并且对刽子手加以轻蔑和嘲笑。曾国藩和他谈话以后开始写《自述》，态度就变得软了些；越往后，这种软化在《自述》里就表现得越明显。曾国藩究竟对他讲了些什么，现在没有这方面的记载。《自述》的最后部分有"昨夜深惠

① 参看《列宁全集》第18卷，第350页；第20卷，第465页。

厚情，死而足愿，欢乐归阴”等字句。李秀成得知他将被处死以后，还说了“中堂厚意，铭感不忘，今生已误，来生愿图报”的话。如果不是曾国藩口头答应不杀他的部众这一类要求，那么对一个杀身仇人要这么感恩戴德、欢乐归阴，是不可理解的。第二是从曾国藩的活动中得到了证明。李秀成落入清营不久，曾国藩就决定要在南京杀害他。7 月 29 日，即李秀成被俘的第七天，曾国藩在给他儿子的信里就说：“伪忠王曾亲讯一次，拟即在此杀之。”[①]赵烈文 8 月 3 日日记写道：“晚至中堂处久谈，拟即将李秀成正法，不俟旨，以问余。余答言：‘生擒已十余日，众目共睹，且经中堂录供，当无人复疑，而此贼甚狡，不宜使入都。’与中堂意同。”[②]8 月 5 日，赵烈文又写道：“中堂具奏……李秀成先行正法各情。”[③]可是一直到 8 月 6 日即李秀成被害的前一天晚上曾国藩与他谈话，还是绝口不露杀害之意，反而面告李秀成，他“连日正踟蹰此事，俟定见后再相复”[④]。曾国藩就这样故示宽大之意，来欺骗李秀成，软化他以死报国的决心，加深他依靠统治者来保护太平天国部众的幻想。李秀成在曾国荃的刀锥碎割下，表现出是一只落在陷阱里的威猛的狮子；在曾国藩甜言温语的诱惑下，变成了一个受害的可怜虫。统治阶级长期奉为神圣的曾国藩这个刽子手是多么奸，多么毒辣！

这真是一个悲剧：农民革命进入低潮的时候，农民革命的某些领导者表示愿意停止斗争，换取地主阶级的善心和仁慈，而地主阶级则用更残酷的屠杀来作为回答。这个事实告诉人们，在任何情况下被压迫者都不能指望统治者行仁政、发善心，都必须抛弃对统治者的一切幻想。“不是战斗，就是死亡；不是血战，就是毁灭”。这个事实很无情，但是很有教育意义。

李秀成在《自述》里提出“防鬼反为先”的要求，这对于说明他不是在向敌人摇尾乞怜，而是在宣传一个农民领袖的政治主张，并不是不重要的。李秀成为了在统治者面前求生，只需要对他分内的事情作出交待，根本不需要告诫统治者应该向谁去斗争。农民的认识和客观上尖锐的民族矛盾都在这里得到了反映。

太平天国革命爆发在第一次鸦片战争后十年，失败于第二次鸦片战争结

① 转引自《忠王李秀成自传原稿笺证》，第 4 版，第 32 页。

②《太平天国史料丛编简辑》第 3 册，第 378 页。

③ 同上书，第 379 页。

④ 同上书，第 381 页。

束后四年。在这个期间，外国资本主义对中国的侵略，一步步地加深。第一次鸦片战争打开了中国的门户。外国侵略者通过《南京条约》和其他一些不平等条约，夺取了许多政治、经济特权，使中国主权和领土的完整开始遭到破坏。上海等五口通商的结果，外国侵略势力在东南沿海地区获得了立足点。第二次鸦片战争的后果比第一次鸦片战争更为严重。英法等国强迫清政府订立了《天津条约》和《北京条约》，它们在中国的侵略势力得到进一步的扩展。大批新口岸的开辟，外国侵略势力伸展到了所有沿海省份，并且深入到长江中游地区。有关通商、海关等经济条款的规定，使中国在外国经济侵略面前，更加处于无法抵抗的地位。第二次鸦片战争更是中外反动势力由对抗到互相结合的一个重要转折点。外国侵略者从此积极扶持清朝统治者对太平天国革命进行公开的武装干涉。这一些，是一个农民革命领袖所必然感觉到的。《自述》提出抵抗外国侵略的要求，正是集中反映了这个客观形势，同时也是表现了中国人民反对帝国主义侵略的坚定意志和顽强不屈的战斗精神。

李秀成希望封建统治阶级能够放松对革命人民的镇压，而去反抗外国资本主义的侵略，这当然不能不是一个幻想。封建统治阶级在对待外国资本主义侵略的问题上，与中国人民走着根本不同的道路。人民群众走着坚决抵抗的道路，统治者走着妥协投降的道路。这里又是一个历史悲剧：人民要求本国统治者与自己一起去反对外国侵略势力，本国统治者却用与外国侵略势力站在一起来反对人民群众作为回答。这说明中外反动统治者之间的矛盾是可以调和的，中外反动势力与人民的矛盾是绝对的，不能调和的。我们不可能要求一百年前的农民革命领袖对帝国主义与封建统治阶级之间的关系，对统治者与人民之间的关系有完全正确的认识。那不是农民阶级所能做到的。比李秀成后几十年的资产阶级革命家，在这个问题上同样缺乏正确的认识，以至在革命中犯过这样那样的错误。毛泽东同志在《实践论》中说：中国人民对于帝国主义的认识经过两个阶段，“第一阶段是表面的感性的认识阶段，表现在太平天国运动和义和团运动等笼统的排外主义的斗争上。第二阶段才进到理性的认识阶段，看出了帝国主义内部和外部的各种矛盾，并看出了帝国主义联合中国买办阶级和封建阶级以压榨中国人民大众的实质，这种认识是从一九一九年五四运动前后才开始的”①。李秀成在这个问题上有幻想，我们不

①《毛泽东选集》第1卷，第289页。

是应该那么热衷去责备他的幻想，而是应该称赞他在敌人囚笼里的时候，关心的不是个人生死问题，而是阶级前途、民族前途的问题。马克思说，太平天国是停滞社会的产物，即农民战争的爆发，是英国大炮惊醒的，即反对外国侵略的。李秀成《自述》所表达的思想，反映的矛盾，都是证明这个论断的完全正确。

《自述》的基本内容就是这样一些。《自述》告诉我们：李秀成是一个旧式农民革命领袖，不是其他什么革命的领袖。《自述》里那污损自己、奉承敌人的东西说明这个农民革命领袖有局限性、有严重错误，不是说明他是一个农民革命的叛徒。把《自述》说成是所谓一个叛徒的“自白书”那显然是不合事实的。

怎样看待李秀成整个的一生？解决了对《自述》的看法问题，就不难解决全面看待这个历史人物的问题。

李秀成的一生是与太平天国革命相终始的一生。李秀成不是太平天国的早期领袖，他的个人得失又绝不等于太平天国的全部得失。评价李秀成的一生，只是要评论他个人在太平天国革命中的功过，看他作过哪些贡献，有过什么错误，这两者之间何者是主流，何者是支流的问题。

李秀成对太平天国有哪些贡献？这可以用两句话来概括：他挽救了太平天国革命的危局，并且成为后期太平天国军事上的主要支柱；他率领太平军与外国干涉军顽强进行斗争，沉重打击了疯狂侵略中国的帝国主义。

李秀成作为太平天国军事上的支柱的表现是：一，他在挽救革命危局的斗争中立了大功。1856—1857年发生的太平天国领导集团的内讧和分裂，给革命事业带来严重的后果。革命力量因分散而大大削弱。一时“朝中无人掌管，外无用将”，“国内分张乱政”，“军民之心散乱”。革命的敌人早就预言过：没有任何东西能够阻碍太平天国的胜利，“有之，惟内讧而已”。清军在各个战场上发动了猛烈反扑，太平军遭到一系列的挫败，天京再被围困。就在这革命处境异常危险的关头，李秀成和陈玉成担负起了挽救危局的重任。李秀成当时率领的部众并非太平军精锐，人数也不多。他凭着赤胆忠心和勇敢善战，与陈玉成等密切合作，在安徽、江苏经过几次艰苦战斗，一两年间稳定了太平天国的局势，使革命渡过了危境，重见转机。二，英勇捍卫天京。天京从定为太平天国的首都，就不断受到清军的围困。打破这种围困，成为太平军的一项经常性任务。李秀成先是参与、后来直接领导了天京的反围困的战斗。六解京围，在他的记功簿上占有重要地位。天京作为太平天国革命的中心，作为当时全国农民革命高潮的象征，在敌人的监视和包围下所以能屹立整整十一年，李秀成有极大的功绩。三，开辟苏浙根据地。1860年李秀成领导了向常州、苏州一带的大进军，短短时间内以秋风扫落叶之势，席卷苏南，推翻了清朝在这里的反动统治。第二年，他又挥军占领杭州。地主阶级的人间天堂变成了后期太平天国的主要根据地。

李秀成在太平天国后期为保卫革命而进行的艰苦斗争中，率领太平军踏遍了长江中下游南北两岸的广大地区。他的直接对手不仅有被他彻底打垮了的江北大营和江南大营，而且有威胁一天比一天严重的湘军和淮军。1862年陈玉成牺牲后，李秀成成为太平军全军的实际统帅。太平天国的将领中，很少有人像李秀成那样一身抗抵如此众多的敌军的强大压力。后期太平天国主要是依靠李秀成同各路敌军所进行的一系列军事斗争，才支撑了革命的局面，提高了政治威信，鼓舞和支持了全国范围的农民革命。李秀成名副其实地是后期太平天国的支柱。

李秀成在反对外国资本主义侵略势力的斗争中所起的作用，同样是非常突出的。

如何对待西方资本主义侵略势力，是以往革命的农民从来没有碰到过的问题。最初太平天国的领袖包括李秀成在内，曾经对“洋兄弟”有过幻想，期望与他们“推诚相与”。当外国侵略者一旦撕破了“中立”的假面具，公然帮助清军进攻太平军的时候，李秀成就毫不犹豫，立即予以还击。他以坚决的抵抗来回答外国侵略者强加于太平天国的战争。敌人不仅有外国侵略分子控制下的雇佣军，即先由美国人后归英国人控制的所谓“常胜军”，而且有美法两国的正规军。这些军队经过充分的训练，使用着新式武器，清朝统治者言之如神灵，他们自己也狂妄地自以为不可战胜。然而李秀成对他们根本无所畏惧，不论英国和法国的声势，或者洋枪大炮的威力，他都没有放在眼里。他率领着成千上万的有组织的农民革命武装，与外国正规军及雇佣军进行了反复的较量。这种斗争无论就其规模或者就其成就来说，在中国人民反侵略斗争的历史上都是没有前例的。帝国主义的侵略凶焰遭到了严厉打击。李秀成在这方面建树了最值得称道的业绩。

历史赋予太平天国农民革命两个任务：一个是反对封建势力，一个是反对帝国主义。这是中国民主革命的两大任务。太平天国农民革命发生在封建制度内部危机深刻化的情况下面，把广大分散的反抗斗争集中起来，猛烈地破坏封建秩序，对封建宗法社会的全部权利、制度作了一番廓清扫荡。不论在农村和城市，这种廓清扫荡使旧的秩序再也无法恢复原样了。这是有许多事实可以证明的。太平天国革命挺身而出，来抵抗西方资本主义侵略势力，显示出农民不仅是反封建的主要力量，同时也是反对帝国主义的主要力量。太平天国破坏了外国侵略者迅速把中国殖民地化的企图，革命群众控制南方广大的富庶地区，外国从清政府手里取得的权益大部分未能实现。革命的农民为抵抗外国侵略、保卫太平天国而战，客观上也就是为打破帝国主义强加在中国人民头上的《天津条约》《北京条约》那些枷锁而战。太平天国对中国民主革命的两大任务都作出了伟大的贡献。这是广大革命群众的功劳，当然也是从洪秀全到李秀成那许多革命领导者的功劳。李秀成到底有哪些弱点、有什么错误，这可以看看他在太平天国中的全部活动。

李秀成是一个非凡的军事天才，但在政治上与后期太平天国的其他领袖们一样，没有什么新的建树。他善于接近群众、慈爱军民，但在对付革命敌人方面，有时表现了无原则的宽大，甚至走到纵容、包庇革命的叛徒的地步。革命的英雄与善良的农民这两种品质在李秀成身上是合而为一的，但他的善良性格往往变为脆弱，直至发展到对革命发生了动摇。这一些都是需要指出的。这一些发生在一个农民革命领袖身上又都是可以理解的。李秀成的错误主要就是一条，那就是前面讲过的在《自述》里污损自己，颂扬敌人，并且提出为清军招抚太平军的建议，在敌人面前严重丧失了革命立场，丧失了革命大节。李秀成最后不是作为一个变节者死在反革命的屠刀下面的，他是作为一个忠于太平天国的革命者死在敌人屠刀下面的。但是《自述》里既然写下了丧失革命立场的东西，无论如何也就给自己光辉的一生留下了一个重大污点——虽然《自述》写上这些内容和不写这些内容对太平天国的结局都不可能有什么影响。

李秀成一生的功过，基本上就这样。我们从这里能够得出的结论是：李秀成是一个有错误、有污点的农民革命英雄，但仍然是一个农民革命英雄。李秀成的错误在他光辉的一生里是一个重大曲折，但是他对革命立下的巨大功勋和最后仍然尽忠于太平天国而死足以压倒那个曲折。

科学的历史论述，对于旧时代的革命斗争、旧时代的群众英雄人物应当有自己的鲜明观点。被压迫群众长期生活在穷困落后的环境里，革命虽然可以使他们受到洗礼，但是不可能使他们一下子都变成白圭无玷，再也没有缺点，没有错误。其中有些人物更加完美一些，有些人物，要从他们的所作所为找出思想上的动摇、性格上的缺陷、形式上的滑稽和政治上的矛盾，那是再容易不过了。科学的历史评述应当辨别那些人物的本质，应该看他们的行动哪是主流，哪是支流，而不要把支流当作主流，不要以支流压倒主流。不这样，就不能说是马克思主义的科学的观点。

近代中国是一个长期处在革命斗争中的国家。毛泽东同志指出，1840 年鸦片战争以后，中国一步一步地变成了一个半殖民地半封建社会。帝国主义和中国封建主义结合，把中国变为半殖民地和殖民地的过程，也就是中国人民反抗帝国主义及其走狗的过程。[①]中国近代史从一方面来说就是中国人民反抗帝国主义及其走狗的历史。中国人民在反抗帝国主义及其走狗的长期斗争中，英雄人物迭起，志士仁人辈出。这是中国历史的光荣，是中华民族的骄傲。这些英雄人物、志士仁人来自不同的阶级，带有各自的社会特点；他们又都在不同的程度上为推翻帝国主义封建主义统治，为中国人民的自由解放事业尽力作出了贡献。中国近代历史就是由这些人物和他们带领的广大人民群众的积极活动而不断前进的。他们的功劳永远用金字铭刻在天安门广场的丰碑上面。李秀成的名字显然应当是排列在这英雄人物名单里，占有自己的一席地位，不能因为有错误，而抹煞他在近代中国反帝反封建革命的先驱者行列里的地位。

以上这些论述如果比较合乎历史或者大致不错，那么现在我们就可以来说一说罗尔纲同志和戚本禹同志未能对李秀成这个人物作出全面评价的根源到底在哪里。

罗尔纲同志等人对李秀成的评价和戚本禹同志对李秀成的评价，看起来是那么不可调和，针锋相对。可是透过分歧的表象而看其深处，却可以发现两种相反的意见中具有带根本性的共同的东西。那就是罗尔纲同志实际上是把李秀成作为一个无产阶级革命家来描写的，戚本禹同志则是把李秀成当作无产阶级革命家来提出要求，加以责备的。罗尔纲同志也曾写到李秀成是“农民革命的人物”，有“局限性”，可是他笔下的李秀成简直是一个无产阶级的政治家。罗尔纲同志认为李秀成写那些“伪饰的话”的时候，“依然表现着坚

---

① 参见《毛泽东选集》第 2 卷，第 626、632 页。

定的立场”，他是在“特意地细心地讲求斗争的方式”；他平时做争取敌人的工作时就很注意“根据对方所能接受的程度去说服他们”，“到了处在革命低潮之时，身系囚笼之中，他就必须更要讲究这些手段了”，“他尽管向曾国藩假意恭维……对敌人虽作了适当让步，但他却是坚持原则的”；等等。这就是说，李秀成明确认识革命的前途，善于分析革命形势，通晓斗争艺术，在革命的低潮阶段知道讲求新的斗争方法，能够看出并利用敌人的矛盾，为达到自己的政治目的以及争取统治阶级建立反对外国资本主义侵略的共同阵线，既坚持原则，又自愿作适当让步。其实这是只有先进阶级的政治家才能做到的。罗尔纲同志显然感到李秀成有很大的错误，不符合一个无产阶级革命者的形象，于是就来为那错误曲为辩护，力图把他描写为一个符合自己想象的人物。戚本禹同志虽然承认李秀成是“农民革命军将领”，在一定意义上也承认“农民革命的历史局限性”，可是他实际上高悬了一个衡量近代无产阶级的革命家的标准来要求李秀成。他不顾李秀成在多年的对敌斗争中一贯忠于革命的种种表现，硬说李秀成早已发生动摇，早已有过“投降活动”。他奢望一个旧式农民革命的领袖能坚持某种革命理想，能对这种理想有明确的认识和坚定的信念；平时在思想、生活、作风各方面都严格保持贫苦农民的阶级本色，在革命败局已定、自身被敌人俘虏，老奸巨猾的敌人不再用刀锥，而用另外一套软的手法进行欺骗时，能有本领应付新的复杂的环境，识破敌人的阴谋，认清敌人的真面目，而不产生任何幻想；等等。他鉴于李秀成没有达到这样的标准，就来了个全盘否定。十分明显，离开马克思主义严格的阶级分析观点，拿衡量无产阶级革命战士的标准去衡量旧式农民革命的领袖人物，这就是罗尔纲同志和戚本禹同志未能对李秀成作出客观评价、各走极端的共同根源。

阶级斗争、阶段分析观点是马克思主义的根本观点。何谓阶级分析？就是具体地分析某种现象、某个人物是表现了哪个阶级的活动，表现了哪个阶级的特点，是属于什么阶级范围的问题。阶级分析不是只要求划清楚革命营垒和反革命营垒，不是要把一切革命阶级等同起来，把农民阶级和工人阶级等同起来。农民阶级、农民起义在历史上起过非凡的作用。农民革命英雄要具有自己的鲜明形象。这都是肯定的，无可争辩的。问题是在于不能拿农民革命英雄和无产阶级革命战士相比拟。农民阶级是一个有严重局限性的阶级。农民阶级的革命性和局限性，都必然要在农民革命领袖身上表现出来，有的表现在这个方面，有的表现在那个方面。他们可以具有高尚的革命品质，但是不可能具有无产阶级革命战士那样的品德。他们可以非常机智勇敢，善于同革命敌人进行斗争，但是很难指望他们能够像无产阶级革命战士那样正确处理各种斗争问题。斯大林论到俄国农民起义的领袖时说："我们布尔什维克对鲍洛特尼柯夫、拉辛、普加乔夫以及其他这样的历史人物向来是感到兴趣的。我们认为这些人的发动是被压迫阶级自发暴动的反映，是农民反对封建压迫的自发起义的反映。对我们说来，研究这种农民起义的最初尝试的历史总是有趣的。但是这里当然不能拿他们和布尔什维克做任何比拟。"[①]无产阶级是历史上最先进的阶级。从无产阶级中涌现出的革命者是已往不可能有的最自觉的革命者。他们能够具有彻底的革命世界观，对社会历史发展有科学的认识，对革命抱有必胜信心，能够经得住种种考验。这些都是旧式农民战争里的人物难以具备的。把农民革命英雄和无产阶级革命家相比拟，不但要发生不能正确说明旧式农民战争的问题，并且也还发生不能正确说明无产阶级革命英雄人物的问题。农民革命领袖做不到的事情，无产阶级革命战士却是应该做到的事情。农民英雄只能达到一定的水平、一定的高度，无产阶级革命战士却要不可限量地超过那种水平，那种高度。农民英雄是不能摆脱小生产者的世界观的人物，无产阶级战士应当是具有科学共产主义世界观的人物。所以衡量农民阶级和无产阶级的革命者，必须是两杆尺子，不能是一杆尺子。

评价农民革命领袖的问题，很难想象有什么抽象的公式。列宁指出：马克思主义必须把问题提到一定的历史范围来分析，我想这是唯一正确的公式。

当然，我们很清楚地看出：罗尔纲同志和戚本禹同志用看待无产阶级革命者的眼光看待过去群众革命的英雄人物，在具体问题的回答上陷入困境，并非他们的始料所及。他们主观上是想用阶级观点分析历史人物，研究历史现象，并不是不要用阶级观点分析历史人物，研究历史现象。阶级分析运用得不正确是一回事，像不久以前刘节先生提出的实际上认为分析阶级不适用于历史研究那又是一回事。两者有霄壤之别，不可同日而语。前者是对阶级分析的简单理解，是没有正确运用马克思主义的问题；后者是拒绝阶级分析，是反对马克思主义的问题。前者还具有革命性的一面，而没有能够做到把革命性和科学性结合起来；后者既没有革命性，也根本谈不上科学性。运用阶阶级分析不正确，不能说明问题，但是方向并没有错误；拒绝用阶级观点分析历

①《斯大林全集》第13卷，第100页。

史，却是开倒车，是要把历史学拉回到资产阶级唯心主义泥坑里去，拉回到反历史、反科学的泥坑里去。无论怎样，谁也不能从人们还不善于运用阶级分析方法这个事实找到借口来反对马克思主义的阶级斗争理论和阶级分析方法。我们决不能与要求把阶级斗争论从历史研究中勾销的人一起行走。历史科学必须高举阶级斗争的旗帜，高举革命的旗帜。

任何时候我们都不需要去无谓地为历史人物翻案，任何时候我们都需要用马克思主义的阶级、阶级斗争观点科学地评价一切历史人物。

马克思早就给历史家提出过一个正确描写革命领导者的任务。马克思说："如果用伦勃朗的强烈色彩把革命派的领导人——无论是革命前的秘密组织里的或是报刊上的，或是革命时期中的正式领导人——终于栩栩如生地描绘出来，那就太理想了。在现有的一切绘画中，始终没有把这些人物真实地描绘出来，而只是把他们画成一种官场人物，脚穿厚底靴，头上绕着灵光圈。在这些形象被夸张了的拉斐尔式的画像中，一切绘画的真实性都消失了。"[①] 对于过去时代的革命领袖，我们必须根据马克思主义去正确地加以描写。历史家既不要在他们头上涂绘灵光圈，但是更不能把他们漫画化，给他们罩上丑角的服装。伦勃朗的强烈色彩，对马克思主义历史家来说，就是要站在鲜明的无产阶级立场上去看待革命领袖人物的一切活动和他们所遇到的问题。

①《马克思恩格斯全集》第 7 卷，第 313 页。

帝国主义对中国的侵略与中国人民反对帝国主义的斗争

——一八四〇年中英鸦片战争至一九四九年中华人民共和国成立①

中国是一个历史悠久的国家。中国在近代是一个连绵不断进行反对帝国主义及其走狗的革命斗争的国家。

英国首先在一八四〇年发动鸦片战争，打开中国大门。从那个时候起，到一九四九年中华人民共和国成立，中国人民与帝国主义及其走狗的生死斗争，进行了一百一十年。长久骑在人民头上的帝国主义从中国大陆上被赶走了。帝国主义是怎样侵略中国的？中国人民是怎样战胜帝国主义的？这是今天历史学领域里迫切需要深入研究的主题。

帝国主义的疯狂侵略造成了中国的严重贫困和落后

西方资本主义、帝国主义侵入中国，很快把中国变成了一个半殖民地。台湾地区和东北地区并一度变成了殖民地。帝国主义统治下的半殖民地的中国是个什么样子？最粗略地描述一下，也会令人怵目惊心。

十九世纪四十年代至六七十年代，中国进入半殖民地还不很久。英国、法国、美国、俄国分别侵入中国。英国发动第一次鸦片战争。英国、法国在一八五六年、一八五七年发动第二次鸦片战争。中国那时处在清朝政府统治下。中国在两次鸦片战争中都遭到了失败。

英国、法国和跟着英、法行动的美国、俄国，先后强迫清朝政府订立《江宁条约》《望厦条约》《黄埔条约》《瑷珲条约》《天津条约》《北京条约》等

---

① 原载《历史研究》1964年第4期。后收入《中国近代史诸问题》《中国近代史问题》。——编者注

一系列不平等条约。从那个时候起，英国割走香港，俄国割去黑龙江以北、乌苏里江以东和其他地区的大片土地。中国开放许多口岸，对外通商。外国在中国建立起领事裁判权和片面的最惠国待遇制度。外国商船在中国内河来往，外国人在华自由旅行、传教。协定关税和鸦片贸易合法化也是这时规定的。中国在政治上、经济上开始丧失独立地位。帝国主义从此在中国奠定了半殖民地统治秩序。

八九十年代以后，中国的处境更加恶化。帝国主义公开叫嚣要瓜分中国。法国在一八八三年发动侵略中国的战争。日本在一八九四年发动侵略中国的战争。英、法、美、俄、日、德、意、奥八国在一九〇〇年联合发动侵略中国的战争。英国、法国、美国、俄国、日本、德国是这时侵略中国的主要帝国主义国家。中国的亡国危险迫在眉睫。一九〇四年出版的《外交报》上举出的那时中国实际上正在被瓜分的各种事实有：

> 一、全国税务属于英人。二、东清铁道属于俄人。三、关内外铁道属于英人。四、芦汉铁道属于比人。五、津镇铁道属于英人。六、正太铁道属于俄人。七、津保铁道属于英人。八、山东铁道属于德人。九、粤汉铁道属于美人。十、江宁上海杭州间铁道属于英人。十一、江宁汉口至重庆间铁道将属于英人。十二、云南铁道将属于英人法人。十三、京口及福建铁道将属于美人。十四、满洲之矿属于俄人。十五、河南北境及山西之矿属于英人义人。十六、山东之矿属于德人。十七、浙江之矿属于义人。十八、安徽之矿属于英人日人。十九、四川之矿属于法人。二十、云南之矿属于英人。二十一、福建之矿属于法人。二十二、天主教徒属法人保护。二十三、耶苏教徒属英人美人保护。二十四、佛教徒将属日本保护。二十五、回教徒将属土人保护。二十六、凡商家必用一外人为代表。二十七、凡达官必用一外人为奥援。二十八、各省以赔款之故，自借洋债，各有抵押之件。二十九、各商因银根紧急，借用外国银行之款，亦各有抵押之件。三十、尚有船局铁厂之类，专属于一国名下者。①

①《外交报》甲辰年第三十一号、第三十二号合本，第5—6页。

其实一些重要项目，那上面还没有讲到。例如，中国领土上驻有外国军队，中国不少口岸有外国租界或变成了外国租借地，中国广大地区被各国强行划为自己的势力范围等等。

第一次世界大战以后，美国、日本对中国展开激烈的争夺。日本帝国主义曾经猖狂一时。日本在第二次世界大战中投降，美国开始独霸中国。

美国的侵略活动是多方面的。在短短四年里，美帝国主义指使它的走狗蒋介石签订的卖国条约、协定等已经公开的多达四十起。那些条约、协定没有一个是不损害中国人民利益和不带有血腥气味的。把那些条约、协定加在一起，美国从蒋介石卖国集团取得了中国领土权、领空权、领海权、内河航行权、铁路管理权、军权、财权、警察权、司法权、国家秘密权、农业权、工矿权、商业权、海关权、文化教育权、内政“最后决定权”、外交指挥权等等。从天上到地下，从大陆到海洋，从政治到经济，从物质到文化，无所不包，应有尽有。美国帝国主义成了中国人民最凶恶的敌人。中国这时面临着被美国彻底变为殖民地的严重危险。

半殖民地和殖民地的中国，除了政治上丧失独立，不能自主，就是中国人民遭受帝国主义无止境的搜刮、压榨，就是中国的物质财富倾江倒峡地向外国资本家的口袋里流去。其中包括勒索赔款、猎取超额投资利润、直接抢掠等等。中国人民的膏血有尽，帝国主义的欲壑永远也填不满。

帝国主义从中国勒索去的各种赔款很难知道究竟有多少。一八四二年、一八六〇年、一八九五年、一九〇一年四次战争赔款即达关银七亿一千余万两。一八九五年甲午战争一次赔款二亿三千万两。中国当时的国库收入不过每年七千多万两。一九〇一年辛丑条约一次赔款四亿五千万两。中国当时的人口是四亿，每人需要分担一两多银子。历次战争中地方政府和人民被迫直接向侵略者缴纳的大量款项，尚不在这些数目之内。

帝国主义利用特权进行的在华企业投资在抗日战争前夕已经达到二十六亿九千三百五十万美元。外国在华企业盈余，最高一年近两亿元，最低一年几千万元。英国汇丰银行一九〇一到一九三七年账面纯益达三亿六千七百五十九万港元。平均每年获利近一千万港元。日本南满铁路公司从一九〇七年开业到一九三一年日本强占东三省，共二十四年。其间付给日本政府红利一亿四千五百余万日元，付给股东红利二亿日元，付给英国及日本的公司债利息三亿余日元，另有公积一亿八千八百余万日元。四项合计共八亿三千多万日元。

帝国主义对华贷款自一八六五至一九四八年总额达三十亿一千九百五十万美元。贷款利息高得难以想象。一八九五——一九一三年英、法、德、俄、日分别和联合贷给中国五笔款项。贷款总额七千七百八十二万英镑，实缴款额六千八百六十四万英镑。利息、回扣、经理费等等相当于实缴款额的百分之一百六十六点六。帝国主义每借给中国一百元，获得纯利一百六十六元。

帝国主义在每次侵略战争中照例公开抢劫。法国文学家雨果讲到英法联军抢劫中国的时候说：有两个强盗，一个叫法兰西，一个叫英吉利。“是丰功伟绩，也是贼运亨通。这个胜利者把口袋装满，那个把箱箧装满”[①]。瓦德西记述八国联军对中国的抢劫：“联军占领北京之后，曾特许军队公开抢劫三日。其后更继以私人抢劫。”其中美国军队最具有精明巧识，俄国军队最野蛮，把抢不走的东西尽情加以破坏。日军在天津一地抢得的财物达二百万两之多。[②]

日本占领中国台湾、东北，抢劫的规模更大。日本从台湾抢掠大米，一九二五——一九四三年的十九年间，总计达五千九百六十万石，占同一个时期台湾大米总产量的百分之三十八点八。东北在一九四四年一年之内，劫运往日本的粮食达八百万吨，占那一年东北粮食总产量的百分之四十五。帝国主义就是武装到牙齿的强盗！

一些侵略分子冒险亡命，或者凭借权力从事抢掠也是惊人的。美国流氓华尔一八六〇年来到上海，两手空空如也。他利用外国势力组织“洋枪队”，帮助清政府反对农民革命，抢到大批财物。两年以后华尔被中国人民杀死。他的家属无理取闹，经过多次交涉，在事隔四十年以后又从清政府勒索到了二十万美元。哈同其人一八七四年来中国是一个没有国籍的穷瘪三。他通过贩卖鸦片，从事地产投机，与中国军阀官僚鬼混，很快变成了百万富翁。一九三一年他死的时候拥有四百万英镑的资财。英国人赫德是一个著名的侵略分子。他先后担任中国海关总税务司四十多年，过着穷奢极欲的生活。总税务司正式薪金每月一千英镑。赫德刮走的中国财富，单单这一项就多至四五十万英镑。美国流氓陈纳德穷困无聊，但异常凶恶。他最初帮助蒋介石训练空军，日本投降后“弃军从商”，在中国建立航空公司，凭借美帝国主义的特权搜刮中国人

---

① 阿尔波：《雨果与和平》，《思想》杂志 1952 年 1、2 月号，第 12—13 页。

② 王光祈译：《瓦德西拳乱笔记》，第 51—53 页。

民，在短短两年之内捞走了几十万美元的财产。又一说，陈纳德先后抢走的中国财产多至三百万美元或六百万美元。有人把他叫作“二十世纪的戈登”。戈登两手沾满中国人民和非洲人民的鲜血，受到非洲人民惩罚。陈纳德只是没有找到机会去屠杀非洲人民。

中国在帝国主义长达一个世纪的压榨和残酷的半殖民地统治下被迫停留在又贫穷、又孱弱的境地。中国工业落后，农业破产，科学文化不发达。中国人民长期受凌辱、受奴役，不断遭到大规模屠杀。

中国民族工业由于受到帝国主义的严重阻滞，只有极其微弱的发展。现代工业在整个国民经济中占的比重很低。一九四九年的材料：中国钢产量十五万八千吨，居世界第二十六位。中国生铁产量二十五万二千吨，居世界第二十三位。中国原煤产量三千二百四十三万吨，居世界第九位。中国发电量四十三亿一千万千瓦，居世界第二十五位。半殖民地的中国完全是一个农业和手工业的中国。

中国是一个农业国家，但是粮食、棉花等主要农产品不能自给。海关统计：一九三三年中国进口粮食六十亿斤。一九四六年中国进口棉花六百九十万担。帝国主义的掠夺、帝国主义走狗的黑暗统治，使土地荒芜，饥民遍野，农业生产力遭到无情的破坏。河南、湖南、广东三省一九四六年抛荒耕地五千八百万亩。一九四七年全国各地饥民达一亿人以上。农村早已民穷财尽，罗掘俱穷。

中国科学文化不发达集中表现为教育事业的不发达。一九四九年以前的材料表明：全国每四千七百人里只有一个大学生。全国每四百三十多人里只有一个中学生。全国每二十二人里只有一个小学生。农村居民中大部分人是文盲。科学技术人才异常缺乏。教育、文化事业的权力直接间接受到帝国主义控制。中国处在那种情形下，无从谈到提高文化、发展科学技术的问题。

中国人民更是长期遭到帝国主义大规模地残酷地屠杀。日本在一九三七——一九四五年的侵略战争中造成了中国人民一千八百万人的伤亡。军队的伤亡还不在其内。《远东国际军事法庭判决书》上的材料：日军单是在占领南京的最初六个星期内屠杀的中国平民和俘虏就多至二十余万人。一个世纪以上帝国主义直接对中国人民的屠杀和帝国主义通过它的走狗在历次反革命内战中对中国人的屠杀加在一起，帝国主义的侵略估计消灭了中国数以亿计的人口。

李密讨隋炀帝檄文上有两句语：“罄南山之竹，书罪无穷；决东海之波，流恶难尽。”帝国主义侵略中国造下的罪孽，这两句话甚至也不足以表达那些内容。

中国地大物博，人民勤劳勇敢。中国的近代所以落到了世界先进国家的后面，完全是帝国主义的侵略造成的。地主阶级、买办阶级都是残酷的剥削者，帝国主义则是中国人最残酷的、最大的剥削者。帝国主义的剥削、压迫是近代中国贫困落后的根源。中国的近代阶级斗争那么激烈，人民革命运动那么高涨，就是帝国主义的残暴剥削压迫、帝国主义及其走狗的半殖民地统治的产物。

一些帝国主义者异口同声地说：中国的贫穷落后，是由于中国人的愚昧无知，由于中国人是属于劣等民族，有天生的劣根性，与帝国主义毫不相干。帝国主义侵入，相反地是开发了中国，给中国带来了西方进步和文明。人们不是应当反对帝国主义，而是应当感恩戴德，欢迎之不暇。中国人民从自己的切身经验中，老早懂得了帝国主义那一套理论只不过是他们要把中国彻底变为殖民地的理论。帝国主义极力把中国人民说成野蛮落后、愚昧无知，其目的是要证明由帝国主义来统治中国是天然合理的，是上帝的安排。

帝国主义为了征服中国人民，彻底把中国变为殖民地，使用了他们所能使用的一切阴谋诡计

把中国彻底变为殖民地是帝国主义不可改变的主观愿望。但是如何达到目的，它们的方式是可以变化的。帝国主义侵略中国碰到了各种矛盾。一是中国人民的抵抗；二是本国人民和世界人民的反对；三是帝国主义的相互斗争与牵制。要征服中国，帝国主义就要在不同时间、不同条件下，采取不同的手段，施展各种阴谋诡计。

人们从帝国主义的那些手段可以更透彻地看出它的反动本质。对于帝国主义是任何时候都不能抱有幻想的。

第一，发动侵略战争，实行武力征服。

英国、法国、美国、俄国、日本、德国、意大利、奥地利等八个帝国主义先后发动侵略中国的战争，武力蹂躏中国的领土。这些侵略战争有公然宣战的，有不宣而战的。有一国单独发动的，有几国联合发动的，有世界反动

派联合发动的。一八四〇——一九四九年的一百一十年里，帝国主义直接对中国进行的侵略战争在十次以上。进行战争的时间超过三十个年头。武力征服，在帝国主义侵略中国的方式中始终居于首要地位。

第二，帝国主义相互在中国领土上进行战争，争夺中国权利。

俄国、日本一九〇四——一九〇五年在中国东三省进行战争，争夺东三省的权益。俄国失败，日本侵略者接替俄国侵略者控制东三省南部。日本、德国一九一四年在中国山东省境内进行战争，争夺山东权益。德国失败，中国在山东的主要权利由德国手里转移到日本手里。

第三，蚕食、并吞中国边疆土地。

帝国主义侵占的和侵占过的中国领土多至几百万平方公里。用武力强迫割让是一种形式。对边疆地区蚕食鲸吞是又一种形式。英国在印度的殖民当局长期蚕食西藏、云南地区。俄国先后吞并新疆和东北地区大片土地。日本一度侵占台湾和东北。疆土沦亡使中国的半殖民地危机更加深刻化。

第四，扶植中国封建势力和买办势力，利用它们作工具统治中国。

清朝政府、北洋军阀政府的各派系、蒋介石卖国集团的各个派系，都是为帝国主义所扶植、利用的工具。他们之间的差别在于各有自己的主子。清朝政府是各个帝国主义的共同工具。北洋军阀中的皖系、奉系是日本的工具，直系是英美的工具。蒋介石集团先是帝国主义的共同工具，后来是美帝国主义独占中国的工具。帝国主义必须利用这些工具才能实现它们对中国的半殖民地统治。帝国主义有时与中国反动统治者也发生矛盾、冲突，给中国统治者以打击。目的是要教他们更加驯服一些。

帝国主义当难于隐蔽地利用那些工具的时候，就公开安设傀儡政权，实行“以华制华”。日本一九三一年以后在中国东北制造“满洲国”，一九三七年以后在华北、华中制造汉奸政权，就是如此。

第五，拉拢少数民族地区的奴隶主、封建主，制造民族分裂，破坏中国统一。

英国、俄国都对中国新疆地区怀有极大野心，阴谋把新疆从中国分裂出去。十九世纪中叶，新疆封建主乘人民发动反清斗争，建立以阿古柏为首的分裂政权，自称汗国。英国积极支持，订立条约，给予军事援助。俄国也与阿古柏订立条约，事实上加以承认。一九一一年中国资产阶级革命把清朝政府推翻了。帝国主义又乘机制造分裂。英国把逃入印度的达赖十三世送回西藏，策划叛乱，阴谋使西藏地方脱离中国。俄国派兵进入库伦，支持外蒙古王公组织“独立政府”。美国在西藏“独立”阴谋中并不甘落后，不久也加进了自己的股份。

第六，武装干涉中国革命。

历来中国革命的失败，都是被帝国主义绞杀的。帝国主义对于干涉中国革命不惜采用一切手段。武装干涉是最重要的手段。一八六〇——一八六四年，英国、法国、美国武装干涉太平天国革命。一九〇〇——一九〇一年，英、美、德、俄等八国帝国主义大举出兵镇压义和团运动。这些是最显著的。

炮舰政策是武装干涉的一种。帝国主义为了实现某种目的或受到中国人民反抗斗争威胁的时候，借口“保护侨民”之类，把军舰开进中国海口、内河示威游弋，炮击城市和农村居民。一九二五——一九二七年间，帝国主义在中国不止一次实行过这种干涉。

第七，从革命内部进行破坏，收买叛徒，搞颠覆阴谋。

中国一九二五——一九二七年大革命的失败与帝国主义从内部颠覆破坏是密切相联的。蒋介石就是受帝国主义收买的一个大叛徒。至今美帝国主义还在利用蒋介石这条走狗来反对中国人民。

第八，帝国主义出钱、出枪，出政治、军事顾问，指使和支持中国反动派打内战，杀中国人。

从北洋军阀起，至蒋介石统治的覆灭，中国内战很少间断过。帝国主义既支持、指使各派军阀互相进行内战，更支持指使反动派对中国人民进行反革命内战。四川一省，一九一一年以后的二十年间，大小军阀战争达四百七十八次，平均一个月发生两次大屠杀。一九三〇年，蒋介石与阎锡山、冯玉祥等混战，双方动员兵力一百几十万人。帝国主义坐收的渔人之利与军阀战争的频繁正好成正比例发展。

帝国主义对于支持反动派进行反革命内战尤其不遗余力。美国指使蒋介石对中国人民在一九四六——一九四九年进行的内战，是历次内战里规模最大的。美国在一九四五年以后的短短三年里，运到中国的武器、装备和进行战争需要的其他物资，据已经公开的材料，总值达四十三亿四千六百余万美元。其中包括各种杀人武器。美国白皮书上承认，一九四七——一九四九年初供应的子弹一项，即达三亿九千四百多万发。实质上这个战争是美国出钱出枪，蒋介石出人，替美国打仗杀中国人的战争。

第九，贩卖假和平，布置真陷阱。

美帝国主义最擅长此道。第二次世界大战以后的一个短时间里，美国假充蒋介石集团与中国共产党中间的调停人，派马歇尔参与中国和平谈判。美国的真正目的是要消灭共产党代表的人民革命力量。“和谈”“和解”正是一种进攻阴谋，是发动新的武力进攻的准备。马歇尔越调停，蒋介石打内战的规模越大。“三人小组——就地停战——和平谈判——大举进攻”——马歇尔发明了这么一套公式。

第十，经济控制。

经济控制包括许多方面。举凡贷款、办企业、开设银行、“经济援助”、“经济合作”、“技术援助”等等，无一不是帝国主义剥削中国的方式，同时又是帝国主义控制中国的方式。中国要取得那些贷款、“援助”、“合作”，必须遵守苛刻条件，付出高昂代价。中国民族工业微弱，中国成为外国商品市场和原料供应地，那不仅是帝国主义的军事、政治压迫造成的，也是帝国主义的经济控制造成的。

帝国主义的经济“援助”有多种途径。抗日战争时期的美国对华“经济援助”是通过双边协定进行的。抗日战争结束以后美国改由“联合国善后救济总署”来“援助”中国。不管经过什么途径，挂上什么招牌，帝国主义实行经济控制的实质并无二致。

第十一，文化侵略。

对于残害中国人民，帝国主义还使用了一种杀人不见血的枪弹——精神毒害、精神麻醉枪弹。西方从精神方面渗入中国由来已久。到二十世纪初期发展得更有计划了。帝国主义这时深知单靠火和剑是不能长期维持殖民统治的。其具体办法是在中国传教、办学校、办医院、办报纸、办“慈善事业”、吸引中国留学生等等。帝国主义这种侵略手法有相当的欺骗性。中国曾经长久蒙受它的祸害。一部分资产阶级知识分子因此盲目崇拜外洋，崇拜西方文明，丧失民族自尊心和民族自信心而不能自拔。

美帝国主义对于文化侵略特别肯下工夫。照一九〇六年一个名叫詹姆士的美国人向美国政府提出的培养中国知识分子的方案上说：哪一个国家能够做到教育这一代的青年中国人，哪一个国家就将由于这方面付出的努力而在精神的和商业的影响上得到最大的收获。“为了扩张精神上的影响而多花一些钱，即使从物质意义上说，也能比别的方法收获更多，商业追求精神上的支配是比追求军旗更为可靠的”[①]。一九四九年以前，外国在中国办的大学几十所，中学几百所，小学几千所。美国办的占大多数。美帝国主义过去把这种侵略方式叫作“退款兴学”、办“慈善事业”，现在叫作“和平队”或“赖肖尔公式”。说法不同，货色还是一样。

第十二，厚颜无耻，当面撒谎，欺骗中国人民和世界人民。

当面撒谎常常是侵略者的重要手段。他们打着“不干涉内政”的招牌，粗暴地干涉中国内政；他们喧嚷着“没有领土野心”，疯狂地夺取中国领土、抢占势力范围。他们把一贯坚持侵略中国说成是对中国的“传统友谊”；他们把反对中国人民起来革命、争取自由，说成是防止“赤化”或防止所谓“黄祸”。……总之，他们极尽颠倒黑白、厚颜无耻之能事。他们企图用谎言遮掩侵略者的面目，听其言而观其行，谎言却正好暴露了帝国主义狰狞丑恶的面目。

帝国主义侵略中国使用过的办法很多。归根到底，不外乎两种办法：一是武力的，即发动侵略战争，实行武力征服、武力威胁；二是“和平”的，包括政治阴谋，经济、文化渗透等等。两种办法有时交错使用，有时同时并举。侵略者所以要用“和平”方式，当然不是出于菩萨心肠，不是想要放下屠刀；而是由于武力征服不能得逞，由于力不从心。不管采取哪种办法，实力政策总是帝国主义侵略中国的最后和最根本的政策。帝国主义任何时候也没有改变过这个政策。

帝国主义不管采取哪种办法，武力的还是“和平”的，硬的还是软的，实的还是虚的，阳的还是阴的，目的都是一个：把中国彻底变为殖民地。帝国主义有意向中国人民散播幻想，而它自己的目标总是坚定不移的。中国统治阶级对帝国主义、特别是对美帝国主义的“和平”进攻作过许多欺骗宣传。他们把美国侵略者描绘为秉性“恭顺”的，爱好“和平”的。当然也就是说美帝国主义并不体现帝国主义的本质或改变了原来的本质。中国统治阶级的欺骗宣传是为了掩饰自己的可耻的屈膝投降和麻痹人民反抗斗争的意志。帝国主义疯狂扩张殖民地、奴役一切被压迫的国家和人民，是由它的阶级本质决定的。垄断资产阶级不消灭，帝国主义的侵略本质就永远不会改变。

帝国主义进攻中国一个世纪以上，使用了它们所能找到的一切手段。其

① 明恩溥：《今日的中国与美国》，第 218 页。

结果它所征服的只是反动统治者。中国人民始终是一个无畏的巨人，巍然矗立在帝国主义面前。

中国人民英勇顽强坚持反帝斗争，中国人民与帝国主义的长期斗争证明，真正强大的不是帝国主义，而是中国人民大众

遭受帝国主义侵略是近代中国的一面，人民坚持反侵略斗争是近代中国的又一面。帝国主义和中国封建主义相结合把中国变为半殖民地和殖民地的过程，也就是中国人民进行革命斗争、反抗帝国主义及其走狗的过程。一部近代中国的历史，就是由这两个对立面的斗争和这种斗争的发展过程所构成的。

帝国主义的疯狂进攻，要求中国人民必须回答这样一个问题：敢不敢斗争，敢不敢与帝国主义较量，把它打倒？中国人民的回答是：敢于斗争、敢于革命，相信自己事业的正义性，相信自己的力量和智慧一定能够战胜帝国主义。

中国人民和每一个侵略中国的帝国主义都打过仗。中国人民没有向任何反革命王朝屈服过。帝国主义及其走狗的屠杀、镇压愈残酷，人民的反抗斗争就愈激烈，愈向前发展。中国人民在凶恶的民族敌人、阶级敌人面前，一贯地抱着革命的乐观主义和必胜信心。他们一贯地表现出革命英雄主义和革命大无畏的精神。帝国主义的吓唬、讹诈没有使他们气馁，敌人的刀山火海也没有使他们止步。千千万万的人在斗争中牺牲了，他们的牺牲唤醒了愈来愈多的群众去进行斗争。群众的革命英雄主义又保证他们在斗争中踏着英勇牺牲的同志们的鲜血前进。实际上从鸦片战争到中华人民共和国成立的一百一十年里，中国人民为了自己的自由和解放，同帝国主义及其走狗的斗争，有起有伏，有高有低，像海洋激荡，像潮流汹涌，一刻也不曾停止。中国人民能够战胜帝国主义，首先是由于具有这种英勇、顽强精神，具有这种敢于斗争、敢于胜利的革命品质。

下面是那一长串斗争中的主要的历史事件：

一、反鸦片战争。一八四〇——一八四二年。人民群众不顾清政府的阻挠，分散地、自发地起来反抗英国的武装进攻。著名的广州三元里起义表明人

民与统治者公开分裂：统治者对帝国主义屈膝投降，人民坚决抵抗侵略者。

二、太平天国革命。一八五一——一八六四年。革命潮流震荡全国，帝国主义走狗清朝政府几乎被推翻。武装的农民抵挡了干涉中国革命的英法正规军和美英法控制的外国雇佣军。中国人民与外国侵略者大规模地展开武装斗争从此开始。

三、抗击英法联军。一八五六——一八六〇年。广大群众在侵略军所到之处用各种方式进行反抗。西方资产阶级把中国人民描绘为野蛮人。马克思主义创始人马克思、恩格斯连续发表文章，揭露侵略者，对中国人民的英勇斗争给予很高的评价。

四、反教会斗争。人民群众在十九世纪六十年代以后，针对西方加紧利用宗教侵略中国，展开反对外国教会和外国传教士的斗争。几十年里斗争彼伏此起，连绵不断。

五、抗击日军侵略台湾。一八七四年日军侵入台湾，美国人也参与侵略活动。人民奋起抵抗日军。

六、中法战争。一八八三——一八八五年。人民群众坚决抵抗侵略，中国军队在人民的支持下屡次重创法军。只是由于清政府急于对外妥协，这次战争才以中国接受屈辱的条约而结束。

七、抗击英军进犯西藏。一八八八年英军侵入西藏地区，当地军民积极抵抗侵略军。

八、甲午中日战争。一八九四——一八九五年。日本帝国主义倾全国之力发动武装进攻，广大群众坚决要求抵抗，推动清政府里面一部分人出来主战，抗日潮流磅礴一时。清政府投降卖国，人民更加坚定了自己的反抗意志。

九、台湾人民抗日斗争。一八九五年。清政府把台湾割让给日本，台湾人民在全国人民支援下浴血抗战。日本侵略军死伤三万余人才把人民抵抗压制下去。在那以后的半个世纪里，分散的群众斗争一直没有停止。

十、百日维新。一八九八年。资产阶级发起改良运动，号召人们“救亡图存”。维新运动不是一次群众革命斗争，但是它在客观上反映出了人民反抗帝国主义的要求。

十一、义和团运动。一九〇〇——九〇一年。帝国主义阴谋瓜分中国，引起人民的强烈对抗。义和团高举“扶清灭洋”大旗，把反帝斗争推上一个新的高峰。义和团失败以后，人民为反对俄国占领东三省继续斗争。

十二、第二次抗击英军对西藏地区的侵犯。一九〇三——一九〇四年。英国侵略军再次受到中国人民的沉重打击。

十三、辛亥革命。一九一一——一九一二年。中国长期存在的君主专制政体是这次革命打倒的，帝国主义走狗清朝政府是这次革命推翻的。帝国主义从此失去了一个有力的工具。

十四、抵制二十一条。一九一五年。日本向袁世凯提出等于把中国变为殖民地的二十一条。人民痛心疾首，在全国掀起反日爱国运动。

十五、五四运动。一九一九年。由具有初步共产主义思想的知识分子发起和由工人群众坚决支持的五四运动，是一个彻底反对帝国主义和彻底反对封建的革命运动。中国工人阶级从此走上政治舞台。中国工人阶级的政党——中国共产党在这个运动以后诞生，并立即投入了民主革命斗争。

十六、五卅运动。一九二五年。全国广大人民罢工、罢课、罢市，游行示威，反对帝国主义对上海工人、学生、市民的大屠杀。中国的天空正在卷起更大的革命风暴。

十七、北伐战争。一九二五——一九二七年。中国共产党领导下的群众运动蓬勃兴起，革命军队举行北伐，打倒了帝国主义走狗北洋军阀的统治。九江、汉口两地的英国租界同时收回。

十八、反对帝国主义新走狗蒋介石的革命战争和抵抗日本侵略东北的斗争。一九二七——一九三七年。前者打败蒋介石对中国红军的拦阻，推动了全国抗日高潮。后者开始于一九三一年日军侵占东北，是全国人民革命斗争的一个组成部分。

十九、抗日民族解放战争。一九三七——一九四五年。中国人民经过连续八年的苦战，最后打败了日本帝国主义。

二十、人民解放战争。一九四六——一九四九年。这是中国人民在中国共产党领导下为取得民主革命的胜利进行的最后一战。人民解放战争推翻了中国历史上最后一个反革命王朝——美国走狗蒋介石的统治，也结束了美国和一切帝国主义在中国的统治。

《列子》上讲的“愚公移山”本是一种寓言。中国人民反对帝国主义的斗争，真正实践了愚公移山的精神。中国人民对帝国主义敢于斗争，敢于坚持，百折不挠，表现出来是一个伟大国家的伟大人民。在帝国主义的侵略和威胁面前，中国人民选择了坚持反抗斗争的道路。这是唯一正确的道路，其他选择是没有的。只有人民的针锋相对的斗争，才迫使帝国主义退却，才阻止了中国最后沦为殖民地。要解脱压迫的绞索，靠乞求于压迫者的良心是做不到的。对帝国主义的退让和乞求，决不能感动帝国主义发点善心，相反地，那只能助长帝国主义的侵略凶焰。

中国人民与帝国主义的长期斗争证明什么？

中国人民与帝国主义的长期斗争证明，真正强大的不是帝国主义，而是中国人民自己。第一，在人民的强大打击下，英国、法国、美国、俄国、日本、德国那些疯狂侵略中国的帝国主义，不但未能实现灭亡中国的迷梦，而且一个接一个先后狼狈滚出了中国。帝国主义积一百一十年之久取得的各种特权，都被彻底、干净消灭了。第二，在人民的强大打击下，清朝政府、北洋军阀政府、蒋介石卖国集团等帝国主义走狗没有一个能够维持比较稳定的统治。他们都很快被革命人民推翻了，并且到最后永远丧失了他们的统治根基。第三，在各种严重的斗争中，人民不是削弱了自己，而是一步步发展了自己。归根到底不是帝国主义征服了中国人民，而是中国人民战胜了帝国主义。

历史事实让我们得出结论：帝国主义是纸老虎。一切反动派都是纸老虎。人民的力量是不可战胜的。这是因为生活是属于人民的，数量的优势是属于人民的；是因为人民队伍里有广大的英勇顽强、奋不顾身、有思想、正在觉悟、蕴藏着无穷精力和智慧、具有取之不尽的力量的普通工人群众、农民群众。帝国主义什么时候也不能改变人民的数量、精力、才智优势，改变生活的前进方向。

当然，帝国主义总是自以为不可一世的。帝国主义经常重复的一个错误，就是过高估计自己的力量，过低估计中国人民的力量。义和团运动的时候，侵略分子里有人确实想乘机把中国公开瓜分掉。日本在一九三七年发动侵略战争的时候，有人梦想在三个月内灭亡中国。“蚍蜉撼大树，可笑不自量”。那不过是些十分狂妄的或者初出茅庐的十分幼稚的家伙。

对于中国人民力量认识的问题，若干受过中国人民惩罚的当事人和资产阶级反动评论家，为了某种需要，有时倒能作出清醒的判断。我们应当看看他们的议论。

费纳克评论太平天国：

这次叛乱虽然没有成功，但它在这个国家留下了多年的痕迹。……这样的一次叛乱，即使在其失败之时，通常也会成为预告一个王朝末日的先驱。可以说，一九一一年取得成功的反清起事，从上一个世纪的中叶即已开始，这种说法与事实相去并不很远。①

瓦德西关于义和团运动的议论：

无论欧美日各国，皆无此脑力与兵力，可以统治此天下生灵四分之一也。施行统治之善政，乃万事之最难者，况欲制御此亿万之众，岂能遽以轻便之心行之乎？故瓜分一事，实为下策。②

法若奈尔对辛亥革命前后中国形势的评述：

欧洲有许多人似乎想象瓜分中国是一件轻而易举的事，可是他们显然从来没有考虑到这件事的困难。那意味着在参与其事的列强之间瓜分人类的四分之一，应该估量到这样的事实，即：这个为数众多的人民居住在幅员广大的国家里，具有极其确定的民族特点，丝毫也不甘心隶属于外国统治之下。……瓜分中国乃是那些不知所云的人的一种狂想。③

鲍格评论一九二五年——一九二七年的大革命：

在条约制度不断发展的数十年间，列强一直认为它们能够或者从中国获得更多的特权；或者保持住对它们十分有利的状况。但是在一九二五年这种局面经历了一次惊人的变化。中国人以出人意料的强力和决心，开始坚持要外国放弃他们在中国业已取得的特权地位。……列强突然发现它们正处于守势，而不是处于攻势。问题不

① 费纳克：《现代东洋史》，1959年第6版，第68页。

② 佐原笃介等辑：《拳匪纪事》第4卷，第66页。

③ 法若奈尔：《中国革命始末记》英译本，第344页。

再是西方各国和日本向中国要什么，而是发出了强烈的呼声和出现了强烈的民族主义情绪的中国向它们要什么。①

艾奇逊关于中国人民解放战争的无可奈何的供状：

中国内战不祥的结局超出美国政府控制的能力，这是不幸的事，却也是无可避免的。在我国能力所及的合理的范围之内，我们所做的以及可能做的一切事情，都无法改变这种结局，这种结局之所以终于发生，也并不是因为我们少做了某些事情。这是中国内部各种力量的产物，我国曾经设法去左右这些力量，但是没有效果。②

瓦德西、艾奇逊等是中国人民的敌人。费纳克等人当然谁也不是马克思主义者。他们的说法荒谬、暧昧各不一样，但实际上都承认这个根本事实：真正有力量的是中国人民，不是帝国主义及其走狗。其中瓦德西、艾奇逊不愧为最好的见证人和最好的义务说明员。

中国人民的反帝斗争、人民的革命曾经多次遭到帝国主义的镇压和破坏。人民革命斗争曾经多次以失败而告终。帝国主义在军事、经济技术上往往占有优势。人民在这方面往往处于劣势。这一些，都很明显。但是这并不说明帝国主义是决定中国命运的力量。这只是说明人民取得反帝国主义的最后胜利需要经过一个艰苦斗争过程，需要在斗争实践中不断壮大自己。帝国主义的优势并不是在任何时候都发生作用的，它是只有在人民觉悟水平有限、人民力量分散的情况下才能发生作用的。跟着帝国主义侵略压迫的加剧，人民的力量也在壮大成长，人民不断学到本事，受到锻炼，不断提高觉悟水平。跟着斗争的行进，人民力量由小到大、由分散到集中，最后由劣势变为优势，压倒帝国主义。历史发展的这种过程正是表现了历史发展的客观规律性。

毛泽东同志论述中国人民反对帝国主义斗争的经验的时候说得好："帝国主义者的逻辑和人民的逻辑是这样的不同。捣乱，失败，再捣乱，再失败，直至灭亡——这就是帝国主义和世界上一切反动派对待人民事业的逻辑，他们

---

① 鲍格：《1925—1926年的美国政策和中国革命》，第1页。

②《美国与中国的关系》(1949年)，第16页。

决不会违背这个逻辑的。这是一条马克思主义的定律。……斗争，失败，再斗争，再失败，再斗争，直至胜利——这就是人民的逻辑，他们也是决不会违背这个逻辑的。这是马克思主义的又一条定律。”①

中国人民曾经用各种办法去反对帝国主义，最根本的办法是武装斗争，暴力革命。帝国主义举行侵略战争、武装干涉中国革命、指使它的走狗发动内战，处处都是把暴力摆在首位。中国人民在这一点上是帝国主义的好学生。他们用向老师学来的办法对付老师，“以其人之道，还治其人之身”。帝国主义主要是靠武力侵略才把中国变成半殖民地的，中国人民也是靠武装斗争才把帝国主义赶走的。

中国人民曾经利用各种条件去反对帝国主义，最根本的是要依靠发展自己的力量，自力更生，英勇奋斗。殖民地半殖民地的民族解放运动与中国人民反帝斗争有彼此声援的作用。社会主义国家的存在打乱世界帝国主义体系，支援了中国人民的反帝斗争。帝国主义相互之间的矛盾与牵制、帝国主义国内人民的反对与牵制，也削弱了他们侵略中国的活动。但是这都只是外部条件。打败帝国主义是依靠中国人民自己的强大力量，依靠人民的顽强斗争来实现的。

中国人民战胜帝国主义、取得民主革命胜利的根本经验

革命的中国人民在反对帝国主义及其走狗的长期斗争中受到了空前的锻炼，积累了广泛的经验。那些经验不论是正面的还是反面的，有不少是具有普遍意义的，应当受到重视。

中国人民战胜帝国主义的最根本的经验是什么？革命的历史过程本身充分指明了这个问题。

人民大众里的各个阶级——工人阶级、农民阶级、小资产阶级和民族资产阶级都有反帝国主义的要求或者都需要反对帝国主义。但是它们的地位和作用是各不相同的。鸦片战争至十九世纪末年主要是农民单独进行革命的时期。农民发起了太平天国革命，也发起了义和团运动。但是农民战争都遭到了失

①《毛泽东选集》第4卷，第1486—1487页。

败。二十世纪最初的十几年里是资产阶级发起革命、走向失败的时期。辛亥革命是由民族资产阶级领导的。这场革命很快失败了。农民是反帝反封建的主力军。没有农民就无法写出反帝国主义的光辉篇章。民族资产阶级是和先进生产方式相联系的阶级。它比农民的力量要集中一些，比农民的斗争要有自觉性一些。然而农民也好，资产阶级也好，最后都抵抗不住帝国主义的进攻。它们都没有阻止住中国在半殖民地的轨道上滑下去，没有避免革命斗争的失败悲剧。

五四运动以后不同了。五四运动以后中国共产党成立，无产阶级担负起了革命的领导任务。人民的反帝国主义斗争由此出现了一副新的面貌。困难这时照旧是很严重的，但整个革命的步伐是沿着胜利的轨道行进的。经过一些曲折，中国人民终于最后赶跑了帝国主义。这个时期一共不到三十年。

整个革命的历史告诉我们：有没有无产阶级的革命党的领导，即有没有马克思列宁主义彻底革命派的领导核心，是决定中国革命成败的关键。没有无产阶级的革命党的领导就要失败，有无产阶级的革命党的领导就胜利了。处在帝国主义时代，要取得民主革命的彻底胜利，必须要有一个按照马克思列宁主义革命理论和革命风格建立起来的革命的无产阶级政党的领导，这就是琳琅满目的中国革命经验宝库里最根本、最重要的一条。一部中国反帝国主义斗争史，反复考验、反复证明了这是一条颠扑不破的真理。

中国革命的马克思列宁主义领导核心，中国的无产阶级的革命党，就是以毛泽东同志为首的中国共产党。中国共产党是在科学社会主义学说与中国工人运动相结合的基础上建立起来的。中国无产阶级深受帝国主义、封建势力和资产阶级三重压迫，对于反帝国主义斗争最坚决、最彻底。无产阶级最具有远见，大公无私。站在无产阶级立场上，用马克思主义作为观察国家命运的工具，创造、制订出中国革命现状、革命前途的一整套理论、路线、方针和政策，这只有中国共产党才能做到。任何资产阶级政党都不可能做到。无产阶级对中国革命的领导，就是通过自己的马克思列宁主义领导核心——中国共产党来实现的。

中国资产阶级的一些代表，曾经以为在半殖民地的国度里没有无产阶级的革命党的领导也能够战胜帝国主义。他们呐喊："举起你的左手打倒帝国主义，举起你的右手打倒共产党。"事实无情地打破了那种幻想。

无产阶级的革命党的领导何以不同于农民战争、资产阶级革命，或者说，无产阶级的革命党的领导解决了哪些农民阶级、民族资产阶级无法解决的问题，然后中国革命才得以由失败转为走向胜利？这里试举几点最主要的。

第一，坚持革命路线的问题。

农民在外国侵略者面前是硬骨头。但是农民并不认识帝国主义的阶级本质。他们容易受到某些现象的迷惑，容易表现为笼统的排外主义。太平天国就表现为前者，义和团运动就表现为后者。他们不懂得正确坚持革命路线。民族资产阶级在帝国主义面前总是动摇的。全部资产阶级革命派活动纲领里根本没有明确反帝国主义的内容。他们一味幻想用妥协退让的办法，换取帝国主义不反对某种革新事业。资产阶级不敢坚决反对帝国主义这个世界最大的剥削者，不敢坚持革命路线，就是因为他们自己是剥削者。

无产阶级根据马克思主义阶级分析的观点，指出帝国主义侵略殖民地半殖民地是由它的阶级本质决定的。帝国主义国家的当权派、当权人物，无论是“明智”的还是不明智的，都是垄断资产阶级的忠实代表者与忠实奴仆。殖民地半殖民地人民与侵略国家垄断资产阶级的矛盾是绝对不可调和的矛盾。同时，帝国主义和一切反动派又是腐朽的，没有前途的，可以打倒的。为了阻止帝国主义的侵略，唯一的办法，就是不断揭露帝国主义，动员和组织群众与帝国主义进行针锋相对的斗争，发展群众力量，束缚住帝国主义的手脚，打败其侵略计划。中国共产党就是按照这条革命路线把中国民主革命领导到胜利的。

第二，发动农民，坚持革命的武装斗争的问题。

农民占全国人口的绝大多数。农民乃是中华民族一切苦难、屈辱和不幸的主要承担者。除了无产阶级是彻底的民主革命派之外，农民是最大的民主革命派。对农民的态度如何，要农民还是不要农民或是反对农民，在中国，这是革命还是不革命或是反革命的试金石。民族资产阶级即使在斗争的紧要关头也极力排斥农民。联合农民、领导农民是无产阶级的革命党把反帝国主义斗争引导到胜利的中心问题。

武装的革命反对武装的反革命是中国革命的极大优点。不广泛发动农民就无法坚持革命武装斗争。中国共产党领导的武装斗争，就是在无产阶级领导之下的农民战争。中国共产党采取深入农村、坚决依靠和发动农民的办法，把广大农民群众组织起来，并且在实际斗争中不断提高他们的觉悟水平。农民的革命积极性和战斗力量因此空前提高。过去农民战争那种自发、分散的特性从根本上改变了。

第三，把各种力量组织到反帝国主义旗帜下的问题。

无产阶级的革命党的领导以前，群众的革命斗争总是分散的，甚至互相抵消的。农民斗争从来是各自分散进行的。民族资产阶级的革命活动也没有真正统一过。那时农民战争、资产阶级革命就注定了要遭到失败。无产阶级的革命党的领导，既正确处理了农民问题，也正确地处理了民族资产阶级的问题。

中国民族资产阶级遭受帝国主义、封建主义和官僚资本主义的压迫，要求民族独立，要求发展资本主义。他们有参加革命或对革命保持中立的可能。但是这个阶级的地位很软弱。他们与帝国主义有不少联系，畏惧人民群众的革命运动，具有它自己不能克服的动摇性和妥协性。无产阶级政党经过与民族资产阶级建立革命统一战线，一方面，联合他们反帝反封建，使他们的革命积极性得到发挥；又一方面，同他们在思想上、政治上、组织上进行斗争，使他们的妥协动摇受到了很大的限制。民族资产阶级因此能够在一定的时期站在反帝国主义旗帜下面。

地主阶级中的开明士绅、统治阶级中其他不愿意受帝国主义奴役的分子，在一定条件下也可以包括在反对帝国主义及其走狗的统一战线里面。革命敌人因此被最大限度地孤立起来。无产阶级的革命党的坚强领导，第一次使这样广泛的反帝统一战线成为现实。

第四，对敌斗争的战略、策略等问题。

战胜帝国主义，还必须有英明的革命战略和策略。革命的战略和策略，首先要求在战略上藐视敌人，在战术上重视敌人，即在战略上“以一当十”，在战术上“以十当一”。藐视敌人才敢于去进行斗争，重视敌人才能够更好更有效地去进行斗争。革命的战略和策略还要求规定特定条件下的斗争纲领、口号，各种斗争形式的互相配合，革命从上一阶段到下一阶段的转变等等。中国共产党领导人民战胜帝国主义，也正是由于它站在无产阶级立场上，按照马克思列宁主义正确地、及时地解决了这方面的一系列问题。

无产阶级的革命党、马克思列宁主义的领导核心自然不是从天上掉下来的。它是社会生产力的发展、阶级斗争发展的必然产物。帝国主义一面竭力阻滞殖民地半殖民地发展民族资本主义，一面又竭力把资本主义生产方式带到一切殖民地半殖民地的国度。生产关系必须适合生产力的性质。新的生产力一定要经过阶级斗争打破旧生产关系的桎梏。跟资本主义一齐出现的就是无产阶级和资产阶级的对立，就是更加激烈的反帝国主义反封建的革命斗争。中国的无产阶级、中国的马克思列宁主义领导核心，就是被那种历史潮流、那种激烈的阶级斗争推上历史舞台的。历史要不断前进、旧制度要为新制度所代替、帝国主义制度要死亡既然是改变不了的，马克思列宁主义的彻底的革命派也就一定要在一切殖民地半殖民地的革命斗争中形成，并且光荣地担负起自己的使命。

中国人民与帝国主义的斗争现在还远没有完结。中华人民共和国成立，中国进到了社会主义革命和社会主义建设的伟大时代。几亿被侮辱被损害的饥寒交迫的奴隶一变而成了自己国家的主人。东方和世界的历史也由此发生深刻的改变。但是帝国主义对于中国人民站起来了这个结局并不甘心。世界上一切反动派也对此并不甘心。美国帝国主义横蛮地占领着我国领土台湾。美国帝国主义正在和世界上一切反动派联合起来反华，妄想阻挡中国人民大踏步前进。识时务者为俊杰。帝国主义总是不识时务的。反对帝国主义的任务尖锐地摆在我们面前。

美帝国主义不止是中国人民公敌，也是世界人民公敌。美国在亚洲、非洲、拉丁美洲到处破坏民族独立，镇压人民革命。世界革命人民反对美帝国主义的斗争方兴未艾。

《诗经》上有两句话："执柯伐柯，其则不远。"鸦片战争到中华人民共和国成立的历史近在我们眼前。充满那个时代的中国人民与帝国主义的斗争反复地、雄辩地说明：历史时代有发展，帝国主义侵略的手段有变化，它的本质是不会改变的，人民斗争有曲折，胜利的前途是肯定了的。中国人民战胜帝国主义的道路指明了殖民地半殖民地国家的人民争取解放的道路。敢不敢同帝国主义斗争——首先是敢不敢同美帝国主义斗争，今天是一个世界问题。中国人民可以从自己的历史上找到切身有用的东西，世界人民也可以从这里找到切身有用的东西。

战斗吧，世界上一切反对帝国主义侵略和压迫的人民！

中国近代史研究的几个问题[①]

新中国的历史家们对于近代中国历史的研究，一向是注意的。十几年来，我们在这方面取得了一些进展。在这里，我想极简略地说明以下几个问题。

一、中国近代史在中国历史发展中的地位

中国是一个历史悠久的国家，它的近代又是一个处在长期的反对帝国主义封建主义的革命斗争中的国家。自一八四〇年鸦片战争以后，中国一步一步地变成了一个半殖民地半封建社会。直到一九四九年中华人民共和国成立，中国人民反对帝国主义封建主义的民主革命斗争，经历了一百一十年。全部中国民主革命的历史，显著地以一九一九年的五四运动为分界线，分为前后两个时期。现在我们所说的中国近代史，是指鸦片战争到五四运动为止这八十年的历史，即中国半殖民地半封建社会历史或中国民主革命历史的前一个时期。

鸦片战争以前中国是一个封建社会。封建社会在中国历史上至少延绵了两千多年。从鸦片战争到五四运动，只有短短的八十年。可是中国的社会生活，在这八十年中的变化是很剧烈的。在这以前的中国封建社会中，主要的阶级矛盾是农民同地主的矛盾。那时只有农民革命运动。而这以后，则出现了复杂的阶级斗争，特别是出现了中国历史上从来未有的工人阶级领导的革命。半殖民地半封建的社会性质没有改变，革命的社会力量有了决定性的发展。

其所以发生这般重大的变化，从根本上说，是由于社会生产力的性质发生了变化。鸦片战争以后，特别是十九世纪六十年代以后，中国出现了机器工业。以前主要是自给自足的自然经济，现在出现了资本主义的商品生产。

① 此文为打印稿，未刊，标题后注：送审稿。大约写于 1960 年代。——编者注

本来在中国封建社会的末期，即大约到十六、十七世纪，中国封建社会内部已经开始孕育了资本主义的萌芽。没有外国资本主义的影响，中国也将缓慢地发展到资本主义社会。外国资本主义——帝国主义的侵入，对中国社会发生了很大的分解作用。外国资本主义在中国倾销商品，掠夺原料，对中国社会各方面都有恶毒的影响。另一方面，外国资本主义又破坏了中国封建经济基础，促进城乡商品交换，给中国资本主义生产的发展造成了某些客观的条件和可能。不管开始资本主义是多么微弱，可是毕竟在中国社会里有了资本主义，并且它在八十年中间不断地发展了。

社会生产力的变化，使生产关系、阶级关系也跟着发生了变化。外国资本主义虽然是外部的力量，但它侵入中国以后，起着统治中国的作用。中国国内则产生了两个新的阶级，一个是资产阶级，一个是工人阶级。它们是中国历史上前所未有的阶级。同时，因为中国没有真正从封建社会变成资本主义社会，原有的地主阶级和农民阶级还仍然存在着。在新的形势下，那些旧的社会力量都表现出了一种新的面貌。中国近代史是一部极其复杂的、充满了尖锐的阶级斗争的历史。帝国主义的不断侵略引起了中国人民的反抗；农民和地主之间，地主和资产阶级之间，也存在着不断的阶级斗争。八十年斗争的结果，一方面，帝国主义和封建势力相勾结，把中国推到了完全殖民地化的边沿；另一方面，中国资本主义仍然得了微小的发展，并且长期的革命斗争，极大地锻炼了中国人民革命的力量。中国的历史到底前进了一步。

二、人民是中国近代史的主体

中国近代史上阶级斗争非常复杂，抱着各种不同阶级观点的人，总是按照自己的见解去作各种不同的解释。例如有的人完全用封建主义的观点来看待近代史。他们把辛亥革命以前的历史分成“道光”“咸丰”“同治”等皇朝去叙述，实际上是把帝王将相等反动统治人物的活动当作是近代史的中心内容，把封建统治阶级当作近代史的主体。有的人用买办阶级观点看待近代史。他们说中国没有受帝国主义的侵略，中国的贫穷落后，都和帝国主义没有关系。美国的死心奴才胡适和蒋廷黻便是这一派人的代表。还有一种观点，他们把中国近代史单纯地描写成是一部不断受帝国主义侵略的历史。他们虽然反对帝国主义、痛恨帝国主义的侵略，却完全忽视了人民的斗争，看不见中国人民的强大力量。

上述那些观点都是错误的，只有人民是中国近代史的主体。离开了人民的社会生产活动，离开了人民反帝国主义封建主义的革命斗争，便不能科学地解释近代中国的历史。

近代史上所指的中国人民，乃是民族资产阶级、城市小资产阶级、农民和工人。农民群众人数最多。民族资产阶级是一个新兴的阶级。城市小资产阶级大体上和前者站在一起。工人阶级在这个时期存在着，不过它还没有来得及成为独立的政治力量，还是作为资产阶级、小资产阶级的追随者来参加革命的。可以概括地说，近代历史上中国人民的主力军，是农民阶级和民族资产阶级。

农民群众在这八十年间演出了轰轰烈烈的历史剧。从鸦片战争起，农民便表现出了他们是坚定反抗列国侵略势力的力量。他们同封建统治势力更从来就是对立的。太平天国运动是中国近代史上第一次规模最大的农民运动。太平天国运动的主要锋芒是针对国内的封建势力，同时，它也进行了反对外国侵略势力的斗争。没有太平天国革命便不能把以清政府为首的封建统治势力的威风打倒。甚至没有太平天国革命，辛亥革命推倒清王朝的胜利是很难想象的。义和团运动更是农民群众直接起来反帝国主义的革命运动。那时经过了中日战争，各帝国主义侵略者企图直接瓜分中国。义和团运动实际上是对帝国主义瓜分中国的阴谋作了强硬的抗议。帝国主义从此感到要直接瓜分中国是不可能的。一定会遇到最顽强的抵抗。它们不得不考虑采取一些比较隐蔽的方法来统治中国。在这个意义上，义和团阻止了帝国主义实现它们瓜分中国的阴谋，挽救了中国当时面临的亡国危机。农民也是辛亥革命的参加者。辛亥革命的群众队伍，是由以“会党”为组织形式的一部分农民和“新军”为组织形式的一部分革命知识分子与另一部分农民组织起来的。只有在农民参加下才有辛亥革命的巨大浪潮，才取得了这个革命一定意义的胜利。列宁在《更新的中国》一文中评论辛亥革命以后不久的形势说，中国资产阶级政党的主要支柱是广大农民群众。虽然太平天国、义和团这两次革命斗争都失败了，在辛亥革命中农民是作为资产阶级所领导的群众力量出现的，但决不能因此抹煞农民在近代历史上所起的推动历史发展的巨大作用。特别是像太平天国、义和团那样的时代，那时资产阶级还没有直接发动革命，工人阶级还没有起独立的作用。农民却一直是站在革命的最前列。他们是反对帝国主义封建主义的主要力量。

在中国近代史上，农民群众没有先进的工人阶级去领导，他们在革命中所取得的成就，不能不有很大的限制。农民群众第一，不可能提出一套完整的、有现实意义的纲领来指导自己的革命。第二，不容易巩固自己的队伍，难以抵抗革命队伍中各种落后势力的腐蚀作用。无论太平天国和义和团运动，都表现出是如此。

民族资产阶级是革命人民中另一个重要的组成部分。在近代历史上中国资产阶级的情形很复杂。一种买办资产阶级，是鸦片战争以后不久形成的。鸦片战争的结果，实行了五口通商。英国和其他资本主义国家的商人可以自由地进出中国沿海港口，选择他们所需要的代理人。中国一部分商人逐渐为外人所直接控制，为外人服务，于是产生了买办资产阶级。买办资产阶级一开始便是站在反革命方面的。它在经济上、政治上对外和帝国主义结合在一起，对内和封建势力结合在一起。例如在太平天国革命中，买办资产阶级就表现出了它的反动作用。

中国资产阶级中还有一部分是从地主、官僚中转化过来的。他们因为没有当权，并要求工商业的自由发展，所以与封建势力有矛盾。但他们又因为和封建势力有密切的关系，所以不赞成革命。这个势力可以叫民族资产阶级上层。例如在戊戌维新运动中的康有为、辛亥革命时期的张謇等人的活动，便是代表了那种从地主官僚转化来的资产阶级的要求，即代表了民族资产阶级上层的要求。

民族资产阶级还有一部分是从小生产者发展起来的。他们同前两部分人所不同的，是和帝国主义封建势力联系较少或没有这种联系。他们受帝国主义的压迫、受封建主义的束缚，和帝国主义封建势力有矛盾。他们在当时是具有革命性的。这个势力可以看作是中下层的民族资产阶级。民族资产阶级的这一部分力量虽然很微弱，但他们是在逐渐增大的。小资产阶级知识分子和一般城市小资产阶级能够参加他们的阵营。他们是辛亥革命中的革命派的社会基础。孙中山开始进行革命活动时，首先在华侨里面找到了这种社会力量。到同盟会时期，因为吸收了光复会和兴中会的会员，同盟会这个富有战斗性的资产阶级政党的阶级基础，社会力量更加扩大了。其中包括华侨和国内的民族资产阶级的代表。有很多小资产阶级知识分子也参加到革命队伍中来了。

那时候资产阶级不仅是从经济上支持了孙中山的革命运动，而且还有些资产阶级的革命代表直接加入了武装起义的行列。中国资产阶级和西方资产阶级有所不同。西方资产阶级是堕落的、完全反动的。中国的资产阶级这时还有革命性。

太平天国、义和团这两次革命运动都是以农民为主体的。两次革命运动都失败了，表明单纯的农民的革命不能取得胜利。可是那时工人阶级还没有成为自为的阶级，因此历史发展的动力在这个时候便集中到了资产阶级革命派手里。所以我们说，整个近代史是以中国人民为主体的。人民中再加以分析，可以看出就是民族资产阶级、小资产阶级、农民和工人，站在中国人民的反对面的是帝国主义和封建势力。最初帝国主义和封建势力是有矛盾的，因为帝国主义的侵略不能不损害中国封建统治者的某些利益，可是这两种反动势力终于结合起来了，共同来反对中国人民中兴起的农民运动，也反对资产阶级领导的革命运动。

那些用封建主义、买办阶级的观点叙述中国近代史的人，目的是要替帝国主义封建主义的剥削压迫作辩护。中国近代史研究中的各种错误观点和正确观点的对立，基本是资产阶级观点同马克思主义观点的对立。

三、中国近代史上的三次革命高潮

农民阶级和民族资产阶级既然是近代历史上中国人民的主体，那末，通过农民进行的革命运动和资产阶级进行的革命活动，通过这两个阶级相互关系的变化和发展，就可以看到在中国近代历史上革命阶级和反革命阶级如何互相对立，可以看出中国近代史的真正面目。虽然我们说，外国资本主义侵入中国时起，中国人民就一直在进行反对帝国主义封建主义的革命斗争，从来没有停止过，但是在不断地进行革命斗争中间，可以看出中国近代历史上有三次革命的高潮。近代中国各阶级的关系，从革命的高潮中看得更加清楚。

第一次高潮是太平天国农民革命。太平天国自一八五一年金田起义到一八六四年南京陷落而失败，历时十四年。长江流域的大片土地，长期在革命势力统治之下，北方的捻军和其他省区的农民，也先后武装起义，响应太平军。太平天国革命是地主阶级同农民阶级的矛盾的巨大爆发。那时中国还没有独立的资产阶级的力量，已经出现的买办资产阶级，它们同外国侵略势力勾结在一起。有少数的带有不同程度的资本主义倾向的知识分子，他们不同情农民革命，而且反对农民革命。只有农民是这时的革命力量。

第二次革命高潮是义和团农民运动。作为资产阶级改良运动的戊戌维新运动也是这个时期发生的。这时中国革命的形势已经不是像第一次革命高潮时那样比较简单。自一八六四年以后的三十多年中，中国经历了许多重要的事变。帝国主义的侵略已经在中国形成了一个半殖民地半封建的统治秩序，新兴的资产阶级也感到了帝国主义的重大威胁。这时既有农民群众起来进行革命斗争，反对帝国主义的侵略，同时又有资产阶级的改良运动。当时帝国主义正在扩大它们在中国的势力范围，阴谋瓜分中国。亡国的危险迫在眼前，资产阶级改良派的代表康有为提出了“救亡图存”的口号，农民的革命锋芒更是直接指向帝国主义。在反对外国的侵略这一点上两者是共同的，但两者有一个根本不同之处，农民要进行革命，资产阶级却反对革命。资产阶级排斥农民革命力量。他们企图用改良的办法，依靠清政府来逐步改良政治制度，缓和帝国主义的侵略，以利于资本主义的发展，并且他们想利用政治改良来作为抵制革命的手段。因此这个时期里，革命的农民群众仍是孤军作战。他们反对帝国主义的斗争仍只能以失败而告终。资产阶级改良派提出的“救亡图存”在当时是一种新的思想，它唤起一些青年知识分子及一部分新派地主绅士注意天下大事，要求改革中国的制度，有一点进步的作用。但资产阶级改良派既然看不见农民的力量，排斥农民革命力量，他们的改良运动便不能不迅速地归于失败，虽然他们是抱着资本主义的进步思想的。

第三次革命高潮是资产阶级领导的辛亥革命。辛亥革命推翻了清朝政府，取得了一定的胜利。它和太平天国、义和团运动相比，有两个显著的特点：第一，因为它是资产阶级领导的，在革命中所提出的一套资产阶级民主共和国的纲领，带有更多的现实性，能够比较广泛的动员革命群众。第二，资产阶级进行了革命斗争，并且把一部分农民、工人带动到革命中来，取得了他们的支持。因此这次革命便不是少数人的行动，是一次群众革命斗争。辛亥革命之所以取得一定程度的胜利，可以从这里得到说明。但是资产阶级在这次革命中既没有把反封建的纲领付诸实行，也没有提出反帝国主义的纲领，更不敢真正依靠广大群众把革命彻底进行下去。在革命刚刚开始的时候，资产阶级革命派已经向革命敌人——帝国主义封建主义让步，同它们妥协，而和革命群众——工人和农民分手了。

三次革命高潮所表现出的农民、资产阶级这两个革命阶级的相互关系是不断变化发展的。第一次是单纯农民革命，第二次是资产阶级的改良运动和农民革命分道扬镳，第三次是农民参加资产阶级领导的革命。很明显的，每一次的革命高潮，都使得帝国主义封建主义不能不考虑改变他们统治的方法。例如帝国主义不能不改变他们企图直接瓜分中国的方法，扶植一种可以供帝国主义利用的反动势力来统治中国，表面上则维持中国独立统一的局面。又例如清政府不得不放弃“祖宗成法”，接受“变法”的主张，以至提出君主立宪，想藉此来抵抗革命等等。每一次革命高潮都引起阶级关系的新的变化，都把中国近代史向前推进了一步。

中国近代史研究的根本任务，是要通过具体事实的分析来说明这个时代的阶级、阶级关系发生了什么变化。

中国革命中的阶级力量到五四运动以后发生了一个大的变化。中国工人阶级作为一个独立的自觉的力量登上了历史舞台，并成为革命的领导力量，这给中国革命打开了一个新的局面。从此中国开始了新民主主义的革命，中国半殖民地半封建制社会的历史则进入了它的后一个时期，即新民主主义革命的时期。在中国共产党的领导下，经过了三十年的艰苦斗争，取得了新民主主义革命的伟大胜利。一九四九年中华人民共和国的成立，是中国人民一百一十年来反对帝国主义封建主义的胜利的标志。中国半殖民地半封建制度的历史，也从这时起，宣告了它的结束。

最后，应该说明：新中国的历史家们在近代史研究中涉及的问题是很广泛的。上面讲到的只是我们探讨过的几个根本性问题。目前我国的社会主义建设正在日新月异地向前发展，人民群众迫切需要了解他们热爱的祖国的历史。我们的工作还远不能满足广大群众的需要，还必须努力赶上这个需要。中国近代史研究者很注意日本的进步学者在这方面所做的有价值的工作。我相信，我们彼此就共同感兴趣的问题交换意见，进行讨论，对于提高中国近代史研究的水平一定是很有益的。

评国外看待辛亥革命的几种观点[①]

一、前言

1979年10月至1980年1月，我应聘在日本东京大学研究院讲中国近代史。讲题为《论辛亥革命的性质》。全文共四部分，第一、第三部分叙述国外研究辛亥革命的几种观点，分别加以评论。苏联研究中国近代史的专家齐赫文斯基先生的观点最为离奇，在评论中也就占了最多的篇幅。讲稿当时全文印发了，打算过些时候再公开发表。最近又见到齐赫文斯基在苏联科学院《社会科学》英文版1980年第1期和苏联《近现代史》1980年第1期上，接连抛出《中国历史学中对大汉族霸权主义的辩解》《中国资产阶级民族主义——辛亥革命的思想体系》两篇新作，洋洋数万言。长时间里，此人一而再、再而三地任意歪曲、伪造历史，信口雌黄，不惮其烦，大概以为谬说多次重复便会变为真理。《中国资产阶级民族主义——辛亥革命的思想体系》指名批驳我写的《辛亥革命与反满问题》等文的论点，并注明是提供今年8月在罗马尼亚举行的第十五届国际历史学家大会的，意在广造舆论。我现在决定把上述讲稿中的一、三两部分先发表出来，作为回答，并提供读者去查勘比较，作出自己的判断。文字全部照旧，题目是新安的。

二、新旧“反满论”与革命否定论

辛亥革命过去半个多世纪了，这场革命的性质至今还是一个争论的问题。最近十多年里，国外发表的有关著作很多。日本、苏联、美国都出版有讨论

---

① 原载《近代史研究》1980年第3期。——编者注

辛亥革命的论文集、专著；法国也出版有辛亥革命的专著；日本的刊物上常有这方面的论文。它们多半从不同角度论及辛亥革命的性质问题。议论蜂起，众说纷呈。其中最为突出的一是“反满论”，一是革命否定论。这两种观点，以前都出现过，现在旧调新弹，很有一些特出的地方。

旧日“反满论”的特点，是撇开中国资本主义出现这个决定性的社会条件，只强调国内满汉民族矛盾的重要。持有这种观点的论著上说：辛亥革命从开始就缺乏政治上的共同感觉。“反对皇室是基本思想，所有近代变革的努力都与此有关”。异族统治在革命运动中起了重要的作用。“根据文化原则来看，坐在皇位上的满人是个中国人”，可是他们仍是北方的蛮夷，出身不明，没有历史传统的支持。随着政治和经济情势的恶化，人民对皇室的情绪必定同样程度地恶化。“中国的民族观念联系到过去的明代而把明朝写在它的旗帜上，这是当然的”。[①] 或者说：辛亥革命的原因，种类纷繁。“首先应当说是旧中国对它的征服者满洲人的仇恨。这种仇恨有公开的，有隐秘的，但都经常存在”。尽管满族人和以前的蒙古人一样，“都未曾改变这个国家风俗和行政的一般性质”，也还是有矛盾。[②] 诸如此类的论述，详略不一，大致都以反满斗争为重点。

苏联历史编纂家近来创造、发明了一种新的“反满论”。1974 年出版的齐赫文斯基主编，一群博士、副博士参加编写的《中国近代史》和其他一些著作上叙述了这种新“反满论”的内容。作者千方百计把一部以中国人民反对帝国主义侵略及其走狗封建统治为基本内容的中国近代史，从头篡改为清朝侵略扩张和中国人民反抗满族“征服”的历史。他们不顾人们的起码常识，杜撰出一个所谓“非中国（非汉族）”的说法，要人们相信“非汉族”等于“非中国”。中国人民反对清朝封建统治的斗争，就像魔术师的变戏法一样，一反掌之间，变成了中国反对外国的斗争。于是，“中国近代史的中心事件 1911 年的革命，即推翻清王朝、形式上建立共和制的所谓辛亥革命”，也就是中国民族反对“非中国民族”，中国人民反对“非中国人”的运动，或者说，是“具有大汉族沙文主义”的反满民族运动。1975 年，齐赫文斯基又发表一篇题目叫作《中国历史学中的大汉族霸权主义》的长文，直截了当断言：“满族人不

① 克劳斯（Frederich E. A. Krause）：《东亚史》第 2 卷，194—197 页。

② 高第（Henri Cordier）：《中国通史》第 4 卷，第 283—287 页。

是中国人，而清朝是外国对中国的统治。”他列举的证据如下：

中国社会进步势力的代表，从十七世纪的王夫之和黄宗羲，以及十九世纪中叶农民战争领袖洪秀全、杨秀清和萧朝贵起，到民主革命家孙中山止，在满清王朝统治中国整整二百六十八年期间，无不将满人当作中国的异族征服者，并和满人进行了不调和的斗争。

公认的革命领导者、中国人民的伟大儿子孙中山为了推翻清政权，还在满清统治中国的黑暗年代里，就阐明了他的“三民主义”中的第一个主义，即民族主义。当时，他说，受满人奴役的中国人已经变成“亡国之民”，他号召“想起我们汉族亡国时代，我们祖宗是不肯服从满洲的”。他说，“闭眼想想历史上我们祖宗流血成河、伏尸遍野的光景，我们祖宗很对得住子孙”。他继续说，“我们汉人面子上从他，心里还是不愿意的，所以有几回的起义”。

反清口号是十七世纪六十年代至1912年2月中国所有人民运动最流行的口号。①

文章的作者，显然以为只要能够列举王夫之、黄宗羲、洪秀全、杨秀清、萧朝贵、孙中山这些人讲过反满，以及清代历史上有过反满斗争，那么，满族人不是中国人，清朝是外国对中国的统治，就铁案如山，再也不可动摇了。

新旧两种“反满论”大不一样。前一种认为“坐在皇位上的满人是个中国人”，清朝的统治没有改变国家的“风俗和行政的一般性质”，我们不妨把这种议论叫作“国内民族革命”说，即认为辛亥革命是国内民族运动。后一种则为“中国对外国革命”说。他们的篡改编造，都是为了证明这个观点，宣传这个观点。

革命否定论也是早就有过的。西方长期奉为圭臬的马士关于中国近代史的著作上，就认为辛亥革命“与其说是革命，无宁说是总罢工性质的运动”②。日本的研究者中也早有人主张辛亥革命“只不过是一场不彻底的政权交替戏

① 齐赫文斯基：《中国历史学中的大汉族霸权主义》，苏联《历史问题》1975年第11期。
② 马士（Hosea Ballou Morse）：《中华帝国对外关系史》中译本，第3卷，第472页。

剧”，不过是一场“伪装革命”而已。[①] 近来持革命否定论的作品增多起来。1967年日本平和书房出的《辛亥革命研究序说》、1968年巴黎和海牙出版的《中国资产阶级与辛亥革命》等，从不同的角度，肯定辛亥革命不是一场资产阶级革命。

《辛亥革命研究序说》的作者，首先构造了这样一个关于近代中国历史的别出心裁的体系：中国近代史的发展是两条变革路线的冲突斗争，但又是在相互影响下进行的。一条线是反帝反封建的变革道路，另一条线是殖民地化半殖民地化的变革道路。前一条线主要的斗争力量来自农民、城市中小企业生产者及部分小资产阶级，表现于具体的历史运动是：太平天国——义和团——五四运动，这个过程客观地、实际地发挥了反帝反封建的效果。后一条线的主要力量来自资产阶级化的官僚地主、买办资产阶级、资产阶级及小资产阶级等，表现于具体的历史运动是：洋务运动——戊戌变法——辛亥革命，这个过程在客观上和实际上不但不能达到反帝反封建的任务，相反地使中国陷入半殖民地、半封建社会的深渊。因此，把辛亥革命说成“资产阶级革命”的这种提法不能成立。那是“毛泽东根据抗日民族统一战线这种政治状况的要求而唱出的一种‘革命论’的产物，今天已经不起科学的探讨了”。那末，辛亥革命是一场什么斗争呢？作者曲曲折折地说：“清末的中国出现了新洋务派即军阀、立宪派、同盟会这三大股政治势力。尽管这三大势力都根据自己的阶级立场而固执着各自的政治主张，但都是力图适应于这种半殖民地半封建社会的经济状况以谋求自我发展的政治势力。换言之，即笔者所说的半殖民地半封建势力，也就是清末中国社会半殖民地半封建化变革过程的推动者。由此看来，清末变革的内容不是革命，并没有改变原有政治体制的基本结构，只不过是各种半殖民地半封建的政治势力为了实现其资产阶级化和建立一种适合自己要求的政治体制而进行的资产阶级改良；换言之，（各派政治势力）以建立半殖民地半封建统治权力为目标，把资产阶级因素自上而下的兼收并蓄，借以整顿原有的封建统治秩序而发动的一场政治变革而已”[②]。“真正”的革命不应如此。

---

① 宫崎市定：《东洋之历史》第11卷，第143—144页。

② 横山英：《辛亥革命研究序说》，广岛平和书房1977年版，第102页。又《清末变革中的领导与同盟——辛亥革命研究笔记》，1966年广岛史学会编《史学研究》第97号；《以辛亥革命为“资产阶级革命”说的起源与演变》，《史学研究》第111及112号。

《中国资产阶级与辛亥革命》与日本这位研究者的论点有同有异。那上面说，资产阶级应当主要指商业资产阶级，它们中间很难划分买办资产阶级与民族资产阶级两个不同的部分，也很难严格区分革命派与改良派。辛亥革命中，“资产阶级只处于事变的次要地位。士绅掀起的武装起义，远在他们的地域和势力之外。因此，我们很难同意葛罗斯约克[①]的意见，认为中国资产阶级领导这次革命这一事实是不容争辩的真理”。“事变发展过程中，资产阶级既未参加鼓吹，也无法控制。从外国引进来而愈来愈混乱的资产阶级的思想意识，既不能平衡各方面出现的势力，也不能解决现实政治问题。因此，就正式的意义来说，至少从西方的观点来说，这很难说是一次资产阶级革命”。[②]而且就其作用而言，辛亥革命与其说是一次革命运动，还不如说是一个保守运动。

新旧两种“反满论”，两种革命否定论各有不同。但它们有一个基本的共同点：辛亥革命不是一场剧烈的阶级搏斗，它的性质不是资产阶级民主革命，或者干脆不算一场革命。对于这些观点，我们应当怎么评价呢？

三、析疑、纠谬、关于非“真正的革命”

新、旧“反满论”与革命否定论，立论的根据不同，出发点也不一样。其中有需要析疑的，有需要纠正谬误的，也有需要进一步讨论的。下面来一一叙述。

甲、“国内民族革命”说析疑

辛亥革命要打倒的反动政权，是一个满洲贵族占有特殊地位的政权。满洲贵族利用它的地位采取一些只符合于贵族特殊利益的民族歧视政策，压迫国内其他民族，主要是压迫汉族。它首先损害到一部分汉族地主的权利。劳动人民、后来的资产阶级，在不同程度上也受到那种民族歧视政策的影响。清政权和明朝一样，所代表的是整个地主阶级的利益，是地主阶级对农民阶级

① 苏联1962年出版的《辛亥革命论文集》文章作者之一。

② 贝热尔：《中国资产阶级与辛亥革命》，第125—126页。

的专政；农民与地主两个阶级的对立和斗争居于决定的地位。但它带来了两个新的矛盾因素：一，王权的；二，种族的；增加了矛盾斗争的复杂性。清政权的建立，造成清代历史上连绵不断的反抗和起义。辛亥革命就发生在这个特定的历史环境里。“国内民族革命”说，正是拿这作为立论根据的。它并非全无道理，但只有表面的道理。中心问题，就是这些研究者只肯从国内民族矛盾来考察清代历史，拒绝从阶级矛盾、阶级斗争来考察历史。而正是后者才能说明历史的本质。我说的析疑，就是要用阶级分析观点，来剖析整个清代民族矛盾的实质。

马克思主义认为，从来没有某种脱离阶级斗争的单纯的民族运动。反满作为一种民族运动，它只能是当时阶级斗争主流里随风起伏的波浪。清初到辛亥革命之前，阶级斗争的主流经历了两个不同时期。反满斗争也随着历史的发展变化而有不同的阶级内容。

清政府在全国建立统治权至18世纪末，反满问题和王朝、王权，即和地主阶级内部不同势力之间的斗争联系在一起。它在很大程度上是从属于地主阶级内部斗争的。其时农民与地主的阶级矛盾暂时趋向缓和，地主阶级内部新旧地主势力之间争夺王朝、争夺统治权的矛盾猛烈加剧。满族入关，许多以前不当权的和从当权势力中分裂出去的地主转向拥护这个新政权，形成地主阶级中反明拥满的一派。清朝的统治，就是受到这一部分地主的支持而稳定下来的。拥明反满派地主不甘屈服，他们在很长一个时间里采取不同的形式相对抗。若干地主知识分子利用儒家学说，特别是发挥“夷夏之防”的春秋大义，宣传仇满思想。有些人利用天地会等民间秘密结社武装起事，“反清复明”因此一直成为天地会的口号。它显然没有农民与地主对立的影子，而只有王朝对立，地主阶级内部斗争的影子。清政府针锋相对，兴文字狱对付反满宣传，用武力镇压会党反抗活动。18世纪末、19世纪初，文字狱告一段落，地主知识分子参与的会党斗争显著减少。嘉庆年间胡秉耀、丘天泽等在江西奉朱毛俚起事失败是这种斗争的尾声。地主阶级的反满斗争不是打击、推翻封建统治的问题，而是争的由谁来做皇帝，叫作什么王朝，由哪一派地主当权来维护封建统治的问题。因此，这时的反满运动便不是一种革命运动。虽然反满斗争也有暴露封建社会内部矛盾、削弱当权派的意义，但事情的性质并不由此而改变。18世纪末年以后阶级斗争已经处在另一种形势下面。变化的关键是农民与地主阶级的矛盾尖锐化、农民革命的兴起。地主阶级对农民专政的清朝统治遇到了严重的危机。地主阶级内部的各派必须清除他们的分歧，进一步联合起来抵抗农民革命。反满这面旗帜从此成了农民革命号召群众的旗帜。嘉庆年间白莲教暴动是农民斗争大爆发的第一声。鸦片战争以后太平天国农民革命登上了历史的最高峰。19世纪末的义和团运动仍是农民革命运动。反满斗争这时不但是处在农民革命高涨的年代里，而且农民革命对反满问题采取的态度，也正保持着农民的朴素本色。白莲教、太平天国、义和团反满色调都很淡薄。反映地主阶级反满派要求的"反清复明"在这些斗争里不见声响。白莲教的口号是"官逼民反""灭满兴汉"。义和团先是号称"扶清灭洋"，后来改为"反清灭洋"。农民战争打击帝国主义、封建主义统治，推动着历史前进，伴随着农民战争的反满斗争也就具有革命的意义。

民族运动不是脱离阶级斗争的独立运动，这绝不等于说清代历史上不存在民族矛盾或民族问题。列宁就批评过那种试图"否认"民族问题的小资产阶级观点。问题在于：高喊民族矛盾，拒绝揭露它的阶级实质，丝毫也不说明历史的真相。恰恰相反，这等于蒙上又一层帷幕拼命掩盖起它的真相。清代民族矛盾、反满斗争，如前所述是客观存在的。这种国内民族矛盾的最后基础是封建制度，到鸦片战争以后是半殖民地半封建制度。用超阶级观点看待这种矛盾是违反科学的，同样地，不承认封建社会半殖民地半封建社会里有这种矛盾也是违反科学的。①

20世纪的头一个十年，历史再向前跨进了一大步。这时的反满斗争已经是受资产阶级指挥，服从于资产阶级革命利益的运动。理由是：一、它为资产阶级所发动。单纯的农民战争过去了，工人阶级还没有作为独立的力量登上政治舞台，除了资产阶级革命的风暴，当时没有其他社会力量能掀起这股反满怒涛。二、它斗争的主要内容也就是资产阶级民主革命的主要内容，即推翻封建统治，反对站在这个统治背后的帝国主义。三、决定这场革命的成败、面貌的，不是反满斗争，而是整个阶级斗争的形势，领导这个革命的资产阶级本身的特点，和资产阶级与工人、农民群众的关系。资产阶级在某种程度上依靠热情高涨的群众把统治中国260多年的清王朝推翻了；资产阶级不敢真正依靠群众，革命又以对帝国主义封建主义的妥协而宣告失败。从这里表现出来的，根本不是满汉矛盾的演变、对立，只有阶级矛盾的演变，阶

① 参见拙作《辛亥革命与反满问题》。

级利害的对立。

回顾全部清代民族运动、民族矛盾以后，我们就知道，关于辛亥革命的“国内民族革命”说，并无新鲜内容，无非表现了资产阶级在民族问题上的超阶级观点。西方一些研究者对待民族问题的这种观点，来源在资产阶级世界观。他们强调辛亥革命为反满民族运动，一般地或普遍地是要否认它是一场重大的阶级斗争；具体地或特殊地是要否认它是一场反帝国主义的斗争，没有反帝国主义斗争，也就意味着没有帝国主义对中国的侵略。事理甚明，不言而喻。

乙、“中国对外国革命”说纠谬

齐赫文斯基等独创出来的清政权是“外国”对中国的统治，辛亥革命“反满”是中国人反对“外国”的谬说，宣传了十多年。他们为此编写的作品如《中国近代史》《满人在中国的统治》《中国历史学中的大汉族霸权主义》等，贯彻着同一条主线，操着同一种腔调。因为那种谬说多半被认为不值一哂，以前很少受到系统驳斥。我们讨论辛亥革命的性质问题，要辨明什么是科学历史观，什么是历史真实，对那些荒唐无稽的东西，就不得不做一番纠谬工作。

（一）革命派关于“亡国”的混乱观念与齐赫文斯基等的混水摸鱼。

何谓“亡国”？革命派说法不一。章太炎下过一条定义。他在《支那亡国二百四十二年纪念会宣言》（《章氏丛书》中题目改为《中夏亡国二百四十二年纪念会书》）里说：“自永历建元，穷于辛丑，明祚既移，则炎黄姬汉之邦族，亦因以澌灭。”汉族人当皇帝的明朝最后灭亡，满族人作皇帝的清朝巩固，就叫亡国。章太炎不算这种“亡国论”的发明者，但是它的狂热鼓吹者。革命派里面多数人说的“亡国”，都是从这种掩盖地主阶级统治的狭隘民族主义、种族主义思想出发的。然而就连章太炎本人也没有把自己的认识统一起来。他至少有三种说法。第一种，从种族异同立论。据说“改制同族，谓之革命；驱除异族，谓之光复”。辛亥革命不能叫“革命”，只能叫“光复”，因为是驱除异族，这与明祚既移，炎黄邦族澌灭相一致。第二种，从道德问题立论。顾炎武《日知录》里讲，有亡国，有亡天下。亡国与亡天下怎么区别？回答是：“易姓改号谓之亡国，仁义充塞，而至于率兽食人，人将相食，谓之亡天下。”人们先要懂得“保天下”，然后才可懂得“保国”。保国的责任在统治集团，“其君其臣，肉食者谋之”。保天下的责任在普通人民，“匹夫之贱，与有责焉”。也就是所谓“天下兴亡，匹夫有责”。封建时代的亡国，就是指“易姓改号”，这本来简单明了。章太炎表示深有味乎其言，但又改正说，顾炎武所讲的保国应当叫“保一姓”，他所讲的“保天下”应当叫“保国”。[①]按照这种解释，不管“亡国”“亡天下”，都与种族问题无关。第三种，从政权转移立论。章太炎在《排满平议》中说：“排满者，排其皇室也，排其官吏也，排其士卒也。若夫列为编氓，相从耕牧，是满人者，则岂欲剚刃其腹哉？……所欲排者，为满人在汉之政府。”照这种说法，所谓亡国，指清朝地主政权灭亡了明朝地主政权；也就是易姓改号，政权转移了，而不是满族灭亡了汉族。屡次改变论点，自立自破，捉襟见肘，充分暴露了从国内民族矛盾谈论“亡国”，完全不足为据。孙中山讲民族主义，也讲过满族灭亡了中国。但他在《民报发刊词》中明白指出：“今者中国以千年专制之毒而不解，异种残之，外邦逼之。民族主义，民权主义，殆不可须臾缓。”“异种”“外邦”并列，足见满族并非外国，中国并没有亡国。又在《民报》周年演说里，他先是大讲清朝统治使中国人变成了“亡国之民”，“想起我们汉族亡国时代，我们祖宗是不肯服从满洲”的。但后面讲的正好和前面相反。他说：“尚有一层最要紧的话，因为凡是革命的人，如果存有一些皇帝思想，就会弄到亡国。……今日中国正是万国眈眈虎视的时候，如果革命家自己相争，四分五裂，岂不是自亡其国。近来志士都怕外人瓜分中国，兄弟的见解却是两样。外国人断不能瓜分我中国，只怕中国人自己瓜分起来，那就不可救了。”[②]所谓“就会弄到亡国”，不要“自亡其国”，不是说中国并没有灭亡吗？不正是反驳了中国已经“亡国”的说法吗？亡国与不亡国，什么叫亡国，革命派里面，连同章太炎、孙中山，他们自己也说不清楚。难怪早就有人发问道：“亡国与不亡国，其界何在？普天下好男子为吾下一断语来！”[③]革命派在这个问题上的矛盾、混乱，产生于他们从狭隘民族主义、种族主义去宣传反满，把帝国主义侵略、压迫，帝国主义与中华民族这个根本矛盾摆到了不适当的地位。他们

---

①《章氏丛书》别录，卷一，《革命道德说》。

②《民报》，第十号。

③ 张枬、王忍之：《辛亥革命前十年间时论选集》第1卷，下册，第492页。

的矛盾、混乱，是“光复旧物”一类的封建主义观念与反帝反封建现实斗争之间脱节的矛盾、混乱。

齐赫文斯基的中国“亡国论”怎样制造出来的呢？他利用革命派的混乱观念混水摸鱼。第一，照抄革命派宣传中不切合现实斗争的封建概念。第二，掩盖矛盾，阉割孙中山等人思想上正确的东西。孙中山在同一个讲演中，前面说中国人已经变成“亡国之民”，隔不几行否认中国已经亡国。齐赫文斯基列举前面一段，作为孙中山断言中国亡国了的铁证，砍掉后面一段，只当它不存在。他们了不起的“科学研究”清朝灭亡中国说，就这样廉价上市了。

那末，亡国与不亡国，讲革命排满的知识分子，对此就没有客观分析吗？当然有，可以举一篇长文《中国灭亡论》为代表。文章写于1901年夏天，八国联军尚未撤退，作者深怀亡国的忧痛，除了对义和团表示敌意，总的论点值得重视。试读下面几段：

> 团匪飙起，联军骈入，车驾蒙尘，宗社荆棘，此不过一姓之存亡而已，于我国民何关哉；余奔走未遑，奚暇论此。所痛者，二千万里山河已为白种殖民之地，四万万黄种已为欧人注籍之奴，而我国国民愚蒙如故，涣散如故，醉生梦死，禽视鸟息，以为中国即亡，亦不过十七朝之寻常鼎革而已。……然则吾国之民，其心已死，其气已绝。闻唐、宋、元、明之主而君我国也，则我为唐、宋、元、明之忠臣义士；闻英、德、俄、法之种而君我国也，则我为英、德、俄、法之忠臣义士。此所以茫茫亚洲绝少独立之国，芸芸黄种无一独立之民，固无足怪也。
>
> 今试执一人而问之曰：国何以亡？则鲜不曰，君易其姓、朝易其名则国亡。又试执一人而问之曰：今日之中国，亡乎不亡乎？则鲜不曰，西安之朝廷俨然者如故，政府之号令赫然者如故……若是者而谓之国亡，是必丧心病狂者也。呜呼，斯言也，何足与辩！然吾窃闻今日之亡人国者，有新例焉。向之亡人国者，必占其地，虏其君，戮其臣而后已；今之亡人国者，则有其地而弗守，即以其君若臣守之。其所以然者何也？骤占其地，则其民未必服，而治之甚难，故不如以土人守之。且也其君若臣既有亡国之才，则留之无所害。若一旦去其亡国之君，则英明之主出，是其国终不得而亡也。若

一旦去其亡国之臣，则爱国之士进，是其国又不得而亡也。故吾国志士，每叹息痛恨于外人处置之不得其宜，而岂知外人之为己谋者，固有所不得不然者在乎！由此观之，则今日之中国，亡乎不亡乎？

…… ……

且国之所以立者，赖有一定不移完全无缺之疆域，故国之有疆域犹室之有界址也。……中国则不然。不唯旅大胶威台澳香广险要之港湾，已为异族所宰割，且举所谓满洲发祥之地，亦拱手而让之俄。……吾知一转瞬间，不独满洲而已，且将率其慓悍淫虐之可萨克，以席卷内外蒙古，进克新疆，建瓴而下秦晋幽燕之郊，一战而长城失其险，再战而黄河断其流。……当此之时，德必驱胶州之兵以占山东，英必发香港印度之兵以据大江南北诸省会，法必率安南广州湾之众以取两广云贵之地，日必起台湾澎湖之师以据闽浙而进图江西之南部，其外若美、若伊、若比及一切无名小国，亦将染指于我国焉！呜呼，抟抟大陆，白人纵横，哀哀众生，蝼蚁同命，从此万国地图永无支那之称。斯时吾国人士，殆骇然知吾国之亡；而岂知有形之亡亡于瓜分，无形之亡亡于今日。譬之某甲之田售之某乙，则其田亡，瓜分之谓也；某甲之田押之某乙，而某甲已为乞丐，万无可赎之理，则其田亦亡，今日之谓也。①

两种“亡国论”鲜明对立。一种指地主阶级内部易姓改号，加上国内少数民族当权；一种指外国资产阶级侵略势力鲸吞瓜分中国。从中国民族、中国人民革命的角度来观察，哪一种正确？当然是后者，而不是前者。齐赫文斯基为了贯彻他们的反满“主线”，对于后面这种正确的言论自然要视而不见，听而不闻。但这并不表示他们有道理，而只表示他们不敢正视历史，拒绝从中国人民革命的角度观察问题。

末了还应当指出，章太炎极力宣传的“亡国论”，由于自相矛盾，他到底公开取消了。武昌起义，章太炎写《致满洲留日学生书》，其中说：革命派主张对满民族革命，不是要屠夷满族，也并非要奴役满人，不与齐民齿序。“若大军北定宛平，贵政府一时倾覆，君等满族，亦是中国人民，农商之业，任所

① 张枏、王忍之：《辛亥革命前十年间时论选集》第1卷，上册，第78—81页。

欲为，选举之权，一切平等，优游于共和政体之中”[①]。满族和汉族一样是中国人民，谁也不是“外国人”，这当然就是说不存在满族统治使中国“亡国”的问题。

（二）一系列事实的谬误。

《中国历史学中的大汉族霸权主义》里面说：清朝统治中国的全部时间中，从王夫之、黄宗羲、洪秀全、杨秀清、萧朝贵到孙中山，无不将满人当作中国的异族征服者；并且武断作出这样的结论：“反清口号是十七世纪六十年代至1912年2月中国所有人民运动最流行的口号”。顾炎武、黄宗羲（即清初地主反满派思想家）等人反满思想、活动的阶级实质，前面已经涉及，不再重复，现在就看看鸦片战争以后的主要事实吧！

太平天国“最流行的”口号不是反满。

太平军起义，称敌人为“妖”，所谓“男将女将尽持刀”，“同心放胆同杀妖”。“妖”指清政府所有文武官吏，并非专指满族。说到纲领，谁都知道，太平天国的纲领是《天朝田亩制度》。地主阶级利用封建土地所有制，压迫、剥削农民，地主占有土地、农民失掉土地是封建社会一切矛盾的根源。中国历史上多次发生的农民战争、农民革命，本质上是指出了农民阶级与地主阶级争夺土地所有权的问题。《天朝田亩制度》规定把土地平分给农民耕种，强烈反映了农民获得土地的要求，主观上是乌托邦，客观上具有消灭封建剥削，推翻封建制度的意义。它从头到尾，没有一个字涉及满汉问题。太平天国的诏旨、文告里有斥责“胡奴”“鞑狗”的辞句。以杨秀清、萧朝贵名义发布的《奉天讨胡檄》里指出：“慨自有明失政，满洲乘衅，混乱中国；而中国以六合之大，九州之众，一任其胡行而恬不为怪，中国尚得为有人乎！”等等，着重讲到了满汉矛盾。如何看待它的含义？一方面，那种最初来自满洲贵族与汉族地主之间争夺权力、利益的冲突，即统治阶级内部矛盾的存在，使地主阶级中一部分人，常常从自己的需要出发，煽动狭隘的民族情绪，以模糊人们反抗封建压迫的斗争，檄文表现了那种宣传在农民队伍中的影响；又一方面，清朝皇帝是代表整个地主阶级来对农民阶级和其他劳动者进行统治的，农民讲的反满，本质上就是反对地主阶级的总代表，就是要推翻满汉封建势

① 冯自由：《清肃王与革命党之关系》，《革命逸史》第五集，商务印书馆1947年版，第255页。

力的剥削、压迫，太平天国革命，一切都围绕着这个核心问题。革命的农民，以前的宣传大半用借来的宗教语言讲这个问题，檄文直截了当，呼吁人们进行政治斗争，把锋芒直指清王朝，从神秘的世界进到了现实的世界。把太平天国文件中所有反满的内容加在一起，与《天朝田亩制度》相比，也微不足道。太平天国的反满色彩淡薄，革命派中早就有人这样指出过：洪杨起事，参加者都以获得财物为目的。革命打击的对象，根本没有满汉的界限。反过来，出死力抵抗、破坏太平天国的，绝大多数都是汉人，足见当时种族之见很薄弱云云。[①]决定农民革命对满族保持这种态度的，是农民与地主两个阶级壁垒分明。对农民来说，唯有地主阶级的存在，地主占有土地，是他们的劳动果实被剥夺、备受艰难困苦的罪恶渊薮。因此农民的反抗目标，是对着地主阶级统治势力，而不只是反抗那个势力中的满族或者汉族统治者。说太平天国"最流行的口号"是反满，事实谬误。这是一条。

"百日维新"的口号不是反满。

"百日维新"是一场资产阶级改良运动，有着爱国的性质。它的口号很鲜明，一个叫"变法维新"，一个叫"救亡图存"。那场运动发生在鸦片战争以后的60年，中国在半殖民地半封建制度里走了相当一段路程。中日甲午战争刚刚过去。清政府已经逐步和外国结合，变成侵略者的工具。中日战争以后，一方面再一次掀起割地狂潮，中国面临被瓜分的现实危险；一方面民族工业又开始显露出其活动力。挽救民族危亡，发展资本主义，成了社会生活中两个最重大、最紧迫的问题。"变法维新""救亡图存"是资产阶级改良派对解决这两个问题所提供的对策。康有为在统筹全局折里代表维新派宣布的纲领有三条：统筹全局以图变法，大誓群臣以定国是，开制度局以定宪法。一为通盘改革行政机构，二为依靠皇帝的权力推行新政，三为变革专制政体，并使维新派参与政权。那三条纲领的具体化，是设立铁路矿务、农工商业机构，允许私人兴办兵工厂，组织商会农会等民间团体，裁撤某些旧衙门，裁减绿营，允许人民上书言事，废除八股，取消书院，准许自由创立报馆、学会，等等。其中没有任何一点与反满丝毫相干。所谓反满口号是"所有人民运动最流行的口号"，"百日维新"尖锐反驳了这种说法。事实谬误，这是再一条。

---

①《蔡元培选集》，中华书局1959年版，第3页。

义和团运动最流行的口号不是“反满”。

无人不知，义和团的口号是“保清灭洋”（或“扶清灭洋”），与“反满”口号正好对立着。以贫苦农民为主体的广大群众，从山东、直隶忿激而起，进入北京、天津，直至在八国联军残酷屠杀、清政府卑鄙出卖下惨遭失败，一直打着这面旗帜。1901 年 4 月，川东义和团提出“灭清、剿洋、兴汉”；1902 年 3 月，河北广宗景廷宾起义，提出“扫清灭洋”。这个改变很重要，但已是斗争的余波。农民革命运动的口号，从传统的“反清复明”到“保清灭洋”是一个前进。所谓“反清复明”本来意思含混，不足以体现农民阶级的利益和要求。义和团刚刚过去，资产阶级知识分子里就有人指出：百年以来，白莲、哥老、三合、大刀、小刀、安清道友、义和拳民等集会，出没于沿江沿海各行省。“吾尝纵观其间，叩其宗旨，莫不曰吾将反清以复明也。噫嘻！明之弊政何可缕指，与其复一独裁君主之明，何如仍此独裁君主之清，反无杀人流血之惨乎！且不止此也，其宗旨亦不过震震铄铄慷慨谈之，究之所谓反也复也亦并不能践”[①]。农民对帝国主义只有感性认识，他们不可能解决反帝与反封建的关系问题。帝国主义的疯狂进攻，既然迫使他们必须把主要斗争锋芒转向外国侵略者，“保清灭洋”就成了一个现实意义的号召。当然它也含着对农民不利的方面，所以“扫清灭洋”是一个更大的进步。它意味着农民群众给后来的革命斗争作出了这样的启示：反帝国主义的斗争与反对已经彻底变成帝国主义走狗清朝反动统治的斗争，必须走上结合的道路。人们如果对传统的“反清复明”还能勉强涂上一些种族主义的釉彩，在新口号面前，就再也办不到了。齐赫文斯基硬说“反满”是所有人民运动最流行的口号，义和团这个人民运动又偏偏不在其内。事实谬误，这是又一条。

列宁说，“布尔什维克”“苏维埃”就像“义和团”那样，曾经为西方所重复而不理解，把它们看作怪诞的字眼。苏联历史家中的反满宣传者，对什么叫“义和团”，至今似乎还没有了解，因为它不首先反对满族人，而要与洋人作对，奇怪！

抵抗英国侵略中国的鸦片战争等等运动的口号不是反满。

鸦片战争、中法战争、中日战争、反对八国联军的战争中，清政府对外宣战，代表中国这一方，反侵略斗争的主要力量则是人民群众。人民在这些

---

①《辛亥革命前十年间时论选集》第 1 卷，上册，第 83 页。

运动里的口号，是反对英国、法国、德国、俄国、日本、美国侵略者，不是“反满”，这根本用不着什么论证。“中国所有人民运动”都“反满”，而这些重大历史事变中的人民运动又都没有反满，只有反帝；虽有百口，也无法自圆其说。事实谬误，这又是一条。

齐赫文斯基等人对于中国历史并非全然盲瞽，在一系列事实上大谬不然，为什么？他们极力想要证实“满族人不是中国人，而清朝是外国对中国的统治”，但一部中国近代史是中国人民反帝反封建斗争史，又绝对无法篡改，于是，只有虚构杜撰，硬着头皮说下去。辛亥革命中，反满问题到底占有怎样的分量，这里不妨引美国研究者的论述，与齐赫文斯基作一个比较。美国芮玛丽编辑的辛亥革命论文集的序言，专有“反满论”一节。那上面说，辛亥革命的任务有三项：一，反对帝国主义；二，要求建立现代化的中央集权国家；三，反满。关于反满的部分，序言从评论国民党出版物上的观点开始，是这样写的：

> 就国民党来说，革命民族主义的第三项主要内容是，汉族对满清异族统治的反抗，满清的统治对内反动，对外懦弱。国民党的这种传统观点，影响了当时的许多著作。要是考察一下，是会很失望的。因为事实说明，民族主义中的反满论，在三项内容之中也许最缺乏重要性，而且也少有什么革命性。
>
> 应该认识到满族并不是一个执行着一种政策的单纯的统治集团。满汉的融合，自十八世纪到十九世纪中叶已经成熟了。国内的叛乱，威胁整个上层阶级，外国的侵略威胁整个国家。二十世纪初，旧制度的改革——其特点有与其他的重大革命相似的地方——其政策的差异之外，并不与种族差别有关。亲王贵族中既有主张维新的，也有反对维新的。整个政府机构中亦复如此……
>
> 1905年7月，革命党人吴樾向出洋考察立宪的大臣投掷炸弹，他的目标亦非指向满族人，因为其中也有汉族大臣。两个吓怕了退出这个使团的人，一个是满族人，一个是汉族人。在我看来，吴樾怀着两种相反的矛盾心情；一方面他怀疑最高当局实行改良的效果和诚意，另一方面又怕因此而削弱了革命的力量。
>
> 满汉两族的头面人物，既有维新派，又有反革命派，因此也有强

硬的反帝派和投降派。这里，不可能划分出种族政策的界线。……革命小册子《天讨》所反对的政治领袖人物，上起曾国藩，下到袁世凯。这清楚说明了其攻击的矛头是指向帝制，而非指向满族。……[①]

用不着说明，论文集序言的作者绝不相信马克思主义，也不主张辛亥革命是资产阶级民主革命。对于反满斗争当时占有什么地位，她的评论却是“民族主义中的反满论，在三项内容（按：指前面列举的反对帝国主义等三项）之中也许最缺乏重要性，而且也少有什么革命性”。这个论述与《中国历史学中的大汉族霸权主义》的论述，哪一个比较接近事实，哪一个完全背离事实，任何人都不难立即作出评断。

（三）曲解马克思主义著作。

齐赫文斯基说，辛亥革命推翻清政府是中国人革“外国”人的命，不只有所谓事实根据，还有马克思主义理论根据。他挑选马克思《中国革命和欧洲革命》《中国记事》两文，来证实自己的论点。

马克思在《中国革命和欧洲革命》中说：在中国，连绵不断的起义存在了约十年之久，现在已汇合成为不可抵抗的革命。“不管那些起义者带有何种宗教的、朝代的或民族的形式，这一次革命爆发的原因，无疑地是由于英国大炮把名为鸦片的那种麻醉剂强加于中国所引起的”。鸦片战争后中国要付给英国大量赔款，人民负担繁重。1853年1月皇帝下一道谕旨，命令南方督抚蠲缓征税。“谕旨中说，否则，‘小民其何以堪？’又说‘庶几吾民于颠沛困苦之时，不至再受追呼迫切之累’。我们记得，类似这样的言论和这样的让步，在1848年的奥地利——日耳曼的中国——也听到过”；“仇恨外国人并把外国人逐出帝国之外，这在以前仅是中国地理情况和人种情况的结果，到满洲鞑子这个种族征服全国以后，才成了一种政治上的定制……由于这个新王朝的疑惧，它惟恐外国人会支持大部分中国人在被鞑子征服后大约最初半个世纪所存在的那种不满情绪”。[②]《中国记事》一文说：“在中国，在这块活的化石上，就开始闹革命了。……在东方各国，我们经常看到社会基础不动而夺

---

① 芮玛丽编：《中国革命——第一阶段（1900—1913）》〔Mary Clabaugh Wright (ed.): China in Revolution: The First Phase 1900—1913〕，1968年版。

②《马克思恩格斯全集》第9卷，第109—115页，译文据《马克思恩格斯论中国》，1957年本，第24—28页。

取到政治上层建筑的人物和种族不断更迭的情形。中国是被异族王朝统治着。既然已过了三百年，为什么不来一个运动推翻这个王朝呢？”①

齐赫文斯基以为马克思既然讲了“鞑子征服”和“异族王朝统治”，就足以证明清朝是外国对中国的统治了，何况其中还有1848年的“奥地利——日耳曼的中国”那样的形容。但是核实一下，就知道这完全是对马克思论述的歪曲，拉大旗作虎皮吓人。

第一，马克思在文章里把两个范围的问题区别得一清二楚。一是中国人所仇恨的外国人，所要驱逐的外国人是西方侵略者。所谓“成了一种政治上的定制”，也是对西方侵略者而言。又指出清王朝疑虑外国人支持人民造反，外国人被禁止与中国人发生任何来往，外国人的商务被限定与行商交往等，这都是讲的中国与西方国家的关系，是同一个范围的问题。二是“满洲鞑子这个种族征服全国”和“异族王朝”即满洲贵族作皇帝的封建王朝的统治，它与汉族及国内其他各族的矛盾，是讲的国内民族关系、封建阶级与人民群众的关系，这是又一个范围的问题。试问马克思这些论述，有哪一点足以证明清朝的统治是外国对中国的统治呢？那两篇文章分别发表于1853年和1862年。其中讲的连绵不断的起义已经汇合为不可抗拒的革命，“异族王朝”统治已经过了三百年（按：“三百年”时间不准确），为什么不来一个运动推翻这个王朝，谁都知道，是指正在如火如荼进行的太平天国农民战争，指这场农民革命来得很及时！这场革命确实反映出了中国与外国的矛盾。它“无疑地是由于英国大炮把名为鸦片的那种麻醉剂强加于中国所引起的”。中国的封建压迫、英国的侵入造成了革命。试问马克思这些论述，有哪一点足以证明太平天国不是农民与地主两个阶级之间的一次大规模搏斗，而是一场把清朝作为“外国”去推翻的革命运动呢？

马克思、恩格斯的著作中，谈到中国与外国的地方很多。恩格斯的《俄国在远东的成功》一文（说也奇怪，苏联历史家引经据典，偏偏“忘记了”这篇文章）说：“这个帝国是如此腐化，它已经既不能够驾驭自己的人民，也不能够抵抗外国的侵略。正当英国人在广州同中国的下级官吏争执不下，并且在英国国内讨论叶总督是否真是遵照本国皇帝的意旨行事这样一个重要问题的时候，俄国人已占有了黑龙江以北的领土和该河南岸满洲的大部分土地；

---

①《马克思恩格斯全集》第15卷，第545页。

他们在那里建筑了工事，进行了铁路线的勘查工作并预定了未来的城市和港口的地点。当英国终于决定打到北京，当法国希望为自己捞到一点东西而追随英国的时候，俄国，——尽管它正好在这个时候从中国夺取了一块大小等于法德两国面积的领土和一条同多瑙河一样长的河流，——竟能挺身出来充当衰弱的中国的秉公无私的保护人，而在缔结和约时俨然以调停者自居；如果我们将当时所缔结的各项条约比较一下，就不得不承认这样一件一目了然的事实：这次战争不是对英国和法国有利，而是对俄国有利。”[①] 清政府对内“不能够驾驭自己的人民”，对外“不能够抵抗外国的侵略”，这些外国就是英国、法国、俄国。黑龙江以北的领土和该河南岸满洲大部分土地是俄国“从中国夺取”去的。谁是中国，谁是外国，怎么混淆得了呢？

马克思、恩格斯著作中，涉及中国历史、国内民族关系的地方同样很多。他们提到中国时，称为“世界上最古老的国家”“世界上最古老的帝国”；提到清朝时，称为“帝国”“中国”“中国政府”“中国现存政府”“中国当局”；称满族为“当今中国统治民族”；提到西藏和满族皇帝时，称“中国的西藏和鞑靼皇帝”；提到中国东北与俄国接壤的边境时，称为“帝国满洲边界”，等等。马克思、恩格斯这些提法，丝毫没有认为清朝政权建立是中国历史中断的意思，而认为它是中国历史的继续；也丝毫没有认为满族聚居地区是在中国以外，而认为只有满洲与俄国接壤处才是中国东北的国界。白纸黑字，怎么可以随心所欲，胡乱解释呢？

第二，关于1848年的“奥地利——日耳曼的中国”，马克思就讲了那么一句话，没有作任何发挥。齐赫文斯基强调说，这句话“非常有兴味地将满族的政策和1848年哈布斯堡王朝的政策作了比较”，对了解满族帝制的反动民族政策“非常有价值”。皮里阳秋，意思很明白：中国其他各族对于满族，应当像匈牙利、罗马尼亚、捷克、斯洛伐克、波兰、塞尔维亚人等对奥地利哈布斯堡王朝一样，来一个1848年的民族革命，争取民族独立。也就是说，中国没有什么反帝反封建问题，只有反满民族革命的问题。可是马克思的话在哪一点上具有这种含义，整个清代的中国历史除了存在国内民族压迫这一点，还有什么可以与哈布斯堡王朝相比的地方呢？

中国内部各民族的关系与奥地利境内各民族的关系不同，就像俄国内部

①《马克思恩格斯全集》第12卷，第662页。

情况与奥国的不同。关于俄国与奥国的民族关系，列宁指出，弄清楚它们的不同，有特别重大的意义。奥国是一个长期由德意志人占优势的国家。1871年最终建成独立的德意志国家，在奥地利占统治地位的民族——德意志人竟留在那个国家的外面了。1849年奥地利压迫下的匈牙利起来革命，要求民族独立，被沙皇尼古拉一世派出的14万俄国农奴制军队血腥镇压下去了。至于俄国的情况，列宁认为和奥国相反。俄国境内尤其边疆有许多民族，它们都有着非常显著的经济上、生活习惯上的特点等，而且这些民族（除俄罗斯人以外）都是备受沙皇君主政体压迫的。沙皇君主政体不仅排斥各民族的自由与平权，还是欧洲及亚洲的野蛮、兽性、反动的主要堡垒。俄国这个民族国家的特点是：一，异族人（总计占全国人口多数，即57%）恰恰是住在边疆地区；二，这些异族人所受的压迫比他们在各邻国（并且不仅是在欧洲各国）所受的要厉害得多；三，这些居住在边疆地区的被压迫民族往往有一些同族人住在国界那边，他们就有较多的民族独立（只要提一下住在俄国西部和南部边界以外的芬兰人、瑞典人、波兰人、乌克兰人、罗马尼亚人就够了）；四，"异族"边疆地区的资本主义发展的程度和一般文化水平，往往高于国家的中部地区。最后，正是在邻近的亚洲各国我们看到了资产阶级革命和民族运动已开始发展起来，并且部分地蔓延到住在俄国境内的那些同血统的民族中去了。① 因此，列宁认为，俄国民族问题的具体历史特点，使布尔塞维克承认民族自决权具有特别迫切的意义。列宁对奥国、俄国民族问题的这些分析，确实是饶有趣味的。无论如何，清政府统治下的民族压迫、民族矛盾，决不比沙皇俄国更严重一些。

第三，民族矛盾、民族问题，有国内的，有国与国之间的。马克思主义著作从来没有说，凡民族矛盾都是国与国之间的矛盾。就拿上面讲的沙皇统治下俄国的民族矛盾、民族压迫为例，列宁也没有说，占人口少数的大俄罗斯人对占人口多数的"异族人"的野蛮反动统治，就是外国人的统治；也没有说，"异族人"参加十月革命，就是这些占人口多数的民族从外国统治下解放本民族的革命。列宁无情地揭露了沙皇的民族压迫，但仍把它看作国内民族矛盾，没有看作国与国之间的民族压迫。前面指出过，在清代，中国内部民族矛盾怎么也没有俄国那么尖锐。为什么俄国的"异族人"就是本国人，满

---

①《列宁全集》第20卷，第408页。

洲贵族作皇帝的“异族”王朝，就不是本国的封建王朝，而成了外国统治中国的王朝呢？

举出苏联当代的事实，可以更加容易说明问题。就在最近，法国一家报纸刊载的《苏联——各族人民的监狱》一篇研究性的长文，论述苏联今日的民族矛盾说：大俄罗斯沙文主义在很多方面就像任何压迫制度一样在起作用，它摧毁各民族的文化基础，奉行帝国主义的分而治之的原则，进行血腥镇压。在民族平等的名义下，联盟制度已滑上奴役各民族的邪路。部长会议内90%的职务由俄罗斯人担任，联盟机构完全由俄罗斯干部控制，各共和国内关键部都从属中央政府和共和国政府双重领导，纯共和国的部只负责完全地区性的问题，共和国党的第二书记是俄罗斯人，拥有否决权。掠夺资源，推行单一经济，没有或只有落后的工业建设，农民贫困，这些几十年来是帝国主义压迫殖民地的方式，现在已成为克里姆林宫压迫中亚各共和国的方式。据1959年官方统计，苏联有115个民族；但到1970年，只有104个民族了。11个民族消失了。就在104个民族中，有5个民族的人口下降了。20万摩尔达维亚人被俄罗斯人同化了，65万乌克兰人来到了克里米亚已被流放的鞑靼人的土地上，等等，等等。[①]我们知道，苏联今天境内的各民族，除了俄罗斯，还有不少在历史上曾是长期独立的国家。它们的兴盛衰微，记载俱在。把民族矛盾、民族问题一律看作国与国之间的关系问题，那末，是不是说，今天苏联境内的民族矛盾不是国内矛盾，因而那些被压迫民族应当从俄国人统治下解放出来，重新建立独立的民族国家呢？法国报纸的文章，似乎并没有或者不认为需要提出这样的主张。

伪造的科学不成其为科学，伪造的历史不能成为历史。上面几个方面归结为一点：齐赫文斯基等人长期宣传的辛亥革命是中国人革“非中国人”的命，即中国对外国的革命，是向壁虚造的谬说。他们进行这种宣传，企图证明：一、满族是外国，不是中国的一个民族；二、清朝政权的建立不是中国历史、文化的继续，而是中国历史、文化的中断；三、满族生活的地区不是中国内部一个民族聚居的地区，而是国与国之间的分界线。历史事实无情地驳斥了他们的荒谬论点。马克思、恩格斯、列宁有关的论述，同样无情地驳

---

①若埃尔·费克拉兹：《苏联——各族人民的监狱》。法国《人民日报》，1979年4月10、11日。

斥了他们的荒谬论点。

历史总要这样那样与现实发生联系。人们研究历史，总是直接间接为着某种现实的需要。苏联历史家们所以要费那么大的劲，编造出那么多作品，来宣传“满族人不是中国人，而清朝是外国对中国的统治”，谁都可以看出，那必非偶然，必有重要的现实目的。其目的为何？我们所要讨论的限于辛亥革命的一些观点问题，而不打算论及其他。这里只需指出：他们的目的，如果用“反华”来概括，那至少太笼统了。①

马克思在某处分析沙皇侵略政策的时候讲过这样一个笑话：两位研究熊的波斯科学家，其中一位从未见过这种动物，就问道：这种动物是下崽呢还是产蛋呢？另一位较熟悉些的回答说：“这种动物什么事都能做。”应当补充一句，就在今天，这并不完全是个笑话。

丙、关于非“真正的革命”

革命否定论认为辛亥革命是反动的、保守的，至少也不应算作“真正”的革命。这种看法需要进一步讨论，以求得对那场革命作出客观的评价。何谓“真正”的革命，先搁在一边。看看革命否定论者的那些论著，我愿意直率地说，他们对近代中国历史上各阶级的地位和作用缺少切实的了解，因此，对各阶级所作的阵线划分是不符合客观情况的，对它们的作用估计是颠倒的。

第一，买办资产阶级与民族资产阶级是两个不同的势力，不是同一个势力，革命否定论把它们混为一谈了。

《辛亥革命研究序说》作者横山英教授说：一般人往往以为清廷守旧派

①1979年，苏联某个叫维克托·路易斯的“新闻记者”在美国《时报》书籍出版公司出版了一本题为《中华帝国即将衰亡》的恶毒反华的作品。其中公然叫嚣内蒙古居民渴望与蒙古人民共和国联合在一起，新疆的维吾尔族则渴望与苏联中亚的同种人联合。“满洲问题是学者们正在激烈辩论的一个问题”，随时都可能开始打起来。当他们打起来的时候，苏中边界苏联一方的几十万“志愿人员”将以鲜血和信念来援助他们的“兄弟们”，苏联当局将无法阻止他们。随着战事的发展，苏联人考虑升级到使用核武器，“很难过分估计到这种报复的规模”等等。美国作家索尔兹伯里写的一篇《前言》里说：“路易斯是一个有经验的老牌克格勃特务”，他所写的“是一本内容荒诞、逻辑不清和弥天大谎的书……我们所看到的是一种罕见的政治堕落”。但是，由于路易斯的地位，他的小册子“值得我们注意”。1979年5月28日美国《时代》周刊、8月5日《巴尔的摩太阳报》先后发表评论，指出路易斯的书“是为苏联的直接军事干涉找理由的辩护书”，“详细叙述了在苏联指使下肢解中国的借口”，是相当有见地的。

＝满清政权＝封建专制政权，那是不对的。义和团运动以后，清政府内部权力结构起了重要变化。实际操纵政权的是袁世凯、张之洞、刘坤一等为代表的“新洋务派”，而非固有的满族统治阶级。从那时起，“主导权已落入军阀之手，从前的统治阶级即满洲贵族变成了同盟者（阶级），从前的同盟者（阶级）即军阀变成了统治阶级”。也就是说，“从阶级实质上来看，主导权已发生了从传统的地主阶级向半殖民地半封建势力的转移，而后者变成了国家的统治阶级”。[①] 把清朝统治者和军阀截然分开，以为前者代表地主阶级，后者代表半殖民地半封建势力，这种区分法肯定不恰当。但从阶级实质上来认识清政权，这比新、旧“反满论”或“反王朝起义”说，都高明何止倍蓰。清政权从第一次鸦片战争、《南京条约》起，开始由以前的地主阶级对中国农民阶级的专政，变为同时又是外国资产阶级统治中国人民的工具。中国半殖民地化、半封建社会化的程度越深，适合外国侵略势力需要的买办阶级在它里面的影响就越大。研究辛亥革命，不能脱离这个问题。但是作者并没有从这里引出相应的结论，而走向了相反的方面。他认为辛亥革命所要打倒的对象，应该是“新洋务派”军阀势力，而事实并非如此。更主要的，是他独特地提出的近代中国历史两条变革道路公式中，民族资产阶级与买办资产阶级被划在一条线上，都定为是走半殖民地化、半封建化道路的势力。同时，又认为“新洋务派”即军阀、立宪派、同盟会派三种半殖民地、半封建变革势力之间，“立宪派与同盟会派为统治形态而存在着敌对的关系是众所周知的事；而新洋务派与立宪派之间，除了袁世凯与张謇等一部分人的勾结以外，从整体来看，见不到有明显的合作关系。大致说来，三种势力是没有合作关系的，倒该可以说是处于对立的状态。不过……三派势力虽然一方面互相对立，并进行独自的变革活动，但客观上却可以说是处于合作的关系”[②]。这一些，既不合事实，又自相龃龉。

中国学术界对买办资产阶级的研究还很不充分。但已经取得的成绩证明资产阶级中有带买办性的大资产阶级与民族资产阶级的区别。这个论断是科学的，可信的。买办资产阶级是直接为帝国主义服务，并为它们豢养的阶级，与农村封建势力的联系也千丝万缕。单就洋行买办一项而言，据不完全统计，

---

① 横山英：《清末变革中的领导与同盟》，《史学研究》1966 年第 97 号，第 79 页。

②《辛亥革命研究序说》，第 102—103 页。

19世纪末，外国在华洋行达933所，估计洋行买办全国在万人以上。其中英商怡和洋行在上海的直属机构达29个单位，有正副买办50余人。他们拥有一定的生产资料，同外国侵略势力直接挂钩。人数不多，能量不小。买办阶级最初在政治上显露作用，是参与反对太平天国。美国旗昌洋行买办吴健彰由美驻华公使支持，署理苏松太道兼江海关监督。他在被上海小刀会俘获逃脱以后，继续镇压小刀会起义。怡和洋行买办杨坊，投靠洋人起家的买办官僚吴煦，勾结美国流氓华尔组织洋枪队，对太平军作战。买办阶级作为一种社会势力，一出现就与人民革命相对立，这是一个特点。以曾国藩、李鸿章为头目的洋务派，也正是中国封建势力与外国资产阶级相勾结，共同镇压太平天国革命的产物。洋务派先后举办一批军事工业和民用工业。它们的机器设备、大部分原材料，加上军火，都由外国进口。仅江南制造局从1867年至1904年的38年间，花于从外国购买机器设备和原材料的款项，达1680余万两。机器设备、大批军火的购买，多数通过买办来进行。一部分官僚地主在与外国侵略者的接触中买办化。买办活动范围扩大，人数增多，势力苒苒而上。著名的买办和买办官僚如唐廷枢、徐润、郑观应、胡光墉、盛宣怀等，或为洋务派举借外债、购买军火的经手者，或为企业的主持人。他们拥有相应的官衔，多数人的财产惊人，从几十万、几百万到上千万两银子。买办官僚化，官僚买办化。曾国藩、左宗棠死后，李鸿章为首的洋务派大官僚日益明显地成为买办势力在政治上的代表。他们与外国打交道、受到外国支持的时间越长，办的军事、民用工业越多，手里掌握的镇压人民革命的武力越大，在清政府里的地位也就越来越显赫，成为统治阶级里反对人民的当权派。中国半殖民地半封建社会制度存在，这个社会阶级、势力就存在，而且要继续膨胀。不断改变的不过是它的代表人物的名字，如李鸿章变为张之洞、袁世凯，变为段祺瑞、蒋介石，等等。所以买办资产阶级一开始就是中国革命的对象，而不是中国革命的动力。

民族资产阶级不同，它们带有两重性。既有要求摆脱帝国主义、封建主义压迫、束缚的革命性的一面，又有缺乏坚决反帝反封建勇气的妥协性的一面。它们不是帝国主义豢养、扶植下成长起来的阶级，要求民族独立，要求发展资本主义。辛亥革命以前，它们没有建立过自己的统治，也没有买办阶级那样的反人民的记录。买办资产阶级推进半殖民地化，民族资产阶级抵制半殖民地化，把它们等同起来，划在一条线上，完全失去了科学的意义。人们从这里丝毫不能了解历史的真相或得到什么有益的东西。

说同盟会、革命派不要求打倒袁世凯、张之洞等“新洋务派”，这是明白的自相矛盾。清末政权的阶级基础既然已经起了变化，实际操纵政权的是“新洋务派”，他们“变成了国家的统治阶级”，那末，打倒清政权，不就是打倒“新洋务派”的统治、打倒国家的统治阶级吗？打倒清政权，而又不打倒“新洋务派”，那就等于说不存在他们操纵政权那种事实。左手立起一个前提，右手又推翻那个前提，近于游戏。资产阶级革命派自然没有提出打倒“新洋务派”的口号，也没有“洋务派”那种观念。强烈的反满宣传模糊了革命派的民族意识，更模糊了他们对买办阶级的认识。他们只能从反满的角度来反对洋务派，反对袁世凯、张之洞等为首的政治势力。吴樾意见书指出“袁世凯甘为傀儡，且猜嫌备至”。《汉帜》等刊物上说：“杀汉奸必杀张之洞。”痛骂袁世凯、岑春煊、张之洞、魏光焘为清政府“四大忠奴”。《民报》刊载“过去汉奸之变相”“现在汉奸之真相”的图片，曾国藩蛇身人首，左宗棠兽身人首，李鸿章鱼身人首，袁世凯头从中间劈开，张之洞头在裤下，岑春煊头斜搁在颈上。尽管革命派的认识缺乏深度，他们反对从曾国藩到袁世凯这个势力，态度是鲜明的。就像革命派没提出反帝国主义口号，我们不能因此抹煞革命派反对帝国主义一样，他们没有打起反“洋务派”的旗子，我们不能因此就抹煞他们反对洋务派，反对清政府的统治。

说同盟会与“新洋务派”事实上是处于对立状态，客观上却处于合作状态，这更是明白的自相矛盾。一切事实都是客观的。客观上互相反对，客观上又合作推进中国的半殖民地半封建化，什么意思？同样近于游戏。清政府灭亡，政权落到袁世凯手里，中国继续走着半殖民地半封建道路，那不是革命的罪过，而是反革命破坏了革命的罪过。革命派进行了斗争，革命失败了。所谓“客观上的合作”，等于把革命的失败看作革命的目标，那岂非历史的绝大颠倒！

第二，立宪派受到不正确的评价，革命否定论把它的力量夸大了。

《中国资产阶级与辛亥革命》的作者玛丽亚·贝热尔女士断言：资产阶级只处于事变的次要地位，远在起义者的地域和能力之外。“资产阶级既不是决策人，也不是组织者”。“事变发展过程中，资产阶级既未加鼓吹，也无法控制”等等。光看这些结论，人们不免怀疑作品上谈论的是否辛亥革命；因为既然这样，革命又怎么发生了呢？作出如此判断的重要原因，是作者对资产阶级上层、立宪派的了解不正确。这表现为：

（一）立宪派被当作了资产阶级全部或主要力量。《中国资产阶级与辛亥革命》首先划定资产阶级的范围为商业资产阶级，即各式各样的商人、产业资本家。照作者说，这个阶级出现于19世纪末20世纪初。1904年商业资产阶级建立起了自己的组织商会，并且有了自己的武装商团。商人不同于绅士，由于废除科举制度，商人的利益与绅士的利益取得一致，二者实际相差无几。1905年，他们作为一个政治势力出现在舞台上，如发动反美运动，收回利权运动等。这些叙述，清楚地告诉我们，那个阶级、政治势力不是别的什么，正是上层资产阶级和它的政治代表立宪派。上层资产阶级、立宪派处在起义者的行列之外，既不是发动革命的决策人，也不是组织者，也没有鼓吹过革命，这完全合乎事实。结论摆在面前：立宪派根本不是革命力量。但作者另有判断：这个势力不革命，反对革命，所以辛亥革命不是资产阶级革命。这显然是把上层资产阶级、立宪派当作了整个资产阶级。立宪派不革命，资产阶级的其他部分也就不革命。立宪派等于资产阶级全体，全体资产阶级等于立宪派。只有这个社会阶层是最有力量的，这就是作者的论点。

（二）重视上层资产阶级抵制革命的事实，忽视了另一部分商人、资本家支持革命的事实。武昌起义以后，汉口、广州、上海等城市的大商人、资本家首先注重的是“保卫地方”，维持“市面”，生怕革命打搅旧的秩序。汉口的情况是有代表性的。武昌起义后第二天，大商人、资本家，即由李国镛、吕逵先等出面，组织“地方保安社”。李国镛经营鸦片生意，在商界有相当实力，又是湖北宪政会、宪政同志会成员，人称“李老板”。“保安社”宣布“专以守中立，保治安”为宗旨；李国镛并以商会名义参与了种种活动。上海大商人、资本家与立宪派首领张謇等态度基本一致。说上层资产阶级抵制革命，是完全正确的。但还有另外一种情况，即中小商人、资本家同情革命。以上海为例：革命党人李燮和、陈其美分别发动起义以后，商人很快组织各种团体，如“馈送军食联合会”“节费助饷会”“售物助饷会”“上海军事募捐团”“民军协济总会”等，支持革命军。不少商业行会还分别捐款助饷，其中有南北货海味业、绍酒业、西药业、纱业、绸业、豆油饼业、木作业、骨器杂货业等等。这说明中小商人、资本家对革命怀有相当的热情。《中国资产阶级与辛亥革命》上划定的资产阶级范围是商业资产阶级，却没有看到这部分人的行动，表明作者重视的是上层资产阶级和它的政治代表，认为只有他们是值得注意的。上层资产阶级就一成不变吗？那不可能。当全国革命高涨的形势已经形成，上海工人、四乡农民反抗风潮兴起，连商团成员都要求参加斗争，以至不可违逆的时候，资产阶级上层的一部分人也迫于形势，不得不改变对革命的态度。如上海商界实力人物李钟钰、王震（一亭）就是这样。李钟钰曾为预备立宪公会会董，实际控制着商团，王震出身日商三井洋行买办，在李钟钰以后当过上海商会会长。在上海起义过程中，他们最后赞成商团武装转向于革命阵营。李燮和先在闸北发动，陈其美想说服江南制造局总办起义，被清军捉拿，得到商团武装营救，才扭转局面，占领上海。李钟钰、王震并分别任上海军政府民政总长、工商总长。但那种情形，并非如贝热尔所主张的，资产阶级里面革命派与改良派就是一回事；它们之间，只有因时因地行动的差异，没有阶级基础的不同。事实上，哪一部分商人、资本家欢迎革命，哪一部分商人、资本家被迫跟着事变的进程改变态度，两者是有分别的。

（三）以为不是由大商人、资本家，它们的代表立宪派去策划、鼓吹的革命，就不能叫革命，《中国资产阶级与辛亥革命》上正是抱着这种看法，那除了对立宪派估计不正确，还把资产阶级革命想得过分狭窄了。世界上所有资产阶级革命，主要不是靠商人、资本家亲自来完成的。革命的组织者可能兼有资本家的身份，但他们主要是资产阶级、小资产阶级知识分子，是资产阶级的思想家、政治家、军事指挥人员。在革命中冲锋陷阵的力量，主要来自农民、工人，其他劳动群众，而非商人、资本家。法国大革命中“三级会议”里“第三等级”的代表无疑属于资产阶级的人物。他们是革命的鼓吹者，也是革命的策划者。可是第三等级的代表中，商人、银行家、工业家并不占多数。其中近半数为律师，其次为作家、政论家、传教士。写出著名的《什么是第三等级》一书的作者是教会人员西哀耶斯。前期“国民派”的“三头”迪波尔、巴纳夫、亚历山大·拉梅特是律师、高等法院人员和贵族出身的上校。革命民主派最杰出的代表马拉是贫穷教员家庭出身的自然科学家、政论家，罗伯斯庇尔是律师、法官，丹东是律师、政论家。忿激派的领袖札克·卢是下级军官家庭出身的教员、乡村教士。从攻打巴士底狱开始的各次事变中的基本群众，如前面叙述过的是各行各业的工人、城市贫民、农民那些“无套裤党人”。贝热尔评论辛亥革命，认为“至少从西方观点来说，这很难说是一次资产阶级革命”。西方资产阶级革命首推法国革命。而法国革命的实际情形远不像她认为的那样，全凭商人、资本家就演出了使路易十六人头落地的雄壮历史戏剧。恰恰相反，法国广大人民群众的流血牺牲，才使那次革命得以在世界资产阶级革命中名列前茅。像中国君主立宪派那种势力，在法国革命中也早就暴露出了它的暂时侧身革命很快就背叛革命的反动本质。

拿上层资产阶级、立宪派的态度、作用为依据，来判断辛亥革命不是一次资产阶级革命，这是《中国资产阶级与辛亥革命》的中心思想，也是它不同于其他革命否定论的地方。

如果说《中国资产阶级与辛亥革命》仔细收集了若干事实——当然也提出了一个需要着重研究的问题，来谈论上层资产阶级与立宪派的作用，那末,《辛亥革命研究序说》就制造出了这个问题的一套理论。作者断言：辛亥"变革"的主力，不是代表中小资产阶级利益的同盟会派，而是代表资产阶级和大资产阶级利益的绅商层及其政治上的代表立宪派。"企图点燃'革命'火种而多方活跃的同盟会的'革命'活动，虽然采用了以反清为口号的'革命'战术，但却未能掀起波及全国的影响。……在资产阶级各派政治势力当中，掌握着最进步的生产力，并提出了最具体、最系统、最现实的政权变革即'政治革命'构想，且在社会上和地方上已经形成并保有着最大的社会、政治影响力的是立宪派。这一派，以不断向资产阶级转化的绅商阶层为其阶级基础，是由集结于各省商会、谘议局、自治局及其他立宪团体机构下的地方上实力派开明人士组成的。从实际的历史过程来看，自义和团运动失败以后，立宪派即通过各种政治、社会、经济活动形成一股社会上和政治上的领导势力。从武昌起义到民国成立之间，实际上是在立宪派的领导之下，与同盟会派及地方上的旧势力联合起来，共同建立起新政权(各省军政府——南京临时政府)"[①]。总而言之，"以变革的主体来说，作为半殖民地半封建社会变革道路的推动者的主体的三派政治势力之中，以绅商阶层为基础的立宪派扮演了领导者的角色"。作者把自己的意思讲得很明白，那就是：一、辛亥革命是推动半殖民地道路的反动变革；二、革命派、群众的斗争无足轻重；三、立宪派最有力量、最重要，是革命的领导者。辛亥革命一大篇资产阶级革命史，从头到尾，变成了一篇立宪派领导的变革史。辛亥革命到底推动了历史前进还是阻碍了历史前进，推翻清政府的斗争是同盟会发动的还是立宪派发动的，从武昌起义到政权落入袁世凯手里，立宪派是支持了革命还是破坏、瓦解了

①《辛亥革命研究序说》，第104—105页。

革命，对于这一系列问题的回答，都与客观史实截然相反。

症结在哪里？症结就在作者反对从历史唯物主义观点、人民群众创造历史的观点看问题。立宪派的极力破坏革命，被说成领导了革命，革命的失败被当作了革命的成功。人们当然要问：既然立宪派那么有力量，确实起了领导作用，他们为什么不防止革命燃起熊熊大火？为什么不保住清政府使它不被打倒？为什么又与据说是处于“对立”地位的袁世凯“联合”起来了？这是立宪派领导变革说所永远解释不了的。

第三，农民和其他劳动群众在革命中的地位和决定性作用，被一笔勾销了。

夸大资产阶级的地位和作用，反过来必然贬低农民、劳动群众的作用。横山英教授划分的两条变革路线中，农民被列于反帝反封建势力的一边，表面上占有应得的地位，而实际上不占任何地位。他一则说：

辛亥革命时期的群众反抗斗争，绝对不是革命斗争，而主要是反对政府政策即新政的群众斗争。它是反帝反封建的变革路线，是同军阀与资产阶级的同盟所推动的半殖民地、半封建主义化的变革处于根本对立的关系的。但同时由于它是潜在的，所以它只能处于酿成革命形势的程度，而客观上竟起到了为半殖民地、半封建政权的树立提供条件的作用。①

再则说：

如所周知，列宁在所著《第二国际的破产》一文中，对革命的各种条件有如下的法则性规定：“没有革命的形势就不可能有革命。……只有在上述客观变化加上主观变化的形势下才会产生革命，这种主观变化就是：革命阶级能够发动足以打倒（或摧毁）旧政府的强大的群众革命行动，因为这种政府，如果不‘推’它，即使在危机时代也是不会倒的。……”“如果在这个国家没有一个革命阶级能够把遭受压迫的消极局面变成愤怒和起义的积极局面的话，任何

①《清末变革中的领导与同盟》，第85页。

> 下层社会的遭受压迫或上层社会的危机都还不能造成革命……”在清末辛亥革命时期的革命形势下，“主体的变化”，亦即“能够发动足以打倒（或摧毁）旧政府的强大群众革命行动的阶级”或者“能够把遭受压迫的消极局面变成愤怒和起义的局面”的革命阶级，存在过吗？……我们看不到堪称为“革命的阶级”——当然是“能够发动足以打倒（或摧毁）旧政府的强大的群众革命行动”的阶级动力，或者“能够把遭受压迫的消极局面变成愤怒和起义的积极局面”的革命阶级，又或者这样内容的“主体的变化”曾经存在过。[①]

农民、人民群众，根据这些叙述，他们的情况是这样：（一）进行过斗争，发生了作用，但进行的“绝对不是革命斗争”，也不发生革命作用。他们与帝国主义、封建势力，由“潜在”的对立，走到了实际的结合。他们没有破坏半殖民地半封建统治，而是客观上帮助反革命树立起了半殖民地半封建的统治。（二）没有进行过斗争，没有起作用。辛亥革命时期不存在革命的阶级，不存在谁能够把遭受压迫的消极局面变成愤怒和起义的局面。“不存在革命的阶级”里面，当然也包括农民阶级、其他劳动群众。第一种情况，农民的地位和作用只能是否定的；第二种情况，农民的地位和作用仍然只能是否定的。中国近代史两条变革路线的理论中，资产阶级革命派发起、领导革命的地位，一开始就直截了当勾销了；资产阶级革命的主力军农民阶级的地位，又拐弯抹角地一笔勾销了。两条变革路线云云，其实只有一条变革路线：半殖民地半封建的变革路线。没有什么革命反革命，大家一起在半殖民地半封建的道路上赛跑，看谁得到冠军。革命否定论就是这样告诉我们的。

农民的革命斗争可以变成推进半殖民地化，革命派的武装起义——其中有武昌起义，可以说成没有全国影响，同盟会的一整套资产阶级政治纲领、政权设想等，可以看成不如立宪派的政治主张、政权设想具体、现实等等，最后集中到一点：上层资产阶级立宪派是辛亥革命的，也是中国社会的领导力量。如此颂扬、抬高资产阶级改良势力，如此贬低、抹煞农民、人民群众，这种观点新奇吗？请看资产阶级改良主义宣传家梁启超关于这个问题的议论吧！辛亥革命以前，梁启超攻击革命派的时候说：“吾见夫所欲用之以起革命之多数

---

①《辛亥革命研究序说》，第99—101页。

下等社会，其血管内皆含黄巾、闯、献之遗传性也。……汝而欲言革命欲行革命也，则汝其学克林威尔，汝其学华盛顿，汝其用最善良之市民。……而必曰破坏旧道德为革命家应行之义务，则刀加吾颈，枪指吾胸，吾敢曰：倡此论者，实亡中国之罪人也，实黄帝子孙之公敌也。”[①] 辛亥革命以后，梁启超承认革命不是有罪，而是有功了。但谁最有功呢？他说，同盟会与立宪派“一派注重种族革命，说是只要把满洲人撵跑了，不愁政治不清明；一派注重政治革命，说是把民治机关建设起来，不愁满人不跑。两派人各自进行，表面上虽像是分歧，目的总是归着到一点。一面是同盟会的人，暗杀咧，起事咧，用秘密手段做了许多壮烈行为；一面是各省谘议局中立宪派的人，请愿咧，弹劾咧，用公开手段做了许多群众运动……不约而同的起一种大联合运动。武昌一声炮响，各省谘议局先后十日间，各自开一场会议，发一篇宣言，那二百多年霸占铺产的掌柜，便乖乖的把全盘交出，我们永远托命的中华民国，便头角峥嵘的诞生出来了。这是谁的功劳呢？可以说谁也没有功劳，可以说谁也有功劳”[②]。痛骂黄巾、闯、献，赞扬“最善良之市民”的大资产阶级，彻底抹煞农民的作用，极力涂改立宪派的反动作用，资产阶级改良派历来就是这么看待辛亥革命的。不承认人民群众的力量，只承认剥削阶级的力量，这是挂着不同招牌的唯心史观的共同点。所以《辛亥革命研究序说》并没讲出什么新的思想，不过在重复唯心论的一种旧思想。表面上引述科学词句，实际违反科学精神。

非“真正”的革命论或革命否定论，目前相当时髦。上面谈到的著作只是两个例子。革命否定论者的出发点不同，情况各异。有为反驳国民党“正统”宣传的，也有抱某种现实目的，想从历史上找根据的。但不管哪种情况，哪种理论，最后都必然归结到革命取消论。历史既然是不可改变的，革命取消论也就无法为人们所接受。

抽象地谈论什么叫真正的革命，什么叫非“真正的革命”毫无意义。尤其不能用资产阶级观点看待革命问题。一切革命斗争都是群众运动。群众在哪里推翻旧制度、旧秩序，建立新制度、新秩序，哪里就在进行革命，历史就在跃进。革命总要有必要的组织、领导、计划等。但革命从来不是按某种

① 梁启超：《饮冰室合集》第5册，《中国历史上革命之研究》。

② 梁启超：《饮冰室合集》第13册，《辛亥革命之意义与十年双十节之乐观》。

预定计划进行的。它打破反革命的意志，也违反革命者的意志。有秩序的革命，从来只存在于书本上，不存在于实际的运动之中。历史正是在这里表现了它的辩证法，表现了不以人的意志为转移的客观规律性。

中国近代史上没有两条路线吗？有两条路线。一条，帝国主义和中国封建主义相结合（买办阶级正是这种结合的产物），变中国为半殖民地半封建和殖民地的路线；一条，农民阶级、民族资产阶级、工人阶级和广大人民群众反抗帝国主义及其走狗，谋求民族解放、独立的路线。一部中国近代史，就是这两条路线激烈斗争、反复较量，中国人民最后战胜帝国主义及其走狗的历史。不管人们凭着主观臆想，把它列为何种公式，描绘为怎样的图案，都无法从事实上改变那两条路线对立和斗争的实质。横山英氏承认帝国主义的侵略，但同时又认为“外国资本主义并不是单纯的反革命势力，对于中国的资产阶级来说，它是半殖民地半封建的社会体制走向资产阶级化的一个条件”。也就是说，帝国主义侵入还有革命性的一面，而且为中国建立资本主义所必需。模棱两可，没有明确的思想。事物的辩证法变成了事物的不确定性。所谓两条“变革”路线，处处矛盾、混乱。显而易见，最后都和这样一个问题直接相联系：对帝国主义侵略的看法淆黑为白，矛盾、混乱。

四、后语

最后，我们还回到齐赫文斯基今年一月发表的两篇文章上来。简要地说，它们大部分是作者以前讲过的东西的再版，稍加改头换面，看了令人“失望”。《中国历史学中对大汉族霸权主义的辩解》一文，与1975年发表的《中国历史学中的大汉族霸权主义》内容雷同，连题目也几乎一样。其中极力挑拨我国同周围国家的关系，说中国如何如何对它们怀有野心。在事实面前，那些谣言早已不攻自破。我们用不着浪费笔墨，一一批驳。

《中国资产阶级民族主义——辛亥革命的思想体系》一文，作者决定拿到国际历史学大会上去宣讲，当然自认为是精心之作。那末，它到底讲了一些什么呢？

第一，文章标题告诉读者，本篇目的是要论述辛亥革命中的资产阶级民族主义思想体系。这是一目了然的。但是全文从头到尾，没有一个地方论述这个中心内容，而只是浮泛地叙述一些武昌起义的过程，中国资本主义发生的情况，孙中山、章太炎等人不同的思想倾向等等，互不连贯，片片断断。中国资产阶级民族主义的内容到底怎样，文中不但没有回答，而且简直没有提出这个问题。文章第四部分开头的两段说：新兴的社会力量，不外乎是宣传民族主义的口号，即联合一切中国人，共同为推翻清王朝而斗争。“辛亥革命时期中国资产阶级的思想体系，是多半带有反满色彩的强烈的民族主义，而且它没有完全摆脱排外主义和大汉族主义”。但是据齐赫文斯基一贯的说法，清政权建立之日起，反满斗争就支配着中国历史，而资产阶级则是19世纪70年代以后出现的，断言辛亥革命的反满是资产阶级民族主义，而不是其他阶级的其他主义，证据在哪里，作者顾左右而言他。没有资产阶级要求的资产阶级思想，没有体系的思想体系。“反满”就是一切，信不信由你。

第二，公然宣告中国近代不存在或几乎不存在帝国主义侵略，不存在或几乎不存在中华民族与帝国主义的根本矛盾。文章写道：

> 刘大年认为辛亥革命前夕中国社会的主要矛盾是中国人民和世界帝国主义之间的矛盾，而不是国内已经发展起来的资本主义成分同体现于满清君主制度的封建势力之间的矛盾，说“辛亥革命是革帝国主义的命”，从这一错误的前提出发，他认为最后几个满清皇帝及其左右的大臣不过是“帝国主义的代理人”，而辛亥革命的任务也仅仅是为了使国家摆脱对帝国主义的依赖。由复旦大学历史系和上海师范大学历史系集体编写，并译成英文的通俗书籍《辛亥革命》的作者也和刘大年唱一个调子。该书把辛亥革命同1894年中日斗争、1898年改良运动以及1900年义和团起义并列，用作者的话说：“所有这些，反映了一个事实：帝国主义侵略者和中华民族的矛盾日趋激化。”

否认中国近代史从一个方面来说，就是帝国主义侵略中国、帝国主义及其走狗封建势力变中国为半殖民地殖民地的历史，这说得何等明白！文中又写道：

> 李泽厚说：“由于1903年沙皇政府在满洲的反动政策，而使中国留日革命学生团体提出纲领性要求。”这同样也是言过其实，有意

加以歪曲。同时作者甚至提也不提1904年日俄战争前夕日本和英国统治集团的反俄宣传对中国青年学生所造成的影响。李泽厚也完全忽视了第一次俄国革命对中国资产资级和知识分子所造成的革命化的影响。

英法日美凶恶侵略中国，唯有俄国例外。不但例外，而且大有造于中国。阿弥陀佛，善哉善哉！但是，人们止不住要问：中国既然不曾遭受帝国主义侵略，不存在中国人民与帝国主义的矛盾，那末，近代中国又怎样变成了外国殖民地半殖民地呢？难道是中国人民变自己的国家为自己的殖民地吗？沙俄既然那样温良恭俭让，中国东北、西北的大片领土怎么又落入俄国手里的呢？难道是中国人双手送上门去的吗？苏联研究中国近代史的头号“权威”不知怎么回答这个问题！

第三，文章里说，中国的研究者把辛亥革命前中国社会的主要矛盾说成是中国人民和帝国主义的矛盾，那是“为了‘论证’对邻国的领土要求”。多么不可思议！论述中国的社会矛盾，怎么竟然发生了“要求”邻国领土的严重问题呢？原来作者头脑里先有一项规定：满族人不当视为中国人，满族世代居住的土地不当视为中国土地，说明白一点，应当视为俄国的土地。你们断言辛亥革命打倒的清朝政府是帝国主义走狗，而不是什么“非中国人”，照逻辑推论下去，那不等于对“邻国”——俄国提出“领土要求”吗？齐赫文斯基在这里大声告诉我们：他之所以拼命把中国辛亥革命以前的近代反帝反封建斗争历史，歪曲、篡改为汉族人反对满族人的历史，是为了达到一个目的：对中国提出领土要求，或者至少证明沙俄侵占中国东北、西北广大领土的正当性，他人不得非议。这完全应了中国一句成语：不打自招。

我在前面的“中国对外国革命”说纠谬一节里说，齐赫文斯基一伙费那么大的劲，编造那么多的作品，来宣传“满族人不是中国人，而清朝是外国对中国的统治”，必有重大现实目的，用“反华”二字去概括，起码太笼统了。至于他们的重大现实目的是什么，我只在附注里引某个维克托·路易斯的恶毒反华作品《中华帝国即将衰亡》点到了一下，没有深论下去。现在好了。齐赫文斯基自己出来作了宣布。他们的目的，一是替沙皇俄国、亦即替苏联统治者现在推行的对外侵略扩张辩护；二是为对“邻国”中国提出领土要求，制造历史根据，或者证明沙俄侵占中国广大领土的必要性、合理性。一句话，为苏联领导集团推行霸权主义做舆论工作。他们开口闭口攻击中国历史学的所谓大汉族霸权主义，这就像神是人的倒影一样，正好是他们自己大俄罗斯霸权主义的倒影。以前不能说我们对此毫无了解，但总不如他们自己讲的更确实，更无怀疑的余地。在这一点上，我们要十二分地感谢齐赫文斯基先生。

哲学上有一种学说叫作目的论。马克思、恩格斯批评历史唯心主义目的论者说：从前的目的论者认为，植物所以存在，是为了给动物充饥，动物所以存在，是为了给人类充饥，同样，历史所以存在，是为给理论的充饥服务。为什么需要研究历史呢？历史向我们提供明确的证明，历史揭开真理。人为历史而存在，而历史则为真理而存在，等等。马克思、恩格斯在这里批评的，是资产阶级唯心主义先验论庸俗观点，是说历史不能任意涂改，去证明先验的理论。照那样对待历史，最后必然走向神学。苏联的反华宣传家们声称他们不是唯心论，而是马克思主义者，是要进行创造性的科学研究。“满族人不是中国人”，满族居住的地区不是中国领土——他们孜孜不倦所研究、宣传的这个历史“真理”，确实称得起是创造性的。沙皇俄国曾经侵占中国东北的全部或大部，沙皇御用文人写了不少关于中国东北的书，他们不肯或没有能够提出这个违反历史常识的问题。日本军国主义也曾经侵占中国东北的一部或全部，日本军国主义御用文人写了更多的书，调查材料堆积如山，他们也不肯或没有能够提出这个违反历史常识的问题。苏联反华宣传家一反掌之间，就达到了沙皇俄国的研究家、日本军部控制的研究家们，长期没有达到的境地，后来居上，引人瞩目。不过这一回，历史不是为了“给理论的充饥服务”，也不是为了给其他什么充饥、服务，而只是给苏联世界霸权主义越来越大的胃口充饥，为它服务。何时苏联霸权主义恶兽的胃口没有填满，何时就继续要给它寻找充饥的食物。对于这样的历史研究，应当实至名归，名之曰“新目的论学派”。它与马克思、恩格斯批评的“从前”的老目的论者，虽然同样急于要找到东西充饥，要吞噬别的东西，却是挂着社会主义和现代化的新的招牌。齐赫文斯基一伙的反华作品，正不愧为是这样一部“新目的论杰作汇编”。这就是他们的“巨大科学成就”，这就是他们的“马克思主义”！但是新目的论者的任务未免太繁难了。我们愿意奉告孟轲说过的一句话：“先生之志则大矣，先生之号则不可！”[1]

---

①《孟子 · 告子下》。

中国近代史研究从何处突破？①

评论中国近代史研究的人，大多数都承认，30 年来进展显著。但也几乎众口一词，不满足于现状。因此，提出了从何处突破的问题。

对此可以有各种回答。例如说，钻研马克思列宁主义、毛泽东思想，特别是钻研马克思主义唯物史观，提高理论水平；或者说，进一步收集、整理资料，加强专题研究。无疑地，这些都是正确的回答。然而那一些并非一时的需要、一时的任务，任何时候都要那样做。根据目前的情况，是否也可以考虑从近代史研究中最薄弱、最繁难而又最重要的内容方面来寻找突破的关键？如果可以，我就觉得应当狠抓中国近代经济史的研究。

五六十年代，学术界对中国近百年经济史研究，做了不少工作。严中平等统计、选编的《中国近代经济史统计资料选辑》和《中国近代工业史资料》（一部孙毓棠、汪敬虞编，另一部陈真等编）、《中国近代农业史资料》（李文治、章有义编）、《中国近代手工业史资料》（彭泽益编），其他同志编辑的中国近代对外贸易史、外债史、铁路史、海关史、货币史、钱庄史、民族火柴工业、民族毛纺工业、机制面粉工业、上海民族机器工业等十几种近代经济史资料，都出版于那段时间里；专著有《中国近代国民经济史》（吴杰著）、《中国经济史略》（孔经纬著）、《中国近代经济思想史》（赵靖、易梦虹著）、《中国近代经济史教程》（孟宪章著）和湖北大学、中国人民大学的《中国近代国民经济史》教科书，等等。但总起来说，专题研究少，科学水平高的著作少，尚未动手整理的资料浩如烟海。最近两年来，中国近代经济史的研究有所进展，但从事于这方面研究的人员仍然很有限，显得不够活跃。1980 年全国举行的中国近代史学术讨论会一共十多次，没有一次专门讨论中国近代经济史的。8 月间，中美学者在北京举行的宋明清经济史学术讨论会，12 月，在长春召开的洋务运动学术讨论会，都只涉及中国近代早期的经济史。1980

---

① 原载《光明日报》1981 年 2 月 17 日；又载《中国历史学年鉴》，人民出版社 1981 年版。后收入《刘大年史学论文选集》。——编者注

年在全国报刊上发表的中国近代史方面的文章达数千篇，属于近代经济史的，只有一百篇左右。新出的专著，多半是五六十年代的旧著增订新印，或者是解放前的旧书修订再版。非常惭愧，我自己在这方面没有作什么研究。遇有不得已，就去照抄严中平等的著作。但可惜的是，有时感到可以放心去照抄的东西也未免太少。看到这一些，不能不承认经济史研究，在中国近代史研究中确实是一个薄弱环节。

说到繁难，大家会有同感。首先，中国资产阶级没有给我们留下各经济部门有系统的调查、统计材料。农业、手工业不用说，近代工业的也没有。土地改革、私营工商业改造时期的调查统计材料有现成的，但光凭那些并不足以了解历史发展的过程，而且那些材料如何供科学研究使用，至今也还没有解决。其次，经济史的资料往往特别分散，搜集整理不易。其中除了一部分原始档案，报章杂志所载，私家见闻所录，准确性一般较差，爬罗剔抉，刮垢磨光，费时费事。又其次，由于近代中国是个半殖民地半封建的社会，不少厂矿企业是外国资产阶级开设创办的，也有一些是中外合资的，也有中国的农、工、商业情况，不见于中文记载，而见于外国人记载的。那些材料或者一时不能找到，或者找到了，必须有相应的语文工具，方能利用。这一些，是客观上存在的所谓难点。本来任何一门科学研究、任何一个有价值的研究题目，要切实做出成绩，都决非轻而易举。如果有那样的学科，那样的题目，大概那是不解决什么问题的，或者反而还有坏处。但是中国近代经济史的研究，既然有那些难点，就不免要使一些人望而却步。有的年轻同志，一看到这个专业，情愿走别人走熟了的老路，去抱个不管什么娃娃，也不愿意青春作赋，皓首穷经，从这里抱个金娃娃。在中国近代史研究里，经济史研究显然是一个尚待克服的老大难。

那么，这种研究的重要性怎样呢？打个比喻吧，据说从前中国人建造房屋同西方人不一样，中国人把上梁看得最要紧，西方人把筑础看得最要紧。上梁要紧，就是看重最高层的部分，筑础要紧，就是看重最基层的部分。这个比喻是孙中山讲演民权主义时说的。用它来说明研究历史，上梁、筑础都重要。但筑础的工作，对于马克思主义历史研究，显得尤其重要。因为它是讲社会历史的物质基础部分的。马克思主义经典作家反复地论述：生产，是一切历史的第一个前提，一切历史的基本条件。社会物质资料的生产，以及随之而来的产品交换，是人类全部历史的基础。社会历史发展，最后取决于物质力量即生产力的发展。人们在生产自身生存必需的产品时，彼此所发生的关系即生产关系，要以生产力的变化发展为转移。我们研究历史，寻求它运动的终极原因、客观规律性，就应当从一切社会关系中划出生产关系来，并把它当作决定其余一切关系的基本的、原始的关系，等等，等等。这是大家所熟知的。需要指出，那些话是讲历史唯物主义基本观点，并非讲经济史的研究，不应当把它们混为一谈。但是我们的历史研究工作，要真正建立在唯物主义基础上，除了认真研究经济史——例如我们叙述近代的阶级、阶级斗争，除了切实地、系统地研究当时的农业、手工业、现代工业和商业的具体状况，除了从这些生产、交换领域切实地了解当时的社会生产力、生产关系的不同状况，发展演变过程以及由它所构成的阶层、阶级间的物质利益关系——试问我们又从何处来保证那些叙述的基础是牢固的，确实合乎历史唯物主义呢？从这个角度，又可以认为马克思主义经典作家讲历史唯物主义基本观点的那些话，恰恰也是说明经济史研究的重要性。中国近代史上所有重大的革命斗争，我们都能作出一个大致的、基本的评断。如说太平天国是农民战争，辛亥革命是资产阶级民主革命，五四运动是共产主义知识分子和其他知识分子以及无产阶级和资产阶级参加的革命运动。大多数讲近代史的人，一直采取这些评断。原因是近代经济史研究的现有成果、有关资料，使我们对中国社会经济状况，资本主义的产生、发展有一个大致了解，它们足以支持这些评断大体上站得住脚。反过来，在另外一些重大问题上，又分歧、对立。例如洋务运动是“进步的”运动，还是推进中国半殖民地化的反动运动，其主要作用是促进中国资本主义发展，还是阻碍这种发展；戊戌变法算不算改良运动；辛亥革命前的立宪派与革命派，到底谁有功，谁有过，是否走立宪派的道路中国会发展得更快，乃至已经达到近代化。单是解决这些问题，也需要研究中国资本主义的发生、发展，研究中国资产阶级的状况、特点和历史过程。不论从哪方面看，在近代史研究里，经济史研究都占着极重要的地位。如果我们在这个问题上认识不足，那不免会像孙中山说的中国人造房子，看重上梁，轻视筑础。尽管他可以建造起崇楼杰阁、长廊大榭，碰上几级地震，难免有裂缝、坍塌的危险。所以我们还是应当像西方人造房子那样，筑好基础重视最基层的部分。

恩格斯对于唯心主义历史观和旧的历史著作说过这样的话：“旧的、还没有被排除掉的唯心主义历史观不知道任何基于物质利益的阶级斗争，而且根本不知道任何物质利益；生产和一切经济关系，在它那里只是被当做‘文化史’的从属因素顺便提到过。”① “我在曼彻斯特时异常清晰地观察到，迄今为止在历史著作中根本不起作用或者只起极小作用的经济事实，至少在现代世界中是一个决定性的历史力量；这些经济事实形成了现代阶级对立所由产生的基础；这些阶级对立，在它们因大工业而得到充分发展的国家里，因而特别是在英国，又是政党形成的基础，党派斗争的基础，因而也是全部政治历史的基础。”② 当然，没有任何理由可以认为，我们现有的中国近代史一类题目的书，都是“旧的”，是照“还没有被排除掉的唯心主义历史观”编写出来的，或者生产和一切经济关系，在那里完全被当作文化史的从属因素。但是，这些书上反映出的经济事实的力量，相当微弱，或者缺少内在联系，远不足以表明它们“是全部政治历史的基础”，却是无可否认的。我们要改变这种状况，加强中国近代经济史研究是一条必经途径。

或者有的同志说，历史不能离开重大的事件、战争、人物的活动等项。中国近代史上这方面要探索、解决的问题非常多。只强调抓经济史，怎么就能提高整个近代史研究，岂不太偏颇了吗？不错，历史是一个统一的整体。社会经济基础、阶级、阶级斗争、上层建筑，统一在历史行进的过程里，天衣无缝。我们什么时候都不应当、也不可能把它们分割开来。分割、对立起来了，就没有完整的历史了。我说要重视经济史的研究，第一，是从前述情况出发，讲目前研究工作的重点，丝毫没有主张把历史本身加以分割的意思。第二，并非认为其他领域的研究可以轻视。经济史决不能代替全部历史。如果以为可以代替，那就要讨论历史研究的对象到底是什么，把事情扯远了。第三，重视了解社会经济状况，决不意味着可以像历史上有过的庸俗唯物论那样，无论什么事，无论什么情况，都要直接从经济上找出原因，做成答案。谁这样看待经济史研究的必要，谁就会走向反面，陷入极端荒谬的境地。马克思主义的历史唯物主义是科学，它决非像资产阶级歪曲、攻击的是所谓“经济唯物论”“机械论”之类的东西。因此，第四，突破，不等于无目的地破旧说，立新说。谈论历史，抓住某人某事立个新说，只要不怕被驳倒，人人优为之。在科学上作出贡献，就不那么简单了。我主张加强经济史研究，中心意思是：

①《马克思恩格斯选集》第3卷，第423页。

②《马克思恩格斯选集》第4卷，第192页。

克服薄弱环节、表面体系等等，做好阐述历史唯物主义的基础工作，不斤斤于这样那样的框架，全面提高中国近代史研究的马克思主义水平。大立新说，使我们的中国近代史著作，截然有异于一切旧的、没有排除掉唯心主义的历史书，面貌焕然一新。这就是我所说的突破。

超越近代史研究，从更广泛的范围来看，中国近代经济史研究也值得重视。列宁说：俄国缺少唯物主义传统。中国呢？恐怕一样缺少唯物主义传统。中国历来的所谓“学术”“学问”，大抵重社会，不重自然；重故纸堆，不重实际生活；重以往，不重现在；重上层建筑、精神领域，不重经济基础、物质生产。世代相因，习为固然。它与生产落后有关，也与传统学术思想有关。多研究近代经济史，研究旧中国生产力状况、国民经济状况，对于改变那种学风，可能有些作用。因为它是我们“国情”里讲物质基础的部分，而又和目前的生活联系较多。中国革命取得全国胜利的时候，我们党很重视中国近代经济史的调查研究，据以制定党的路线、方针、政策。毛泽东同志在七届二中全会的报告中论述经济问题时曾强调指出：在“为什么应当采取这样的经济政策而不应当采取别样的经济政策这个问题上，在理论和原则性的问题上，党内是存在着许多糊涂思想的。这个问题应当怎样来回答呢？我们认为应当这样地来回答。中国的工业和农业在国民经济中的比重，就全国范围来说，在抗日战争以前，大约是现代性的工业占百分之十左右，农业和手工业占百分之九十左右。这是帝国主义制度和封建制度压迫中国的结果，这是旧中国半殖民地和半封建社会性质在经济上的表现，这也是在中国革命的时期内和在革命胜利以后一个相当长的时期内一切问题的基本出发点。从这一点出发，产生了我党一系列的战略上、策略上和政策上的问题。对于这些问题的进一步的明确的认识和解决，是我党当前的重要任务”①。建国初期，我们党正是从旧中国的社会生产力和国民经济的基本情况出发，制定出一整套切合实际的战略、策略和国家经济建设的方针计划的。经过贯彻执行，取得了社会主义革命和建设的辉煌成就，举世瞩目。后来由于离开了这个“基本出发点”而任意地去改变生产关系和轻视客观实际，结果社会主义建设遭受挫折。是否按照客观规律——经济规律就是客观规律的一种——办事，归根到底，是一个尊重唯物论与否的问题。现在，党正领导全国人民向我国四个现

① 《毛泽东选集》第4卷，第1429—1430页。

代化的目标迈进，而且我们必须走自己的道路去达到现代化的目标。中国近代经济史的研究，完全可以在这方面有所助益。做得好，在尊重唯物论、改变传统学风方面也会有所助益。我们说，从更广泛的范围来看，这种研究也值得重视，亶其然乎！

评戊戌变法[①]

戊戌变法怎样评价，不断有文章进行讨论。胡绳同志的近著《从鸦片战争到五四运动》中有关的论述，和故宫康有为一批条陈、论著原本的发现，证明《戊戌奏稿》有重要篡改作伪，给这个讨论带来了新的动力。故宫新发现的康有为条陈、论著内容，见于《故宫博物院院刊》1981年第1期和不久前《人民日报》上陈凤鸣、孔祥吉同志文章的评介。它们涉及那场事变的两个主要问题：

一、百日维新中光绪皇帝执行的政策；

二、康有为、改良派执行的政策。

戊戌变法是近代中国复杂的阶级斗争场面之一。如果能够就这两个问题深入研究下去，必定可以对事变作出更客观、更准确的评价，在科学上有所前进。下面说我的看法。

一、百日维新中光绪皇帝执行的政策

百日维新中，光绪帝载湉是不是完全执行了以康有为为代表的资产阶级改良派的政策？从主要当事人提供的看法和对事实所作的稽核，都可以断言不是。

主要当事人首推载湉，改良派的政策他当然很了解。康有为历次上书、条陈中，反复申说：变法必须全面变，从政治制度上变，反对像洋务派那样，枝枝节节，变事不变政，变政不变人，变人不变法。所谓小变则亡，全变可强，康有为不知讲了多少遍，舌敝唇焦。变法变人，核心问题，是要让资产阶级上层的代表人物参加政权，分享权力。其他一些具体问题的政策，和这

① 原载《近代史研究》1982年第4期。原标题为《戊戌变法的评价问题》。后收入《刘大年史学论文选集》，改为现题。——编者注

个核心问题相联系，有的直接，有的间接。载湉对于改良派的全面变法、让资产阶级上层代表参加政权这两个基本要求，接受了没有呢？载湉回答得非常明确，他很赞成，但是没有力量来实现。他的这番话，是在百日维新后期亲手写给杨锐，后来1909年由杨锐的儿子杨应昶、学生黄尚毅送交都察院，缴还了清政府的密诏中坦率地讲出来的。密诏上写着："近来朕仰窥皇太后圣意，不愿将法尽变，并不欲将此辈老谬昏庸之大臣罢黜，而登用通达英勇之人，令其议政，以为恐失人心。虽经朕累次降旨整饬，而并且有随时几谏之事，但圣意坚定，终恐无济于事。即如十九日之朱谕（按：指旧历七月十九日，将礼部六堂官一齐革职的上谕），皇太后已以为过重，故不得不徐图之，此近来之实在为难之情形也。朕亦岂不知中国积弱不振，至于阽危，皆由此辈所误；但必欲朕一旦痛切降旨，将旧法尽变，而尽黜此辈昏庸之人，则朕之权力实有未足。果使如此，则朕位且不能保，何况其他？今朕问汝：可有何良策，俾旧法可以全变，将老谬昏庸之大臣尽行罢黜，而登进通达英勇之人，令其议政，使中国转危为安，化弱为强，而又不致有拂圣意。……"①通篇文字，实际是两句话："尽变""全变"旧法；罢黜"老谬昏庸"，任用"通达英勇之人"。而这两条，也就是改良派变法的基本要求。载湉说那拉氏坚决反对这样做，他自己完全没有力量这样做，问康有为等有何良策来这样做。他向改良派哀求式地解释说："必欲朕一旦痛切降旨……则朕位且不能保，何况其他？"载湉肯定改良派变法的基本主张并未实行，没有根据能够推翻他这个判断。

当事者中，又一位主要人物是康有为。他同样强烈地认为自己提出的变法建议，基本上是被否决了。康有为自编《年谱》里一一叙述说："所云誓群臣定国是一条，以为诏书两下，国是已定，此条无庸议。所请选天下通才二十人置左右议制度一条，乃改为选翰詹科道十二人，轮日召见，备顾问，于是制度局一条了矣。我所请令臣民咸得上书一条，改为职官递本衙门，士民递都察院。我所请开法律局，定为每部派司员，改定律例。夫司员无权无才，无从定之，又非采集万国宪法，与我本意大相反矣。学校局一条，则以大学堂

---

①赵炳麟：《光绪大事汇鉴》卷九；又《庸言报》一卷九期罗悖曧《宾退随笔》亦载原文。二者个别字句略异。梁启超《戊戌政变记》所载内容简略，有人称为"伪密诏"。事虽不伪，但极不全，不可为据。

及各省中小学堂，已经奉旨另办了之。农工商局则以屡奉谕旨饬办了之，所谓起民兵以练陆军，购铁舰以成海军，则以裁兵并饷等旨了之。所请民政局，则拟旨令督抚责成州县妙选人才了之。惟令开一铁路矿务局，请即在总理衙门派人办理。于是所议，我折似无一语驳者，似无一条不行者，上亦无以难之，虽奉旨允行，而此折又皆成为虚文矣。大官了事，所谓才者如此。”①意思是很明白的：第一，他的政策、主张大部分并没有被采纳；第二，是守旧大官僚的阴谋诡计，把他的一条条建议化为乌有了，载湉是赞成那些建议的，只是对大官僚们“无以难之”。改良派本来是半地主、半资产阶级的代表。地主阶级的眼光，使他们不易辨别载湉的态度与他们自己之间的分歧。但结局仍然是一样：载湉并没有采纳改良派的大部分建议，使之付诸实行。

稽考事实的结果又如何呢？载湉不但没有完全实行改良派的政策，很多倒是采用的洋务派的政策。胡著《从鸦片战争到五四运动》中的“百日维新中的光绪皇帝”一节，查考事实以后作出了这个论断。胡绳这部著作，一是大气笼罩，近代中国的阶级斗争、各阶级复杂的相互关系及其演变过程，关键突出，情节昭然，人们可以从中找到历史前进的客观规律性。二是实事求是严格按照事件的时间顺序，通过具体材料，自然地表现出那些斗争和演变进程。解说鲜明，寓论议于史实叙述之中。以前若干中国近代史著作，不是前一条不足，就是后一条欠缺，显得科学性差，说服力不强。胡著把这两条紧密地结合起来，形成了它的特色，在中国历史学著作里，是一部很好体现了马克思主义理论的科学著作。个别缺点，史料上的失误是有的。叙述载湉和康有为执行了什么政策的部分，采取《戊戌奏稿》旧说，没有来得及利用最新发现的康有为条陈等资料。但认为载湉执行的很多是洋务派的政策，这仍然合乎事实。

载湉下诏定国是以后的一百零几天里，上谕如雪片纷飞。改良派一再上折，但没有被采纳，相反由洋务派提出来，虽与改良派的主张抵触的建议，却大量地见诸诏书。其中有变法纲领的问题，也有经济政策、文化教育方针的问题。

变法纲领方面，1898 年 3 月 31 日，由总理衙门递进的康有为《请大誓臣工开制度新政局》的奏折，提出了开制度局是变法维新的三大政策之一。其

① 《戊戌变法》第 4 册，第 153—154 页。

具体办法是“用南书房、会典馆之例，特置制度局于内廷，妙选天下通才十数人为修撰，派王大臣为总裁，体制平等，俾易商榷，每日值内，共同讨论，皇上亲临，折衷一是，将旧制新政，斟酌其宜”[①]。大约十天以后，即中俄签订旅大租借条约前几天，康有为上条陈，作了种种论述，最后归结到一条，请载湉独奋乾断，“专以开制度局，变新法，修战具为事”[②]。4 月 13 日，康有为上《译纂日本变政考，乞采鉴变法，以御侮图存》折，陈述大局危急，极力主张载湉以日本为图样变法。应当采取的一项措施，就是“开制度民政之局”[③]。6 月 16 日，载湉在颐和园召见康有为，康当面陈述，“臣请皇上变法，须先统筹全局而全变之，又请先开制度局而变法律，乃有益也”。康有为受载湉召见以后的第三天，再次上折，《请御门誓众，开制度局以统筹大局，革旧图新，以救时艰》。他指出制度局的任务，是“审定全规，重立典法。何事可存，何法宜革，草定章程”[④]。非常明确，在宫中设立制度局，全面变法，是改良派变法的政治纲领。他们变法维新的各种主张中，开制度局占据首要的地位。载湉最初也没有忽视康有为这个纲领，几次责成王大臣会议回奏，并严厉指出不许浮词搪塞。洋务派军机大臣王文韶出主意，最后来一个“变通办法”[⑤]，把康有为建议中，制度局的人选应该是“天下通才”（有的地方作“草茅才士”），也就是应该包括康有为和他的改良派同志和盟友，一笔勾掉了。载湉表示同意，“奉旨允行”。这是对康有为建议开制度局、全面变法的否定，使改良派变法的政治纲领一开始就没有能够实行。

变法还是不变法以及怎样变法，在康有为看来，开制度局是一个关键。载湉接受洋务派和其他大臣的意见把它否定了，康有为并不死心。8 月中旬，他在《进呈波兰分灭记序》里面又一次陈述：“今吾贵族大臣未肯开制度局以变法也，夫及今为之，犹或可望。”再迟数年，俄国在东北的铁路筑成，长驱南下，那时想变法，帝国主义也不允许了。[⑥]8 月 29 日，他在谢编书赏银《请

---

① 即统筹全局折，原叫作“为外衅危迫，分割洊至，急宜及时发愤，大誓臣工开制度新政局，革旧图新，以存国祚”。见故宫《杰士上书汇录》卷一。

②《杰士上书汇录》卷一。

③ 同上书。

④《杰士上书汇录》卷二。

⑤《戊戌变法档案史料》，第 10 页。

⑥ 故宫档案，康有为《波兰分灭记》，戊戌进呈原本第 1 册。

及时发愤，速筹全局》奏折里，最后一次强调需要开制度局，并阐述它的重要意义说："制度局不开，措施之散漫乖错延阁如彼，犹泛沧海而无航，经沙漠而无导，冥行乱驶，而当风雨雾雪涛飓之交，而欲诞登彼岸，不致沉溺，岂可得哉！"皇上应当自断之，自审之，不为庸人所乱，不为谣言所惑。"选通才于左右以备顾问，开制度局于宫中以筹全局，坚如山岳，厉若风霆，则纲举目张，规条具举……若仍左右无谋议之人，全局无统筹之计，因任守旧，零碎凑集，先后倒置，缓急失宜，变事而不变法，变法而不变人，医多药杂，凌乱妄投，脉乱病深"，那样中国就将为"波兰之续，虽欲变而不能矣"[①]。尽管康有为讲得如此激烈沉痛，载湉不作任何表示。从此以后，开制度局就再没有提起，石沉大海了。

经济政策、文化教育方面，载湉执行的不少是洋务派的政策，《从鸦片战争到五四运动》叙述详尽，事实正确。载湉下达的命令，如修筑铁路、举办邮政、裁军练兵、废除漕运、开办学堂等等，有见于康有为奏折中的。但这些内容洋务派早就提出过。例如1895年胡燏棻的《变法自强疏》里，把筹饷、练兵、筑铁路、开民厂制造机器、废止漕运、创办邮政、设立学堂等等，都列举出来了，论述详细。其中筹饷、练兵、筑铁路等，并且分别在实行。说载湉发布这类命令，是采纳的洋务派的主张，更加合乎事实。

百日维新中，载湉是不是完全没有接受康有为所代表的资产阶级改良的政策？实际情况也说明不是。改良派有一些建议，载湉是大体上接受，并用谕旨宣布了的。它们在百日维新中占有一定的地位。其中首先值得提到的，是下诏定国是。

作为百日维新开端的定国是诏，不但是蔚然兴起的维新运动的产物，也是康有为直接促成的。康有为在自编《年谱》里说，1898年5月下旬，他由于变法活动受到种种攻击，已经决定暂回广东。一再阻挠变法的奕䜣适在这时死去，载湉决心变法。康有为立即上书翁同龢，"促其亟变法，勿失时"。翁同龢自己也被人弹劾，感到康有为走了以后，没有人从事宣传鼓动，要他留下来办几件事再走，于是康有为起草两篇"请定国是而明赏罚"的疏稿，分别由御史杨深秀、侍读学士徐致靖递上。[②]翁同龢把这两个奏折送到了载湉手

①《杰士上书汇录》卷一。

②《戊戌变法》第4册，第144页。

里。几天以后，下了定国是的诏书。翁同龢《日记》上对此有简要记载。[①]事情刚刚过去，梁启超曾颇为自豪地对人说："新政来源真可谓全出我辈。……仆等于彼时乃代杨侍御、徐学士各草一折，言当定国是，辨守旧开新之宗旨，不得骑墙模棱，遂有二十三日之上谕。"[②]康有为自己也上了一个《请告天祖誓群臣以变法定国是》折。[③]载湉的下诏定国是，是直接采纳了康有为、梁启超先后起草的三个要求"定国是"奏章的主张，这是明白无误的。时间比这稍早一点，载湉经过奕劻转告那拉氏："太后若仍不给我事权，我愿退让此位，不甘作亡国之君。"那拉氏大怒，说"他不愿坐此位，我早已不愿他坐之"。经奕劻极力劝说，那拉氏才表示："由他去办，俟办不出模样再说。"奕劻回来复命说："太后不禁皇上办事。"载湉从那拉氏要来一点事权，这对于发出定国是诏是不可缺少的。翁同龢从为载湉争取权力的角度出发，主张变法，给改良派接近载湉做了穿针引线的工作。从这一点来说，他也算定国是诏的促进者。不过在他看来载湉这时似乎"专讲西学"，而不强调"圣贤义理之学"，未免有点不对头了。翁同龢《日记》里透露了这个意思。

康有为草拟的三个奏稿，都是强调变法的必要性，理由和论据大同小异。载湉定国是诏同样也是说需要变法，至于变什么，怎样变，也只是简单地提到了须"博采西学"。这道看来内容空洞的诏书，引起的反响出乎意外地强烈。改良派欢欣鼓舞，反动派、守旧势力则感到相当惊恐。这是由于定国是诏虽然没有具体内容，却是一个政治宣言。它由皇帝来正式宣布，旧的统治制度

---

①《戊戌变法》第1册，第523页。

②《梁任公年谱长编》，第57—58页。

③《戊戌变法》第2册，第206—208页。《戊戌奏稿》中，此折肯定经过篡改。"采万国之良规，行宪法之公议"，无疑是后来加入的。但不能因此认为全折是出于伪造。康有为自编《年谱》里叙述他的各项建议遭到大官僚们一一否定的情形说："所云誓群臣定国是一条，以为诏书两下，国是已定，此条无庸议。"这说明他是确有"定国是"折的。黄彰健《戊戌变法史研究》中判定全折为伪。所举理由，是康自编《年谱》上记载代杨深秀草拟的"定国是"折，曾列举古今中外变法有效的君主四人与现存杨折相合；《奏稿》中此折所举中国古代变法君主人数、人名不同于《年谱》，也不同于杨折。其实，这个事实只能证明《年谱》所述代拟杨折为真，与《奏稿》此折真伪全然无关。因为《年谱》中所记变法君主人数、人名只是叙述代拟杨折的内容，根本没有涉及他自己上折是怎样讲的。《年谱》上说同时分拟杨、徐二折，也没有叙述徐折的内容是什么。从现存徐折中知道，只是"定国是"意思与杨折相同。文字很不一样。康折与代拟杨折是两篇不同的文章，彼此文字不同。不能互相证明孰真孰伪。

实在太腐朽，太不得人心了。必须参照“西学”来一番重大改革，清政权才可望维持下去。对于洋务派与封建阶级，都是一个重大的打击。载湉在这个问题上基本采纳了改良派的主张。

其次是6月23日下诏废除八股。尽管只是改变那种文体，也有一定的意义。其间经过种种斗争，载湉采纳康有为的意见，才实现了。康有为记载说，6月16日，他见载湉，历数八股祸国殃民。“上曰：‘然。西人皆为有用之学，而吾中国皆为无用之学，故致此。’对曰：‘上既知八股之害，废之可乎？’上曰：‘可。’对曰：‘上既以为可废，请上自下明诏，勿交部议，若交部议，部臣必驳矣。’上曰：‘可。’”但是等到载湉要发命令的时候，那拉氏的亲信军机大臣刚毅马上出来阻止了。他照例“请下部议”，载湉不准；刚毅威胁说：“此事重大，行之数百年，不可遂废，请上细思”；载湉愤怒驳斥，刚毅最后仍坚持，“此事重大，愿皇上请懿旨”。载湉不作声了。后来得到那拉氏默许，终于下达了废八股的诏书。

又其次，9月2日，上谕宣布，士民上书言事，都察院不需要拆阅，随到随递，不准稽压。9月13日，又下令不论官民，一律可以应诏陈言，藩臬道府，均得自行专折具奏，士民上书由本省道府随时上奏。1895年，康有为上清帝第四书就建议载湉下诏求言，许天下人到午门递折，永以为例。后来上的《请大誓臣工开制度新政局》折里，又提出在午门设待诏所，派御史为监收，“许天下人上书，皆与传达”。百日维新中，康有为再次在奏折中请下明诏，令天下人民上书。载湉宣布允许士民上书加上由道府转奏的限制，对康有为的建议也算部分采纳了。[①] 梁启超当时认为允许士民上书，是什么把中国“从古最塞之国体，一变而为最进之国体”，任意夸张，不着边际。但在洋务派、封建专制主义统治的中国，人民——主要是早期资产阶级和它的知识分子有权对皇帝讲话，对于促进资产阶级利益，打破洋务派、顽固派控制是有利的。而且士民上书，难免要议论以至揭发大官僚们腐败无能、通敌卖国。那道谕旨一发表，就有人评论说：“在廷诸大臣，最恶言事者败事。尝告人曰：‘自伊犁事、法越事，以至甲午日本事，皆辩言乱政者偾事所致。欲天下无事，杜绝言路，自然安静，而办事者亦可顺手。’今上广开言路，正与之

①《戊戌奏稿》所列“谢赏编书银两”折，后来大加篡改了，不是原来面目。其中“请明诏特下，令天下人民上书”，符合康有为等人当时的思想和要求，自无疑问。

相反。不便于诸公之事，此为第一切肤之痛。”①反动、守旧大官僚们的切肤之痛，也就是维新运动的生气所在。

显然载湉在变法过程中所处的地位是矛盾的。这个矛盾地位，来源于清政权的反动性质和维新运动进步性质的矛盾、对立。载湉一面是清政权虽没有实权，但是正式的代表者，一面又是维新运动一定限度的支持者，没有他的参与，就没有百日维新。代表买办资产阶级的洋务派与封建地主阶级，力求保持现有利益和权力分配的状况，代表资产阶级上层的改良派，要求打破现状，使自己分享一部分政治、经济权利。因此，在百日维新中，载湉发布的一系列命令，既有表现洋务派、顽固派的利益和要求的，也有采纳改良派的建议和要求的。它们同时罗列在一起，但是各自的倾向明显。

对于百日维新中，载湉执行了什么政策，或他有没有什么政策的问题，当时人有些看法，一直影响到后来的研究。论述这个问题，其中一些看法，很需要加以剖明。

一个是康有为、改良派人士的看法。改良派，首先是康有为他们认为自己的政策、建议基本没有实现。但其所以不能实现，问题不在于载湉，而在于守旧大官僚们的反对。载湉是赞成的，不过他没有权、无可奈何。前面引的康有为自编《年谱》里，就是这样说的。

照改良派这个观点，载湉只要有了权，清政府就会变成一个日本明治维新那样的政府，载湉也会成为他们心目中的维新皇帝。他们一直是这样希望的。英国人办的《字林西报》在那拉氏发动政变后假惺惺地说，“维新党在各个部门中都实行大刀阔斧的改革工作，直到举世都为之震惊，认为比起这个青年的中国来，就是日本的维新速度也瞠乎其后”。“年青的光绪皇帝……集合一些年青的改革家在自己身边，并且颁布了一系列的改革命令。这些命令，像我们在前面所指出，没有一个不切适用，换句话说，都是具有实行的可能性的，如果能彻底实行，无疑地将为中国带来真实的利益”，等等。②这种观点，实际上是认为载湉的立脚之地，不是买办阶级、地主阶级和它们进行联合统治的清政权。仿佛他个人可以离开那个立脚的地盘，孤立地去从事某种改革。统治阶级的利益要求，与它的代表者掌握的权力是不能分割的。脱离

①《戊戌变法》第1册，第342页。

②《戊戌变法》第3册，第516、518—519页。

了前者也就不存在后者。

中国此时已经深深地陷入了半殖民地、半封建统治秩序，与30年前日本明治维新的国内外环境、条件全不相同。帝国主义在华政治、军事、经济势力，已经大到开始实施瓜分中国的地步。封建经济制度根深蒂固。军事工业、大部分民用资本主义工业掌握在买办资产阶级、它的政治代表洋务派手里。在这种情形下，维新变法，只会像已经发生的那样，热热闹闹，空空洞洞。载湉在这场斗争中，即使取得胜利，掌握实权，并且全部采纳改良派的主张，到头来，也不过是改变上层建筑的某些形式，即改变政体，而不能触动政权的反动实质。政体与国体，即政权的形式与它的阶级实质，往往并不是一回事，甚至毫不相干。历史上许多事实证明是如此，并且载湉的个人主张、见解，也是跟着时间、环境变化的。例如翁同龢长期最为他所亲信、倚赖，他由此得与康有为等改良派接近，翁因此被那拉氏罢黜。但后来情形全变了。戊戌变法以后六年，翁同龢死。据说奕劻出面，请赐予恤典。“上盛怒，历数翁误国之罪。首举甲午主战，次举割青岛。太后不语，庆王不敢再言，故翁无恤典”[①]，这等于由他自己把甲午战争、维新运动的案给全部翻掉了。百日维新中已经做的，和可能做的，都说明维新变法不被推翻，载湉也不过是一个洋务派的皇帝。这是他的阶级地位、环境条件决定的。载湉的行动表明他有爱国心，但是不表明他的爱国心不受其阶级地位、环境条件的严格限制。

载湉推行的政策中，很多是洋务派的主张，又有改良派的主张，反映了他所受的压力沉重，处境困难。一方面，那拉氏为首的洋务派、顽固派和各种守旧势力坚决拒绝变革；又一方面，中国被瓜分的危机，各地接连掀起的群众反抗斗争，要求必须进行改革。前一个方面的压力，使他面临被废黜，从皇位上栽下来的现实危险；后一个方面的压力，使他成为亡国之君，如康有为在《波兰分灭记》里所说的“国亡身辱，妻子不保，备古今寡有之酷毒”的可能。宫廷的环境条件，决定载湉生来是旧统治秩序的维护者，现实的社会危机，宫廷内部权力斗争，又促使他扮演赞成改革现制度的角色。梁启超撰《光绪圣德记》，称载湉为“英断绝代”的圣主，以为尧舜之君不过此，那当然是保皇主义的宣传。载湉在那拉氏的淫威管制下，长期受到压抑，恐惧战栗，奉命唯谨，不敢稍有反抗。但其智力水平也不属刘禅、晋惠帝一类。他敢

---

①《戊戌变法》第4册，第361页。

于向那拉氏要求事权；对某些大臣表示：我向不拘细节，“你们嫌我讲西法，我将要改变西法，汝等其奈我何！”翁同龢记载，对于变法，“圣意坚定”；礼部堂官六人，一次被全部撤职。这一些，表明他具有相当的判断力和胆量。就因为这样，百日维新中，他采取何项政策的选择余地不多，也不是全然不能表现自己的意志。洋务派的许多主张他采纳了，改良派的主张，有的“下部议”驳回了，有的下明诏宣布执行，正是表现了他的选择、他的政治态度和倾向。其中有些问题，改良派没有划清与洋务派的界线，载湉更不可能对它们加以区别。这也是使洋务派的主张在那纷纷扬扬的上谕中占着优势的原因。

再一个，是庞大的官僚集团里面，一批冷眼旁观维新运动的人们的看法。这批人为数不少。他们表面置身于事变以外，事实上是大官僚、反动势力的支持者。他们根本不理会载湉与改良派行动的目标、政策，只从宫廷矛盾斗争去看待事变。一个吹捧张之洞的《劝学篇》为“拯乱之良药”、接近洋务派的官僚叶昌炽，在他的《缘督庐日记钞》里面，记载变法和失败的见闻以后归结说：“康梁之案，新旧相争，旗汉相争，英俄相争，实则母子相争，追溯履霜之渐，则又出于嫡庶相争。乱匪降自天，生自妇人，岂不信哉！”① 顽固反对变法的胡思敬评述说：光绪“十八年至三十四年，为母子夫妇不和时代”。“自古国家之败，多起于伦理；家齐而后国治，不诚信哉”。② 在这些官僚看来，事变全部是一场宫廷纠葛，嫡庶矛盾，夫妻不和，母子相争。载湉对维新运动的态度，变法与反变法斗争，从而也是母子不和、嫡庶相争所决定的。这些人目的只在做官、升官，两只眼睛必须紧紧盯住宫廷和上层权势的消长，认清行情。不然的话，就有可能断送一辈子的前程。在他们的眼睛里，宫廷矛盾，变法与反变法斗争的位置完全是颠倒的。什么亡国亡种，什么救亡图存，全不在他们注意之中。

宫廷内部纠纷，家族间的权位争夺和斗争，情形很不一样。单纯的宫廷政变、废立事件，只涉及极少数人的利害。它们虽然也流血杀人和记录在史册上，总是很快就被人忘记了。此类事例多不胜数。载湉与那拉氏间的斗争，也发生在宫廷内部，也有所谓废立问题。但它是和变法维新与反对变法维新

①《戊戌变法》第1册，第534页。

②《国闻备乘》卷一。

这个范围大得多意义深刻得多的矛盾、斗争联系在一起的。它与单纯的宫廷内部纠纷大不一样。梁启超记载说："自四月初十以后（按：指恭亲王奕䜣死以后），皇上日与翁同龢谋改革之事，西后日与荣禄谋废立之事。"又说："政变之总原因有二大端：其一，由西后与皇上积不相能，久蓄废立之志也；其二，由顽固大臣痛恨改革也。"[①]这合乎事实。载湉要从那拉氏手中夺过实权，就必须改革某些旧制度，实行变法，排除反对自己的旧势力。对他说来，夺取权力是真实的，变法维新也是真实的。那拉氏要照旧掌握全部权力，必须反对"变乱祖宗成法"，使现存统治力量的平衡不被打乱，继续保持自己举足轻重的地位。对她来说，掌握全部权力，重新"垂帘听政"是真实的，反对变法也是真实的。问题不在于双方对应否变法的态度有无虚假，而在于宫廷内部矛盾同变法与反变法斗争，到底哪个处于决定性的位置上。

一个地位足以深知宫廷内情、立言谨慎的《清廷戊戌朝变记》的作者，对这个问题是这样回答的："不遇两宫之深嫌，固无此变；即遇两宫有嫌，而无荣相之媒孽，以取悦于太后，亦无此变；即有荣相之媒孽，而不遇皇上之积仇，康有为之触怒，或迫于大义，或怀念旧恩，亦可无此变。奈何群相构难，萃于一时。……今日者势成骑虎，社稷有倾覆之祸，皇上有倒悬之危，所倾社稷，危皇上者，不得不归咎于康有为也。"[②]他的意思是宫廷内部实存在种种仇怨，但它们是可以消释和压制下去的。不想闯进来一个康有为，引起了那些仇怨的爆发而不可收拾。这里只需把"康有为"改为"维新运动"，意思就明确了。所谓"归咎于康有为"，自然是说归咎于反映中国瓜分危机迫在眉睫、号召救亡图存的维新运动。换一个说法，并非宫廷矛盾引起变法斗争，相反，是民族危机、维新运动的斗争，促进了载湉与那拉氏之间权力斗争的尖锐化。事实也正是这样。第一，是否需要改变现状来挽救民族危亡，是这时国内矛盾、斗争的焦点。载湉在宫内权力争夺中，用明确的语言讲出了这一点。他一则说，没有事权，情愿让位，"不甘作亡国之君"；再则说，他试用"西法"，并非敢于违背祖制，是由于"洋人逼迫太急"，想借以保存国脉。就算这只是他为自己争权辩护提出的一种理由，客观事实，也还是先存在亡国危险、维新运动，后在宫廷内部明白提出权力问题。第二，先发生变法，危及大批官

① 《戊戌变法》第1册，第260、268页。

② 同上书，第354页。

僚、社会守旧势力的权益，然后宫廷的权力斗争才迅速升级。切身权益受到变法妨害的，有洋务派，也有顽固派。作为他们的总头目的那拉氏，对此是不能容忍的。载湉给杨锐带出的密诏说，那拉氏坚决反对变法，反对罢黜老谬昏庸大臣，“朕位且不能保，何况其他？”宫廷矛盾激化到如此程度，首先是来自变法斗争，这是说得很清楚的。第三，所谓废立问题，也只是在变法、反变法斗争中，最后变得严重起来了。梁启超强调甲午战争以后，那拉氏一直怀着废立的心事，她多次“翦除皇上羽翼”，但废立也止于“隐谋”。6月11日下定国是诏前夕，气氛陡然紧张起来。那拉氏与荣禄密谋，想阻止变法，策划由王公大臣吁请“训政”。因为缺少人联名，也就停止了。代替的办法，是不久以后革退翁同龢，荣禄接任北洋大臣、调兵入北京等。直到这时，那拉氏还顾虑“训政”也会“招揽权之讥”，更谈不到行废立。《清廷戊戌朝变记》上说，“或谓荣相（荣禄）请训时，太后两次密语者，即天津阅兵，将行废立也。窃不谓然”。那拉氏、荣禄如果确实打算这么干了，必定在宫中调兵入卫，决不用跑到天津去行此大举动。“况今日京师之臣民，不知有是非久矣。苟行废立，尚有敢谓其不然者乎？不待兵力以压制之耳！所以蓄意五年不敢遂行者，恐天下不服，外人干预也。天津一区北洋数军，能抗天下，能拒外人乎？”[①] 这个分析是富有见识的。到9月上旬和中旬，载湉命令谭嗣同等参预新政，召袁世凯进京并准备开懋勤殿。变法维新又有新的举动。特别是9月14日，伊藤博文游历到达北京，18日，杨崇伊紧急密报，说伊藤“将专政柄”。那拉氏再也忍耐不下去了。“天下不服，外人干预”的顾虑被夺权决定所代替。维新运动于是以群众性爱国活动开始，以宫廷政变结束。

这些事实说明，百日维新中，清宫内部的斗争不是孤立的。帝国主义加紧侵略、人民要求抵抗的强大压力、革命危机存在，使宫廷内部在如何才能保持其统治地位的问题上，不可避免地要产生并不断加剧矛盾分歧。家族内部的争夺，日益演化为最上层的统治危机。大体上，这就是维新运动与宫廷权力斗争之间的关系。载湉与改良派植根于不同的阶级土壤上。他既不是维新运动的首领，更不是发起者。帝国主义瓜分中国的危险，意味着清政府不是被推翻，便是为某个占领国的小傀儡，载湉名义上毕竟是清政权的首脑，不得不替它找条出路。别的出路并非没有，他根本不能考虑。维新变法，就成

① 《戊戌变法》第1册，第336页。

了一条唯一可供选择的路子。康有为上书、上折，常常用开新与守旧，来形容变法与反对变法两种对立势力。载湉下诏变法，是在开新的阵地上插了一脚。改良派的变法主张本来已经够温和了，百日维新，也只是采纳了他们变法建议中偏重形式的某些部分。就这样，与载湉本来的阶级地位也是相对立、相矛盾的。结果他等于被剥夺政治权利终身、过着长期囚禁的生活。以前和以后，载湉都是一个似乎并不存在的人物。变法维新中，他却成了重要的当事人之一。他是周围环境的十足奴隶，这一百天里，他又是一个必需的，以至可以被看作关键人物的奴隶。

二、康有为、改良派执行的政策

百日维新中，载湉很少接受改良派变法的实质性建议，而改良派在实行君主立宪、抵抗帝国主义侵略这两个主要方面，也根本没有实行自己的纲领。百日维新开始前不久，康有为就改变态度，一直倒退下去。初看起来，这好像不真实。

第一，关于实行立宪政体的问题。

改良派与洋务派、顽固派论战最激烈的问题之一，是要不要兴民权、设议院，实现君主立宪。改良派与洋务派政治上划分界线，主要也在这个问题上。康有为原来是有开议院的思想主张的。“公车上书”中，他主张十万户中选一人充“议郎”，备顾问。那种“议郎”虽然不是资产阶级有权立法的议员，但可以起些通达“民情”的作用。1896年6月，他上清帝第四书，列举各项建议，其中一条是“设议院以通下情”，凡有政事，提交会议讨论，少数服从多数。1897年末上清帝第五书中，他明确主张“自兹国事付国会议行，……采择万国律例，定宪法公私之分”。又希望载湉“以俄国大彼得之心为心法，以日本明治之政为政法”（不久以后的奏折中叫“政谱”）。大彼得的心法，指君主纡尊降贵，摒除高高在上的陈腐体制，接近贤士能人，学习工艺科学知识（所谓“易装游法，学于船匠”），决心变政。日本明治的政谱，中心是采取西方政体，开国会，颁布宪法。他特地编纂《俄彼得变政记》《日本变政考》两书，来发挥这方面的主张。

《日本变政考》里面，康有为加有按语一百五六十条。讲国会、议员、宪法、政党的二十几条，介绍西方议会制度，反复论述应当开议会的理由，和日本崛起与变法、开议会的关系。其中论述变法的根本、开国会的必要说：日本变法，不先买枪炮，不先买轮船，不先练洋操，而先注意于户籍、地图、备荒、赏罚、学校、商业等事。这是孟子所谓“民事不可缓”的意思。因为没有不讲民事，而国家能够富强的。[①] 购船置械，可以谓之变器，不能说是变事；设邮政、开矿务，可以谓之变事不能说是变政；改官制，变选举，可以谓之变政，不能说是变法。“日本改定国宪，变法之全体也。总摄百千万亿政事之条理，范围百千万亿臣民之心志。建斗运枢，提纲挈领”[②]，那是真正的变法。西方的政治学说，国家政权组成有三，其一立法官，其一行政官，其一司法官。各有职责，不相侵犯。“三官之中，立法最要。无谋议以立法，则终日所行，簿书期会，守旧循常。乘轩泛海，五月披裘，唯有沉溺、暍死而已”[③]。至于议员的资格，除了其他成员，应当选择“富民”。汉朝以资为郎，不是捐官的意思，是说资财满五百万的，有考选为郎的资格。“西例月纳租税喜林数十者，得为议员，其义略同。取其富则不贪私也。今欲筹款，必使民心所自愿者，道乃易行。故选富民为州县各省议局，诚不可不行也”[④]。中国不打算变法则已，要变法，便不应舍去日本这个榜样，找另外的道路。日本变法条理虽多，“其大端则不外于大誓群臣以定国事，立制度局以议宪法，超擢草茅以备顾问，纡尊降贵以通下情，多派游学以通新学，改朔易服以易人心数者。其余自令行若流水矣”[⑤]。或者说，民选议员，是“泰西各国之成法，而日本维新之始基”[⑥]。康有为反对洋务派的专讲洋枪洋炮，“西学为用”，认为必须开国会，行宪法，坚定不移，毫无含糊之处。

但是百日维新中，康有为以自己的名义上的条陈、奏折中，始终没有见到有开国会、行宪法的建议。《戊戌奏稿》中的这类字样，都是后来伪造篡入的。真奏稿上凡是讲到变法要从根本变起的地方，都是说在宫中设制度局，讨论新政。舆论造得不少，原来康有为赞成开国会的思想是一回事，关于变法

①《日本变政考》故宫原本，卷二，第 5 页。
②《日本变政考》卷七，第 24 页。
③《日本变政考》卷一，第 36 页。
④《日本变政考》卷一一，第 12 页。
⑤《日本变政考》卷一二，第 40 页。
⑥《日本变政考》卷六，第 14 页。

的实施政策另是一回事。道理上、原则上他认为应当立宪、开国会。政治实践上，他只主张在宫廷开制度局。改良派一争取到接近皇帝的机会，马上就把自己的政治纲领抛到一边去了。他们在实行立宪政体的问题上，先亲手与洋务派划分界线，然后又亲手消灭了彼此间的界线。

这种背弃自己政治纲领的行动，康有为是极力坚持的。他自己说：内阁学士阔普通武上疏请开议院，“上本欲用之，吾于日本变政考中，力发议院为泰西第一政，而今守旧盈朝，万不可行。上然之”①。康有为在《日本变政考》里反对中国开议院，主要是在“民智”低下问题上做文章。他说：“民智”的基础在于设立学校，而学校与议会的关系是相联系、相终始的。“故学校未成，知识未开，遽兴议会者，取乱之道也。学校既成，知识既开，而犹禁议会者，害治之势也。夫议会之终不能禁，犹学校之必不能废也”②。又说：日本国势之大振，能够与西方国家改订条约恢复本国的自主权力，发扬民权，收效是如此之神速！“然，必自大开民智始。民智不开，遽用民权，则举国聋聱，守旧愈甚，取乱之道也。故立国必以议院为本，议院又必以学校为本”③。两段话看来都是强调开议院、兴民权，但又都是和教育水平联在一起，或混为一谈，并由此推论出教育不发达，讲民权不但无益反而是“取乱之道”。因此，他劝载湉切不可操之过急。中国“民智未开，蚩蚩自愚，不通古今中外之故，而遽使之议政，适增其阻挠而已。令府州县开之，以奉宣德意、通达下情则可。日本亦至二十余年始开议院，吾今于开国会，尚非其时也”④。康有为反复强调，变法必须以日本作蓝图，其根本是开议院、行宪法，而坚决反对这样做的不是别人，又恰恰是他自己。

改良派始终不成为一个有组织的集团。它的重要分子最初也只是凭思想倾向相同结合在一起。康有为反对开议院、行宪法的主张，暴露了他们在变法政治纲领上有矛盾、分歧。百日维新的前进目标首先就是模糊、不明确的。政治目标的摇摆、不明确，反映了改良派阶级地位的骑墙状态、模糊和不肯定性。

谭嗣同、林旭站在激进的一翼，主张开议院、行宪法。康有为记载说：

---

①《戊戌变法》第4册，第158页。

②《日本变政考》卷七，第39页。

③《日本变政考》卷一一，第42页。

④《日本变政考》卷六，第3—4页。

“于时，复生、暾谷又欲开议院，吾以旧党盈塞，力止之。而四卿亟亟欲举新政，吾以制度局不开，琐碎拾遗，终无当也。故议请开懋勤殿以议制度。”[①]谭嗣同、林旭主张开议院，是在他们参与新政事宜，取得起草上谕的权力以后，不过言论没有留下来。就谭嗣同来说，他反对君主专制的思想，在《仁学》上讲得不少，也很尖锐。例如他认为孔子创立学说的本意，是“黜古学，改今制，废君统，倡民主，变不平等为平等”；世界上最初本无所谓君臣，都是民，因为要有人办事，于是共举一民为君，“夫曰共举之，则且必可共废之”等等。[②]当他谈到“共举之君”的时候，所描写的，与其说是立宪政体的君主，不如说更像资产阶级共和国的民选总统。在讨论是否开议院、行宪法时，谭嗣同这方面的思想难免有所表露，坚持只能开制度局的康有为必然强烈反对。

他们之间在政治纲领上的分歧，使康有为以至忍不住在背后对谭嗣同、林旭咒骂攻击。康有为自己记载：他对梁启超说，谭嗣同、林旭二人的相貌举止，都不像开国功臣的样子。“今兹维新，关中国四千年大局，负荷非常，而二子起布衣而骤相，恐祸将至矣。昔何晏、邓飏执政，而管公明谓其鬼幽鬼躁，必及于难。吾今惧矣”[③]。何晏、邓飏都是魏国浮薄文人，因为依附曹爽，被司马懿所杀，灭三族。据说江湖术士管辂曾给他们相面，断定其不得好死，有“鬼幽鬼躁”的话。康有为用那种荒唐无稽的谎言来评论谭、林，相反，对地位很低、在维新运动中很少为人所知的徐仁镜（徐致靖次子）、徐仁录（徐致靖侄）极力吹嘘，说他们“形相甚好，可入军机”。他对同一个阵营的激进分子反感是如此露骨，维新运动再继续下去，也必然从内部分裂、拆伙。

康有为、梁启超代表维新运动的主流派。他们都主张“尊君权”，“以君权雷厉风行”变法，拒绝开议院。变法失败不久，梁启超回顾这个过程说，康有为最先提倡民权，“然，其言实施政策，则注重君权”。理由是中国积数千年的旧习惯，民智未开，骤然给予权力，难以行通。利用君权的强大势力，风行雷厉去改革政治，其效果必定可以事半而功倍。康有为“谓当以君主之

---

①《戊戌变法》第 4 册，第 159 页。

②《谭嗣同全集》，第 54、56 页。

③《戊戌变法》第 4 册，第 158 页。

法，行民权之意。若夫民主制度，则期期以为不可”，这是他“独有所见”。[①]君权与民权是相对立的。尊君权就不能行民权，要反民权。梁启超说康有为以君主之法，行民权之意，是其政治见解的独到之处，不过是替抛弃自己宣传已久的政治纲领作辩护。连君主立宪政体也不敢见诸实行，突出表现了维新运动中康梁这一派人政治上严重的动摇性和弱点。他们就是在从事进步活动的时候，政治观点也是皇权主义者，远谈不上民主主义。康有为保皇终身，梁启超1901年主张开明专制，前后立场是一贯的。

变法靠“乾纲独断”，是康有为自“公车上书”起的条陈、奏折里反复申述的建议。他以为凭着君主的无上权威，只要下决心变法，什么事都能办到。例如《日本变政考》中说，对日本变法的经验如果确实相信，“则运造化而生于心，发雷霆而出于手，是在我皇上一反掌间而措天下于泰山之安矣”[②]。又说，日本变法规模宏阔，条理通达，使它得以迅速兴盛起来。但是中国情形不同，风气未开，民情隔膜。“惟有乾纲独断，以君权雷厉风行，自无不变者。但当妙选通才，以备顾问，若各省贡士聊广见闻，而通下情。其用人议政，仍操之自上，则两得之矣”[③]。一个是载湉的“乾纲独断”，一个是天下“通才”——其中首先是康有为，以及把他引荐给皇帝的翁同龢等，参加掌握政权，下令进行改革，就是康有为的变法路线。翁同龢那样的帝党官僚所以有限度地同意与康有为合作，就是因为他们有一个共同的政治、思想基础：“乾纲独断”，拥护皇帝，尊君权、反对民权。

严复、康广仁是维新运动中最右和动摇最早的一些人。他们彼此没有什么联系，但先后在维新运动中露过面。严复1895年发表宣扬资产阶级民主的《辟韩》一文，百日维新中又以讲新学的名声，受到载湉召见。但在开议院、讲民权问题上，比康有为后退更早。1897年，梁启超在《时务报》上鼓吹民权，严复表示反对。他从唯心观点出发，用庸俗进化论来解释历史，说“天演之事，始于胚胎，终于成体”。西方能实行民权，是因为远在希腊罗马时代已经有那种“胚胎”。中国一直行君主政体，没有那种“胚胎”，“虽演之亿万年”，也不能由君主进入于民主。[④]同一年，他发表《中俄交谊论》，替李

①《戊戌变法》第4册，第34页。

②《日本变政考》卷一，第5页。

③同上书，第45页。

④《戊戌变法》第3册，第30页。

鸿章的联俄政策辩护。其中特别指责“论者动言中国宜减君权、兴议院”的不当，强调“以今日民智未开之中国，而欲效泰西君民并王之美治，是大乱之道也”。[①] 康有为说，中国民智未开，兴议院、行民权，“取乱之道也”；严复说，中国民智未开，行君主立宪，“大乱之道也”。他们在这个问题上，是一样的立场，一个腔调。但康有为表面上还在主张开议院的时候，严复就处处表示反对了。百日维新前夕，他在《国闻报》上发表《上皇帝万言书》，绝口不谈民权，只是重复洋务派提出过的一些“变法”主张。那拉氏发动政变，严复主办的《国闻报》被封闭，没有受到更严重的追究，正是由于他早就坚决反对开议院、行民权，政治上拥护洋务派。

康广仁卷入维新运动，完全是因为康有为的关系。他对君权民权并无兴趣，而只强调废八股的重要性。康广仁开始有点名气，是 7 月间监察御史文悌弹劾康有为的奏折中提到他改变科举制度的言论。载湉没有实权，使康广仁认定改良派不会取得权力，变法毫无希望。康有为记载：“幼博则专意在废八股，自八股废后民智大开，中国必不亡。”他们应当立即离开北京回广东，向香港一带掌握西方科学的知识分子宣传孔子学说，三年以后必有成绩。那时来议政变法、救中国，为时未晚。并且“日以为言，每当上折，必阻挠之，谓办此琐事无谓，日与卓如言之”。康广仁这是劝康有为逃避同守旧派的斗争，退出政治旋涡，去坐观风色，免遭祸败。一直到被杀害时，他认为最重要的也还是废八股的问题。

改良派内部对待政治纲领的这种情况，说明他们中少数激进分子是很孤立，并遭到猜忌的。康梁以下的妥协势力居于主导地位。载湉下的许多诏令虽然不能兑现，他还是有发布命令的权力。关于开议院的问题，第一次由阔普通武提出，载湉准备实行；阔普通武并由此擢升侍郎，康有为认为“万不可行”，结果放弃了。第二次，谭嗣同、林旭又提出，康有为又“力止之”，结果也是放弃了。已经被任命参与新政的杨锐，这时给人写的信里面说：“现在新进喜事之徒，日言议政院，上意颇动。”[②] 康有为也说载湉这时“于变法勇决已甚”。没有康有为一再阻挠，他下一道宣布“准备立宪”之类的谕旨，很可能办到。这对变法的结局不会有什么改变，但改良派至少因此还表现出

①《晚清文选》，生活书店 1939 年版，第 682 页。

②《戊戌变法》第 2 册，第 572 页。

有遵守自己政治纲领的勇气。康有为等人缺乏这点勇气，希望留下一条道路，与洋务派封建大官僚取得妥协。在这个问题上，比他们的“圣主”光绪皇帝甚至还不如一些。

第二，关于抵抗帝国主义侵略的问题。

百日维新中，改良派在对待帝国主义侵略的问题上，转身后退，从反面迅速赶上、甚至超过了洋务派。“公车上书”中，康有为反对割弃台湾，说放弃台湾事小，离散全国民心事大。日本没有一卒一兵闯进台湾，一听到大言恫吓，全岛就割弃了，外国必然群起效尤。“法人将问滇桂，英人将问藏粤，俄人将问新疆。德、奥、意、日、葡、荷皆狡焉思启，有一不与，皆日本也，都畿必惊；若皆应所求，则自啖其肉，手足腹心，应时尽矣”。他的警句是“割地之事小，亡国之事大”[①]。割地求和，只有把中国引向灭亡。戊戌变法前不久，康有为向载湉第五次上书，再次痛切陈述帝国主义瓜分中国的空前危险局势。他列举非洲各国、波兰、越南、印度灭亡的情形说，非洲是被欧洲国家一举灭亡的，波兰是受俄、法、奥屡次进攻而后灭亡的，越南是由法国逐步夺去其权利以后一旦灭亡的，印度是海陆要害被英国全部占领，一步步灭亡的。它们是中国的前车之鉴。他特别着重指出，如果以为可以利用列强互相间的矛盾，靠它取得外援，使中国不被瓜分那是完全错误的。“夫欲托庇强邻，借为救援，亦必我能自立，则犄角成势，彼乃辅车；若我为附枝，则卧榻之侧，岂容鼾睡。……此又中智以下咸知难恃者也”[②]。抵抗侵略态度鲜明，道理也讲得相当透彻。

1898 年 3 月底，俄国勒逼清政府租借旅大，形势紧迫。在那以前，载湉已经派荣禄、李鸿章、翁同龢等在总理衙门约见康有为，讨论变法事宜。3 月 22 日、26 日，康有为连上两道奏折，请坚决拒绝俄国的要求。一道由他自己起草递出，一道向他的学生麦孟华口授，并由麦具名递出。他自己上的《为胁割旅大，覆亡在即，乞密联英日，坚拒勿许，以保疆土而存国祚》的折子，提出拒俄的上、中、下三策供选择。“密联英日，赫怒而战，上策也；不允画押，听其来攻，徐待英日之解难，中策也；布告万国，遍地通商，下策也”。上策“言战”，首先要“密联英日”。日本人对俄国“仇之久矣”，“英

---

①《戊戌变法》第 2 册，第 132 页。

② 同上书，第 193 页。

愿出死力而助我”，打败俄国，可以无疑。“然自甲午以来，误于恃俄，于今三年，未修武备，或不敢言战，则泰西有不允一例，名为普卢爹士，但坚拒其请……”。这样，所谓上策，他自己显然也认为是行不通的，不过说说而已。中策，俄国来攻，“我不还炮，不与战，但必不画押”。那时日本、英国“必合而仗义责俄，或陈兵拒俄”。第二次鸦片战争中，叶名琛对英投降的所谓“不战不和不守，不死不降不走”，现在被康有为认真推荐出来了。如果这还是不行，那还有下策，“可遣大使，布告万国，皆许其遍地通商，立约瑞士，公众共保”[1]。上策行不通，中策不过是幻想，康有为实际是把下策作为上策提出来的。向麦孟华口授的折子，拒俄办法三条，内容与前折相同。第一是“言战”。但是中国在甲午战败以后，兵事废坠，俄国强大，“举人等固知其必不能战也”，“又知诸臣之必不敢言战也”。这头一条，自己马上否定了。第二是请英国、日本两国援救。俄国用兵，中国只闭门自守，绝对不与交战。“布告天下，请局外之国公断，度英与日本，必将出而助我。……二国并力，即足制乎俄人，复返侵地，更有德于中国。此举人等所以敢决于英日之助我，而请之可以坚拒也。”不过这到底不保险。第三是“合众公保”。万一英日两国因为俄人强悍，不愿坚持援助，或者坚持了然后又照例向中国索取报酬，那怎么办？“如此则有公保之法足以应之。……若昌告万国，捐旅大为公地，而使诸国通商，使彼既可平权，又能获利，自必乐为听从；在我虽失二地，可缓分裂，亦属有裨大局。……诸国涎我商务，日求口岸，诚布告各国，许其遍地通商，订立约章，合众公保，诸国畏俄之强，无利尚能保土，岂获此通商大利，独不助我以制俄哉！俄虽强暴，安能万里以与诸国抗哉！与其割要地于强俄，以致瓜分，孰若求公保于各国，然后变法以图存。天下存亡，在此一举”[2]。前后两折稍有不同的，是前一折“言战”的部分话比较多，而且慷慨激昂；后一折对于“言战”行不通，讲得更直截了当，而且突出了允许外国“遍地通商”“合众公保”的部分。戊戌年底，康有为自编《年谱》时说，俄人索旅顺大连，“三月初一日，吾上折陈三策请拒之。……时门人麦孺博公车适来，吾口授一折，请以旅大与诸国，联英拒俄。言极激

① 《杰士上书汇录》卷一。

② 折载戊戌年三月十三日《国闻报》，转见黄彰健《康有为戊戌真奏议》。

切，立写上”[①]。难以见人的布告万国，许“遍地通商”，改成了只是“尽开沿海口岸，以利益各国”；而于“订立约章，合众公保”，只字没有提及。在对待帝国主义侵略的问题上大踏步后退，康有为心中有数，这时觉得需要粉饰一番。

一年以前，康有为曾明白反对把希望寄托于列强的援助上，以为那是“中智以下咸知难恃”的。现在他放弃本来正确的主张，一变而为肯定英日必定可以帮助中国抗拒俄国。这已经是明显倒退了。“布告万国，遍地通商”，“立约瑞士，公众共保”，无疑是更大的倒退。

康有为提出对俄上中下三策，是在3月下旬。在这以前一个多月，即2月中旬，买办官僚、洋务派的后起者盛宣怀，同王文韶、刘坤一、张之洞等讨论帝国主义分割中国的局势。盛宣怀宣布他的主张说：“鄙见各国窃保护之名，分占边疆海口，渐入腹地。一国起争，数国效尤。牵制之法，不足破其阴谋；通商之利，不足抵其奢欲。处今日而散其瓜分之局，唯有照土耳其请各国公同保护。凡天下险要精华之地，皆为各国通商码头；特立铁路矿务衙门，统招中国及各国股份。聘请总铁路司、总矿务司，职分权力悉如总税务司。”[②]不久以后，盛宣怀把他的主张归纳为两句话：“救分割之弊宜合纵，……上策也”，“救联缀之弊宜牵制……中策也”。他借用战国时期，齐、楚、燕、韩、赵、魏诸国联合抗秦，即所谓“合纵”那个词，建议采取办法，使帝国主义联合起来，共同保护中国。作为买办阶级的代言人，盛宣怀看出了清政权的危险所在。中国的海陆要地、铁路矿山，如果由帝国主义列强各自瓜分掉，中国领土最后分成一个个帝国主义强盗的殖民地，清政府就失去了存在的余地。反过来，由中国主动把铁路矿山、险要精华之地的权益，全部“平等地”送给列强，它们不用互相争夺，照他看来，就能“散其瓜分之局”。于是清政权也就可以作为列强在华利益的共同看守人，得到“各国公同保护”而存在下去。这表示买办阶级、洋务派，经过长期与洋人打交道，对于盘算自己的统治利益，更有经验了。买办资产阶级、封建阶级，就是这样与帝国主义互相利用、彼此依存，以维护他们在中国的半殖民地半封建统治的。

盛宣怀主张“请各国公同保护。凡天下险要通商之地，皆为各国通商码

①《戊戌变法》第4册，第141页。

②《愚斋存稿初刊》卷三〇，第23页；卷三一，第32页。

头”。康有为同样主张“布告各国，许其遍地通商，订立约章，合众公保”。改良派的保国保种，救亡图存，一变而成了帝国主义“公保”清政权作为半殖民地统治工具不被消灭。改良派在这个问题上与洋务派达到了融合一致。

如何对待帝国主义的侵略，康有为的谬误、倒退，还有更甚的。百日维新末期，眼看变法败局已成，康有为一心希望英日帝国主义给予援救，不择手段。9 月 18 日，他见到载湉的密诏，马上会见由他从上海邀到北京来的李提摩太，并建议载湉任命李提摩太为顾问，以保障安全。李提摩太提供一份列强瓜分中国图和他自己处理瓜分局势的对策。当天夜间，康有为同杨深秀、宋伯鲁、李岳瑞、王照等人集会讨论进行办法。康有为自编《年谱》记载讨论的情形说：“吾未与诸君谈密诏事，而以李提摩太交来瓜分图，令诸公多觅人上折，令请调袁军入京勤王。”[①] 康有为转述、并“令诸公多觅人上折”的李提摩太对策是什么，《年谱》没有讲。杨深秀、宋伯鲁受康有为怂恿，把它正式作为建议提出来了。

9 月 20 日，杨深秀上的《为时局艰难，拼瓦合以救瓦裂》折说：“昨又闻英国牧师李提摩太新从上海来京，为吾华遍筹胜算。亦云今日危局非联合英、美、日本别无图存之策。臣素知该牧师欧洲名士，著书甚多，实能深明大略，洞见本源。况值日本伊藤博文游历在都，其人曾为东瀛名相，必深愿联结吾华，共求自保者也，未为借才之举，先为借箸之筹。臣伏愿我皇上早定大计，固结英、美、日本三国，勿嫌合邦之名之不美，诚天下苍生之福矣。”[②] 9 月 21 日，宋伯鲁上的折子说：“昨闻英国教士李提摩太来京，往见工部主事康有为，道其来意，并出示分割图。渠之来也，拟联中国、日本、美国及英国为合邦，共选通达时务、晓畅各国掌故者百人，专理四国兵政税则及一切外交等事。别练兵若干营，以资御侮。凡有外事，四国共之，则俄人不敢出。”[③] 杨深秀、宋伯鲁不是改良派分子，他们都拥护变法，痛恶守旧大官僚，都是御史，在朝廷有发言权，也敢放胆说话。康有为利用这种情况，通过他们来宣传自己的主张。

所谓中外“合邦”，康有为早有此议论。这年 5 月，他曾与日本矢野文雄

---

① 《戊戌变法》第 4 册，第 161 页。

② 《戊戌变法档案史料》，第 15 页。

③ 同上书，第 170 页。

约定，举办“两国合邦大会议”，拟有详细章程。事情为俄国人所知，矢野文雄没有敢进行。从宋伯鲁的奏折中得知，现在李提摩太所提出的“合邦”办法，是中日英美共选官员百人，掌握四国军事、政治、经济、外交等权，并在中国建立一支四国指挥的军队，“以资御侮”。这种“合邦”，不折不扣，是把中国合到英美日帝国主义手里，中国交出全部主权，沦为英美日三国的保护国、殖民地。改良派的爱国主义愿望，到这里全部倒过来走到了它的反面。要是果真去推行，那是彻底的卖国主义。康有为《年谱》中，对此讳莫如深，而杨深秀、宋伯鲁两位一片热忱，但不知轻重的御史，却替他作了记录。

康有为、梁启超等人从发起维新运动到变法失败，他们的政治主张、活动方向，中间显然经历了一次重要的转变。这个转变发生于何时？原因是什么？变法维新的积极参加者王照和康有为自己都有所说明。

变法失败以后半年，王照说：“及丁酉（1897 年）冬，康有为入都，倡为不变于上而变于下之说。其所谓变于下者，即立会之谓也。照以为意主开风气，即是同志。俄而康被荐召对，即变其说，谓非尊君权不可。照亦深以为然，盖皇上既英明，自宜用君权也。”[①] 康有为 1901 年写给人的信上说，“当戊戌以前，激于国势之陵夷，当时那拉揽政，圣上无权，故人人不知圣上之英明；望在上者而一无可望，度大势必骎骎䰂割至尽而后止，故当时鄙见专以救中国四万万人为主。用是奔走南北，大开强学、圣学、保国之会，欲开议院得民权以救之。……及见皇上后，乃知圣明英勇，能扫除旧国而新之，又能决开议院，授民以权。当时孙家鼐谏曰：‘若开议院，上即无权。’上曰：‘吾以救民耳！权之有吾何论焉？’此固英德意奥法俄所死人千万而不可得者，而一旦上能敝屣天下而行之，吾为感泣，愿效死焉。……夫圣主之挺出，岂独天下不知，即吾开保国会时亦不知。陈军机次亮告我曰：‘皇上实英明通达，过于群臣。’我答曰：‘此真军机颂圣之言，吾不信也。’及既见圣明，乃知出于意表。试问天之生此，又今遍历诸艰，不以为救中国计而何哉！……”[②] 两个说明，内容基本相同。有真实的部分，有不真实的部分。王照主要是转述康有为的话，并不知道其中底蕴。

真实的部分，是肯定 1898 年春天以后，康有为在变法活动中，曾突然改

---

①《戊戌变法》第 4 册，第 331 页。

② 康有为未刊文稿，转见黄彰健《戊戌变法史研究》，第 1—2 页。

变主意。他在那以前，赞成民权，倾向“变于下”，在那以后强调君权，极力希望“变于上”，在短时间里，结社开会也没有停止。不真实的，是康有为说他改变主意是在 1898 年 6 月 16 日受载湉召见以后。以前不了解载湉其人怎样，“望在上者而一无可望”。等到“既见圣明，乃知出于意表”，所以主张用君权变法了。他说的原因和时间，两者都不对。康有为上清帝第五书，是在 1897 年 11 月底至 12 月 12 日之间。第六书，即统筹全局折，迟至 1898 年 2 月 11 日才送到载湉面前，但康有为是 1 月 28 日递交总理衙门的。第五书写得极为沉痛激烈，“恐皇上与诸臣求为长安布衣而不可得”一类的话，使载湉为之深受感动。那上面明明写着请“明决国是与海内更始。自兹国事付国会议行，……采择万国律例，定宪法公私之分”。从第六书起，所有开国会、行宪法的话，在康有为奏折里就再也没有出现了，代替的是开制度局和开懋勤殿。4 月 17 日，康有为在保国会第一次集会上演说，谈到泰西立国的本原，“议院以通下情，君不甚贵，民不甚贱”，也没有认为中国现在可以照办。相反，4 月 13 日，由总理衙门递呈的《日本变政考》里，反对中国现在设议院、行民权，至再至三。而康有为受载湉召见，还在这以后两个月。事情很清楚，康有为变法态度的突然转变、后退，绝对不是见到载湉，发现了一位“为救中国计”而挺生的圣主以后，其时间自然也不在 6 月，而是在上第五书与上第六书之间。那段时间共一个多月，直接关系康有为的重要的事情，是 1 月 24 日与总理衙门大臣会谈，讨论变法问题。这虽不是载湉的召见，但是他的意旨。康有为多次上书，争取皇帝接受变法，在他看来，这是一个真正的开始。上清帝第六书，就是那次会谈以后第四天进呈的。载湉表示接受变法的意向，康有为与大臣们直接对话，讨论变法问题，这是他态度转变的关键。

事实上康有为、梁启超等所处的地位，从此也起了变化。这种变化是双重的。一重是，普通的新进士人，骤然变得靠近清政府权力阶梯的高层了。康有为得到载湉信任以后，名义上没有高官，实际成了变法出谋划策的人物。开制度局如果实现，他当然是这个有权讨论全面变法的机构中的一员。谭嗣同、林旭等四人以军机章京“参预新政”，康有为说他们“实宰相也”。但主持变法的首脑仍是康有为。谭嗣同、徐致靖分别打算荐举康有为入军机和值懋勤殿。康知道那拉氏一定会忌恨、打击，才推辞不允。后来决定开懋勤殿，用顾问官十人。康有为活动王照、徐致靖推荐他和梁启超等十人，载湉并禀知了那拉氏，在军机处记名登记。百日维新再继续下去，康梁等人的官位会是很高的。再一重变化，是宣传爱国、受人同情的士人，因为得到皇帝信任，变成大官僚、宦途竞争者的对手和各种守旧势力猛烈攻击的目标了。4月底，保国会的章程刚一出来，孙灏就逐条反驳，说康梁等“厚聚党徒，妄冀非分”，“非圣无法”，“辩言乱政”，每一条都足以构成杀头的资格。御史潘庆澜、黄桂鋆相继弹劾康有为大逆不道，弹劾保滇会、保浙会等。7月间，文悌上折，捏造康有为“保中国不保大清”，保国会发起人之一御史李盛铎也赶快投到了反康的一边。孙家鼐又上疏弹劾《孔子改制考》。9月上旬，湖南举人曾廉上书请杀康有为、梁启超。至于一般讨论中的反对、咒骂那就更多了。荣禄天天攻击变法，据说对康有为早怀着必杀之心。康有为感到四面楚歌。他连声惊叹：“恶我愈至，谤言愈甚”，“于是京朝震动，外省悚惊，谣谤不可听闻矣！”“吾今惧矣！”

改良派核心人物的地位这种双重变化，越发加深他们的阶级性格中本来严重软弱的特性，更迅速地与封建阶级、帝国主义势力相妥协。他们需要这样来保住自己的地位和利益，而不愿去“与众违异，妄招攻击”。在阶级斗争的浪涛起伏、汹涌中，动摇、变节、倒退，成了他们难以逃脱的命运。这是康有为改变态度的根本原因。变法维新即使不被推翻，就像载湉只可能是一个洋务派的皇帝一样，改良派也只能成为一个不掌握那么多军事工业的、以不同于旧洋务派外貌出现的新洋务派。改良派的阶级属性一半与载湉相同，一半与所处的半殖民地的环境条件完全相同。康有为、梁启超一派取得政权，将要做的事情，很可能是和载湉一起，镇压谭嗣同等激进分子，同时，把清政府后来宣布的“预备立宪”提前几年。“变法维新”，那时也就将由另外的口号去代替。历史证明，在半殖民地半封建制度统治下，中国民族资产阶级是不能维持自己的政权的。不管是本阶级独立的政权，还是改良主义那种依附于封建统治势力的半资产阶级政权。帝国主义、买办资产阶级、地主阶级都不允许他们做到这一点。

戊戌变法中，载湉和康有为、改良派各自推行了什么政策，简单地重复一下，那就是：

一、载湉的政策——很多是洋务派的主张，少数是维新派的主张；

二、康有为、改良派的政策——纲领上与洋务派对立，实行中关键的问题上与洋务派一致。

戊戌变法，是民族资产阶级上层发起的一次具有爱国性质的改良运动，康有为等人的政治思想和活动中，有先进的东西，有不少丑恶难堪的东西。帝国主义实际上开始瓜分中国，民族危机空前严重，康有为等号召救亡图存，喊出了中国人民反对帝国主义、要求民族独立的心声，他们揭露封建黑暗愚昧，陈述亡国危险迫在眉睫，提出了学习西方资本主义，变法维新，理直气壮。康有为、梁启超都不愧为一代文豪，极善于宣传鼓动，他们有些文字，至今读来，仍足以令人感情激动，奋发踊跃（据说康有为评论中国的文学成就，认为李斯《谏逐客书》为天下第一篇奇文，他自己的条陈、奏折等，确有写得生动、形象的地方）。其宣传革新思想，启蒙发覆，功绩是不可湮没的，为什么在实行中，一接触到开议院、行宪法，马上就向封建势力屈服，以及在对待帝国主义瓜分阴谋上，最后与洋务派的反动立场没有两样了呢？根源是他们站在半地主、半资产阶级立场上，又要求参加政权，又不愿向占人口绝大多数的农民阶级寻求支持。不只不愿意寻求这种支持，而且极端仇视农民群众，处处与之相对立。抵制和防范农民起义、农民革命，也正是他们急于要求变法的目的之一。关于这一点，康有为在“公车上书”以后的多次上书、奏议里面是反复讲过的，“公车上书”中说：“民日穷匮，乞丐遍地，群盗满山，即无外隙，精华已竭，将有他变。”1895 年 6 月底，上清帝第四书上说：“强夷环逼于外，会匪蔓延于内，五年之间，江浙闽广滇桂恐不能保，十年之内，皖楚辽藏蒙回亦虑变生，二十年后，败坏非所敢知矣。此尚言其常者，若瓦解之患，则旦夕可至，殷鉴不远，即在前明。”1897 年冬，上清帝第五书上说：“自台事后，天下皆知朝廷之不可恃，人无固志，奸宄生心，陈涉辍耕于陇上，石勒倚啸于东门，所在而有，近边尤众。伏莽遍于山泽，教民遍于腹省，今岁广西全州、灌阳、兴安、东兰、那地、泗城、电白已见告矣。匪以教为仇雠，教以匪为口实，各连枝党，发作待时。……乱机遍伏，即无强敌之逼，揭竿斩木，已可忧危，况潢池盗弄之余？彼西人且将藉口兴师，为我定乱，国初勘流贼而定都京邑，俄人逐回匪而占踞伊犁，兵家形势，中外同揆，覆车之辙，可为殷鉴。”1898 年 1 月，上清帝第六书，即统筹全局折上，也没有忘记讲到“海内震惶，乱民蠢动”的问题。百日维新期间，载湉发布一道上谕，指出四川江北厅、湖北沙市、广西永安州群众反教会斗争继续不断，责令地方官实力保护外国传教士，开导百姓不要轻启隙端。梁启超特地写了一条评论，大肆诬蔑反教会斗争的群众为“暴徒”，为“奸民”，说群众反对外国侵略的斗争是“借端生事”。康有为、梁启超所说的“会匪”“群盗”“伏莽”“暴徒”“奸民”，都是指反抗封建阶级、帝国主义剥削、压迫的农民群众和农民的武装起义。所谓“陈胜辍耕于陇上”；所谓“殷鉴不远，即在前明”；所谓“国初流贼”；所谓“沙市及四川余蛮子”等，意思是很明白的。当他们讲到这些“会匪”“暴徒”等的时候，感到比“西人”“外人”，实际即帝国主义侵略者更加可怕，仇恨之情，溢于言表。马克思主义的历史唯物主义指出：要辨明政党或政治集团斗争的是非，就不要相信言词，而要研究那些政党或政治集团的真实历史，主要不是研究它们关于自己所说的话，而是研究它们的行动，研究它们是怎样解决多种政治问题的，是怎样处理与社会各阶级即与地主、资本家、农民和工人等等的切身利益有关的事情的。康有为等人爱国、革新的言论给人印象深刻。但是他们屈从封建阶级、帝国主义，坚决反对农民阶级和广大劳动群众的行动，更有力地说明了他们全部活动的性质。他们的失败，绝非由于纲领、行动激进，斗争太暴烈了。根本不存在激进、暴烈的事实。他们的政策，并不触及地主阶级、买办阶级和帝国主义统治中国的根基，而只是要求让资产阶级上层的代表分享政治权力，改革某些不利于资本主义发展的上层建筑，他们不但行动极其温和，而且要求改良的范围、程度是很有限的。维新运动参加者及其代表的社会阶级势力，与整个反动阵营的强大实力相比，极其迥殊，而他们又坚决与群众对立，这才是决定维新派和维新运动迅速失败的根本原因。近来的讨论中，有一种意见，越说越高，以至认为戊戌变法根本不是改良主义，而是一场革命。新的研究、新材料的发现，使得情况进一步明朗化了。认真考查一下当事者所推行的政策、实际主张，一些不合实际的溢美之论，固然站不住脚，那场运动中，以前被认为具有光泽的部分，现在看来，也未免黯然失色。维新运动是先进的中国人摸索救国救民真理全过程中所经历的重要一步，需要给以恰当的评价。越说越高，没有边了，反而会损害对它的有利评价。

中国近代化的道路与世界的关系[①]

近代史研究所举办的这次讨论会的主题，叫作“近代中国与世界”。起初所以选择这个主题，当然是因为它范围宽广，便于各位学者从多方面开展研究，发挥众家之所长。

中国前人谈论写作，有所谓“题珠”的说法。意思是要抓住题目的核心，要有重点。近代中国与世界，望上去宽广到几乎见不着边际。那段时间里的中国、世界及它们间关系的一切，没有什么是不可以列进来交流探讨的。它不存在框框，当然更无禁区。那么，我们讨论这个题目，是不是就不存在核心，不必有重点了呢？有的话，它们的内容为何物？

在近代中国与世界这个大题目面前，人们有充分理由要求我们回答这样的问题：从近代历史的种种来看，中国是否有能力自立于世界民族之林，它如何才能自立于世界民族之林？中国与世界的联系可以上溯到很久以前。那些联系尽管文化的、物质的具备，却从来不曾引起过中国社会生活的重大变迁。进入近代，情形彻底改变了。中国被卷进到了世界，特别是世界东方矛盾的旋涡里面，成了东方矛盾的焦点。世界上的强国把它们的力量伸进到了中国社会生活之中。一边是中国，一边是世界，中国近代究竟是由谁在那里起主导作用呢？我想我们不能回避对这个问题作出回答。

近代世界的特点不是别的，近代世界的基本特点就是工业化，也就是通常我们所说的近代化。适应世界潮流，走向近代化，是中国社会发展的必然趋势。外部世界与中国社会的这个趋势，密切联系在一起。中国社会生活的深刻、急剧演变，处处显示出近代工业生产的影响。所谓中国是否有能力自立于世界民族之林，如何来自立于世界民族之林，其核心，就是中国社会能

---

①本文为1990年召开的中国社会科学院近代史研究所建所40周年学术讨论会上的发言，原载《求是》1990年第22期；又载《走向近代世界的中国——中国社会科学院近代史研究所建所40周年学术讨论会论文集》，成都出版社1992年版。后收入《刘大年集》，有所删节。本文据《走向近代世界的中国》一书。——编者注

否走向近代化，在当今世界上自荣自立的问题。因此，中国近代化的道路与世界的关系，照我想，就是近代中国与世界研究的核心或重点。当然还可以从其他的角度提出其他的重点。不过无论从什么角度去看，都不会与近代化这个核心问题不发生联系。

中国近代，一般是指从鸦片战争到中华人民共和国诞生以前的时代。世界历史在这个时代里发生了巨变。世界这时并非单一的存在。从历史的主流看，第一个世界，是用鸦片和大炮打开中国大门的英国执牛耳的西方资本主义世界。第二个世界，是俄国十月革命以后的社会主义世界。近代中国联系的世界不是一个，而是两个。一个资本主义，一个社会主义，它们彼此对立。近代世界格局的这种基本特点，规定了中国如何才能走上近代化道路的基本特点。

第一个世界，一出马就是作为一种侵略、强制力量出现在中国面前的。它把中国由一个独立国家变成了不独立或半独立的国家，中国社会被变成了半殖民地半封建社会。中国民族危机愈演愈烈，被瓜分灭亡近于实现。这个世界从自己的利益需要出发，把资本主义生产方式传播到了中国，使中国出现了向近代化道路上起步的某些条件和可能。像艾奇逊在白皮书序言里说的西方把科学技术带进了中国，也非全属子虚。中国有了一些民族工业。但同样地，这个世界从自己的利益需要出发，极力压迫中国民族资本的成长，阻止中国民族独立，堵塞中国走向近代化的途径。前一面与后一面，两者的意义绝不相同。它们为了榨取中国人民的血汗，前一面是客观上不可避免的，后一面是主观上极力追求的。

在资本主义实力的强大存在和关于那种制度价值观念的鼓吹下，先进的中国人想要使中国近代化，没有别的选择，只能去向西方学习。然而事实证明，此路根本不通。举孙中山的例子。孙中山在辛亥革命推翻清政府时，仿效法国、美国式样，建立起革命临时政府。他满怀信心，呼吁列强给予承认。但是所有西方政府全都不予理睬。相反，它们一致支持反对革命的"强人"袁世凯夺取政权，照旧把半殖民地统治秩序保持下去。这个世界在中国横冲直撞长达110年。本世纪30年代日本帝国主义发动侵略中国的战争，占领了中国绝大部分富庶地区。日本失败以后，美国又实行武装干涉，全力支持南京国民党政府发动空前规模的内战。照罗斯福推荐给蒋介石担任过顾问，以后又在美国国务院任职的拉铁摩尔所说，那种军事干涉继续下去的逻辑结果，就是使中国成为美国的印度。[①] 中国那时眼前所要解决的问题是民族如何能够生存下去，而不可能是如何去实施近代化。

第二个世界来自资本主义世界的内部突破。它的存在，宣告了资本主义体系不再是金瓯无缺的了。社会主义的价值观念像巨大的磁铁一样，强烈吸引着寻求中国民族解放斗争、寻求中国近代化出路的中国先进分子。中国共产党的成立，使中国革命出现了新的面貌，也使民主主义革命者对中国如何走上近代化得出了新的认识。再举孙中山的例子。辛亥革命以前，孙中山强调的宗旨是法国革命的口号“自由、平等、博爱”。20 年代，他毅然改弦更张，提出中国革命要“以俄为师”。但是第二个世界当时诞生未久，与中国的实际关系有限。它与中国的联系主要是在意识形态上的。帝国主义、封建主义的大山压在中国人民头上。中国人那时最紧迫，不可须臾延缓的任务，是要不惜流血牺牲去推倒阻止中国近代化道路的帝国主义、封建主义大山，而不可能是如何去实施近代化。

从这里可以看出，中国与世界的关系是复杂的，中国近代化的道路特别复杂。第一个世界和第二个世界，它们对近代中国所起作用的方面不一样，但都起了重要的作用又是一样的。在中国共产党领导下，中国人民经过反复斗争取得了民族民主革命的伟大胜利。中国获得了民族独立，搬掉了压迫实现近代化的大山。但是，历史不得不将近代化的实现这个光荣而艰巨的任务，留给了下一个时代，即现在的社会主义时代。这是近代历史形成的中国近代化道路的基本特点。不是谁愿意不愿意的问题。这叫作实逼处此。中国舍此别无他途。

中国民族独立、民主革命完成之日，也就是中国近代化扫清了前进道路上的障碍物，独立自主迈开第一步之时。1949 年 3 月，毛泽东讲过一句当时大家都知道的话：“夺取全国胜利，这只是万里长征走完了第一步。”第二步、第三步是什么呢？那当然就是全力以赴，解决中国近代化问题了。所以毛泽东又接下去作了一段发挥，他说，如果这第一步也值得骄傲，那是比较渺小的。过了几十年之后回头来看，就会使人觉得那好像只是一出长戏的一个短小的序幕。剧是必须从序幕开始的，但序幕不是高潮。事实也就是这样，近代中国在特定的近代世界环境里，为中国近代化所进行的斗争，是终于走完

---

① 拉铁摩尔夫妇著，陈芳芝译：《中国简明史》，商务印书馆 1962 年版，第 139、19 页。

了第一步，拉开了一出长戏的序幕。今天，人们可以说，费了那么长的时间，才走了第一步，岂不做得太少！问题是那个舞台上不只中国一个角色，还有一群角色。它们名叫世界列强。克服世界列强的拦阻，走过了那一步，这就是了不起的胜利。

外国的侵略压迫，中国人民的反侵略斗争，两股力量紧紧扭在一起，难解难分。中国既没有变成殖民地，又没有避免变成半殖民地。外部世界与中国究竟谁在那里起主导作用，这样的问题不但中国人会提出来，外国学术界其实早就提出来了。例如近代中国与世界的关系，就是美国研究中国史的学者近年来热烈讨论和争论的题目，他们也想对同样或类似的问题作出回答。

据美国学者柯文所著《在中国发现历史》一书的研究、评述，他们的观点可以分为四派：一是“冲击——回应”派。费正清、李文森两位最先提出此说。它的中心意思是认为在中国近代历史发展中起主要作用的因素或主要线索是西方入侵。二是“传统——近代”派。此说认为世界各国万流归宗的是资本主义社会。中国传统社会停滞不前，只有等待西方猛烈教训，然后才能学西方的榜样，走入近代化社会。三是“帝国主义决定”派。此说认为帝国主义是中国近代各种变化的主要原因，是中国社会崩溃、无法前进的祸害根源。四是“中国中心”派。他们认为，中国历史变化的根源来自中国内部因素。柯文本人是这一派的主张者和发挥者。他在自己的著作里一开头就强调说，研究中国历史的美国学者，最严重的问题一直是由于种族中心主义造成的歪曲。“冲击——回应”等三种模式，存在一个基本共同点，那就是“西方中心模式”或种族主义。照这个模式看，19 世纪、20 世纪中国所以可能经历的一切有历史意义的变化，只能是西方式的变化，只有在西方冲击下才能够引起这些变化。“西方中心论”堵塞了从中国内部探索中国近代社会自身变化的途径，把中国近代史研究引入了狭窄的死胡同。“中国中心观”认为，中国历史变化的根源来自中国内部因素。他们主张研究中国近代史要把注意力集中于中国内部因素，而不是放在外来因素上，“中国本土社会并不是一个惰性十足的物体，只接受转变乾坤的西方冲击，而是自身不断变化的实体，具有自己的运动能力和强有力的内在方向感”等等。[①]

---

①〔美〕柯文著，林同奇译：《在中国发现历史——中国中心观在美国的兴起》，中华书局 1989 年版，第 78 页。

美国学术界把他们关于近代中国与世界的争论，叫作中国历史“剧情主线”的争论。归纳起来，也就是一个西方主线决定论，一个中国主线决定论。他们讨论涉及的范围很广，翻来覆去争论西方文明与中国传统问题。他们极力想要说明的是，中国近代化与外部世界到底是什么关系。西方主线论认为，“西方体现文明，中国体现野蛮”。区分文明与野蛮，就看有无科学技术高水平发展的条件。“中国社会内部始终无法产生工业化的前提条件，需要西方入侵来提供这些条件”。没有西方，不可能想象中国会发生任何近代化的变化。“同样不可想象的是，除了近代化的变化，还有任何什么变化称得上重要的历史变化”。①以研究中国思想史著称的李文森说，中国的一切问题都来自西方，新中国的变革也主要源于西方。他用一句话概括出了自己对这个问题的看法：“中国革命之反对西方正是为了加入西方的革命。”②加入西方，自然就是加入西方的近代文明或近代化。60年代末，美国较年轻的学者詹姆斯・佩克等人创办《关心亚洲学者通讯》，提出了相反的看法。佩克说，帝国主义并不是中国人虚构出来的，它带来的后果是真实的，可以衡量的。一百年间，帝国主义改造、歪曲了中国的经济，迫使中国处于不发达的状态，直到共产党领导的革命赶走了帝国主义，“砸碎了把中国绑在帝国主义体系的枷锁”③，才得以使它摆脱这种状态。双方的讨论和争论，显著反映出了美国学者讨论近代中国与世界的最后注意力所在。因为说到底，西方世界所以能够侵略压迫中国，而中国则遭受侵略压迫，就是一个走进近代化了，一个则落在近代化后面。

如何看待美国学术界在中国近代史研究中两条对立主线的争论，实际上也就是如何看待中国近代化道路与世界的关系以及与此有关的看法的争论。我想在此作一点评论。

倘若有人以为那对立的两条主线，非彼即此，二者必居其一，必定使自己陷进泥坑里，无法自拔。说外国侵入不起决定作用，那等于说，中国是自己把自己变成了半殖民地，变成了被压迫民族的。不会有人听信如此荒唐无稽之言！说中国内部力量不起决定作用，那等于说，中国的民族独立是外部

---

①〔美〕柯文著，林同奇译：《在中国发现历史——中国中心观在美国的兴起》，第133页。

② 同上书，第65页。

③ 同上书，第110页。

侵略势力开恩赐予的，而不是中国人民战胜了所有强大敌手后所获得的。同样不会有人听信如此荒唐无稽之言！历史是一个过程。一切都在运动变化中。静止观念，绝对观念，不可能认识历史。形势、条件变了，历史的面貌结局也就变了。

西方主线决定论看到了列强侵入中国的基本事实，看到了那种侵入造成的中国社会生活变化和激烈的矛盾斗争。他们叙述了这方面的一些具体史实。但是“冲击——回应”绝不是一个接近于反映历史真实的公式。不管发明者的主观愿望如何，这个公式首先掩盖了西方与中国关系的实质。它用西方的冲击使中国作出回应，接受西方文化技术等代替了侵略、压迫者与被侵略、被压迫者的关系的实质。中国由受害者竟然成了受益者。所谓“回应”，明白点说就是被动反应。它或许部分地可以形容中国社会在西方侵略进逼下所发生的某些现象，但完全不能说明中国人民反对外国侵略的态度，完全没有估计到中国人民的力量。既然“冲击——回应”说可以解释历史，西方为什么不总是继续冲击下去，反而要从中国大地上偃旗息鼓一齐退了出去呢！与近代西方世界相遇以后，中国这个“中央之国”确实显得太腐朽、太衰老了。但是中国人民的力量仍然足以使它自立于世界民族之林。70年代初，费正清等人的观点受到了美国另一些学者的尖锐批评。例如佩克认为，美国的中国问题专家是美国官方对亚洲现实世界形成看法的帮凶与唆使者。事实如何，这要由美国学术界去讨论。

费正清教授对于西方与中国关系的看法，可谓“吾道一以贯之”。80年代他在其撰写的《伟大的中国革命》一书中指出，中国人民经过曲折以后“又长期继续进行民族复兴的狂热努力，现在总算成功在望了”，表示了他对中国革命的同情心。在学术观点上则继续发挥其“冲击——回应”论。他说，西方两次对中国思想界的冲击：自由主义一次，马克思主义一次，“都是我们西方文化帝国主义发展的最高阶段”。中国实行马克思主义是一种必须。中国的社会主义是可取的。总的来说，它使日常生活趋向集体和群体，而不是趋向于个人。他又拿毛泽东和洪秀全相比，说他们开始时都受外来学说影响，后来又都摆脱外来的控制。洪秀全摆脱了传教士，毛泽东摆脱了第三国际。[①]我们

---

①〔美〕费正清著，刘尊棋译：《伟大的中国革命》，国际文化出版公司1989年版，第343、240、344页。

姑且不说拿毛泽东与洪秀全相比有多么牵强，单就西方两次对中国思想冲击的一大段话而言，实在地说，著者在这里既造成了一个不小的混乱，同时又自己反驳了自己的观点。“西方”二字，好久以来并非地理概念，而是专指资本主义社会制度，包括思想文化在内。否则，日本位于亚洲东部，何以公认为它是一个“西方国家”呢？马克思主义学说是世界进入资本主义以后的产物，又是西方文明即资本主义文明的对立物。因此，它一出现，就在西方世界受到堵截围攻，必欲扼杀消灭之而后快。世界上出现社会主义以后，“自由主义”与马克思主义两种意识形态的对立，本质上反映的是资本主义与社会主义两种制度的矛盾对立。著者对它们不加区分，说成“都是我们西方文化帝国主义发展的最高阶段”，近乎幽默地表示“冲击——回应”说确有根据。然而揭开“西方”面纱掩盖下的两种互不相容、彼此对立的意识形态这个事实，就可以看出它的涵义恰巧相反，著者是自己在反驳自己。“西方”即资本主义两次对中国思想冲击，为什么一没有回应为资本主义，二没有回应为殖民地，偏偏回应为与资本主义相对立的社会主义了，而且是在西方世界一致坚决反对的条件下回应为社会主义的呢？洪秀全、毛泽东是他们各自时代寻求中国出路、中国近代化的代表者，他们都受了西方影响，为什么又摆脱了控制，没有照西方的影响回应下去呢？这一切，都自相矛盾。西方主线论是没有办法合理解释这种矛盾的。

“中国中心观”过于看轻了外部世界的作用，对于外部势力深入到中国社会内部结构里面发生的毒害影响估计不足。他们的“内部取向”观念有的含糊不清，或者变成了陈旧的心理史观。但是中国主线论批驳那种以为在近代历史舞台上，西方扮演主动的角色，中国只扮演消极、被动的角色，以及批评殖民主义观点的遗留，是正确的和有说服力的。他们强调中国是具有自身运动能力的实体，中国的近代是中国这个实体的内部结构产生的各种巨大势力不断发生作用，不断为自己选择方向、开辟前进的道路所形成的。也就是说，中国近代历史的演变和方向，最后是由中国内部力量所决定的。无疑地，这符合于历史运动的本质。

“中国中心观”的学者极力寻找中国内部情节。中国民族“自身”的特点如何，理应受到注意。但从柯文的研究评述中，完全看不到这一点。他们收集资料很广，议论上下古今，但对西方某些历史人物或知名人士例如赫德、拉铁摩尔等人关于中国民族性格和中国民族文化的看法、言论，却概未提及。赫德在义和团运动发生时，已经担任帝国主义控制中国的中国海关总税务司37年，通晓中国内情。其时外国人认定“支那人乏于爱国爱种之心，而富于服从媚异性质”，瓜分中国之说甚嚣尘上。赫德认为瓜分行不通。他说，义和团是一次民族起义。中国人具有爱国主义精神，要求和能够抵抗外国侵略。“中国如被瓜分，全国就将协同一致来反对参与瓜分的那几个外国统治者”[①]。赫德此处说出了中国民族性格的特点。外国的压迫越增强，中国反侵略压迫的斗争就越激烈，力量就越增强，外国要瓜分中国，中国就会团结一致，来进行反对瓜分的斗争。世界上不论一个或几个侵略国家，要征服统治四亿中国人民都是办不到的。义和团运动证明了这个论点正确。抗日战争更证明了这个论点正确。拉铁摩尔长期生活在中国，熟悉中国传统文化。他说，世界上再也没有其他民族，像中国人这样人口繁多，而在体格构造上和文化上都具有这样高度的一致性。这种状况还可以用中国人的一致态度来加以说明。“几千年以前孔子就发明了这样一个公式：让愿穿夷狄服装的人做夷狄，愿穿中国人服装的人做中国人。换句话说，如果你的行为像夷狄，就以夷狄看待你，如果你的行为像中国人，就以中国人看待你”。拉铁摩尔用这个公式，来说明中国民族特点是有见地的。这段话把两层意思联结在一起：（一）中国与非中国是必须区分的。用现在的话来说，就是强调民族观念。（二）中国人与非中国人的区分，不在种族，而在文化。用现在的话来说，就是在于共同的文化思想。两层意思归结起来，还是讲的一个问题：何谓中国人，何谓非中国人，关键不在你的种族如何，就在“你的行为”、文化观念表现如何，你在行为上是否做了中国人应当做的事，或是否履行了中国人的义务，或是否表现出了中国人共同的文化思想观念，其他非所计也。拉铁摩尔所说的这个公式“发明”在两千年以前。两千年以来，中国社会历史发展了，中华民族的文化自然没有固定不变，它更加丰富了。但经过种种考验，它的显著一致性的地方、思想观念的共同感，并没有变得不重要了。这确实是中国民族文化的突出特点之一。柯文等人的书上没有谈到这一些，赫德、拉铁摩尔把它们指出来了。这说明西方某些人士对中国民族性格和民族文化特点的认识，观察相当深入，并非浮光掠影。

---

①〔英〕赫德：《这些从秦国来——中国问题论文集》。译文见吕浦、张振鹍等编译：《“黄祸论”历史资料选集》，中国社会科学出版社1979年版，第153页。

讲到这里，对前面说的人们要求我们回答的中国是否有能力自立于世界民族之林，如何自立于世界民族之林的问题，可以作出切实回答了。

第一，中国是能够自立于世界民族之林的。近代中国没有实现西方那样的近代化，但它凭自己的力量打开了走进近代化世界的大门，而且迈开第一步了。

第二，中国将走人类文明的大道来自立于世界民族之林，中国走社会主义道路来实现近代化或今天所说的现代化，出自历史的选择。一个有五千年文明、人口占世界五分之一的国家的人民，走在历史选定的道路上，这本身就强有力地说明，它不是与世界文明大道相悖离，而是与之相适应的。至于中国的现代化目前已经取得了怎样的成就，为什么还排在发展中国家行列里，那已经不是此处要讨论的问题。

旧中国与世界的那种关系，已经结束40年了。但历史毕竟无法一刀两断，它与现代中国与世界的社会生活仍从各种渠道发生联系。40年后的今天，世界正在发生第二次世界大战以来的最急剧的变动。对这种变动，欢呼、高度评价者有之，指为倒退或感到出乎意外者有之。20世纪开头，当时人们所作的本世纪前景预测，研究历史的人会感到兴趣，不妨回顾一下。

据有人收集的资料看，当时西方世界的主要报刊和政治家反映出的基调是踌躇满志。例如1900年1月1日《纽约时报》宣布："在美国，我们在前进的过程中，可望获得无限的繁荣，这将使我们的国家位于世界最前列。"同一天，《华盛顿邮报》重申了美国在海外殖民地的使命，说"它们是我们的，所有反对扩张的谈论，就像喜鹊的叽喳声一样无聊可笑"。英国《伦敦时报》登载的文章说，"我们有理由相信，英国和它的子孙在20世纪末将和在19世纪末一样，胜利地经受住严峻考验。到那时，他们将作为一个团结的帝国民族世世代代生活和繁荣下去，成为人类事业的堡垒"。法国《费加罗报》、德国柏林《每日评论》等，也都是讲的文化、民族的乐观主义。1917年忽然出来一群布尔什维克，在占世界六分之一面积的俄国一举推倒了资本主义制度，建立起了社会主义制度。两次世界大战，人类被投入空前规模的自相残杀。第二次世界大战以后，社会主义在欧、亚、拉兴起，使世界资本主义遭受沉重打击，陷入一片混乱。当初西方那些乐观主义预测者，谁又能够料想得到呢！

社会固有的矛盾继续存在，社会生产力、科学技术越发展，世界历史的变迁，新秩序、新关系代替旧秩序、旧关系就越发迅速。中国谚语说的"三十年河东，三十年河西”，讲了河流变化不居，没有讲河流的方向。历史长河无止境，主流经过有段落。只要资本主义不是人类文明发展的顶点——如果真的就此到了顶点，像罗马俱乐部关于世界发展之极限的报告所说，那人类就没有什么希望了，因为到了顶点的东西，就是意味着即将死亡、毁灭的东西——那么人类文明的河流不管要经过多少弯曲转折，就终归要“山随平野尽，江入大荒流”，向适宜于全人类生活的前景浩浩荡荡奔腾行进下去。前几年和最近，预测21世纪的言论纷纷见于报刊上。一些政治家、社会活动家如尼克松、池田大作、阿·汤因比就分别出版了书名《展望21世纪》的著作。21世纪的世界将是迅速变化的世界，那是肯定无疑的。近代中国与世界全部过程告诉我们的是：过去中国是以半殖民地、殖民地的地位与世界发生联系的。今天中国是一个独立国家，是世界大国的一员。它与世界联系的地位改变了，看待、认识世界的眼界完全不同了。中国将在现有道路上使自己与世界的最新发展密切接触，来推进国家的现代化事业。谈论历史允许把昨天、今天、明天联系起来，这里说的是一个历史研究者的展望。再作什么推论、描绘，那是未来学家的任务。

中国近代历史运动的主题①

说一点感想，欢迎反驳。

中国近代有110年的历史，人们认识历史要跟随时代，历史过去了再回头看，站在今天的高度，往往看得更清楚。近代史110年过去了，但历史运动过去了没有呢？我理解有这么几点。

一、110年的历史运动是什么？我以为基本的运动是民族运动。中国近代民族运动的内容有两项，一是要求民族独立，二是要求中国近代化。从西方侵略中国这一天起，就是民族运动的开始，也就在我们面前提出了近代化的问题。这110年的斗争，总的说就是这两件事。这两个问题不能相互代替，民族独立不能代替近代化，近代化也不能代替民族独立，但两个问题又是联在一起，不能分开的。在历史发展过程中，两个问题的内容是变换的。我们说中国近代史的主题基本上是民族问题，就是说从鸦片战争到中华人民共和国成立这段时期，中国所有的阶级，没有一个不参加民族斗争，不卷入民族斗争的。中国近代史上最突出、最频繁的事件是战争。首先是鸦片战争，清政府参加了，接着是第二次鸦片战争，以至甲午战争、义和团运动，直到蒋介石政权参加抗日战争，可以说，中国的大地主大资产阶级都参加了民族战争，为什么？因为有一个民族压迫和反民族压迫的问题，也就是外国侵略不许中国民族独立，中国则要求民族独立。还有一种战争，如太平天国，辛亥革命，北伐战争，共产党领导的第二次国内革命战争、第三次国内革命战争，这些战争好像不是对着外国的，但实际上都是在外国侵略、压迫的背景下出现的。太平天国，马克思讲过，首先是因为英国的大炮打开了中国的大门。至于中国历史上的反教会斗争等等，也都是来自外国的干涉、压迫。维新运动，外国的背景非常清楚，要不，为什么要救亡图存？辛亥革命把这个问题提得更明确了，就是反对“洋人的朝廷”，即反对外国侵略压迫中国的工具清政权。

---

①该文为1996年7月24日在中国社会科学院近代史研究所举办的学术座谈会上的发言稿，原载《近代史研究》1996年第6期。——编者注

中国共产党领导的革命运动，都是反对帝国主义、反对封建主义的运动，反帝是最后的、最基本的内容。当然，对外对内两种战争或运动，直接针对的对象与参加者是不同的。前者是各阶级联合起来抵抗帝国主义，后者是人民对帝国主义与中国封建势力同盟进行革命，那个同盟的盟主正是帝国主义。两种战争或运动来回改变的只是民族矛盾与阶级矛盾哪个为主为次，暂时哪个最尖锐，而不是改变民族独立的目标，不是改变民族矛盾的存在。所以说中国近代的历史运动，归结起来是一个民族运动。整个民族运动的过程，也就是中国要求改变社会落后、实现近代化的过程。到19世纪六七十年代后，开始有近代工业。到辛亥革命后，近代工业发展反映了国内社会的进步。但是中国总是被压迫、被侵略，民族危机不断加深。人们早就提出要自强，希望民族振兴，但总是自强不起来，振兴不起来，走不上近代化道路。为什么？就因为有帝国主义与封建主义相勾结，使中国遭受民族压迫，处在殖民地半殖民地半封建统治秩序下，就因为那种统治秩序所竭力保护的生产关系，严重阻碍着中国新生产力的发展，阻碍中国实现近代化。道理很简单，帝国主义天天侵略你，强迫中国订立种种不平等条约，纷纷在中国抢占势力范围或占领中国领土，其中日本除了先后占领台湾、东北，“七七”以后更占领半个中国达8年之久，你还搞什么近代化呢？又怎么能够同时实现近代化？由此可以得出一个结论，中国要使新生产力得到发展，实现近代化，必须先争取民族独立，推倒半殖民地半封建统治秩序，即解决生产关系问题。所以近代化问题与民族独立问题是同时存在、相互联系的两个问题，不是一个问题。可以说中国近代史归根结底是一个民族运动，是具有两个内容的民族运动，从这个角度看历史，是不是更加切合历史实际一些？我们不能把民族矛盾与阶级矛盾简单化，拿一个代替一个，但半殖民地表明了民族矛盾是最后起作用的。是否如此，请大家考虑。

二、110年的民族运动引出了什么历史结局，应该作出怎样的历史判断？换言之，历史是前进了，还是倒退了，还是原地踏步？现在有人说激进主义把中国搞坏了，还是保守主义好。我们应该追问一下，把中国搞坏了的激进主义在哪里？都是些什么？就说百日维新，有人认为它的失败是由于太激进。它一没有反对帝国主义，二拥护皇权，连兴议院也不敢正式提出，不过宣布了些谁也不曾认真对待的诏书，激进主义在哪里？辛亥革命据说激进罪过更大了，它一开始就宣告承认帝国主义在华权益，压根儿没有触动农村封建统治秩序，最大的成功是废除了帝制。难道中国人必须永远头上顶着一个皇帝来生活，才算非激进主义吗？国共合作发动第一次大革命，提出“打倒列强除军阀”，这当然有点激进，但是中国人就只应该听凭军阀混战，列强宰割，不应该有任何作为来改变自己国家命运的权力吗？蒋政权十年“剿共”内战，坚持“攘外必先安内”，当然与激进主义沾不上边，但是日本“九一八”占领东北，然后又“七七”全面进攻中国，这又是什么主义给中国造成的灾难呢？共产党在第二次国内革命战争中确实推行过激进主义，确实犯了“左”倾冒险主义的错误，但是后来由它自己纠正了。而且那笔账，显然应该与后来的历史发展、与旧中国如何走向新中国连起来一起算，才会得出全面认识。说白了，指责激进主义把中国搞坏了，目的本来不在谈历史，无非找个由头，表示出自己对现实的看法。在这里讨论历史，其实是多余的。我们看到，历史上就是两条，一是要求改革，要求民族独立，反对帝国主义压迫，反对封建统治秩序；一是主张保存外国压迫、封建统治秩序。斗争的结果，历史是前进了，中华人民共和国成立，民族独立问题解决。近代化虽没有实现，但是打开了一条道路，我们可以按照自己的设想去搞近代化了。毛泽东说，夺取政权是万里长征的第一步，那么第二步、第三步是什么呢？就是搞近代化。110年来这个历史的前进是如何来的？是什么社会力量推动的？是外国的力量？是中国哪个阶级的力量？外国不是推动中国前进的力量，它搞殖民地半殖民地，搞武装占领，压迫中国。中国的地主阶级、资产阶级和其他各阶级都参加了斗争，不能说没有起过作用。大地主大资产阶级掌握着政权，当它们抵抗外国侵略的时候，保卫政权与保卫民族利益是一致的。那时它们的参加是不可缺少的，是有重要作用的。看不到它们在反侵略战争中的重要地位和作用，就等于看不见民族矛盾，不能全面解释历史。但是它们谁也没有和人民一起，把反侵略斗争进行到底，而是在感到对侵略者的力量难以抵拒或者与人民的矛盾加深的时候，便毫不犹豫地与侵略者妥协、结合起来反对人民，保住自己的政权。抗日战争中的蒋政权是唯一例外。那是由于它如果中途与日本妥协反而就难以保住政权。所以归根结底，最后还是各革命阶级起了作用。其中有民族资产阶级、工人阶级、农民和广大人民群众。它的号召者、领导核心，前面是资产阶级及其领袖孙中山和他领导的同盟会、国民党，后面是无产阶级与中国共产党。总之，110年的历史，其前进与落后不是简单的，而是复杂的，把中国变成殖民地半殖民地这是落后，而人民力量兴起，改变半殖民地秩序的力量兴起，这是历史的前进。民族运动的结果，产生了新中国，这是中国历史的前进。这个前进是哪里来的？是中国共产党领导下的全中国各族人民共同奋斗来的，你不承认，中国现实承认，世界现实承认。

三、中华人民共和国成立以后，中华民族在遭受了上百年的屈辱压迫以后获得了解放。这是中国近代、当代历史的一个伟大转折点。中国近代历史上的两个问题是过去了，还是没过去？新中国诞生后，民族独立问题解决了，150多年前开始的中国民族运动的重点发生了变换。如果说在新中国诞生前的110年里，民族独立问题是占第一位的问题，那么现在近代化的问题变成了占第一位的问题。这是一个历史性的进步的变换。也就是说历史由以解决生产关系为中心，进到以解决生产力为中心了。但是中国民族运动中的这两个问题，或者没有完全过去，或者完全没有过去。新中国40多年来的历史证明，还存在着110年历史的两个继续。头一个继续，是集中全力推动中国在近代化的道路上的进程。现在已经取得的成就举世瞩目，但要走的路程还很远，还要靠中国人自己的努力去奋斗。另一个继续是不断增强我们民族独立的地位，捍卫民族尊严，保证国家现代化的顺利进行。40多年来的历史证明，帝国主义没有死心，还在破坏中国的民族独立，还在企图阻止中国民族的发展。我们还存在保卫民族独立问题的斗争，存在反对帝国主义对中国的干涉。新中国刚成立，就爆发朝鲜战争，美国侵朝的目标是中国。美国在朝鲜失败了，不甘心，东边不行，还要从西边来，从南边来，后来发生越南战争。当然，朝鲜、越南都是美国侵略的目标，但最终的目标是中国。新中国成立后，我们说民族独立问题解决了，但并不是说这个问题就没有尾巴了，香港收回了，还有台湾问题。台湾问题是不是民族独立的遗留问题？恐怕不能说不是。因为台湾问题的存在，是由于美国插手、干涉的结果。我们要收复台湾，它的航空母舰就来了。台湾当局的陆委会说大陆不要用民族大义压我们。要我们不讲民族大义，但台湾当局为什么那么喜欢美国的《台湾关系法》？为什么把自己的活动同外国战车绑在一起呢？可见民族大义到底是中国人的大义！

四、关于我们的近代史研究。从中国的历史来看，从现在来看，近代史研究中所反映的这样那样的问题是什么？是近代史上的民族独立问题和近代化问题在今天的继续。我们的斗争是这两个继续在思想领域的斗争，就是如何维护民族独立，保证中国的近代化，我们应该把它放到这个位置上来看。民主革命时期或者抗日战争时期，毛泽东讲近代史是什么？近代史是帝国主义侵略中国和中国人民反抗帝国主义的历史，这个概括是完全准确的，现在不能改变，也改变不了，这是历史事实。我们现在对如何进行近代史研究有种种看法，但最主要的还是这个大格局里面的问题，即帝国主义还在干涉我们的问题，我们还要进行保卫民族独立，保卫我们的近代化的斗争。今天的中国社会制度建立在现实的经济、政治制度之上，依靠现实经济、政治制度的总体合理性存在和运转。但它要有自己的精神灵魂，在思想理论上。它主要地或者直接地靠两个支柱，一是马克思主义，一是对中国近代历史的正确认识。这两个支柱是完全不同的两回事。一个是意识形态，它是可以由人们选择的，也还是变动发展中的。一个是已经过去了的历史，它是人们只能接受，只能面对，既不能选择，也不能改变的。但是在我们当前的生活中，它们又历史性地走到了一起。那就是它们能够分别告诉我们、或者至少强有力地启发我们客观地认识现实，并展望未来。两者缺一不可。而且马克思主义能够指导我们认识中国的环境条件，进行社会改造，从事革命斗争，是久经历史所证明了的。如果否定了历史，也就否定了今天。现在一些人极力否认歪曲中国受侵略、受压迫的历史，歪曲中国革命的历史，实际上就是要否定中国社会主义的现实。对马克思主义理论，我们自己的话，现在往往没人相信，那我们就从另一个角度来看看。摩尔根著《古代社会》时并没有受马克思主义的影响，其最后结论说，财富是人创造的，但现在的人受财富的支配，如果说历史进步是人类社会前进的规律，而且将来这个规律也不会改变的话，那么人为财富而生活，这绝不是人类的归宿。这就是说只有社会主义、共产主义才是人类的归宿，这是与马克思主义毫不相干的美国人类学家的认识。再看今天非洲的革命领袖、津巴布韦总统穆加贝说的话，有人问他社会主义这个东西还有没有用，还有没有价值？穆说，过去苏联人让我们搞社会主义，一切照他们的主意，我们上了他们的当，他们骗了我们，但社会主义的价值没有过时，照旧有效。如果一个国家一个社会，财富只集中在少数人手中，这决不是一个合理的国家、合理的社会。这话是深刻的。那么苏联为什么垮了呢？马来西亚总理马哈蒂尔很有思想，他说，西方的意识形态没有理由来控制我们，苏联的垮台，不是你们美国的将军、外交家的功劳，而是你们工人阶级的功劳，你们的工人阶级创造了丰富的物质财富，而苏联不搞这些，它落后了，所以它垮掉了。我看这是不错的。苏联自己不是也承认停滞吗？二次大战苏联取得那么大的胜利，起了英国、美国所无法起的头等重大的作用，丘吉尔的回忆录、罗斯福的文献历历可查。但是后来农业没有前进，工业没有前进，只有军事科技有前进。所以社会主义还是要有物质的基础。除了马克思主义这根支柱，还有历史这根支柱。历史是不能改的，我们的任务就是要把改不掉的历史，客观的历史坚持下去，实实在在讲出来，不为别的东西所左右。西方对我们的进攻是从各个方面来的，美国人也承认，它在政治上扼制你，今天搞一个西藏问题，明天搞一个台湾问题，或者搞个人权问题，那么思想理论上，其中一个内容就是企图重新解释历史。我们写书写文章的人不见得都和它有联系，但是有的人很难说同那种影响就绝缘。所以我们把历史讲清楚就是捍卫民族独立，就是要把我们的近代化坚持下去。如果不讲这个历史，要把历史所谓重新写过，那我们的近代化就会发生不小问题。远的事情不说，1989 年以前思想理论界的那种混乱，否定历史，骂共产党，骂中国文化，谁骂得多谁就是优秀理论家，谁就是天才，结果一些人思想动摇，看不清前途。1989 年春夏之交的政治风波对我们的近代化的破坏是不小的。香港问题英国方面为什么会出现反复？就是这件事的干扰。如果我们思想理论界再出现混乱，我们的近代化还会出问题。为了我们的近代化能够坚持下去，我们就要客观地科学地研究中国近代史。我认为中国近代历史运动说到底是一个民族运动，认为民族运动中的两个主题今天还或者局部地或者基本上没有成为过去，还存着两个继续，并非虚言。近代化的成就最后要取决于物质建设的成就，这是谁都知道的。我这里是讲严肃的、人们寄予希望的近代史研究者要积极挑起自己的担子，而不是想要过甚其词。两个继续需要持续多久，那是要由近代化的速度和成就回答的问题。科学研究摒弃宿命论态度。

说二十世纪的标志[①]

国际历史科学大会1990年马德里讨论会列有一个专题，叫作“和平时期的进步、战争时期的退化：20世纪的标志性模式”。这个问题提得很重要。历史已经在叩打21世纪的大门，20世纪只剩下一个尾巴，人们正从不同的角度加以总结和评论。国外报刊上标题为“总结20世纪、展望21世纪”“美国世纪的终结与亚洲世纪的降临”[②]等一类的文章，屡有所见。所谓“美国世纪的终结”，显然有把美国强盛作为本世纪主要特点的意思。历史研究者面前确实摆着这样的问题：20世纪的标志是什么？

一

历史事件多种多样，作为某个世纪标志的，当然是指它不同于以前任何世纪，而又对后来时代影响最广泛、最深刻的事件。它应当是能够标识出特定时代政治、经济、文化发展变革总和的，而非反映某个局部的。榻橥这种标志，对于人们观察历史、提高认识很有好处。深刻认识了过去，也就可以确有根据地展望未来。恩格斯说，19世纪是在法国革命旗帜下度过的。一句话抓住了19世纪历史发展的基本特点。至今我们还找不出另外的话来概括那个特点。中国20世纪初兴起的资产阶级民主革命，继续喊着“自由平等博爱”的口号，显示出法国革命旗帜的余辉照耀。在今天，揭示出20世纪的标志，意义尤其显著。怎样看待世界现状，看待中国的社会主义前景，它会教人眼

---

① 本文为未刊手稿，上有作者铅笔注：“此稿2月下旬开始写，3月上旬草成（一）（二）部分，（二）部分原有草底，（三）部分最费时，3月中至今始完稿，约20天。中间开会花去若干时。还应加（四）部分结尾。4月3日记。”据推测，初稿应写于1989年2—4月间，后来有修改。——编者注

② 梁厚甫：《总结20世纪及展望21世纪的世界局势》，新加坡《联合晚报》，1988年5月11—14日。

界寥廓，全局在胸。问题在于抓得准，符合客观实际。

什么是20世纪的标志？国际历史科学大会马德里讨论会“20世纪的标志性模式”，把“和平——进步、战争——退化”，规定为不但是20世纪的模式，而且是标志性的，意思确定而显豁。讨论计划制定者的出发点很明显，强调维护和平，反对战争。毫无疑问，我们应当同情此种愿望，也赞成讨论这个题目。但把和平进步、战争退化当作20世纪的模式加标志，并以结论性方式提出来，我认为决非准确的和有说服力的。

首先，它太笼统，太一般。一眼就能看出，这种说法不只可以应用于20世纪，也照样可以搬用任何时候；同时，这个归纳包含着自身不可克服的矛盾。从整个20世纪来看战争与和平，历史上空前未有的两次世界大战，正发生在这个时间里。社会历史恰恰在这时也大踏步前进了，出现了迥然不同于旧社会的新社会——社会主义社会。谁都知道，它并非诞生于和平的母胎之中，依照“战争——退化”公式，一切战争都是应该受到诅咒的，由此认定社会主义不表示历史的进化，倒是表现了退化。然而谁又相信那个矛盾可以这样去解决呢？20世纪的进步，正是一些国家的无产阶级、殖民地半殖民地人民和世界民主力量，经过社会主义革命战争、民族独立解放战争、反法西斯战争和这些战争的胜利而取得的，其中第二次世界大战规模最大，反法西斯战争与民族解放战争结合在一起，其进步性为全世界所公认。1985年美、英等国分别举行活动，庆祝反法西斯战争胜利40周年。国际历史学会斯图加特大会，把反法西斯、反军国主义胜利40年作为大会讨论主题之一。这都是表示肯定第二次世界大战的进步意义。总而言之，“和平——进步、战争——退化”，并不能算作所谓20世纪的历史模式，更不能算作20世纪的标志。至于把美国强盛作为本世纪的标志看待，那近乎太表层了，不必去评论。

那么，20世纪的基本特点，亦即我们可以拿来作为标志性的东西，究竟是什么？纵观整个世纪的世界局势和主要矛盾运动，不难提出一个明白答案。

20世纪里充满了各种重大事变和广泛影响人类生活的伟大科学成就。两次世界大战、美国一度称霸全球、美苏两个超级大国对峙等相继出现。人对自然界的认识和开发利用，包括空间技术、生物工程等等的突破，使世界面貌不断改变。它们都引人注目，也很容易指出来。然而它们在本世纪的全局中，都不处于支配性的地位，因此不构成这时最新的矛盾和主要矛盾运动。构成这种运动的事物只有一桩：社会主义在世界大地上诞生。人类社会进入文明以来，一直在私有制轨道上运转。奴隶制、封建制和资本主义接踵面世，它们只表现了私有制本身的变革和发展，而非私有制与公有制的更迭。20 世纪资本主义制度发生崩塌，社会主义制度出现，公有制起而代替私有制，这是一个翻天覆地的变化，是五千年来人类文明史上前所未有的伟大变化。事物的发展变化表现为旧事物为新事物所突破，世界上由只有资本主义变为社会主义与资本主义并存，这是人类发展史上第一个大突破。非常明显，什么是 20 世纪的标志，我们只有从这个大突破来做出回答。

二

无论东方和西方，在历史上，共产主义、社会主义都曾经是人们的一种梦想，一种追求。中国的《礼运篇》、《三国志 · 张鲁传》的五斗米道、太平天国的《天朝田亩制度》等，尽人皆知。在西方，欧洲文艺复兴时期，圣托马斯 · 莫尔著《乌托邦》、托马佐 · 康帕内拉著《太阳城》、约翰 · 瓦伦丁 · 安德烈埃著《基督城》，他们各自按照自己的想象描绘、鼓吹共产主义。19 世纪，圣西门、傅立叶、欧文等人的学说和活动并起。欧文以 15 万美元买下美国印第安纳州一个移民点，建立起纽哈蒙尼共产主义实验区；乔治 · 拉普等人也在美国伊利诺州短期建立共产主义村社。它们被称为"真正的"新大陆乌托邦。但所有那些思想和活动的共同点是空想性，非现实主义。马克思、恩格斯的科学社会主义理论第一次奠定了科学社会主义基石。从俄国十月革命起到现在，社会主义制度占据了 20 世纪近四分之三的时间。目前世界 50 亿人口中，有十好几亿人生活在社会主义制度下面，遍布欧亚非拉美。公有制在这个社会里占重要地位的事实，已经由历史肯定下来，这个历史不可逆转了，就像长江大河的不可倒流一样。去年南斯拉夫《今日》周刊的一篇文章上说，"世界社会主义国家的社会主义正处在十字路口"[①]。从需要改革、克服呆滞的角度来看，这是正确的。社会主义没有一个现成的"脚本"，它在不同民族、不同发展阶段里，某些内容和形式永远也不会成为固定不变的，要由人们去创造。现在社会主义国家吹起的改革春风，正是这种新的创造。不

① 《严峻的考验》，南斯拉夫《今日》周刊，1988 年 1 月 19 日。

过,《今日》周刊忘记了补充一句，资本主义至少同样处在“十字路口”。

社会主义一经出现,世界资本主义再也不是一统江山了。资本主义体系在世界上从此成了一个残缺不全的体系。世界资本主义强国彼起此落，迅速兴衰，表明了那种制度内在的固有的不稳定性、非持久性。本世纪初，资本主义世界老资格的魁首英国尚号称“日不落之国”，现在早已退居二线、三线。四五十年代称霸世界、执资本主义牛耳的美国，曾几何时，如今变成世界最大的债务国。在经济实力上，从第二次世界大战灰烬中苏醒、奋发起来的日本、联邦德国，最近又一跃而居于资本主义世界的前茅了。各国经济发展的极大不平衡性，直接威胁资本主义秩序。1929 年 10 月 24 日，纽约股票市场崩溃，资本主义发生大萧条，被称为“黑色星期四”。50 多年过去以后，前年 10 月 19 日，美国又突然发生“黑色星期一”，股票暴跌，整个资本主义世界受到强烈震撼。日本《选择》杂志说，这是一个历史的转折点，表明曾是西方唯一的世界国家的美国,从此开始跌落成为一个美洲地区的大国。[①] 美国《纽约时报》上说，这是本世纪 80 年代末发生的世界大变化之一，表示资本主义世界的贸易体制失去了势头,失去了对未来的信心。[②] 而这一切，都发生在 20 世纪近二分之一的时间里。

美国今天在某种程度上仍执资本主义世界之牛耳，它的状况最有理由引起人们的注意。美国衰落现象迭出、国力下降，这一事实，不能不反映到人们的认识上来。前年下半年美国爆发的一场“美国在衰落吗?”的大争论，是那种事实为美国人所意识到了的突出反映。耶鲁大学历史教授保罗·肯尼迪出版的《大国的兴衰》一书，列举近五个世纪以来，英、法、西班牙等帝国的衰落，以及本世纪 40 年代以来美苏关系格局的演变以后指出，一个帝国因过分扩张而灭亡的例子，屡见不鲜，美国应当引以为戒。与肯尼迪所见相同的人不在少数，他们形成了“美国衰落派”。持不同看法的人认为，美国的问题可以经过改革调整加以纠正。现在还不到惊慌失措的时候。华盛顿乔治城大学教授加里·赫夫鲍尔发表题为《美国没有理由衰落》的文章，提出一个克服衰落的“秘诀”：建立从日本、南朝鲜，越过北美，延伸到欧洲的拥有 8 至 9 亿人口的自由贸易区，使美国成为这个巨大贸易区的中心。不过即使如

①《黑色的星期一》，日本《选择》杂志，1987 年 11 月号。

②《与已往不同的东西方角逐》,《纽约时报》1988 年 1 月 15 日。

此，美国也只能“把转折点远远地推到下个世纪中去”[①]。两派意见争论，议论纷纷，都不能不承认美国衰落的种种事实。最近《美国外交》季刊又发表哈佛大学国际事务研究中心主任塞缪尔·亨廷顿《美国是衰落还是复兴》的文章。作者指出，30年来，美国出现五次衰落论浪潮，认为防止衰落首先要看到衰落。只要美国公众定期地相信快要衰落，美国就不大可能衰落。[②]这里实际上是对美国衰落的进一步肯定。资本主义的力量和地位下降，这不是美国一个国家的问题。现在整个西方世界没有哪一个国家的辽阔幅员、自然资源、军事实力、外交联盟等即综合国力，足以同美国并驾齐驱。西方世界某些国家一时可以表现出很大的冲劲，但也远不拥有美国那样的潜在力量。肯尼迪指出，“没有一个明显的‘继承国’能够接过美国的全球担子”。换句话说，美国是资本主义的最后堡垒或最高阶段的代表者。因此，“唯一世界国家美国”的力量下降，就不只表现了美国本身的状况和行程，也正是表明了世界资本主义的状况和行程。[③]认识到这一点，有特别重要的意义。

资本主义世界虽然残缺不全了，然而远远谈不上垮掉。它不仅在世界上还保持着很大的面积，生产和工艺上也仍占优势。资本主义世界的堡垒美国力量下降，还不足以证明那种制度就运转失灵了。日本《产经新闻》预言，日本将取代美国牵引世界经济。[④]美国也有人说，21世纪，“霸权将转到日本”，美国还有人说，如果“欧洲共同体国家能够紧密地团结起来”的话，下世纪“十之八九会成为欧洲世纪”。[⑤]不管这种预言的可靠性如何，以及日本存在资源不足等先天缺陷，日本经济确实在迅猛膨胀。日本已经上升为世界最大的债权国和最大的海外投资国。世界十大银行中日本占了8家；世界500家最大的企业名单中，日本企业的数目超过了美国企业；日本的外汇储备超过联邦德国，居于世界首位；日本的人均产值超过了美国的人均产值。资本主义后进国家超过老大国家的那种情形还在重演。况且美国的超级大国资格，目前绝非就从名单上取消了。在军事上尤其如此。美国的经济地位，照美国布鲁金斯学会主席布鲁斯·麦克里劳的说法，从“无可匹敌的霸主”改变到了

① 加里文，美国《商业日报》，1988年4月21日。

② 亨廷顿文，《美国外交》季刊1988—1989冬季号。

③ 同上文。

④《日本的责任将进一步加强：展望1988年》，日本《产经新闻》，1988年1月1日。

⑤ 见《人民日报》1989年4月15日7版。

“平等伙伴中的领袖”。[①] 在资本主义世界，美国的领袖地位仍是事实。资本主义残缺不全了，并不等于它的生命力已经告罄。

20世纪很大部分时间里，就这样一面是社会主义，一面是资本主义，两种制度又对峙，又共处，而且一开始就带有“全球性”。这个时间里，世界上所有地区发生的重大事变，无例外地要受这种对峙共处的影响或支配。谁要谈论20世纪的历史特点，谁就无法不正视这个基本事实。它们两者之间是怎样相互作用的目前也许还看不透彻。它们彼此在自己轨道上运转，同时又绝非置对方于不顾地独立运转。两个对手，甲影响乙，乙影响甲，你不能排除我，我也不能排除你。现代资本主义采取了不少改良主义措施，劳动者取得了一定成果，新技术应用等是它的内部原因，更主要地是来自外部的强大压力，即社会主义的存在。资产阶级要保持最大的利润，就必须缓和与劳动者的矛盾对抗。发达资本主义国家，就是这样把自己标榜为“福利国家”的。社会主义制度同样地也受到资本主义的极大影响。其中有政治、经济的，有意识形态的。有的带来进取性，有的则只有破坏和阻碍。两种制度，与对方相持，又受各自内部惯性的制约。它们前进了，又不是笔直前进的。资本主义国家中，新技术革命成果的应用，与亿万富翁的人数成正比例增长，管理阶层日益兴起壮大，社会人群向两极分化加剧。美国一些人所说的“新穷人”和“新富人”，就是这种两极分化在旧制度下的新继续。社会主义国家改革的一个重要内容，是发展商品经济。私有经济的比重增加，社会财富分配不公也随之出现。中国目前就在这种情况下跋涉前进。两种制度的现阶段，可以说存在着“双向逆转”。其所以如此，最后根源仍在于社会生产力水平。世界范围科学技术发展越来越迅速，不同制度的国家又参差不齐。这决定了社会主义制度要成为“全球的”，将经历一个足够长的过程。当前的社会主义还只是这种制度的黎明时期。但是，生产的社会化与私人占有的冲突，终究使人类历史从那种矛盾旋涡中开始大踏步地摆脱出来了。今年1月英国《经济学家》刊登一篇社论，题目叫《共产主义能生存下去吗——不，并不像马克思所鼓吹的那种东西》。题目本身就宣布了它的结论。但是其中也不得不承认共产主义“使全世界的政权乱了阵脚，取代了欧、亚、非、拉美一系列摇摇欲坠的政权”，“共产主义思想不断前进，40年代进入欧洲，60年代和70年代

---

① 美国《洛杉矶时报》，1989年2月12日。

进入第三世界”，共产主义“这是一种本来可能席卷20世纪的思想”。[①] 这里只需把“思想”改为“制度”，把“可能”改为“现实”，再也不必做什么解释。社会主义是20世纪的现实，也是它的根本特点。现在我们可以大声回答这个问题了，即究竟什么是20世纪的标志呢？

20世纪：社会主义的黎明！

三

历史运动的客观性与人对它认识的主观性，可以矛盾，可以统一，或者又矛盾又统一。中国思想理论界近些年来一直就社会主义与资本主义两种制度的现状与未来进行大争鸣大辩论。政治、经济、历史、哲学等一切与这题目有关的学科无不纷纷卷入。上述20世纪的基本特点是世界客观现实和人们对它的认识。尽管矛盾分歧，最后仍然从不同角度上反映出了世界这个客观实在。

中国思想理论界的大辩论，从两个再认识，即“对社会主义的再认识”与“对资本主义的再认识”开始，很快把问题推进到了自己的临界线。那就是：当代社会主义究竟是空想的，还是建立在历史发展内在规律上的？资本主义是历史的过程还是历史的顶点？有些论者描绘中国和世界社会主义的存在，仿佛是出自某种偶然因素的和不合理的；指为“早熟”者有之，指为外因决定者有之。又有的论者认为世界资本主义刚刚步入稳定发展的中年期，绝非“沉船”“病树”；或者说，社会主义和资本主义分属于工业文明两种类型，不存在谁处于更高阶梯的问题。所有那些论说，都只是在两个“再认识”中就某些问题提出各自的观点。它们很少有拿社会主义与资本主义的优劣全面加以对比的。那些论说汇总在一起，又不期然地做出了鲜明的对比：“美妙的资本主义”“丑陋的社会主义”。前者看好，方兴未艾；后者看糟，前景暗淡。现在我们需要做的不在于一一评价那些观点如何，而在于看看那些论述在总体上对于本世纪的基本认识如何；不在于寻究它们的分歧在哪里，而在于寻究它在哪些地方表现了一致。

---

① 《经济学家》周刊1989年1月14日社论，见《大参考》1989年2月21日。

这样几条看来是极其明显的：

第一，社会主义社会是20世纪的最大新事物。

世界文明史上，各个时代都存在过新与旧、上升势力与下降势力重叠、交叉的矛盾与斗争。但那都属于私有制内部事物的矛盾。现在人们辩论的是公有制与私有制间的矛盾斗争。中国和世界出现并存在社会主义，才出现了这个新的矛盾和这样的大辩论。地壳运动造成地表断层。人类历史上，如果从原始共产主义到私有制社会出现过第一个“断层”，那么，现在人们面临的就是一个高级的新“断层”了。如前面说过，20世纪是充满重大事变和高科技起飞的世纪，我们对它们的重要性和伟大成就不应当低估。但那些事件和伟大成就加在一起，也不足以与社会主义制度出现相匹敌。社会主义给整个文明史开辟出了一个崭新方向，一条崭新道路。可以说，它是原始共产主义的否定之否定。私有制创造了社会主义出现以前的全部文明史，它起过非凡的进步作用，今天也还起着重要作用。在私有制度下，社会形态、生产关系必须不断改变，从奴隶制改变为封建制、资本主义，表明旧制度容纳的生产力终究是有限的。生产力低下保持了私有制，生产力发展到相当高度了又要求否定旧制度，创立新制度。以前人们对新制度的追求始终停留在美妙的幻想。社会主义的出现使人类看到了前面的曙光。本世纪其他的重大事变和成就各有意义，它们谁也不具有照亮整个文明历史发展前程的意义。两种制度大辩难、大争论的深刻矛盾分歧，表现了历史“断层”带来的社会生活复杂矛盾分歧。资本主义存在了几个世纪，社会主义诞生至今不过四分之三世纪。一个旧，一个新。大辩论中，不论哪种观点，都不得不把两种制度相提并举，这说明它们共同承认一个事实：社会主义是本世纪最大的新事物。

第二，社会主义崛起，铸造了20世纪的一个世界，两个重心。

讨论和辩难中，一些论者把社会主义与资本主义变成了一个再否定，一个再美化。社会主义毫无生气，既不自然，又不合理。资本主义天经地义，又自然，又合理，咄咄逼人。从这一方面来看，社会主义似乎在退潮，天平的重心明显向资本主义倾斜。人们据此可以认为，世界的重心在资本主义一边。其中有实际生活中“双向逆转”等等的反映，也有认识的偏见和短视。偏见、短视看不起新生事物，看不见事物的发展。但从另一方面来看，世界的重心明显在社会主义一边。因为争论资本主义如何，本质上是争论社会主义取代资本主义的条件和可能性如何。两种制度在这里地位并非等同。也就是说，作为争论的挑战者一方是社会主义，带来了新困扰的是它，带来了新前景的也是它；资本主义则处于应战者、防御者的地位。两个重心，又对称，又不称。互相影响，流转变动。这个格局何时结束，无法推论，但这个格局已经确立在20世纪的历史和现实生活之中了，没有办法可以使它改变。

第三，社会主义存在，表明20世纪进入了整个文明史上一个崭新的过渡时期。

对于新旧两种制度并存的根源和现状，上面列举到的以及没有列举到的同类论说，确实证明了某些事情，又确实没有也不可能证明另外一些事情。那些论说这样那样证明现代资本主义的“好”与“强”，却不能证明它没有内在的难以克服的矛盾，不能证明世界资本主义照旧花好月圆，金瓯无缺。资本主义在地球上大块崩溃这个事实，说明资本主义和历史上有过的社会形态一样，都不过如“光阴者，百代之过客”，而非历史的顶点——如果有那种顶点的话。资本主义世界有眼光的评论家，也不认为那种制度处在什么“中年期”或社会发展的理想阶段。相反，对它的现状和未来感到茫茫然。美国《新闻周刊》今年1月发表文章，题为《令人啼笑皆非的资本主义——戈尔巴乔夫对自由市场有好感，而美国人则担心这种制度的过头之处》。其中指出资本主义的善与恶，指出毫无可取的“贪婪”和有价值的“刺激”交织在一起，令人不知所从。[①]那些论说这样那样证明社会主义的“坏”与“弱”，却不能证明它是没有客观根据的空想的不合常规地出现的。在长达40—70多年，世界几亿至十几亿人口生活在社会主义制度下面，不会有人相信这似乎可以从一些人的“迷误”或偶然性作出解释，而把它排除在历史运动常规之外。就假定一个、几个国家、民族偶然“迷误”了，何以一批国家、民族都没有自己的头脑，丧失理智，也跟着“迷误”下去！人口少的小国受外因决定了，像中国这样人口多的大国，能够简单地由外因决定它走上社会主义道路吗？对诸如此类的解释，我们叫作历史唯心论。它在复杂的问题上表现了自己的无能。大辩论实际上只能做出这样的归结：社会主义制度的不如人意，可以列举出多少条，但是谁也不能否认它是产生自一定社会历史条件，和作为一种革往开来、前所未有的新制度而存在的；资本主义的优长同样可罗列出许多条，但谁也无法否认它已经缺损不全，现在的繁荣带有非整体性，它的统一

① 罗伯特·塞缪尔森：《令人啼笑皆非的资本主义》，《新闻周刊》1989年1月9日。

盛世已经过去。社会主义还带有一切新生事物的幼小性，有待于全面发育壮大；资本主义还保有顽强的生命，短期内不会为历史所排除。社会主义的出现和成长，指出20世纪进入了整个文明史上一个崭新的过渡时期，不是绝后的，却是空前的。

中国思想理论界这种大争鸣、大辩论，当然首先不是单独讲的中国问题，也并非孤立和偶然地出现在中国这块土地上。同样的思想观点也出现在其他社会主义国家里。今年3月，苏联《真理报》发表科学院院士斯米尔诺夫的文章，指出苏联舆论界在关于现代历史的争论中，有人否定苏联的社会主义性质，怀疑社会主义的前途。文章并批评中央报刊在这个问题上持"静观态度"，是政治思想上的投降。[①] 德国统一社会党知名人士克伦茨今年在一次讲演中说，马克思主义并未过时，过时的是那些靠剥削别人活着并且称这种剥削制度为社会发展终点的人们的观点；世界上没有任何人可以证明，不靠马克思主义就能建立新社会等等。[②] 至于资本主义世界一些当权人物和舆论主持者，他们在两种制度问题上从来态度简单明了。美国前总统里根说，共产主义是要完蛋的；英国撒切尔夫人的政府通过出售国营公司，实行所谓"大众资本主义"；美国《读者文摘》1988年4月发表文章，题目叫《私有化：真正的革命》，赞美私有化的成功，鼓吹这种"革命"。前面引用的英国《经济学家》的《共产主义能生存下去吗？》社论，在同类的舆论阵地，多次宣告社会主义是不能够生存下去的。社会主义与资本主义两种制度的坚持者与反对者，或者"交换独白"，或者"争论和对话"，各是所是，各非所非，每一方都怀抱信心，哪一方也不准备妥协后退。这是一场国际思想理论的，也是政治观点的大辩论。中国思想理论界的讨论和争论，与国际的大辩论，直接间接相关，可以看作它的延伸或缩影。所不同的，中国的争论带有较多的学术性。掌握了中国思想理论界的争论解决了和没有解决哪些问题，也就在很大程度上掌握了世界范围的争论解决了的和没有解决的什么问题。

中国的、世界范围的社会主义和资本主义现状和未来的大辩论，过去有，今后也会继续下去。一个世界、两种制度这个格局只要一天存在，人们的思想观点分歧与辩论就会一天存在。当前这个大辩论极为突出，也极大地丰富

---

① 见《人民日报》1989年3月3日国际版。

② 见《人民日报》1989年2月7日国际版。

了人们对本世纪特点的认识。它使我们从分歧中看到统一，最大的分歧，又是最大的统一。这个统一是什么?

20 世纪：社会主义的黎明!

孙中山研究

孙中山——伟大的爱国主义者与民主主义者①

一、伟大的爱国主义者

孙中山说，他从1885年中法战争中国失败之日起，就立志推翻清朝政权。自那时到1925年去世，一共40年。其间经历辛亥革命、第一次国共合作等重大历史事件，他不停息地为我们祖国的独立、自由而进行斗争。孙中山先生的一生是一位伟大爱国主义者的一生。

爱国，这个神圣而庄严的字眼，激励着近代中国各革命阶级以及统治阶级中的爱国者，不知多少人为之抛头颅、洒热血，历尽千辛万苦。一切爱国者，不问来自国内哪个民族、哪个阶级，他们都被视为中华民族的先进分子、志士仁人，受到人们的尊礼崇敬。孙中山就是这些志士仁人中最杰出的代表之一。

中国的近代，爱国问题为什么成为一个不同于以往历史时代的突出问题呢？原因在于帝国主义侵略、压迫与中华民族独立、生存的矛盾，成了近代中国社会最主要最突出的矛盾。帝国主义疯狂进攻，有增无已，地主阶级当权势力、买办资产阶级投降卖国，中华民族遭受空前奴役，中国面临瓜分灭亡的现实危险。梁启超早年著《爱国论》一文说：西方人谈论中国，常常说中国人没有爱国的性质。势力涣散，人心怯懦。外国以威势相加，就帖耳顺从，啖以小利，就争趋若鹜。外国人日日讨论如何瓜分中国，如何择肥而噬。他们把中国人看作自己的奴仆，把中国的土地财富看作自己的囊中之物。扬言于议院，腾说于报纸，视为固然，毫无顾忌。梁启超叙述的情景，即使现在读来也令人毛骨悚然。他接着又分析说，中国人并没有不爱国的劣根性。众

---

① 原载《近代史研究》1981年第3期；其中一部分以《孙中山——伟大的爱国主义者》为题，载《红旗》1981年第18期。后收入《刘大年史学论文选集》。——编者注

多的人爱国观念薄弱，那是中国自古以来处于一个小天地中的特殊环境所造成的。中日甲午战争以前，士大夫忧国难、谈国事的很少。“自中东一役，我师败绩，割地偿款，创巨痛深，于是慷慨爱国之士渐起，谋保国之策者，所在多有”。梁启超的分析如何，不必一一评论。他指出近代中国的爱国问题是伴随帝国主义侵略而来的，中国人因为创巨痛深，就起来“谋保国之策”，投入爱国斗争[①]，这是完全合乎事实的。一部中国近代史，从一方面来说，是中国人民反帝反封建斗争的历史。爱国——反对帝国主义，是中国近代历史的主流之一。不过从时间上说，那种斗争不应该只从“中东一役”算起，应该从鸦片战争算起。

孙中山的爱国活动发轫之前，以及在那以后，鸦片战争中，林则徐为首的抵抗派与道光、穆彰阿、琦善等人的分歧对立，中法战争中，曾纪泽、彭玉麟等主战派与李鸿章一帮的分歧对立，甲午战争中，翁同龢等主战派与李鸿章洋务派的对立，都是地主阶级里面爱国或倾向爱国者与卖国投降路线的对立。“百日维新”是早期资产阶级的带有爱国性质的运动。太平天国不曾号召反对外国侵略，但最后它作战的对手是戈登代表的外国侵略者；义和团“扶清灭洋”，不管它怎么落后，连赫德那样的侵略分子也承认，义和团“实由其爱国心所发，以强中国拒外人为目的者也”；太平天国、义和团，它们是农民阶级进行的爱国斗争。“百日维新”、义和团的爱国性，十多年前受过“四人帮”的恣意歪曲。他们为了所谓“揪出刘少奇”，借口评电影《清宫秘史》，大做“爱国主义还是卖国主义”的文章。照他们的说法，维新活动、抵抗瓜分危机的义和团，仿佛都逃脱不了卖国主义，而宣布“量中华之物力，结与国之欢心”的那拉氏只不过有点“排外”，倒要算在爱国者之列。当然，那一切如今已经澄清，历史恢复了它的本来面目。孙中山的爱国斗争，是地主阶级抵抗派、资产阶级维新派、农民阶级的爱国运动的继续；同时，又是那些斗争的崭新发展，它具有了完整的资产阶级民主革命的性质。

西方研究孙中山的论著中，近来流行一种说法：孙中山作为革命者，存在一个令人难堪的侧面，那就是在为实现革命宏图而奋斗的过程中，喜欢同西方和日本的最富于冒险性的帝国主义分子结成联盟。那些作者列举孙氏同日本朝野扩张主义分子的广泛接触，同英、德、法扩张主义分子的瓜葛，以及

① 梁启超：《饮冰室合集》第 2 册。

在反袁斗争时，接受日本巨额款项等，然后尖锐发问道：究竟这是爱国主义、"民族主义者"，还是相反呢？孙中山对帝国主义抱有幻想，那是毋须讳言的。外国的插手，事实上对革命带来的，主要不是成就，而是破坏、消极影响。但是没有理由可以对这个侧面张大其词。一位资产阶级、小资产阶级革命家，在当时的历史条件下，如果什么幻想也没有，倒反而不可理解了。马克思主义的研究，肯定孙中山是一位伟大的爱国者，并没有无视那些幻想，或认为无可非议。归根到底，侧面并非正面，非本质的东西永远变不成本质的东西。不能认为在这个问题上，马克思主义的论述就是所谓"新正统主义"，而只有注重那些幻想，才是科学研究。事实不允许人们随心所欲地去解释，要各得其所，恰如其分。

孙中山爱国斗争的资产阶级性质，表现在辛亥革命以前和以后他的一系列言论和实践上。其中有几点是带有普遍意义的。

第一，区别国家的不同性质，指出中国人只应当爱独立的、与清政权相对立的"中华国"。

国家同一定的阶级统治联系在一起。处于统治地位的阶级更替了，国家的阶级内容也就改变了。讲爱国，首先就碰到一个问题：爱谁的国？不管明确与含糊，人们对这个问题总要作出回答。康有为、唐才常、梁启超等，先后从事"勤王""保皇""立宪"活动，坚持破坏革命，都是在炽热的爱国宣传下进行的。爱谁的国，爱哪个阶级的国，明白回答这个问题，就尤其成为必要。

孙中山观察敏锐。1903年，他写《驳保皇报书》一文说："彼（《保皇报》）开口便曰爱国，试问其所爱之国，为大清国乎？抑中华国乎？若所爱之国为大清国，则不当有'今则驱除异族谓之光复'之一语自其口出；若彼所爱之国为中华国，则不当以保皇为爱国之政策，盖保异种而奴中华，非爱国也，实害国也。"[①] 同一年发表的《支那保全分割合论》里说："支那人民，自外人观之，似甚涣散之群，似无爱国之性，因其临阵则未战先逃，办事则互相推避，以为无可振作也。不知其处于清政府之下则然耳。吾有一言断之曰：若非利禄之所使，势力之所迫，汉人断无有为清朝出死力者。非止此也，特达之士多有以清廷兵败而喜者。……夫支那人爱国之心、忠义之气，固别有

① 黄季陆编：《总理全集》（四卷本）第4卷（杂著），第176页。

所在也”[①]。孙中山在这里明白宣告，中国人不应该爱那个“大清国”，而需要爱“中华国”。在孙中山看来，前者为“异种”“异族”，后者为汉种汉族，这点很重要。但还有一点，显然他认为也极关重要。那就是“大清国”离开割让土地，出卖主权，求媚于外国人，已经不能生存下去。“不特签押约款以割我卖我也，且为外人平靖地方，然后送之也。广东之新安县、广州湾已然之事也。倘无满清之政府为之助桀为虐，吾民犹得便宜行事。可以拼一死殉吾之桑梓。……今有满洲政府为之鹰犬，则彼外国者欲取我土地，有予取予携之便矣”[②]。这实际上指出清政权是外国资产阶级与中国地主阶级联合统治中国人民的工具，或者说，它是“洋人的朝廷”。那么“中华国”的阶级内容怎样呢？孙中山并没有、也不可能用阶级分析的观点明确指出它属于哪些社会阶级；而且前期和后期有很大的不同。就在前期，他对这个问题是间接地有明白无讹的解释的。美国总统林肯提过一个口号，叫作“民有、民治、民享”。林肯所说的“民”，主体自然是资产阶级，而非其他。孙中山多次引用林肯提出的这个资产阶级口号，来阐述他的“三民主义”，说明他所主张建立的“民国”，正是“民有、民治、民享”的国。因此，爱“中华国”，其实就是要爱独立的、以民族资产阶级为主体的中国。那时只有后面这样的中国，才是与洋人的朝廷相对立的。至于到了后期，孙中山把旧三民主义发展为“联俄、联共、扶助农工”的新三民主义，他所认为要爱的国，客观上是民主主义的国，人民大众的国，性质就更鲜明了。

资产阶级改良派、革命派，在辛亥革命以前，都以爱国自相期许和以此号召群众。孙中山而外，却没有人对爱谁的国、哪个阶级的国这个问题，从革命立场加以阐述。《新湖南》的作者杨笃生认为国家不同于天下，也不同于政府。“以天下为国家，故爱国之公心泛而不切；以政府为国家，故爱国之热力屈而不伸”。但他也只到“民族建国主义”[③]为止。章炳麟著《国家论》，摭拾无政府主义，杂以佛家虚无思想，认为“凡言爱国者悉是迷妄”。最扼要的话，也只是说“爱国之念，强国之民不可有，弱国之民不可无”。[④]讳言国家的阶级实质，毫无战斗性。孙中山的论述撕下保皇派、改良派的伪装，使人

---

① 黄季陆编：《总理全集》（三卷本）下卷（论著），第110页。

② 黄季陆编：《总理全集》（四卷本）第4卷（杂著），第176页。

③《辛亥革命前十年间时论选集》第1卷，下册，第631页。

④《章太炎文录初编》别录，第3卷。

们在这个问题上头脑更加清醒。它在思想上起的革命作用是很明显的。

第二，坚持爱国必须走革命的道路。

爱谁的国的争论，归结到一个焦点：以革命暴力推翻清朝统治，还是经过立宪改良，保住清朝统治。辛亥革命以前，国外的康梁派、国内的立宪派都因为害怕革命，极力要求改良清政府，保住清政府，扑灭革命于无形。康有为说：革命血流成河，死人如麻，“不尽杀四万万人不止”。梁启超说：革命是要“以野蛮之力杀四万万人之半”。张謇说：革命派实属盗贼之流，六朝五代分裂惨祸，会要重见于今日。他们一致断定，爱国救亡，只可以走立宪改良的道路。孙中山、革命派，坚持爱国必须打倒已经变成帝国主义傀儡的清政权，釜底抽薪，走革命的道路。照改良派、立宪派的道路，实际是让清政府挂上立宪招牌，继续保持帝国主义、封建主义统治的支柱。中国只会依旧黑暗下去。照孙中山、革命派的道路，推翻清政权，也就有力打击了站在它背后的帝国主义，反帝反封建开始走向结合。中国的复苏从此才有希望。

章炳麟、孙中山1903年分别发表的《驳康有为书》《敬告同乡书》《驳保皇派》，是革命派对保皇党、立宪派大论战的开始。孙中山《敬告同乡书》中指出：“革命、保皇二事，决分两途，如黑白之不能混淆，如东西之不能易位。革命者，志在倒满而兴汉；保皇者，志在扶满而臣清。事理相反，背道而驰，互相冲突，互相水火，非一日矣。”[①]他痛斥立宪派，说他们是同吴三桂、洪承畴、曾国藩、左宗棠一样的汉奸。什么官爵呀，银行呀，铁路呀，矿务呀，商务呀，学堂呀，等等，不过是他们诱人的工具，骗人的谎言。[②]同盟会成立，论战进一步展开。《民报》第三号宣布“民报与新民丛报辩驳之纲领”十二条，集中起来就是一条：反清革命与拥清改良。《新民丛报》把它的论战文章合刊为《中国存亡一大问题》。《民报》指出革命与改良，确实为中国存亡一大问题，但如果照改良派的主张去做，“则可以立亡中国”。1906年《新民丛报》发表的《论中国现在之党派及将来之政党》一文说，革命论盛行于中国，主张立宪的被骂为卖国，理不直，气不壮，承认在思想理论斗争中，革命派胜利了，改良派失败了。不久梁启超托人游说，希望《民报》与《新民丛报》“以后和平发言，不互相攻击”。最激烈的排满鼓吹者章炳麟也认为

① 胡汉民编：《总理全集》第3集（二·函札），第112页。

② 胡汉民编：《总理全集》第1集（三·杂著），第1072页。

“可以许其调和”。孙中山反对。革命派从国内分散的群众反抗斗争中吸取力量，又在群众中传播革命火种，经过种种努力，最后发动武昌起义，一举打倒了清朝政权。这是他们坚持革命道路的结果。孙中山在《革命原起》中，一一叙述过他亲自参加的武装起义。那些斗争是应当注意的。但是像从前国民党一些出版物那样，把清政权覆亡简单地看作由那十次起义所造成，显然违背历史。他们眼睛里没有人民群众的存在。反过来，近来西方有的研究者走向另一个极端，极力贬抑，以至否认孙中山、同盟会的领导，以为他们的作用微乎其微，同样也不合事实。如果确实那样，那么，武昌起义者所奉行的纲领、政策为什么就是孙中山、同盟会的纲领、政策呢？武昌起义以后，各省怎么会纷纷响应的呢？南京革命政府的诞生、孙中山被举为临时总统等，又何以解释呢？栋梁连云，不能缺少正殿；万山磅礴，其中必有主峰。这要靠观赏者的眼光去发现、判断。辛亥革命以后，以袁世凯为首的北洋军阀接替清政权的反动统治，孙中山抱定革命宗旨，继续前进，一直到与中国共产党合作。在帝国主义、封建主义统治下的中国，爱国必须革命，这是孙中山毕生所坚持的道路，也是唯一正确的道路。

近两年里，在关于辛亥革命的讨论中，有一种从外国人早年的著作里搬来的被视为时髦的观点，以为只要依照立宪派的道路走下去，中国似乎也可以近代化，怀疑辛亥革命的必要性，甚至革命可能反而把事情闹糟了。分析这个问题，应当回顾一下历史。最初，地主阶级中奕䜣、曾国藩、李鸿章等人发起洋务运动，他们希望在遵守不平等条约、不触动封建制度要害的条件下，利用西方科学技术，保住旧的统治秩序，实现所谓“自强”“自立”。推行的结果，中国进一步变为半封建半殖民地的国家，民族资本主义受到压迫，艰于成长。经历三十年，洋务运动彻底失败了。于是康有为、梁启超、严复、谭嗣同等倡导、启迪的资产阶级维新运动应运而起。他们要求清政府自上而下变法改良，变革封建专制政体，实行君主立宪，奖励民族资本，提倡学习西方资产阶级文化，以挽救民族危亡。他们一手握着皇帝命令，一手举起孔学为护符，表面上雷厉风行。封建顽固势力略施还击，维新运动又迅速失败了。洋务运动与维新运动，任凭研究者这样那样解说，一个卖国，一个爱国流血，性质不同。但它们的失败，说明同一个问题：在帝国主义控制下的半殖民地化的中国，要求独立富强，达到近代化，走改良的道路，不管皮毛枝节的改良，还是政治制度上的改良，迎面四个大字：此路不通。洋务运动把中国“自强”“自立”解决了，维新运动就不会出现了。同样地，维新运动把中国民族独立、发展资本主义解决了，辛亥革命就不会出现了。洋务运动没有给中国找到出路，所以有维新运动。同样地，维新运动也没有给中国找到出路，所以有辛亥革命。资产阶级民主革命为中国前进所必需，这就是辛亥革命的由来。马克思主义的研究，正是根据这种必要性来评价革命派、孙中山的历史功绩的。认为立宪派的道路可以致中国于近代化，相信这种说法，不知何以看待从洋务运动到立宪派本身一连串失败的历史。革命派、孙中山试图经过革命，凿开中国迈向近代化的通途，立宪派抵制革命，阻塞那种通途。他们的根本相异之点，就在于此。

第三，反对国家分裂，要求国家统一。

孙中山登上政治舞台，很快就面临着帝国主义瓜分中国的局势。辛亥革命以后，军阀割据，四分五裂。反对国家分裂，维护国家统一，成了孙中山全部爱国斗争的一项迫切任务。斗争的时间越长，他就越发深刻地理解到，封建军阀割据，国家不统一，与外国侵略势力、不平等条约是牢固地纠结在一起的。这种理解，在《中国国民党第一次全国代表大会宣言》里，得到了最明确的表述：“军阀本身，与人民利害相反，不足以自存。故凡为军阀者，莫不与列强之帝国主义发生关系。……而列强亦即利用之，资以大借款，充其军费，使中国内乱纠纷不已，以攫取利权，各占势力范围。由此点观测，可知中国内乱，实有造于列强，列强在中国利益相冲突，乃假手于军阀，杀吾民以求逞。”[①]1924 年从广东北上，他多次谈话指出，革命以来迭次发生乱事，均因各国援助一派武人，逞其野心所致。“中国现在是作十几个国家的殖民地，有十几国的主人，我们是十几国的奴隶”。“中国近来的兵和督，都是外国条约造成的”。排除扰乱中国的外国势力，中国的和平统一才有可能。从广东到北京，要求段祺瑞政府召集国民会议，直至在北京逝世，可以说，是孙中山谋求国家统一，作出的最后一次努力。

中国不应当分裂、只应当统一的道理，孙中山不止一次作过论述。例如在《支那保全分割合论》里，在《民报》周年纪念演说里，都讲过这方面的道理。1924 年讲演《民权主义》，大段论述这个问题，最为精辟。当时一些主张一切照搬西方的知识分子，以为美国之所以富强，是由于实行联邦制。所谓联

① 黄季陆编：《总理全集》（四卷本）第 3 卷，第 70—71 页。

邦制，是各邦自定宪法，分邦自治。中国要像美国一样富强，便应该各省自定宪法，分省自治。等到省宪实行了以后，然后再联合成立国宪。换句话说，就是把本来统一的中国，分裂成二十几个独立单位，等将来某个时候再来联合。针对这种“学说”，孙中山痛加驳斥说：“这种见解和思想，真是谬误到极点。可谓人云亦云，习而不察。象这样只看见美国行联邦制度便成世界顶富强的国家，我们现在要中国富强也要去学美国的联邦制度，就是象前次所讲的欧美人民争民权，不说要争民权，只说要争自由平等，我们中国人此时来革命也要学欧美人的口号说去争自由平等，都是一样的盲从！都是一样的莫名其妙！……美国当独立之后为什么要联邦呢？是因为那十三邦向来完全分裂，不相统属，所以不能不联合起来。至于我们中国的情形又是怎么样呢？中国本部形式上向来本分作十八省，另外加入东三省及新疆，一共是二十二省；此外还有热河、绥远、青海许多特别区域，及蒙古、西藏各属地。这些地方，在清朝二百六十多年之中，都是统属于清朝政府之下。推到明朝时候，各省也很统一。再推到元朝时候，不但是统一中国的版图，且几几乎统一欧、亚两洲。推到宋朝时候，各省原来也是很统一的；到了南渡以后，南方几省也是统一的。更向上推到唐朝、汉朝，中国的各省没有不是统一的。由此便知中国的各省在历史上向来都是统一的，不是分裂的，不是不能统属的；而且统一之时就是治，不统一之时就是乱的。美国之所以富强，不是由于各邦之独立自治，还是由于各邦联合后的进化所成的一个统一国家。所以美国的富强，是各邦统一的结果，不是各邦分裂的结果。中国原来既是统一的，便不应该把各省再来分开。中国眼前一时不能统一，是暂时的乱象，是由于武人的割据。这种割据，我们要铲除它，万不能再有联省的谬主张，为武人割据作护符。若是这些武人有口实来各据一方，中国是再不能富强的。……我们推翻清朝，承继清朝的领土，才有今日的共和国，为什么要把向来统一的国家再来分裂呢？提倡分裂中国的人一定是野心家，想把各省的地方自己去割据。象唐继尧割据云南、赵恒惕割据湖南、陆荣廷割据广西、陈炯明割据广东，这种割据式的联省，是军阀的联省，不是人民自治的联省；这种联省不是有利于中国的，是有利于个人的，我们应该要分别清楚。”[①] 爱国，就要反对分裂，维护国家统一，这些道理讲得多么好呵！孙中山特地列举东三省、

① 孙中山：《三民主义 · 民权主义》第4讲。

新疆、热河、绥远、青海、蒙古、西藏在清朝二百六十多年中，都是统属于清朝政府之下的，没有举出台湾，这显然是因为台湾当时正处在日本殖民统治下面。

爱国，存在着爱哪个阶级的国，统一，也有统一于哪个阶级、哪个政权的问题。《春秋》主张"大一统"，那是古代封建的统一。康有为《辨革命书》，一开头就攻击革命派号召各省自立，必定把数千年一统大同的中国分裂为十八国，乃至数十小国，力追印度，求弱求亡，愚不可及。他表示要"爱大中国，爱统一"。康有为的要求，是把中国照旧统一给卖国主义的清政府。曹锟、吴佩孚主张"武力统一"，段祺瑞主张开"善后会议"，实行统一。他们都是要把中国统一到帝国主义代理人封建军阀手里。孙中山尖锐指出，"提倡分裂中国的人一定是野心家"。不容许买办阶级、封建军阀分裂中国，也不容许他们实现梦寐以求的反革命的统一，这两者是一致的。

孙中山坚决反对分裂，维护祖国统一，留下的遗训至为宝贵。时至今日，台湾与祖国大陆仍处在人为的分裂之中。它不符合历史发展趋向和人民的根本利益、要求，也违反孙中山的谆谆告诫。促进台湾回归社会主义祖国怀抱，实现国家统一、民族团结，加速我们伟大的祖国向四个现代化前进，一切爱国者都负担着这个光荣的职责，义不容辞。历史的潮流是不可违逆的。谁要反其道而行之，又拒绝改弦易辙，就难免有陷为民族罪人的危险。这是不容许等闲视之的。"爱国主义就是千百年来巩固起来的对自己的祖国一种最深厚的感情"（列宁）。这种感情，是包括台湾人民在内的今天中国各族人民团结一致的思想基础和政治基础。不管什么势力，都不可能最后破坏这个基础。祖国的统一、大陆与台湾人民的团结是一定要实现的。

孙中山把自己的学说、理论概括为"三民主义"。爱国主义是产生这种学说、理论的思想动力。爱国，只应当爱独立的、革命阶级的或人民群众的国；爱国，必须走革命的道路；爱国就要反对分裂，坚持人民国家的统一，这一些，又是三民主义某些方面的具体化、实践化。孙中山领导的运动，掀起了以辛亥革命为标志的中国人民爱国斗争的新高潮。一部分知识分子和劳动群众觉醒起来，推倒清王朝这个外国统治中国的工具，意义是重大的。然而帝国主义势力并没有因此动摇；去掉一个清朝皇帝，接着又出现袁世凯等一批大小军阀、大小皇帝。中国民族资产阶级太软弱，没有力量赢得一个反帝反封建斗争的胜利结局，哪怕像同一个时间里西方墨西哥、稍后一点东方土耳其那样的资产阶级革命的结局。历史无情，向世界宣布了这样的结论。

中国无产阶级的先锋队——中国共产党人高举爱国主义的旗子，继承、发展孙中山和其他爱国、革命先驱的事业，领导人民继续奋斗。在辛亥革命38年以后、孙中山去世24年以后，人民最后搬掉了压在自己头上的帝国主义、封建主义两座大山。中国历史重新走上了独立发展的轨道。中国进入社会主义，乃是这种独立发展的必然结果。民主革命阶段的爱国主义斗争，到这里，完成了它的历史使命。

二、伟大的民主主义者

孙中山的遗言说：革命尚未成功，同志仍须努力。他所说的尚未成功的革命，正是指：一，没有驱逐帝国主义出中国；二，没有铲除封建专制统治，成就国家的民主主义改造。但他为此做了长达四十年的努力。孙中山的一生是一位伟大的民主主义者战斗的一生。

民主主义，最初是指西方资产阶级反对封建专制，建立资产阶级统治的政治纲领、理想和政治体制。它以民主政治、自由、平等相号召。在阶级压迫的社会里不可能有真正的人民政权，不可能有不分阶级的平等、自由。但就像资本主义制度代替封建制度在历史上是一个大进步一样，资产阶级的民主自由与中世纪的黑暗统治相比，在历史上是一个非常大的进步。中国长期受封建统治囚禁，近代更遭受帝国主义封建主义的共同统治。出路在哪里？用资本主义的政治、经济制度代替半殖民地半封建的政治经济制度。在那时，这是走历史的必由之路。孙中山楬橥的纲领和革命实践，使他成了近代中国最富有光辉的民主主义的旗手。至于西方走过的历史的必由之路，在中国，后来为什么没有能行得通，那是另一个问题。

兴中会誓词中写着要“创立合众政府”。同盟会《军政府宣言》强调今天的事情与前代不同。前代是英雄革命，今日是国民革命。“虽经纬万端，要其一贯之精神，为自由、平等、博爱”。建立民国，列为同盟会四大纲领之一。“今者由平等革命，以建民国政府。凡为国民，皆平等而有参政权，大总统由国民共举，议会以国民公举之议员构成之，制定中华民国宪法，人人共守。敢有帝制自为者，天下共击之”。再加上废除封建土地制度，这是完全的革命民主主义纲领。

民主主义与爱国主义有相通的地方，有不相通的地方。爱国，主要指反对帝国主义侵略，要求恢复民族独立；民权主义或民主主义则是要求推倒封建专制，实行西方资产阶级自由平等的政治理想。爱国主义者可以反对讲民权，民主主义者必定以爱国为前提。民权主义纲领，使孙中山领导的运动具有鲜明的近代资产阶级革命的性质。这表现在：第一，它与林则徐以下的封建阶级的爱国思想区别开来了。那些爱国士大夫能够注意人民群众的情绪，主张抵抗外国侵略，其中如魏源评述美国的政治制度，极力赞美，天真地认为“其章程可以垂奕世而无弊”。但他们仍站在封建阶级立场上看世界，与民主主义相差一个历史阶段。第二，与太平天国、义和团那种单纯的农民革命、农民思想区别开来了。太平天国、义和团反帝反封建，功勋不可磨灭，而他们的思想武器、理想世界，仍不外乎平均主义。太平天国《天朝田亩制度》成了那种理想最完备、最有系统的文献。后来的《资政新篇》带有资本主义色彩。它企图用模糊的资产阶级理想，代替农民平均主义，合乎历史前进的潮流。从政治思想上看，却一点也谈不到民主主义。孙中山多次积极评价太平天国、义和团，坚决地表示自己站在革命人民一边，很有意义，但其中从来也不包括赞成它们的平均主义理想的意思。第三，与资产阶级改良派区别开来了。改良派从康有为起，一面讲中国两千年来就没有了封建压迫，一面又讲中国缺少民权，号召兴民权。当戊戌变法时，康有为宣称，中国要变法，挽救危局，非有“圣主”当权不为功；要定良法，保持长久，“非改为立宪民权不为治”。1901 年，梁启超叙述《清议报》的宗旨说：“一曰倡民权。始终抱定此义，为独一无二之宗旨，虽说种种方法，开种种门径，百变而不离其宗。海可枯，石可烂，此义不普及于我国，吾党弗措也。”[①]他甚至认为共和政体短期内固然不能实行，也承认它符合社会进化趋势。但这种高调没有持续多久。一部分青年知识分子中的资产阶级民主革命思想越增长，改良派的惊慌恐惧也越增加，他们的民权宣传随之越发减少。1903 年，原来的著名维新派人士黄遵宪写信给梁启超，说梁的言论强烈影响中国四五十家报纸，社会思想、舆论跟着大变。“公倡民权，或故示以加倍可骇之说，然使彼等倡民权者，得所借口，如近世虚无党以无君无政府为归宿，大不可也”。一言兴

①《清议报第一百册祝词》，《饮冰室合集》第 3 册。

邦，一言丧邦，应当加意慎重。[1]改良派早就宣传一种反对革命、反对共和的论点，说中国人民智未开，“中国人无自由民权之性质”。现在梁启超起劲发挥这种论点，说是“吾辈今勿徒艳羡民权，而必当预备其可以享受民权之资格。此格既备，虽百千路易十四为之君，百千梅特涅为之相，未有能压制焉者也。此格不备，虽无压制，又将奈何！……故我国民勿徒怨政府、詈政府而已。今之政府，实皆公等所自造。公等不好造良政府，而好造恶政府，其又谁尤也！”[2]“公等”没有造出良好政府以前怎么办？唯一的办法就是实行开明专制。孙中山的三民主义形成的时候，他的以共和制度为核心的革命民主主义与康梁等从君主立宪到开明专制的改良主义，就最后分清界线了。毛泽东指出，中国民主革命，正规地说，是从孙中山开始的。一语道破了近代中国历史的根本内容、民主革命的由来。

西方研究孙中山的论著里，近来有一种说法：孙中山至少在兴中会时期不成其为一个民主主义者。例如他听信香港文人何启的话，推迟提出共和的目标。首先坚决主张这种政体的是杨衢云，而孙中山的纲领、计划自相矛盾等等。这方面的研究，纵然新的发掘不多，对于了解一位革命家斗争的环境、思想演变过程，是完全必要的。但是早期的不成熟，存在改良主义思想，经过反复斗争，终于成为一代民主主义旗手，这不正是他杰出、先进的地方吗？

孙中山为民主主义而奋斗，头一个重大贡献，是在中国推翻君主制，实行共和制。

武昌首义，南京临时政府成立，民主共和国第一次出现在中国的大地上。它是中国几千年文明史上的创举，也是整个东方文明史上的创举。共和制度的建立，孙中山极力鼓吹、坚持，前驱先路，功劳最为显著。

湖北军政府一成立，就宣布国号为中华民国，主权属于人民，废除清朝皇帝的年号，并号召各地会党起义，推翻清朝统治。南京临时政府成立，随即颁布《临时约法》。其中规定：中华民国主权属于国民全体；人民一律享有言论、出版、集会、结社的自由，有请愿、选举和被选举等项权利。美国、法国等资产阶级共和国宪法的基本精神都在其中了。临时政府同时又颁布法令，保护人民权利，取消清律中某些封建等级的规定，宣布政府振兴实业的

---

①《辛亥革命前十年间时论选集》第1卷，上册，第336—337页。

②《敬告我国国民》，《饮冰室合集》第5册。

方针，促进民族资本主义。它们同三民主义、孙中山亲手拟订的同盟会纲领是密切相联系的。南京政府虽然只是昙花一现，它绝非无足轻重。袁世凯的皇帝梦，张勋、康有为的复辟纷纷败灭，徐世昌想“还政于清”，根本没有来得及上演。共和制自此在中国站稳脚跟，再也不可动摇了。

要知道，辛亥革命以前，孙中山鼓吹坚持共和制，决非轻而易举的事。改良派固然拼命反对，革命派里面大部分人也不真心赞成。章炳麟写过许多文章，宣传用革命手段打倒清政府，负有重名。但他的宣传集中到一点：排满复仇。邹容著《革命军》，反对封建统治，旗帜鲜明。章作序，偏偏强调所谓改制同族，谓之革命；驱除异族，谓之光复。推倒清朝统治，只应当叫光复，不应当叫革命。对于共和政体，他表示不妨“随俗为言”，人云亦云；“共和之名不足多，专制之名不足讳”；“余固非执守共和政体者”。《民报》和革命派的其他出版物上，都可以找到与章炳麟观点相同的议论。理论家如此，主张反满而抱有皇帝思想的人就更多。1906 年，《民报》举行周年纪念，孙中山讲演，特地指出：“我们推倒满洲政府，从驱除满人那一面说是民族革命，从颠覆君主政体那一面说是政治革命，并不是把来分作两次去做。讲到那政治革命的结果，是建立民主立宪政体。照现在这样的政治论起来，就算汉人为君主，也不能不革命。”中国革命之后，这种政体最为相宜，是人人晓得的。“惟尚有一层最要紧的话，因为凡是革命的人，如果存有一些皇帝思想，就会弄到亡国。因为中国从来当国家做私人的财产，所以凡有草昧英雄崛起，一定彼此相争”。今天的中国，万国眈眈虎视，如果革命家自己相争，必将四分五裂，自亡其国。“所以我们定要由平民革命，建国民政府。这不止是我们革命之目的，并且是我们革命的时候所万不可少的”。① 把反对帝王思想作为“最紧要的话”来加以强调，正表明当时在革命派内部认识分歧，旧思想、旧势力顽固存在。后来孙中山不止一次讲到过这种情形：当他提倡革命之初，愿意参加者，十个人中，差不多有六七人是有皇帝思想的。只是由于反复宣传革命不但要推翻满清，并且要建设共和，才使多数人的皇帝思想逐渐化除了。② 和这同时，欧美国家里也有认为共和政体在中国是行不通的。英国人加尔根自充学者，深入我国内地，广为调查，著有《中国变化》等书。1911 年

---

①《民报》第 10 号。

② 孙中山：《三民主义 · 民权主义》第 1 讲。

武昌起义前，孙中山路过伦敦。加尔根前往旅馆游说，认为中国实行共和制是万不可能的事。反复辩论，连续数日。至于国内封建阶级都反对共和，都拥护皇权，自不消说。孙中山和他的忠实同志，就是在这种情形下坚持斗争，然后使共和政体得以成为事实的。

国内国外关于中国近代史的撰述里面，都有把洋务运动、维新运动、辛亥革命看作一脉相承的。那么，共和政体与洋务运动、维新运动的关系怎么样呢？

洋务运动的理论家冯桂芬，最早提出“以中国之伦常名教为本原，辅以诸国富强之术”[①]。所谓中国伦常名教为本，就是说，君君臣臣那种封建秩序不可更易。洋务派大官僚张之洞，后来发表《劝学篇》，发挥冯桂芬的思想，明确主张“旧学为体，新学为用”[②]。把这个口号具体应用在政体问题上，就是尊君权、反民权——不管哪种形式的民权。《劝学篇》上说：一些愤世嫉俗的人，倡民权之说，实在危险！中国虽非雄强，百姓却能够相安，全靠朝廷的纪纲维持。民权之说一旦流行，愚民必喜，乱民必作，纪纲不行，大乱四起，外人必来乘机占据。泰西各国，无论君主、民主、君民共主，国必有政，政必有法。如果人人自主，“子不从父，弟不尊师，妇不从夫，贱不服贵，弱肉强食，不尽灭人类不止。环球万国，必无此政；生蕃蛮獠，亦必无此俗”。总之，“民权之说，无一益而有百害”，万万讲不得。[③]几乎同时，大官僚孙家鼐提出“中学为主，西学为辅；中学为体，西学为用”。孙家鼐强调指出，“中国五千年来，神圣相继，政教昌明”。他所说的“中学”，即以君主统治为中心的政教，意思是很清楚的。维新派主张开议院、兴民权，在这个问题上跟洋务派分手了。但他们兴民权的界限，到君主立宪为止，从来也没有逾越过这个界限。参加维新运动的个别人如谭嗣同，强烈反满，流露出有反对君主制，赞成共和制的思想。他在《仁学》上说，法国革命，宣传“誓杀尽天下君主，使流血满地球，以泄万民之恨！”朝鲜也有人说，“地球上不论何国，但读宋明腐儒之书，而自命为礼义之邦者，即是人间地狱”。这都证明君主制为害，非生人所能忍受！[④]谭嗣同的某些话相当激烈。但《仁学》一书，

---

①冯桂芬：《校邠庐抗议 · 采西学议》。

②《劝学篇 · 设学》。

③《劝学篇 · 正权》。

④《谭嗣同全集》，第60页。

在他生前并不曾印行，那些思想也不见于别的地方。因此，它与维新运动毫无关系。康有为、梁启超、严复，都是共和政体的反对者。康有为的言行尽人皆知。梁启超与革命派论战，斩钉截铁地说："革命决非能得共和，而反以得专制。"共和政体就算不坏，"吾爱汝也，然不如其爱祖国；吾爱汝也，然不如其爱自由。……吾与汝长别矣"。[①] 武昌起义一个月以后，梁启超仍然主张虚君共和，并总结以往的观点说："吾十余年来，日夜竭其力所逮，以与恶政治奋斗；而皇室实为恶政治所从出，于是皇室乃大憾我，所以僇辱窘逐之者，无所不用其极。虽然，吾之奋斗，犹专向政府，而不肯以皇室为射鹄。国中一部分人士或以吾为有所畏，有所媚，讪笑之，辱骂之，而吾不改吾度，盖吾畴昔确信美、法之民主共和制，决不适于中国。欲跻国于治安，宜效英之存虚君，而事势之最顺者，似莫如就现皇统而虚存之。十年来，之所以慎于发言，意即在是。吾行吾所信，故知我罪我，俱非所计也。虽然，吾盖误矣。"如今清朝皇帝人心尽去，已经无可挽回。"然则舍现在皇统之外，仍有行虚君共和制之道乎？曰：或有一焉。吾民族中有孔子之裔衍圣公者，举国世泽之延，未有其比也。若不得已，而熏丹穴以求君，则将'公'爵加二级，即为皇帝。此视希腊、那威等之迎立外国王子，其事为尤顺矣。夫既以为装饰品，等于崇拜偶像，则亦何人而不可以尸此位者，此或亦无法中之一法耶？"[②] 严复在辛亥革命以后很久，照旧鼓吹君主制，反对共和。他认为"天下仍需定于专制"。"项城之失，……固别有所在，非帝制也。……夫共和之万万无当于中国，中外人士同此言"。"现在一线生机，存于复辟"。"总之，鄙人自始至终，终不以共和为中华宜采之政体"。[③] 事实证明，洋务运动、戊戌变法、辛亥革命，在共和制问题上，根本不存在一脉相承的关系；恰恰相反，是彼此对立的。如果维新运动、辛亥革命都讲"民权"，表面上还有一点联系，那么，洋务运动一味尊君权、反民权，与共和制任何联系也没有。即使凭这一点，也不可以把辛亥革命同洋务运动放在一条历史轨道上去评价。

孙中山为民主主义而奋斗，再一个重大贡献，是把旧三民主义发展为新三民主义，实现国共合作，准备 1924 年至 1927 年的大革命。

---

①《政治学大家伯伦知理之学说》，《饮冰室合集》第 5 册。

②《新中国建设问题》，《饮冰室合集》第 10 册。

③《与熊纯如书》。

新三民主义的基础是“联俄、联共、扶助农工”三大政策。依据这个政策，《中国国民党第一次全国代表大会宣言》对三民主义作了全面的、新的解释。民族主义强调反对帝国主义侵略、压迫，民生主义强调扶助工人、农民。关于民权主义，那上面写着：“近世各国所谓民权制度，往往为资产阶级所专有，适成为压迫平民之工具。若国民党之民权主义，则为一般平民所共有，非少数者所得而私也。”而且直截了当地指出，国民党的民权，与所谓“天赋人权”的主张不同，务求适合现在中国革命的需要。“详言之，则凡真正反对帝国主义之个人及团体，均得享有一切自由及权利。而凡卖国罔民以效忠于帝国主义及军阀者，无论其为团体或个人，皆不得享有此等自由及权利”。对谁民主，对谁专政，意思明朗，敌我界线昭然。《宣言》末尾指出：“国民党之三民主义，其真释具如此。”也就是凡与此不同的，便是伪释，是赝鼎，不是孙中山的三民主义。毛泽东评论说：在那以前的三民主义，是旧的半殖民地资产阶级民主革命的三民主义，是旧民主主义的三民主义，旧三民主义；在那以后的三民主义，是新的半殖民地资产阶级民主革命的三民主义，是新民主主义的三民主义，新三民主义。这个划分是准确的。以前不存在三大政策，以后立足于三大政策，两个阶段，区矣别矣，至为显著。

新三民主义是怎么产生的？《民报》发刊词第一次出现三民主义的提法。其中说：“余维欧美之进化，凡以三大主义：曰民族、曰民权、曰民生。”从那时起，孙中山不时宣传他的主张。1917 至 1921 年间，著《民权初步》《孙文学说》《实业计划》等书，阐述革命的必要和种种设想。那些论著对三民主义却没有增添任何内容。《民权初步》专讲开会、发言等程序，不涉及民主的实质。俄国十月革命胜利，中国共产党成立，崭新的形势出现在中国人民面前。这是外在条件。孙中山近 20 年来一直保持着对马克思主义的高度景仰和同情。现在他以敏锐的眼光洞察到要使中国革命胜利，必须“联共”，接受中国无产阶级先锋队的帮助，与马克思主义结成伟大同盟。照他说，“我们对于共产主义，不但不能说是和民生主义相冲突，并且是一个好朋友”[①]。这是内在的根据。条件通过根据起作用，新三民主义于是乎诞生了。在这里，孙中山给自己树立起了一位民主主义革命家所能达到的巍峨的里程碑。国民党的党史著作，自邹鲁《国民党史稿》以下，讲这一段历史，都极力把孙中山描绘

① 孙中山：《三民主义 · 民生主义》第 2 讲。

为仿佛受共产党欺骗、利用，然后又觉悟到“共党跋扈，应予制裁”的样子，完全不真实。宋庆龄秉承孙中山遗志，在极困难的条件下，毅然与中国人民、中国共产党站在一起，奋斗不懈，就是对那种不实描绘的有力反驳。那一段历史，应当重新认真加以研究。

国共合作，旧三民主义发展为新三民主义，准备了1924年至1927年革命高潮的到来。

旧三民主义进为新三民主义，不用说，就像孙中山在辛亥革命前鼓吹共和制那样，也并非轻而易举。帝国主义、北洋军阀和陈炯明等内外夹攻，孙中山在广州处境十分险恶。更重要的是国民党右派反对三大政策，反对国共合作。1923年10月，孙中山委任廖仲恺、谭平山、邓泽如等九人组成国民党临时中央执行委员会，共产党人李大钊等为候补委员，负责筹备改组工作。右派分子邓泽如、林直勉等11人，联名上书，反对联合共产党，说这是共产党人的大阴谋。12月初，孙中山亲自批复说：国民党组织法及党章、党纲等草案“为我请鲍（罗廷）君所起，我加审定，原为英文，廖仲恺译之为汉文，陈独秀未闻其事，切不可疑神疑鬼”。“俄国革命之所以能成功，我国革命之所以不成功，则各党员至今仍不明三民主义之过也。质而言之，民生主义与共产主义实无别也”。“我国革命向为各国所不乐闻，故常助反对我者，以扑灭吾党。故资本国家，断无表同情于吾党。所望为同情，只有俄国及受屈之国家，受屈之人民耳”。“民权主义发端于选举，若因噎废食，岂不自反其主义乎？若怕流弊，则当人人竭力奋斗，不可放弃责任。……”“种种方法有不善者，自当随时改良，方期进步。吾党自革命以后，则日日退步，必有其故，则不图进步改良也”。[①]不久国民党改组了。右派又造出种种谰言，施加破坏。孙中山发表《通告党员释本党改组容共意义书》，回答他们说：俄国十月革命成功，中国革命青年发起研究社会主义，这应当是“吾党欢迎而引为同调”的。“顾有好造谣生事者，谓本党改组后，已变为共产党；此种谰言，非出诸敌人破坏之行为，即属于毫无意识之疑虑。欲明真相，则本党之宣言政纲具在，覆按可知”。“至于社会主义青年团之加入本党，在前年陈炯明叛变，本党经一度顿挫后，彼等认为共同革命，非有极大之结合，事不克举，故欣然同趋一致，以期有益于革命之实行。本总理受之在前，党人即不应议之于后。

① 邓泽如：《中国国民党二十年史迹》。

来者不拒，所以昭吾党之量能容物，而开将来继续奋斗之长途。吾党之新机，于是乎在。彼此既志同道合，则团体以内无新旧分子之别。在党言党，唯有视能否为本党、为主义负责奋斗而定其优劣耳”。[①]右派进攻，孙中山一次又一次地还击，说明实行三大政策，变旧三民主义为新三民主义，斗争是激烈的。

爱国主义与民主主义，在这两个方面，孙中山的特定地位，不在前者，而在后者。因为爱国主义是与以前的人所共有的，民主主义是他所创始的。不止这样。孙中山的民权主义理论，本来采自西方资产阶级自由、平等学说。当他把旧三民主义变为新三民主义的时候，开始尖锐抨击西方民权主义的虚伪性，如在国民党第一次代表大会宣言里讲的那样。在《民权主义》和其他讲演中，他反复申述：中国实行民主，仿效外国，“但是民权问题在外国政治上，至今没有根本办法，至今还是一个大问题。就是外国人拿最新发明的学问，来研究民权，解决民权问题，在学理一方面，根本上也没有好发明，也没有得到一个好解决的方法。所以外国的民权办法不能做我们的标准，不足为我们的师导”。外国的物质科学，每十年一变动。十年之前和十年之后，大不相同。至于政治理论，在二千年以前，柏拉图所讲的共和政体，至今还有研究的价值，还在被应用，根本上没有大变。“如果我们仿效外国的政治，以为也是像仿效物质科学一样，那便是大错”。管理物的方法，可以学欧美，管理人的方法当然不能完全学欧美。“一味的盲从附和，对于国计民生是很有大害的”。[②]美国革命，实行民权，有了一百多年，没有进步。法国现在实行的民权，还不如从前革命时所实行的。美国、法国政治机器依然有很多缺点，不能满足人民的愿望，人民还是主张改良政治，还是想要再来革命。“我们步他们的后尘，岂不是一代更不如一代，还要再起革命吗？”[③]俄国十月革命建立的无产阶级专政，这时引起孙中山的极大注意。他说，欧美到了“代议政体”，就算止境。近来俄国新发生一种“人民独裁”政体，材料很少，不能知其究竟。“惟想这种‘人民独裁’的政体，当然比较‘代议政体’改良得多”。[④]俄国政府“是由于农工兵三界人民派代表所组织而成的”。要知中国革命成功将

①《国父全集》第1册，第888—889页。

② 孙中山：《三民主义 · 民权主义》第5讲。

③ 孙中山：《三民主义 · 民权主义》第6讲。

④ 孙中山：《三民主义 · 民权主义》第4讲。

来的情形，便可以看俄国现在的情形。[1] 从倾心西方民权制度到赞赏“人民独裁”，形成了孙中山这位大革命家对待民主问题的显著特色。确定他的特定历史地位，必须分辨出这个特色。

“民权问题在外国政治上，至今没有根本办法，至今还是一个大问题”；“外国的民权办法不能做我们的榜样，不足为我们的师导”；“管理人的方法当然不能完全学欧美，一味的盲从附和，对于国计民生是很有大害的”；“我们步他们的后尘，岂不是一代更不如一代，还要再起革命吗？”孙中山这些话何其警醒！它是在半个多世纪以前讲的，今天仍有意义，足以发人深思。

宋庆龄在《回忆孙中山》一文中写道：“从孙中山四十年的革命实践看起来，他在晚年的伟大转变符合中国人民的要求，使革命的三民主义同中国共产党的最低纲领——新民主主义在若干原则上达到基本上的一致。因为他感到资本主义的道路走不通了。所以在他的遗嘱里，提出‘必须唤起民众，及联合世界上以平等待我之民族，共同奋斗’。”她在《孙中山和他同中国共产党的合作》一文中又写道：“孙中山为中华民族和中国人民进行的四十年的政治斗争，在他的晚年达到了最高峰。这一发展的顶点是他决定同中国共产党合作，一道进行中国的革命。”这个论述极其深刻。同中国共产党合作，发展旧三民主义为新三民主义，是孙中山四十年革命斗争所达到的光辉顶点。

在台湾的国民党不久以前开十二大，当局扬言要“以三民主义统一中国”。他们不敢正视现实，也害怕正视历史。他们口中的“三民主义”是孙中山的新三民主义么？中国共产党早已把它付诸实行了。中华人民共和国成立，民族独立，中国人民站在反对世界霸权主义的前列。“耕者有其田”，消除“操纵国民之生计”的私人资本，已全部变为现实，而且远远超过了孙中山的理想。他们指的是由蒋介石加以伪释，与孙中山真释相反的反共反人民的假三民主义么？蒋介石掌握政权二十二年，全部事实，都说明它只会使中国大分裂，亡国惨祸临头，与统一背道而驰。第一，头一个十年，双重内战，国无宁日。一重内战，是“围剿”工农红军，血洗半个中国。再一重内战，是国民党新军阀混战，连绵不绝。1936 年，王芸生写过一篇长文，叫《十年观潮记》，内容详实，可以查看。第二，抗日战争八年，消极抗日，积极反共。不是有共产党指挥的敌后战场，中国不止半壁河山，就要被日本军阀“统一”过去了。

---

① 黄季陆编：《总理全集》（四卷本）第 3 卷（讲演 · 丁），第 55—56 页。

第三，“戡乱”四年，空前大屠杀。美国代替日本，中国很大一部分权利，又被新的主子“统一”过去了。第四，逃出神州大陆，困守台湾海岛，直到死去。蒋介石竭尽毕生之力“以三民主义统一中国”的结果如何？这就是它的全部。多亏外国的庇护，他们才在台湾暂时保留了一块自己也知道不过厚颜说说而已的“反攻复国”基地。现在又重新弹起老调。孙中山的三民主义没有、也不可能救中国，难道蒋介石那种反动的彻底破产了的假三民主义还能骗得了任何有起码常识的人，还能帮助他们起死回生吗？历史过去了，就不会再来了。唐人李商隐的诗：“庄周晓梦迷蝴蝶，望帝春心托杜鹃。”台湾当局的话，除了要阻碍祖国统一，不顾民族大义，实在只剩下了蝴蝶入梦、杜宇悲春的意思。识时务者为俊杰，回到现实生活中来，才是正大光明之路。

民主主义本身就有极大的局限性和弱点。论述孙中山的民主主义，不是要简单地抱着崇敬的心情去一味歌颂，讲上多少个巍巍乎，汤汤乎。当然也不应当反过来夸张消极面，说得似乎一无是处。越是把他放在实际矛盾中加以剖析，越能显示其固有的地位和作用。他始终没有脱离资产阶级立场，不愿用阶级分析方法观察世界。对马克思主义表示景仰、同情，也有因涉猎甚浅而发出的非难、讥评。军政、训政的主张，权与能分开的主张等，都不幸为国民党右派、蒋介石建立独裁统治，镇压人民所利用。西方一些论著上说他思想缺乏深度，在实际斗争中常常表现出实用主义，妥协，不坚定，也并非无稽之谈。中国共产党人对那种妥协性，当时就有过善意的、严肃的批评。但是，即使把所有那些加在一起，也绝不足以掩盖他为民主主义而奋斗的光辉。建立共和政体，实现国共合作，这两大业绩，任何人为其中之一作出决定性贡献，就又幸福，又光荣，足以为举世所尊崇。现在都集中在他一个人身上，加倍难能可贵。伟大的民主主义者孙中山是永垂不朽的。

孙中山与中华民国①

孙中山与中华民国，这个题目涉及的范围很广，我想讲四个问题。

一、孙中山与“中华民国”源起。

二、孙中山所要建立的中华民国的阶级性质。

三、中华民国政权状况的考察。

四、中华民国期间共产党领导的政权的地位。

现在讲第一个问题。

一、孙中山与“中华民国”源起

孙中山与中华民国直接相联系，很少人提出疑问。但“中华共和国”或“中华民国”，从同类性质的政治口号出现，到最后定型化，有一个发展过程。1894年孙中山在檀香山成立兴中会，章程宣布“振兴中华”，“申民智而扶宗国”。对于如何实现这个目的，并没有明确方针。大约3个月以后，也就是1895年2月，香港兴中会成立，在入会誓词上写着“驱除鞑虏，恢复中国，创立合众政府”，这个团体的革命要求明确表现出来了。尽管“驱除鞑虏，恢复中国”，从历史上不难寻出它的先辈，现在明白地与“创立合众政府”结合在一起，就把过去农民、会党起事的语言，改铸成为资产阶级反满革命的语言了。誓词当然代表孙中山的观点，但没有根据把它看成是他个人单独提出的。参与宣言文告的起草的，有在香港政府任职的律师何启和英国记者邓勤、黎德。香港兴中会会长为原属辅仁文社的杨衢云，而非孙中山（一说首任会长是香港地方议会议员、富商黄咏商，杨衢云被推为起义后临时政府首脑）。

① 本文为1986年11月在广东举行的孙中山学术讨论会上的发言，原载《近代史研究》1987年第1期，后又有《〈孙中山和中华民国〉补述》，载《近代史研究》1987年第6期。一并收入《刘大年史学论文选集》。——编者注

那些人的思想不会与誓词全然无关。“合众政府”按照通常的说法，应当指美国联邦式的资产阶级共和国政府，而解释却有歧义。冯自由说会长名“伯理玺天德”，系英文 President 的译音，即合众民主国的总统；又说，当时有人翻译英文的民主政治 Repub1ic 为合众政治；“合众政府”与后来的“创立民国”相同。① 这两说就不一致。老兴中会会员谢缵泰 1902 年发动起义，认为共和政体对中国太先进了，提出“行欧洲君民共主之政体”，并采用“联邦”形式。这不是孙中山的主张，但似乎反映了兴中会中一些人对“合众政府”的看法。现在有记载说孙中山在 1901 年提出了“中华民国”并主张定为国体。不过那只在少数人中谈论，没有公之于众。第一次广州起义失败到 1903 年以前，孙中山在他的革命活动中，多次讲到中国要改行“共和政体”。例如 1898 年与宫崎寅藏第一次见面谈话②，1900 年义和团运动高涨期间，一度与平山周等到上海，试图联合容闳、李鸿章等在南方建立共和政府，等等。那些言论、活动，共和政治的理想坚定不移，却没有具体化、定型化为新的纲领、口号。

决定性的进展来自 1903 年。义和团运动失败，自立军遭到镇压，帝国主义侵略加紧，国内阶级形势剧变，不少爱国知识分子向革命转化。1903 年，中国留日学生所办刊物和上海苏报等报刊，公开号召“排满革命”。著名的革命宣传家邹容、章炳麟、陈天华先后在他们的论著中，把推倒清朝统治、建立民主共和国的口号，响亮地提出来了。邹容在所撰《革命军》小册子里面，大声疾呼，中国必须以革命手段推倒清朝卖国政府，建立“定名为‘中华共和国’的国家”。他在全书的末尾，高喊“中华共和国万岁”，“中华共和国四万万同胞的自由万岁”。③ 章太炎在《驳康有为论革命书》中，批判康有为反对革命的论点，指出当今提倡革命，就要提倡“合众共和”，“以合众、共和结人心者，事成之后，必为民主”。④ 陈天华在《警世钟》中说：国家譬如一只船，皇帝、官吏是舵工、水手，百姓是出资造船的东家。“倘若舵工水手不能办事，东家一定要把这些舵工水手换了”⑤。百姓可以撤换皇帝官府，很接近于主张民主政治，不过没有变为口号。两年以后，他发表《论中国宜改

① 冯自由：《革命逸史》第 2 集，第 131 页；第 3 集，第 198 页。

②〔日〕宫崎寅藏著，林启彦译：《三十三年之梦》，第 122—123 页。

③《革命军》，1928 年版，第 56 页。

④《章太炎选集》，第 177 页。

⑤ 中国近代史资料丛刊《辛亥革命》（下简称《辛亥革命》）第 2 册，第 131 页。

行民主政体》，补充阐述了前面的意思。与邹容、章炳麟等人宣传民主共和的同时，1903年，上海江浙等地的“学界风潮”日趋高涨，留日学生拒法、拒俄运动相继爆发。中国爱国知识分子的这种深刻变化，根基在民族资产阶级的利益要求上。资产阶级改良主义的短暂时代已经过去，资产阶级革命的潮流正在到来。也就在这时，孙中山把他的革命纲领加以发展，并且定型化了。这就是他在日本青山军事学校吸收学生和同年秋冬再至檀香山改组兴中会所用的誓词：“驱除鞑虏，恢复中华，创立民国，平均地权。”①1905年同盟会经过讨论，它成了这个革命联盟的正式纲领。从上述事实我们可以知道，孙中山的民主共和国口号，是资产阶级开始登上革命舞台的产物，它决非来自与时代背景无关的某种偶然性。推倒君主专制，建立共和国，这是中国资本主义发展、中国资产阶级利益的——也是全民族利益的要求。因此，它才像惊醒地下蛰伏众物的春雷那样，成为新季节到来，大地开始活跃起来的口号。

当然，这样说一点也不意味着孙中山在主张共和、创建民国的斗争中，是完全被动的，随大溜的。如果那样，我们就无法理解，他为什么在革命派里面终于确立起了领袖地位，并且一直保持着那种地位。

孙中山在这方面所起的独特作用，极其显著。第一，他是共和主义完整、激进纲领的倡导者。兴中会、华兴会、光复会等其他革命组织和革命发起者，各有过自己的口号，但没有可以与孙中山这时所提“建立民国”相比的完整、激进的纲领口号。“建立民国”“驱除鞑虏”等十六个字，讲三件事：一、推翻清政府；二、建立共和国；三、平均地权。对待这三件事，同盟会里人们的态度很不相同。后来因此有所谓一民主义、二民主义、三民主义的说法。一民主义反满，大家最坚决；二民主义即建立共和国，并非所有人都毫无保留；三民主义讲平均地权，反对的人就多了。实际上并列“平均地权”一条，资产阶级民主革命的纲领才明确、完整。同盟会成立的时候，有人主张叫“反满同盟会”，又有人不赞成“平均地权”，要求取消。孙中山解释、强调革命最终目的在于废除专制，创造共和。②列入“平均地权”，是为“解决社会问题”，革命党要立志远大。③在那时，唯有这个纲领完备激进，最富革命性。第

---

① 冯自由：《革命逸史》第3集，第199页。

② 邹鲁：《中国国民党史稿》第1册，第47页。

③《革命逸史》第3集，第132页。

二，他是民主共和国制度的坚持者。孙中山在《民报》创刊号上提出三民主义，说“中国以千年专制之毒而不解，异种残之、外邦逼之，民族主义、民权主义殆不可以须臾缓”①。第二年，在《民报》创刊周年庆祝会上讲演，他说推倒满洲政府，从驱除满人那一面说是民族革命，从颠覆君主政体那一面说是政治革命。政治革命的结果，是建立民主立宪政体，“就算汉人为君主，也不能不革命”。他特别批判反满的人抱有皇帝思想，说那种思想会把中国引向亡国。② 同盟会重要分子如张继、章炳麟、陶成章、刘师培等并不这样看。张继、刘师培以研究社会主义为名，宣传无政府主义。他们声称推翻清朝以后，就要实行无政府，民国共和政府当然也在取消之列。刘师培忽儿讲不要一切政府，忽儿又讲，如果政府存在，“则维新不如守旧，立宪不如专制”③。1907 年，章炳麟写《中华民国解》长文，全在“中华”二字和反满上做文章，没有片言只语阐述民国、共和。他说以前自己也讲过“合众共和”的话，那不过是人云亦云，“随俗为言”④。他再三声明：吾侪目的，在光复中国而已。“光复以后复设共和政府，则不得已而为之也，非义所任，非情所迫也”⑤。“要之，代议政体，必不如专制为善。满洲行之非，汉人行之亦非。君主行之非，民主行之亦非”。“余固非执守共和政体者”。“共和之名不足多，专制之名不足讳，任他人与之称号耳”。⑥1907 年陶成章等再次组织龙华会，所提章程上，对于无论什么君主立宪、共和立宪，一概否定。⑦1910 年 2 月，章炳麟、陶成章在东京再设光复会总部，但他们发刊的《教育今语》杂志，宗旨是“保存国故，振兴学艺，提倡平民教育”⑧。从那上面，找不到建立民主共和国的影子。孙中山这时正在旧金山设立中华革命党，誓词改为“废灭鞑虏清朝，创立中华民国，实行民生主义”⑨。同盟会纲领讲的三件事，全部坚持下来了。第三，他是使中华民国见诸实现的全面实践者。在这种实践中，孙中

①《孙中山全集》第 1 卷，第 288 页。

② 同上书，第 325 页。

③《论新政为病民之根》，《天义报》，第 8—10 期合刊。

④《章氏丛书》别录第 1 卷，《杂仇是非论》。

⑤《章氏丛书》文录第 2 卷，《官制索引》。

⑥《章氏丛书》别录第 1 卷，《代议然否论》。

⑦《辛亥革命》第 1 册，第 538 页。

⑧《教育今语》杂志，第 1 册。

⑨《孙中山全集》第 1 卷，第 439 页。

山把建立革命团体，宣传民主共和，与组织武装斗争密切结合在一起。孙中山说他经历过“十次革命”，即组织过十次武装斗争。那些斗争并非都有重要影响。斗争屡遭失败，革命党内部一些人因此灰心丧气，发生争论分歧。但那些武装斗争决没有因此失去积极意义。它保持国内革命形势，鼓舞着革命党人为建立共和国去实行武装起义。孙中山、黄兴和其他革命党人发动的武装起义，有的直接，有的间接加深了建立民主共和国思想的传播。如1906年湘赣边界起义，龚春台等宣布奉中华民国政府命，“必建立共和民国”，“使地权与民平均”，与四万万同胞享平等自由幸福。[①]1907年广东钦州廉州起义，王和顺发布文告，叙述他接受孙中山民主革命纲领，“建立民主立宪政体，行土地国有之制度”[②]。1908年云南河口起义，黄明堂以中华革命军南军都督名义布告安民，说“拟欲推倒现今之清政府，建造社会主义之民主国家”[③]。这里说的社会主义，指孙中山的平均地权，民生主义。与武昌起义关系密切的中部同盟会，向后倒退，抛弃“平均地权”纲领，但仍奉行以“推覆清政府，建设民主的立宪政体为主义”[④]。武昌起义，中华民国军政府鄂军都督宣布“建立中华民国”。它表现了和所有前面那些革命团体、武装起义、建立民主共和国目标的一脉相承。

南京临时政府成立，孙中山当选为临时大总统，定国号为“中华民国”。这是中国资产阶级革命时代潮流的大汇集，也是历史对孙中山与“中华民国”渊源关系的客观评价。

孙中山和辛亥革命的研究中，有一种看法，说孙中山与武昌起义无关，不能认为他起了领导作用。照这样说，至少他在创立民国的关键时刻无关重要。其实谁也没有认为孙中山直接组织领导了武昌起义。那时他远在美国，从报纸上才第一次知道起义消息。起义是文学社和共进会联合发动的。文学社和它的前身科学补习所、日知会等分别与同盟会有组织、思想的联系。它的成员主要是新军士兵。这些士兵曾一度酝酿组织“军队同盟会”。共进会是长江流域一部分同盟会员建立的革命团体。它的誓词，把同盟会“平均地权”改为“平均人权”了，其他照旧。中部同盟会与文学社、日知会各通声气。与同盟

①《辛亥革命》第2册，第477页。

②香港《中国日报》，1907年9月28日。

③《中兴日报》1908年6月6日。

④《辛亥革命在上海史料选辑》，第9页。

会组织、思想存在的这种联系，就不能说与孙中山无关了。武昌起义，不但军政府宣布“恢复中华，建立民国”来自孙中山的口号，起义第三天（10 月 12 日）革命党人就用黎元洪名义致电请孙中山回国，主持大计。军政府内部某个条例议论不决，有人诡称出自孙中山在海外所手订，也就一致通过，孙中山没有直接参与武昌起义的领导，起义者是奉他为领袖，用他的名义来号召组织群众的。孙中山在《建国方略》中说“时武昌之起事第一日，则楬櫫吾名，称予命令而发难者”①，这合乎事实。

再一种看法，说武昌起义到中华民国建立，是立宪派而不是革命党人起领导作用，没有立宪派就不能推翻清政府。既然如此，孙中山与中华民国也就关系很少了。所以得出这样的看法，恐怕是因为追求“突破”，把一些基本事情的界限混淆了。辛亥革命中，立宪派纷纷挂起共和招牌，极大加速了清政府的垮台，毫无疑问。但那与领导革命不能混为一谈。革命派与立宪派，一个主张民主共和，一个主张君主立宪；一个坚持打倒清政府，因而遭到血腥镇压；一个死保清政府，因而受到优容。（关于此点，武昌起义廿天以后，清政府“开党禁”的诏书宣布：“所有戊戌以来，因政变获咎……以及此次乱事被胁自拔来归者，悉皆赦其既往。”②这就是说康有为、梁启超、黎元洪等都可以在赦免之列，而对革命党人则仍是需要镇压的。）一个领导革命起义，从清政府手中夺取政权，一个看风使舵，从革命派手中夺取政权；一个指出了改造中国的道路，一个帮助帝国主义封建势力，断送了中国改造的道路……人们不管能讲出多少具体情节，这些界限仍然改变不了。一定要改变，那就需要证明本来不存在什么革命派、什么立宪派。但历史却站在那里，使人们无法塑造出另一副样子。立宪派如果真的在那场事变中，处在领导、支配的地位，结局怎样，无法假设。但有一点可以肯定，决不会出现孙中山为首的中华民国。

又有一种看法，说孙中山提出革命纲领，发动武装斗争，业绩并不大于其他革命党人。把他的作用讲得很重要，是受国民党“正统论”影响的“新正统论”。不错，国民党的历史书上讲孙中山，一些地方确实缺少真实性，甚不足取。最近 20 多年中，西方学者对孙中山的活动提出了许多疑问，揭破了

---

①《孙中山选集》上卷，人民出版社 1956 年版，第 182 页。

②《辛亥革命》第 8 册，第 338 页。

国民党一些书上神化孙中山的做法。这是值得重视的。孙中山的革命思想并非出于天生。1892年在澳门行医，那时他还没有革命思想，更没有创立兴中会。1894年上李鸿章书，根本谈不到革命主张。香港兴中会商订誓词，据说他最初也不坚持共和主义，认为推翻清朝以后，汉族人做皇帝也可以。杨衢云提出要建立民主共和国，并与之激烈争论。[①]后来他的思想跟着时代不断前进，并没有停止在一个地方不变。孙中山说他组织过十次武装斗争，而革命党人的全部活动，就远远地不止那一些。华兴会、光复会和其他革命团体都发动过武装斗争，有的行动强烈地震撼了清朝统治者。全国性群众起义，对于加速革命形势发展，推倒清朝统治，至关重要。国民党历史书上这些方面非真实、不全面的讲法，使人感到有一种“正统观念”横梗其中，而且不限于此。今天再因袭那种观点，就像重复封建史书上“天纵”“天圣”一类的神话，不会有人信以为真，只会觉得可笑。现在我们是把孙中山的全部思想、活动放在时代潮流、资产阶级登上历史舞台的背景下来考察的。一个革命阶级、革命潮流中，都会有众多的积极分子，成批代表人物。他们在社会生活全面背景上有同一性，在具体环境、条件上又有差异性。他们和所有人一样，尺有所短，寸有所长。谁也没有办法使他们的个性、能力等整齐划一。中国外国，事实历来如此。我们说，孙中山在民主共和国的问题上有独特贡献，无非是承认这个事实。因此，不存在所谓“新正统论”一类的问题。

二、孙中山所要建立的中华民国的阶级性质

孙中山要求建立的中华民国是资产阶级民主共和国。孙中山反复讲，要建立“中华民国”、中华“共和国”，要“由平民革命以建国民政府”[②]。民国、共和国或国民政府，在孙中山的语言里，它们的含义是同等的。但在共和国中，各阶级的地位、关系怎样，也就是说，它是由哪个阶级领导和掌握政权的共和国，乍一看，孙中山对此没有专门论述。事实上他在阐述革命理论，给共和国制订的纲领政策里面把这一点讲得极其充分了。而且一部三

---

① 刘成禺：《先总理旧德录》。

②《孙中山全集》第1卷，第297页。

民主义学说，自始至终没有哪个地方，是与他要建立的共和国的资产阶级实质无关的。

西方一些观点陈旧的书上极力否认辛亥革命的资产阶级性质。台湾研究孙中山、研究辛亥革命的论著上，也说辛亥革命是“全民革命”而非什么“阶级革命”，是“国民革命”而非“资产阶级革命”。[①] 革命既然是“全民”的，无阶级性，共和国或民国政府，当然也就是“全民”的，无阶级性的了。那些作者关心的方面不一样，但它们有一个共同点，拒绝对中国革命、中华民国作阶级分析。照那个看法，“反帝反封建”也不对，据说难以确定那时中国存在帝国主义、封建主义的阶级统治。

孙中山所要建立的共和国是资产阶级民主共和国，根据何在？这里用不着从国体、政体说起，更不需要与古代中国、古代欧洲的共和政体作不相关的比较。我们且看一系列事实。

孙中山领导的革命是半殖民地半封建社会里的革命，它要解决反帝反封建两个主要任务。实现这两个任务，民族获得独立，中国资本主义才可以自由发展。发展资本主义，民族利益与资产阶级的利益完全一致。其中资产阶级则是首先和最多受益的阶级。辛亥革命以前，农民发动的太平天国战争、义和团运动，一个以反封建为主，一个以反帝国主义为主，它们没有先进阶级的领导，谁也不可能提出建立共和国的理想。资产阶级上层发起的维新运动，不敢触动帝国主义封建主义的统治基础，当然也谈不上建立一个共和国。辛亥革命高唱“排满革命”，在反对“洋人的朝廷”这种形式上，第一次把反帝反封建两个任务正确结合到了一起。这就使扫清资本主义发展前进道路的斗争变得完全现实了。革命要反对的敌人与共和国要反对的敌人是一回事。它是发展资产阶级根本利益所需要的。因此，这个共和国是资产阶级共和国，此其一。

---

① 李云汉：《辛亥革命与中华民国的建立》，台湾《中央日报》，1981 年 9 月 16 日；吴家安：《中共对辛亥革命之评价》，《近代中国》第 22 期，1981 年 4 月 30 日；崔书琴《孙中山与共产主义》第 96—97 页上说：孙中山所创导的“是一种‘全民革命’，这是他在一次宣言里使用的名词”，但在哪个宣言里使用了这个名词，作者没有指出来。书上接下去引述了一些“国民革命”“一国之人皆平等”……等等，然后便断言“凡此都可以说明革命的‘全民性质’”。孙中山是否使用过“全民”这个词，其实无关紧要。崔书指无为有，只表示此类书的作者非常惧怕“阶级”这个词，坚决拒绝阶级分析观点。

孙中山领导革命，提出建立民主共和国，发生在中国资本主义有了初步成长的社会条件下面。辛亥革命以前，农民阶级的太平天国、义和团运动，上层资产阶级的“百日维新”，都起过重要作用，又都失败了。单纯农民革命的时代已经过去。改良主义道路证明走不通。工人阶级出现了，它登上政治舞台的日子还在后面。资产阶级尽管幼弱，这时唯有它是一个新兴的比较成熟的力量，足以发动和领导一场革命。历史发展的动力，现在集中到了资产阶级革命派手里。资产阶级的历史地位，决定了它所要建立的共和国的资产阶级性质，此又其一。

20世纪初年起，孙中山和他联系的新型知识分子，表现出了他们对领导革命，建立一个共和国的自觉自信。孙中山认定中国的革命是“国民革命”，是“平民革命”。[①]“国民”“平民”，在那些知识分子的语言中，又叫作“中等社会”。那些新型知识分子，以“中等社会”的代表者自居。他们一面批判掌握政权的“上等社会”顽钝腐败，看作是应当推倒的对象；一面又强调自己与工人、农民那样的“下等社会”不同，以为下等社会没有创造新国家的能力。“中等社会”的责任，就在于“提携下等社会以矫正上等社会”，“破坏上等社会以卵翼下等社会”。他们的思想认识，反映出资产阶级的觉悟性，把领导革命、建立共和国的责任承担起来了。革命领导层组成分子的资产阶级属性，也就是共和国的阶级属性，此又其一。

孙中山制订的革命理论中，涉及古今中外历史和政治经济社会思想。幼年熟读儒书，使他的理论中明显地存在孔学内容。但建立共和国的思想理论体系，则是采取的西方资产阶级政治思想，采取的美国、法国资产阶级革命理论。《民报》发刊词第一次提出三民主义，文章中明确地说，“余维欧美之进化，凡以三大主义”，其他学说，都不过是民族、民权、民生这三大主义的发挥旁及。《同盟会革命方略》上讲，今天的革命与前代不同，国体民生，经纬万端，“要其一贯之精神，则为自由、平等、博爱”。在《民权初步自序》上，他说：“何谓民国？美国总统林肯氏有言曰，‘民之所有，民之所治，民之所享’，此之谓民国也。”这一些，都是孙中山反复论述发挥的基本思想理论。如果可以否认这些理论的资产阶级性，那首先就要否定美、法等国的资产阶级共和国的阶级特性。那是谁也无能为力的。中华民国是资产阶级共和

① 《孙中山全集》第1卷，第296、326页。

国，此又其一。

孙中山一直坚持“平均地权”的纲领，《民报》《本社简章》中，每期照例有“土地国有”一条。这突出地体现了革命的资产阶级性质。孙中山主观上以为实行“平均地权”或“土地国有”（他把两者等同看待），中国就可以避免西方资本主义发展产生的弊病，不至再来社会革命了。实际上他只是提出了一个反对封建土地制度，为中国资本主义成长扫清基地的要求。中国历史上农民战争提出“均贫富”“不纳粮”，太平天国提出系统的《天朝田亩制度》。它们都只反映农民小生产者平分土地的渴望，缺少现实性。“平均地权”“土地国有”，是在 20 世纪中国存在资本主义的条件下提出的，它虽然没有规定出切实可行的手段，带有小资产阶级空想性，却是一个触及封建经济基础的激进资本主义土地改革设想。纲领的资本主义要求，表现出了共和国的资产阶级要求，此又其一。

封建阶级、资产阶级各有自己最适合的政权形式。《同盟会革命方略》规定，建立国民政府，选举总统，设立国会，民选议员。资产阶级共和国的形式相当完备。这种形式，无产阶级政权基本上可以采用，但它们的阶级内容、阶级关系完全不同。中华民国政权的形式是鲜明的资产阶级共和国，此又其一。

辛亥革命，南京临时政府成立，除了组织形式上是象征资产阶级共和国的，它所宣布的一系列政策法令，也深深烙印着资产阶级的标记。例如保护私有财产，鼓励兴办实业，禁止买卖人口，废止主奴关系，改革教育制度，小学废止读经，新闻自由等等均是。孙中山主持的南京中华民国，无人能够否认它是草创的资产阶级民主共和国，此又其一。

资产阶级有官无兵。农民在资产阶级革命中，居于主力军的地位。资产阶级领导革命，主要就是领导农民。辛亥革命以前，革命派联合农民，一为发动会党，二为联络和加入各地群众自发的反抗斗争。辛亥革命中，农民踊跃参军，壮大起义队伍。一些省区，农民从抗租到树旗革命，宣布共和。各种形式的反封建斗争风起云涌，辛亥革命因此才形成了一股席卷之势的强大风暴。从湖北军政府到南京临时政府成立，立宪派不用说，革命派也迅速改变了他们对农民的态度。各省和南京临时政府发布的种种政策法令，没有一个字讲到实行“平均地权”、反对封建土地制度。相反，各省军政府悍然镇压农民运动。从湖北开始，其他地区相继效尤，对农民的反封建斗争，加以

“越轨行动”罪名，“一律按军法从事”，杀气腾腾。鲁迅《阿Q正传》上所说的“不许革命”，准确反映了当时阶级关系的实际。孙中山本人，在后来提出“扶植工农”以前，并没有坚定地依靠农民群众的认识。武昌起义所建立的政权，不是农民的，也不是其他劳动人民的政权。这个共和国，只是资产阶级共和国，此又其一。

孙中山所要建立的中华民国，为什么是资产阶级民主共和国，我们就是根据这一系列无可辩驳的事实，来作出论断的。

关于辛亥革命是所谓“全民革命”，因而革命所创立的共和国是没有阶级性的那种论点能否成立，人们复核这种种事实，就不难自行作出判断了。辛亥革命以前，孙中山发表的言论，制订的革命文献，强调反满，强调反对满人陵制汉人。他不讲“全民”革命，而讲四万万人革命。四万万人中至少三万万五千万人以上是“不准革命”的农民。孙中山当然无此看法，但也没用“全民革命”来混淆视听。

阶级分析，告诉人们深入认识历史上各种社会势力的地位和作用。20世纪初，中国需要和可能由一种新兴社会力量领导国家政权，来解决民族独立，国家步入现代世界行列的问题。孙中山提出建立资产阶级民主共和国，来担负起这个历史任务，他自觉地站到了时代先驱者的位置上。可惜他毕生奋斗，最后不得不遗憾地指出：革命尚未成功。他没有看到资产阶级民主共和国的命运最后究竟如何。

三、中华民国政权状况的考察

孙中山未能及生实现自己的理想，那么中华民国的全部历史究竟如何呢？

中华民国的历史极其复杂。一个简单提问：38年间号称“中华民国”的政权究竟有多少，也似乎不容易回答。这一点，就表现出了中华民国历史的复杂性。

孙中山领导的南京临时政府是头一个中华民国政府。接下去有袁世凯的中华民国北京政府，云南护国军政府，孙中山广东护法政府、非常大总统府、大元帅大本营政府，广东——武汉国民政府，皖系军阀段祺瑞、黎元洪、徐世昌政府，直系军阀冯国璋、曹锟政府，奉系军阀张作霖陆海空军大元帅政府，蒋介石南京——重庆——南京政府，阎锡山、冯玉祥北平国民政府，汪精卫、胡汉民广东国民政府，汪精卫“还都”南京的“国民政府”……。我们一口气列举出这么些政权，它们无例外地都叫“中华民国”，而且还没计入区域性、地方性的。中国历史上的政权，一种是周代春秋以前，名义上周王朝“大一统”，下面诸侯并立，各自为政。一种是南北朝、五代十国，以及后五代等，各立国号，互不统属。又一种是秦汉隋唐明清，同一国号，基本上同一政权。“中华民国”不同于其中任何一种。它们彼此对立，又都宣称自己“合法”，或者以全国中央政府自居。彼落此起，纷纷扬扬，这真可以叫作历史上的“异数”。

孙中山发起护法运动时，就明白指出了中国存在真共和假共和的问题。他说，中国改行共和，已经六年，国民没有享受到共和的幸福。“非共和之罪也，执共和国政之人以假共和之面孔，行真专制之手段也。故今日变乱，非帝政与民政之争，非新旧潮流之争，非南北意见之争，实真共和与假共和之争”。要救国救民，唯有实行真共和。[①] 如何区分孙中山所说的真假共和，从形式上谁也找不出某种简单明白的标志。例如中国古代中央政权的合法性，在于取得地方承认，叫作“奉正朔”。民国期间，各个政权都奉“中华民国”为“正朔”，但它们互不承认，以至互相讨伐。近代国家政权的合法性，国际承认与否，常常被看作一条依据。但孙中山亲自领导的南京临时政府，首先就没有一个外国承认，而袁世凯、蒋介石、汪精卫的政权，又都有外国承认。孙中山的共和国与三民主义理论相联系，但南京临时政府本身就很少宣传三民主义，蒋介石“剿共”“戡乱”，汪精卫的傀儡政权直接反对三民主义，却口头上天天讲三民主义。诸如此类，要从形式上找到真假共和国的区分是徒劳的。孙中山所说的真共和与假共和，是讲的一个徒拥虚名的“中华民国”，一个实质上的资产阶级民主共和国。

民国时代，中国是否建立了一个真共和国，即资产阶级民主共和国，或在什么程度上说有过那种共和国？归纳一下所有叫作“中华民国”的政权，显著地存在三种不同的情形。请先根据他们的实际情况，分别简要考察，然后再看答案。

---

① 邹鲁：《中国国民党史稿》第 3 册，第 1072 页。

头一种情形，孙中山直接领导、主持的中华民国南京临时政府到广东非常政府。

南京政府只存在短短三个月，但它揭开了中国历史的一个新时期。共和国这种新鲜事物，从此终于存在下来了。这个功劳是显著而巨大的。各种历史书上讲得很多，这里不必详述。但南京临时政府是一个革命派与立宪派、旧军人的联合政府。一开始，它对帝国主义是妥协的，对封建势力也是妥协的。而且它成立起来，就是为了移交出去。孙中山关于“平均地权”的主张，也只有在把政权交给袁世凯后不久，才又重新提出来，并在研究“社会主义”学理的名义下加以发挥。南京临时政府没有、也不可能实现资产阶级民主共和的任务。护法军政府以维护《临时约法》相号召，孙中山马上被北京的中华民国下令通缉。艰苦撑持了八个月，被他所联合、依赖的地方军阀赶出广东了。非常大总统主要依靠加入过同盟会，并在“护法”运动中实力膨胀了的陈炯明支持。一年以后，又由于陈炯明叛变而垮台了。如果南京临时政府由于开创民国，造成了一番新气象，这两次广东政府带来的就只有失败的教训。广东非常政府失败以后，又怎么样呢？1923年，孙中山在中国共产党的帮助下，改组国民党，1924年1月通过著名的《中国国民党第一次全国代表大会宣言》，实行联俄、联共、扶助农工的三大政策。直到这时，孙中山仍强调指出：“自辛亥革命以后，以迄于今，中国之情况，不但无进步可言，且有江河日下之势。军阀之专横，列强之侵蚀，日益加厉，令中国深入半殖民地之泥犁地狱。此全国人民所为疾首蹙额，而有识者所以徬徨日夜，急欲为全国人民求一生路者也。”[①]改组国民党，国共合作，掀起了1924—1927年的大革命。大革命开始所建立的广东——武汉国民政府，势力所到的地方“打倒列强，除军阀”。国民政府三次发表农民运动宣言，规定二五减租。两湖农民运动兴起，影响扩及其他省区。广东——武汉国民政府，是革命以来，头一个把资产阶级民主共和国纲领真正付诸实行的中华民国政府。中国资产阶级民主革命，谱写出了极富光辉的一页。但孙中山1925年不幸逝世。蒋介石、国民党右派背弃孙中山的纲领政策，清党反共，另立政权。孙中山亲自领导、主持建立一个资产阶级民主共和国的斗争，最后落空了。

云南护国军政府也在这里讲一下。它不属于孙中山主持的中华民国，是

① 《孙中山选集》，人民出版社1981年版，第588页。

梁启超、蔡锷等发起反袁的权力机构。那时人们对政权采取共和制或君主制，叫作“国体问题”。“护国”就是护中华民国，反对袁世凯改君主国，帝制自为。梁启超在《异哉所谓国体问题者》那篇带有宣言性的文章里，明白宣告了它的任务目的。梁启超说：“鄙人生平持论，无论何种国体皆非所反对，惟在现行国体之下而思以言论鼓吹他种国体，则无论何时皆反对之。”[①]护国运动的目的很明确，就在维持现状。因此，袁世凯一死，讨袁的军务院自行撤销。护国一役，恢复了中华民国的名义，同时也避免了因“国体问题”而再次闹出一场民主革命，当然更没有出现什么资产阶级民主共和国。

再一种情形，袁世凯以下北洋军阀的各个政权。

袁世凯的中华民国，最初表面上与南京临时政府的“法统”相衔接。实际上它的统治基础与清朝末期大地主大资产阶级的专政，差别很小。1913年，孙中山发起“二次革命”。袁世凯接二连三，解散议会、撕毁《临时约法》，由临时大总统变为正式大总统，表明他的“中华民国”与粗存资产阶级民主共和国气象的南京临时政府“法统”决裂。很快，袁世凯又由正式大总统而终生大总统而大皇帝。资产阶级革命派里，原来还有人幻想在袁世凯政权中，加进资产阶级共和国的某些内容，到此幻想彻底破灭。

袁世凯以后，除了张勋复辟那短短几天闹剧，黎元洪、直系、皖系、张作霖的安国军政府，一律挂着中华民国的招牌。它们的显著特点是：（一）掌权的势力集团，不超出于袁世凯留下的北洋军事头目、军事团体以外。黎元洪非北洋起家，但他最先投奔到袁世凯门下，以后又依靠北洋军阀的一个派系而存在，很少实权。最后奉系军阀势力进关，情况才有些变化。（二）因此，那些政权自居为“北洋正统”。掌权的人只把自己看作袁世凯事业的继承者，拒绝看作创造共和国的人们事业的继承者。需要的时候，偶尔也提起《临时约法》，其实在他们的眼里，那不过废纸一张。（三）也因此，北洋军阀的中华民国，绝大部分时间里与孙中山的活动、护法军政府、非常大总统大本营等是敌对的。它们不止一次发生军事对抗。孙中山民国以来的多次失败，与北洋军阀和它们背后的帝国主义或公开或隐蔽的破坏分不开。最后孙中山北上，希望召开国民会议也由于段祺瑞的反对而流产了。（四）反对“过激主义”，镇压屠杀共产党，自然也是北洋军阀政权少不了的事情。挂着共和国招

---

① 梁启超：《饮冰室合集·专集》第9册，第86页。

牌，坚决反对资产阶级民主共和国，这就是北洋军阀政府的中华民国。在这个民国政府里担任总统、执政、陆海空军大元帅的袁世凯、黎元洪、冯国璋、曹锟、徐世昌、段祺瑞、张作霖等，他们作为帝国主义封建阶级的总代表的面目，人们太熟悉了，再也用不着作另外的分析、评价。

又一种情形，蒋介石、国民党掌权的南京——重庆——南京政权。

1927年大革命失败，到1949年蒋介石国民党政权被打倒，历史几经剧变，蒋介石掌权的中华民国也几经重大变化。1927年到抗日战争以前，南京政权代表大地主大资产阶级的统治。对外屈膝投降，坚守不抵抗主义，对内埋头"剿共"与新军阀间的双重内战。所谓"攘外必先安内"是它的总方针。1946年到1949年，南京蒋介石政权重走抗日战争以前的老路，国共再次分裂。在美国大力支持援助下，蒋介石发动空前规模的内战。这时它只有一个任务："全面戡乱"，消灭共产党和人民民主力量。因此，蒋介石前后两次中华民国政府，都是直接违反孙中山所要建的资产阶级民主共和国的。与北洋军阀相比，是改换了利益集团和外表色彩，没有改变反动阶级实质的假共和。

日本帝国主义发动全面侵略战争，亡国危险临头。民族矛盾急剧上升，改变了国内各阶级间的关系。国共两党实现第二次合作。蒋介石国民党政府举起抗日旗子，抵御侵略。中国全民族奋起，经过八年艰苦抗战，英勇牺牲，取得了近代中国历史上第一次反侵略战争的完全胜利。对于第二次世界大战反法西斯的胜利，中国也作出了重大贡献。民族壮举，千秋伟业，中国历史写下了自己新的辉煌篇章。蒋介石国民党政府在这个篇章中，占着一定位置，应当受到重视。抗战八年间它的前进、光耀，同过去十年与往后四年统治的反动、黑暗一样，都是客观存在。它们不能彼此抵消，也不应该被掩盖歪曲。中国思想传统中，一贯注重民族大义。看待抗日战争时期的蒋介石国民党政权，也有民族大义问题。

在这里要解决的，是抗战期间，蒋介石国民党政权，是不是回到孙中山在国民党第一次全国代表大会重新解释过的新三民主义立场上来了？是不是已经可以看作正在建成资产阶级民主共和国了？资产阶级民主共和国的一大任务是反对帝国主义。反帝国主义，这时必须集中全力抵抗日本帝国主义的侵略。打倒武装到牙齿、深入国土的日本侵略者，把中国从亡国危险中拯救出来，才谈得上其他。这一条，蒋介石政权实行了。但举起抗日的旗子，并不就表示自然地也举起了民主主义旗子。清政府在鸦片战争、中法、甲午等各次战争中，也对外宣战，抵抗外国侵略。封建统治阶级里面也有不少人坚持爱国思想，林则徐、关天培等是他们中最早的杰出人物。但他们谁也与民主主义无缘。爱国主义与民主主义，在中国近代，又统一，又不统一。民主主义者一在反帝，二在反封建。西方民主主义最初就来自与封建统治相对抗。孙中山的三民主义中，民权主义和民生主义的平均地权纲领，都是讲的反封建。蒋介石国民党政权参加抗日，基于爱国，却反对民主。就像清政府几次参加抵抗外国侵略没有改变它的反人民性质一样，蒋介石政权抗日，并没有改变它的反民主、反人民性质。爱国、反民主，在统治阶级的政权中，不像鱼与熊掌，二者截然不可兼得，在一定条件下二者可以并存。共产党这时与蒋介石国民党政权建立抗日民族统一战线，正因为争取到了后者爱国的一面。爱国没有了，共产党跟它合作，岂不等于"统一"到蒋介石一边，取消革命！承认国民党政权是统一战线中的一员，就是承认它是爱国阵线的一员。共产党说"拥护蒋委员长抗战到底"，就是督促蒋介石坚持爱国，反对他妥协动摇。现在有人对于讲统一战线特别担忧，视为共产党阴谋。实在大错，等于否定自身保持爱国主义。决定蒋介石政权性质的，是它的社会阶级基础，及其执行的对共产党、人民大众的一系列政策。这时它在农村的统治，照旧建立在地主豪绅统治基础上，农民要求减租减息的微小权利也遭到剥夺。原有大资产阶级的经济、政治实力，在抗战中不但没有减弱，由于发国难财反而大为增加了。在政治上，它压制民主，坚持一党专政：坚持"一个党，一个领袖"。这一切，决定了抗战期间，蒋介石国民党的中华民国，仍然是大地主大资产阶级掌握的政权，没有成为一个资产阶级民主共和国。国民党里孙中山的信徒，坚持爱国主义，要求实行民主主义。但他们不处于当权的地位。他们变换不了国民党政权的性质。人民抗战是为了争取民族解放和自身的解放，统治阶级的意图则是为维护旧的统治和特权。共产党与国民党合作，没有改变它们原有矛盾的质，只改变了原有矛盾的位。它们原有矛盾的尖锐性，从第一位调整到第二位了，从第一线退居第二线了。它们各自受到亡国危险实际利害的约制。其中也不能没有传统思想的民族大义。

蒋介石政权在抗日战争期间的爱国性质，与第二次世界大战的反法西斯正义性质也需要联系起来看待。它们不同，但彼此相关。第二次世界大战和第一次世界大战一样，产生于帝国主义的深刻矛盾。但第二次世界大战时，世界反帝国主义、军国主义的力量空前增长起来了。社会主义的苏联为了反抗纳粹德国的入侵，殖民地半殖民地人民为了争取民族独立解放，英美等国为了维护资产阶级民主制度而进行的斗争，使第二次世界大战具有了反法西斯的、正义的解放战争的性质。蒋介石政权能够抗战，在国内靠人民力量，在国际上与苏联支持、美国军援分不开。它参加抗战，在中国来说是爱国的，在国际上来说是站在反法西斯一边的。就像第二次世界大战中，英美法与德意日，它们同是帝国主义，但有反法西斯、反军国主义与法西斯、军国主义的区分一样，蒋政权这时也有爱国一面与反人民一面的区分。

抗日战争期间，国民党政权的这种复杂情形，使人们还会提出各种问题。例如：抗日战争时期，蒋介石的中华民国没有成为孙中山所要建立的资产阶级民主共和国，中国抗战怎么胜利了？这时国民党政权代表中国，对外是全国性政权，共产党领导的边区、抗日根据地，只是地方政权，军队的情况也相同，到底谁领导了抗日战争，是蒋介石国民党还是共产党？蒋介石政权这时算是爱国政权，以前批评他消极抗日，积极反共，不就错了吗？在抗日战争中，国民党和共产党究竟谁得到了发展？等等，下面分别作些说明。

蒋介石政权没有成为资产阶级民主共和国，与抗日战争所以胜利，两者没有什么联系。以往日本侵略中国、中日间的斗争，存在一个不变格局：中国失败，日本获胜。那时作为日本对手的是清王朝、北洋军阀政权、专打内战的蒋介石国民党政府。这一次，结局终于颠倒过来了：日本失败，中国获胜。原因基本在于一条，日本的对手再也不是一个蒋介石政权，而是以国共合作为中心团结起来了的一个中华民族。尤其在中国共产党领导下，组织起来的人民，成了不可战胜的力量。与以往历次对外战争加以对照，这一点，了如指掌。这说明抗日战争的胜利，不取决于国民党政权的性质，而取决于空前觉醒、团结起来了的中国人民。

关于到底谁领导了抗日战争的问题，回答是共产党争取领导了抗日战争。但是首先必须弄明白，共产党的领导指什么？难道说，蒋介石国民党听共产党的指挥，共产党能够领导国民党？如果存在这种领导，不用说从权力结构、组织指挥系统、统治区域大小等等，任何人也无法作出可信解释；再问一下，蒋介石国民党反共又是谁领导的，将如何回答呢？共产党领导了抗日战争，指它代表工人阶级领导抗日主力军农民群众和整个民主派，把一切主张抗日、民主的力量，动员起来，唤醒起来了，并在事变过程中，以实际力量支配着抗战胜利的前途。这表现在：蒋介石政权由不抵抗主义走上抗日道路，首先是由共产党和全国人民的全力推动，才得以实现的。西安事变就是这个转折的枢纽。蒋介石政权实现抗战了，决不意味着全国抗战就能够坚持下去，不发生半途妥协，招致失败了；相反，这种危险严重存在，多次爆发。日本、德国、英国、美国先后策划蒋介石政权对日投降。“远东慕尼黑”“新慕尼黑”不止一次幕后串演。蒋政府几次掀起反共高潮，制造皖南事变，主力部队包围延安。共产党及时揭露投降活动，对国民党军队的破坏团结抗日，进行有理有利有节的斗争。共产党在敌人后方深入发动群众，主要是发动农民群众，建立抗日根据地，最后敌后战场抗击日伪军多于正面战场。在思想理论上，指出前进方向，鼓舞人民胜利信心，共产党在这方面做得最及时、有效。加上国际因素，第二次世界大战反法西斯战争的发展趋势，蒋介石政权终于在抗日战争中坚持到胜利了。从抗日实现，到胜利取得，多少重大问题的抉择解决，哪一次也离不开共产党和整个民主力量的斗争。这就是共产党对抗日战争的领导。全国政权、主要武装力量都掌握在国民党手里，它并非不能在抗战中发挥更大的作用。顽固坚持反民主反人民的立场，极大限制了它的抗日爱国作用。领导腐败，军事上指挥无能，更加深了它的失败主义。

批评蒋介石政权消极抗日，积极反共，主要指中期和后期。这合乎事实，并没有错。消极抗日，指出它爱国不努力，也没有否定存在爱国的一面。要不然，怎么不批评汪精卫积极反共呢？

抗日战争中，国民党和共产党，究竟谁得到了发展？应该说中国全民族力量大发展，因此取得了抗战的完全胜利。国民党、共产党的力量同时都有壮大。单论蒋介石政权，发展超过以往任何时候。抗日战争是它的全盛时期，黄金时代。以前它的统治没有真正达到西南西北各省，这时达到了。以前它主要只掌握“中央军”，这时除了利用外援，建立起庞大现代化部队，原来不同派系的军队也接受统一指挥了。以前它在国际上地位卑微，这时代表中国居于联合国安理会常任理事国了。以前它不但为共产党所敌对反抗，也为国民党其他集团、派系所敌对反抗，这时受到一致维护，政治声望大为提高了。如果以为蒋介石国民党政权后来覆亡，是因为在抗日战争期间力量发展太少，那完全不合实际情况。抗日战争期间，顺应民族振兴的时代潮流，它与共产党合作，降低同人民群众的矛盾，取得了自己未必期望过的光荣；在那之后，堵塞资产阶级民主革命胜利前进的道路，它再次全面反共，与人民尖锐对立，又把已经存在的光荣弃如敝屣了。所以只有从它与人民的关系上去分析，才能了解它怎么上升，又怎么下降，最后终于一败涂地的。与蒋介石国民党渊源不断，又一度各自独立的中华民国，还有广东汪精卫、胡汉民与北平阎锡山、冯玉祥两家。它们都有自己的国民党中央领导机构，都讲三民主义。但时间都很短暂，没有实现资产阶级共和国的积极意义可言。1940年汪精卫“还都”南京，也号称中华民国，也打着国民党、三民主义旗子。不管名号叫什么，它和伪满洲国一样，是日本帝国主义一手炮制的日军统治占领区的工具。它连自己也不能指挥自己，遑论其他。

该回到前面我们提出的问题上来了，那许多中华民国政权，是否建立起过一个资产阶级民主共和国？上述考查给予的答复是简单、明了的：中华民国有它的历史地位，中国始终没有建立起一个资产阶级民主共和国。资产阶级的历史使命给自己提出了一个任务，它的先天软弱性又根本没有力量来实现这个任务。

中国资产阶级的软弱性到处都表现出来。它是半殖民地半封建社会的资产阶级，因此，一面要求反对帝国主义、封建势力两个敌人。自己没有力量，一面又不敢坚决反对帝国主义、封建势力。发动革命时是这样，暂时和局部取得权力时也是这样。辛亥革命以前，章太炎评论革命知识分子的一段话，不期然地指出了这些人的阶级弱点。他说：“以前的革命俗称强盗结义，现在的革命俗称秀才造反。强盗有力量，秀才没力量；强盗仰攀不上官府，秀才仰攀得上官府。所以强盗起事没有依赖督抚的心，秀才就有依赖督抚的心。前此数年，遍地是借权的话。直到如今，讲革命的也想借到督抚的权，好谋大事。这真糊涂得很。颇有人说，学界中人不如会党，会党中人不如强盗。依兄弟看来，知识高下且不说，但强盗从没有靠官造反的心，会党略有数分，学界中人更加数倍。论他志气的下劣与自信力的薄弱，较之会党强盗，不免有些惭愧。”[①]章太炎所说的“强盗结义”，指农民起义；“秀才造反”“学界中人”，指革命派知识分子。农民和资产阶级革命派，他们的力量、社会地位不同。他们依靠谁来造反，态度也就根本不同。农民有力量，仰攀不上官府，对当权势力不存在任何幻想；资产阶级革命派知识分子，没有力量，又能够仰攀上官府，便指望“借权革命”“靠官造反”。章太炎把这看作革命派知识分子个人“志气的下劣与自信力的薄弱”，实际上表现的是他们那个社会势力、

① 章炳麟：《〈民报〉周年演说辞》，《民报》第10号。

阶级阶层“志气的下劣与自信力的薄弱”。章太炎批评“借权革命”“靠官造反”的想法“糊涂得很”，而资产阶级革命派自己没有力量，又不敢坚决依靠有力量的农民，他们就不得不在相当程度上，沿着这条明知糊涂的路走下去。辛亥革命中，革命派的这种态度表现得十分刺眼。武昌起义，革命党人强迫一个反对革命的清朝军官黎元洪来充当共和派首领。他们发起了革命，但觉得自己力量太不行了。他们必须借旧势力的权，靠原来的官，把革命进行下去。武昌起义，各省响应，宣布共和。其中有革命派直接掌权的，有拥戴清朝军官、疆臣、大绅士当都督即借权、靠官革命的，有立宪派乘机夺取权力的。它们情形复杂，却有一个共同点：革命派与旧势力迅速妥协，“咸与维新”。各省宣布共和，还有革命派自己夺取政权那一种，推倒清王朝，改君主国为共和国，主要就只有借袁世凯的权，靠袁世凯的官，这一种手段了。资产阶级革命派的社会地位仰攀得上袁世凯这样的官，他们的力量又远远敌不过受到帝国主义、封建主义支持的袁世凯那样的权。立宪派一直替袁世凯唱赞歌，革命派里一些人这时也替袁世凯唱赞歌，以示借权革命、靠官造反是有理由的。要么，保卫南京革命政权，冒丢掉共和国名号的风险；要么，换取共和国空名，把政权交给袁世凯；他们选择了后者。革命派并非没有经过英勇斗争，全国也不缺少有利于他们的高涨革命形势。但他们腰杆子不硬，还是胆怯害怕。他们知道自己没有力量，一怕战争，怕与袁世凯清朝军队打仗。他们空喊“北伐”，自知没有力量打仗。二怕帝国主义干涉，被指责为“扰乱中国和平”。帝国主义已经在这样制造空气了。三怕破坏原有社会秩序，尤其怕破坏农村封建阶级统治秩序。他们本来设想革命由一省、数省起义，然后传檄而定天下，不破坏旧秩序的。革命派最大多数领导人，惶惶然有此三怕。这种“意志的下劣与薄弱”，最后是反映了作为他们立足基础的中国资产阶级实力的低下与薄弱，也就是它的先天软弱性。我们知道，辛亥革命时期，资产阶级是处在上升时期哩！

孙中山在革命派、民主主义者里面，比其他人站得高些，看得远些。他经过屡次失败以后，接受中国共产党帮助，把自己的革命思想发展到了一个新的高度。他始终是资产阶级民主主义的光辉旗帜。这当然不是说他在革命活动中，没有重大的局限和缺陷。他的民族主义、民生主义一些内容或者模糊不清，或者停留于空想，他长时期里对帝国主义抱有幻想，尤其对日本侵略势力认识非常不足。他与国民党右派、与封建军阀打交道中，常常妥协，以至自己的革命主张难于实现。国民党第一次全国代表大会以后，增加了“彻底革命”的决心，最后决定北上，也还是希望与奉系、皖系军阀妥协，来解决中国统一问题。这一切，多少与个人的才能性格有关，最后又都无法从个人的性格、才能等去求得解释，而只能从他所处的环境条件中去寻求解释。也就是说，他的局限和缺陷，同样也是中国民族资产阶级软弱性的反映。

中华民国存在的38年间，不仅孙中山在世没有能够建成资产阶级民主共和国，以后也没有一个资产阶级政党领导来实现那样的共和国，这我们已经知道了。然而，“中华民国”作为一个国号，在同时间里，实质上彼此对立的政权，又都挂着这同一块招牌。那些政权即使名实相反，也不愿更换招牌。袁世凯恢复帝制，张勋复辟，无不转瞬败灭，并非因为他们改变了政权的反动实质，而是因为在招牌上去掉了“民国共和”几个字。事实上不实行民主共和，名义上又不能取消共和，这告诉我们，“中华民国”作为一个时代段落的意义，更胜于它作为一个国号的意义。在人们的心目中，名义上的“民国共和”比旧日的君主专制毕竟是一个进步。历史的内容，确实也如此。以“民国共和”为标记的这个历史段落，中国半殖民地半封建社会性质，中国民主革命的任务，都没有改变。但有一个重要改变，无产阶级登上政治舞台，成为民主革命的领导力量了。这是民国期间历史内容决定性的前进。孙中山和他的同志没有实现，需要由资产阶级民主共和国来实现的任务，历史地落到了无产阶级的肩上。领导阶级的改变，使旧民主主义革命进到了新民主主义革命，旧的资产阶级民主共和国，也改变为新的资产阶级民主共和国。

四、中华民国期间共产党领导的政权的地位

中华民国期间，除了上面考察过的各种政权，还有无产阶级、共产党领导的政权。它们是革命根据地的权力机关。中华民国期间，共产党领导的政权居于何种地位？简单地说，它们使资产阶级民主共和国的任务在那些地区得到了彻底实现，但还不止于此。

共产党领导的政权，实现资产阶级民主共和国的任务，自然地形成了三个不同的阶段。三个阶段各有特色，达到的水平也不一样。

第一个阶段，1927年至1936年的国内革命战争时期。反帝国主义不直

接，但彻底地进行了反封建斗争。主要是废除封建土地制度，实行“耕者有其田”。因此，以前对共产党这个时期领导的革命，一般叫土地革命。

孙中山发展旧三民主义为新三民主义，其中包括把“平均地权”具体化为“耕者有其田”。孙中山反复强调实行“耕者有其田”的必要性。他说：“俄国改良农业政治之后，便推翻一般大地主，把全国的田土都分到一般农民，让耕者有其田。耕者有了田，只对于国家纳税，另外便没有地主来收租钱，这是一种最公平的办法。我们现在革命，要仿效俄国这种公平办法，也要耕者有其田，才算彻底的革命；如果耕者没有田地，每年还是要纳田租，那还是不彻底的革命。”“我们解决农民的痛苦，归结是要耕者有其田。这个意思，就是要农民得到自己的劳动结果，要这种劳动的结果不令别人夺去了。”他主张农民与地主“和平解决”这个问题。但是如果地主不按照国家的规定交纳重税，“便可以把他的田地拿来充公，令耕者有其田，不至纳租到私人，要纳税到公家”。①不管“和平解决”土地问题，在当时的中国是否行得通，这个资产阶级民主主义彻底反封建的政策，是极其鲜明的，令人不可怀疑。

孙中山提出“耕者有其田”，是在1924年。三年以后，共产党领导的政权，在红色区域彻底废除封建土地所有制，实行“耕者有其田”的土地制度，规定“没收地主阶级底一切土地，耕地归农”②。蒋介石国民党政权，这时发动“剿共”内战，以消灭共产党，取消红色区域的“耕者有其田”，恢复地主阶级的封建土地所有制为目的。蒋介石在内战中，得到德国、美国提供军事顾问、财政贷款等支持，日本则乘机占领东三省。共产党领导的政权，维护孙中山的“耕者有其田”，施行资产阶级民主共和国彻底反封建，最后也反对帝国主义的纲领；蒋介石政权反对“耕者有其田”，保护封建土地制度，最后也保护帝国主义统治中国的利益。蒋介石政权把执行资产阶级民主共和国的纲领，视为罪大恶极，务必诛戮铲除之而后快。毛泽东指出十年内战的性质说：“一九二七年至一九三六年，中国共产党实行了彻底改革土地制度的办法，实现了孙先生的‘耕者有其田’的主张。出而张牙舞爪，进行了十年反人民战争，亦即反‘耕者有其田’的战争的，就是那个集中了孙中山一切不

---

①《孙中山选集》，人民出版社1981年版，第937—939页。

②1928年7月间举行的中国共产党第六次全国代表大会通过十大纲领，第七条规定“没收地主阶级底一切土地，耕地归农”。“耕地归农”与“耕者有其田”意思相同，都来自1924年中国共产党人在广东提出的“耕地农有”的口号。

肖子孙在内的团体——国民党内的反人民集团。”[①]十年流血内战，人民肝胆涂地，焦点就集中在这里。

红色区域很小，各自分散孤立。战争频繁。白色军队时走时来。原来那些地方就只有小手工业、小商业，有的地方还停留在杵臼时代，经济极其落后。谁也不能指望那里一旦废除封建土地制度，社会生产力就迅速提高，资本主义工业也开始增长。事实上，平分土地的本身，并不带来新生产力，也不可能长久固定下来。重要的，是人们从这里看到一个根本事实，孙中山主张的资产阶级民主共和国彻底的反封建土地纲领，受到蒋介石国民党右派坚决抗拒，践踏无余，而由共产党所领导的政权独力承担，继承坚持下来了。问题不在于红色政权管辖的区域大小，人口多少，经济状况怎样，而在于它施行的是否资产阶级民主共和国的政策，其效果如何。“耕者有其田”并非废除一般私有财产，只是把地主阶级的私有财产变为农民的私有财产。这是资产阶级民主革命，而不是其他革命。封建土地制度废除以后，农民从地主阶级剥削、压迫下解放出来，成了社会的主人，他们在共产党的领导下武装起来，使蒋介石的大军“围剿”多次失败。红色区域虽小，它的政治影响及于全中国。这个力量就来自“耕者有其田”。

第二个阶段，1937 年至 1945 年的抗日战争时期。与前一阶段相反，反封建放到了次要位置上，集中全力抵抗日本侵略，即集中全力进行反帝国主义斗争。

共产党领导的抗日民主政权，有一些新的特点。（一）其中为首的陕甘宁边区政府，在国民党把持的中华民国政府中，带有半合法性。它的名称叫作“中华民国特区政府”[②]。其他抗日根据地的政权，和陕甘宁边区政府一样，属于中华民国地方政权的一部分。国民党诬称它们为所谓“奸区”，然而没有敢于公布取消。（二）停止没收地主土地的政策，改变为减租减息政策，政治上的民主化照旧得到了贯彻。（三）政权人员按“三三制”组成。无产阶级、共产党掌握政权的领导，进步势力，中间势力各占三分之一，孤立顽固派，对汉奸和反动派专政。（四）根据地不再限于零星小块，它分布于北起内蒙古，南至海南岛的辽阔地区。在这些地区，除了封建土地制度没有废除，资产阶

---

①《毛泽东选集》第 3 卷，第 1075—1076 页。

②《毛泽东选集》第 1 卷，第 258 页。

级民主共和国反帝反封建的使命，得到了最坚决、最模范的实现。

陕甘宁边区政府叫“中华民国特区政府”，以前红色区域的政权叫“工农民主共和国”。它们反映了不同时期阶级关系的转变，不是表示政权性质的改变。[①]

第三个阶段，1946 年至 1949 年的解放战争时期。与第一、第二阶段反封建反帝各有侧重又不相同，现在朝着反蒋反美两个目标并进。双重任务，“毕其功于一役”。打倒蒋介石政权，也就是打败了大力支持蒋介石发动内战，与中国人民为敌的美帝国主义。

解放区政权，做了两件大事。一件大事，在一亿六千万人口的广大地区，实行土地改革，取消封建土地所有制。红色区域“耕者有其田”的成果没有巩固下来，这一次，封建土地制度一劳永逸地消灭了。又一件大事，支援人民军队从保卫解放区到转入全国规模的战略进攻。这个进攻，是蒋介石政权二十多年反动统治由兴起到消灭，帝国主义一百年有零在中国的统治由发展到消灭的转折点，这个进攻的力量，直接来自解放区的存在，来自解放区的人民。两件大事不可分割。中华人民共和国成立以后，毛泽东说，“我们的解放战争，主要就是靠这一亿六千万人民打胜的。有了土地改革这个胜利，才有了打倒蒋介石的胜利”[②]。到这里，解放区政权，推倒它脚下的帝国主义封建势力，两个任务，宣告彻底胜利完成。

前面我们说，中华民国期间，中国共产党领导的政权，使资产阶级民主共和国的任务见诸实现了，其事实毕述如此。

革命民主政权的存在、发展，究竟意味着什么，曾经是经过一番讨论、争论的问题。1941 年 5 月，陕甘宁边区政府颁布施政纲领，“三三制”政权见于实行。《解放日报》发表文章，说“三三制的统一战线政权，便是新民主主

① 毛泽东在《中国共产党在抗日时期的任务》一文中，有如下论述：“我们过去的工农民主共和国的口号是否错了呢？没有错的。资产阶级尤其是大资产阶级既然退出革命，而且投靠帝国主义和封建势力，变为人民的敌人，则革命的动力便只剩下了无产阶级、农民和城市中的小资产阶级；革命的政党，便只剩下了共产党；革命的组织责任，便不得不落在唯一的革命政党共产党的肩上。仅仅共产党继续高举革命的旗帜，保持革命的传统，提出工农民主共和国的口号，且为此口号而艰苦奋斗了许多年。工农民主共和国的口号，不是违背资产阶级民主革命任务的，而是坚决地执行资产阶级民主革命任务的。……工农民主共和国口号，过去的提出和今天的放弃，都是正确的。”（《毛泽东选集》第 1 卷，第 260—261 页。）

② 《不要四面出击》，《毛泽东选集》第 5 卷，第 21 页。

义的主要标志”。“这一基本之点改变了，因此，社会性质也就随之而有了改变”。[①]那次讨论、争论的，是如何看待华北抗日根据地的社会性质。一开始，政权性质就成了讨论和争论的焦点。一种看法，同意抗日根据地政权标志着那里的社会为新民主主义社会的论点。一种看法，认为社会性质离不开经济状况，不应当单凭“三三制”政权这个标志去判定根据地社会的新民主主义性质。前面的一种主张中，杨献珍的《略论抗日根据地的社会性质问题》一文，讲得比较充分。杨文说：“社会性质是随着政权性质之改变而改变。旧的政权巩固旧的生产关系，新的政权促进新的生产关系。决不是说政权性质已经改变了，还必须等待经济发展到一定程度，社会性质才算是改变了。如果承认根据地中的政权性质已经是新民主主义的了，而还怀疑其社会性质是新民主主义的，那就是认为，在新的民主政权下，必须等到新的社会对旧经济关系的改造过程完结以后，社会性质才与政权性质相符合。这样认识，事实上是否认了新的民主政权的积极的能动作用。”“今天在全国范围内说来，沦陷区就是殖民地社会，未沦陷区之一党专政的统治区就是半殖民地半封建社会，只有陕甘宁边区及华北、华中之敌后抗日根据地是新民主主义社会。区别这三种社会的主要标志就是政权形式。殖民地的政权是敌伪傀儡政权，是完全附属性的，敌人掌握着这种政权来拼命榨取掠夺中国的资源财富。一党专政地区的政权是大地主大资产阶级的政权，是半独立的。因为这些大地主大资产阶级都是在经济上依靠着帝国主义的，帝国主义通过他们统治着中国的财政经济命脉。中国的民族工业在帝国主义、官僚资本主义的压迫下萎缩不振，奄奄一息。敌后抗日根据地的政权是各抗日革命阶级的联合专政——‘三三制’政权，是完全独立自主的，绝对不受任何帝国主义者的意志的支配和影响。”“总之，敌后抗日根据地的政治，是一切赞成抗日与民主的人民统一战线的政治，也就是新民主主义的政治。经济是排除了半殖民地的因素，削弱了封建的因素，也就是新民主主义的经济。虽然从经济基础上说，根据地与陕甘宁边区有些不同，那里是实行过彻底的土地革命的，这里只是实行了减租减息，但同样也还是新民主主义的。讲到文化方面，这是人民大众的反帝反封建的文化，也就是新民主主义的文化。”[②]

---

①《解放日报》1941 年 5 月 24 日社论：《论抗日根据地的性质》。

②《杨献珍文集》，第 25—29 页。

杨文的论点，我以为是站得住脚的，但需要作些解释。政权与社会性质的关系，不能脱离一定的背景、条件去分析、认识。如果抽象地说社会性质随着政权性质的改变而改变，人们马上就会问：清朝政权由帝制变为袁世凯、北洋军阀的共和制政权了，社会性质改变没有？不过这还容易回答，那只表示政权名号、统治阶级当权势力的更替，而非政权性质的改变，也就不涉及社会性质的改变。那么，南京临时政府怎么样？武汉国民政府怎么样？推而广之，历史上农民战争建立的政权，如李自成大顺国、太平天国等又怎样？离开具体分析，在这些追问面前，难免瞠目结舌。资产阶级政权，社会主义政权，对于社会经济状况、秩序的依存，变革关系也各不相同。资产阶级政权以资本主义经济一定的发展为条件。资产阶级在现有的经济基础上诞生、形成，然后夺取政权，再去推进资本主义。它可以和必然要这样。因此，在资本主义社会，经济成长在先，政权在后。社会主义政权以废除、改造资本主义为条件。无产阶级要先夺取政权，然后才能确立和促进社会主义经济阔步前进。它只能这样。因此，社会主义与资本主义相反，政权在先，经济制度在后。新民主主义政权与社会制度、性质的关系，有相同于资产阶级政权的一面，即保护私有制，不改变资本主义经济链条；又有相同于社会主义政权的一面，即无产阶级居于掌权地位，限制或废止封建剥削，扫除吞噬中国劳动者血肉的外国资本。从生产力上看，抗日根据地不高于蒋管区与敌占区，近代工业很少；从生产关系上看，它又显著地区别于后面那两个地区。旧的政治权益基本消失，旧的经济权益部分消失。生产劳动中变工、互助到处推广。合作社形式经济占据相当比重。生产、社会经济状况中这种新的特点，说明政权性质的变动，直接触动了社会经济生活的变动。《解放日报》社论、杨献珍的文章，不是抽象地讲社会性质随政权性质的改变而改变，是根据特定的环境、条件，论述抗日根据地社会性质这个问题。所以我认为是能够成立的。

新民主主义政权的性质，取决于无产阶级的领导。陕甘宁边区、华北抗日根据地政权，本来出于共产党所领导创造。讨论这个问题，“三三制”并非必不可缺少的。判断抗日根据地政权新民主主义性质的原则，当然适用于判断往前往后红色政权、解放区政权的新民主主义性质。它们浑然一体，并无二致。

共产党领导的政权，照这样看来是：（一）它表示出从红色区域到解放区的社会性质是新民主主义的性质。从总体上看，中国半殖民地半封建的社会性质依旧，而红色区域往下，这些由小到大的局部地区已经改变社会性质了。世界一切事物都处在质量互变的运动中。半殖民地半封建的中国，变为社会主义的独立的中国，中华人民共和国成立是质变飞跃，红色区域到解放区成为新民主主义社会，是它的量变。它直接把本地区改变为新民主主义社会，也对全国改变半殖民地半封建地位，重新走上独立发展的道路，起了伟大作用。中华人民共和国成立，标志旧中国的结束，社会主义新中国的开端。新民主主义社会的广大解放区，给这个开端创造了现实前提。（二）红色区域到解放区政权，没有统一的国家名号——“工农民主共和国”后来自己取消了，抗日根据地和解放区都叫中华民国，但实际上它是一个新民主主义的国家，一个新的资产阶级民主共和国，虽然无其名而确有其实。只要我们用马克思主义观点来看待国家政权，就不能不承认这一点。国家政权是阶级统治、压迫的工具。倘若要问，把无产阶级的政权看作新的资产阶级共和国的根据何在，就只需去了解，把无产阶级的革命，看作新的资产阶级民主革命的根据何在。它们来自同一个原理。政权产生在革命过程之中，并非游离、独立于革命过程之外。革命阶级的革命，革命阶级斗争的进展、规模和成绩，只有通过政权才能变为现实。革命阶级不在斗争发展的一定阶段上建立政权这个专门机关作为自己的基本支柱，就不能镇压敌对阶级的反抗，不能保持胜利和不能最终完成历史赋予的使命。只要不把革命与政权斩成两橛，就不会否认它们来自同一原理。先有这个新的资产阶级民主共和国，然后有社会主义新中国。它们都是无产阶级，共产党领导的。两个不同社会历史阶段的政权，上下两篇文章，却是由一枝笔所挥写出来，紧相连贯的。（三）解放区政权，不折不扣是社会主义新中国的母体。解放区政权是资产阶级共和国的继承、实现者，又是它的发展者。这个发展，使国体、国号由中华民国，进到了中华人民共和国。

共产党领导中国革命，是全国的全面的。不能把它与领导革命根据地、解放区政权混同起来，等量齐观。但建立政权、争取政权，在革命斗争中是全局性的而非局部性的问题。中国革命取得胜利的三个法宝：党、统一战线、武装斗争。武装力量是政权的核心部分。武装的革命反对武装的反革命，农村包围城市，没有政权，没有根据地，就无所谓农村包围城市，也没有共产党真正的领导地位。

讨论孙中山与中华民国，讲这么多共产党领导的革命政权问题，与孙中山、中华民国有何关系呢？不止有关系，在孙中山与中华民国的研究中，这是一个不可缺少的组成部分。共产党领导的政权不发生在其他时间里，只发生在打有“中华民国”印记的这个时间里。何况它还曾经是中华民国政权的一分子。谈论中华民国，无论从时间、从政权名号看，对它都不能“请君勿躁”，站在一边。中华民国全部三十几年间，共产党单独领导的政权，前后22年。中国向何处去，最后正决定于这二十几年的斗争。不讲红色区域以下共产党领导的政权及其演变，就讲不清中华民国这段时间复杂的阶级关系及其演变，讲不清楚这时的阶级斗争、民族矛盾，也无从了解蒋介石国民党政权如何灭亡的，中华人民共和国怎么诞生的。共产党领导的政权的变化，恰恰准确地反映了这段历史洪流的激荡与转折变化。革命与反革命，缺少了一面就不存在另一面。而这时革命的一面，占着上升的、主要一面的位置。这些政权不是革命一面唯一的存在和表现，却是非常突出的本质上的存在和表现。“中华民国”在历史上的结束，直接和这些政权存在、发展联系在一起。它们没有打倒中华民国，它们自己就在中华民国政权中走过来的。它们不能自己打倒自己。它们推翻了代表大地主大资产阶级的蒋介石反人民政权，也就是推翻了中华民国以来，一切冒名顶替，把“中华民国”当作一个公共垃圾桶，倾泻脏物的所有大地主大资产阶级的反动统治。历史车轮的前进，结束了以“中华民国”作为标记的时代，但并非否定了它有过的历史光荣。共产党领导的这些政权，也和孙中山联系在一起。孙中山的革命三民主义，在蒋介石政权下被糟蹋。那里也有人口喊三民主义，实际上一味反其道而行之。没有共产党的领导，三民主义就没有施行之一日。在何时何地施行的，就在不同时期各个革命根据地、解放区施行的。根据地民主政权的存在，说明帝国主义封建主义统治在全国大部分地区还存在。根据地的壮大扩充，实施三民主义的地盘，也就跟着壮大扩充，解放区作为母体，诞生社会主义新中国之日，三民主义也就到了宣告历史使命完成之时。

中华民国全过程中，始终不能有一个统一的政权。反革命阶级的统一政权没有，革命阶级的统一政权也没有。历史是一个整体，一个整体运动。政权的分裂，丝毫也不表示历史整体的分裂。相反，它们正表示出整体运动内在的联系，新陈代谢的规律。把这个时期各种矛盾对立的、革命的和反对革命的政权放在一起来考察，我们才能使自己的研究，建立在马克思主义历史唯物主义的整体观念基础上，认识历史的整体运动过程。

中华民国历史现象的复杂性，反映了半殖民地半封建社会、现实国际环境特有的矛盾复杂性。中国历史需要有一个资产阶级民主共和国来解决这个复杂矛盾，恢复独立、前进。历史不会提出没有答案的问题。但它没有现成文章可以抄袭。孙中山和他的革命事业继承者中国共产党，在中华民国时期，像接力赛跑一般，创造出中国独有式样，做完了这个答案。那就是：解放区民主政权——新的资产阶级民主共和国。

补述：

上文第四节上，有两大段话，讲政权性质与社会性质的关系，指出共产党领导的抗日民主政权，标志着抗日根据地改变了半殖民地半封建的社会性质，是新民主主义的社会。并引用杨献珍同志《略论敌后抗日根据地的社会性质问题》，表示同意他的观点。这篇文章是为去年（1986）11月在广东举行的孙中山学术讨论会写的。讨论期间，有同志提出质问：社会性质由经济状况所决定，从政权性质来说明社会性质，前所未闻。历史上各种对立的政权很多，旋起旋灭，难道社会性质都跟着它们改变而改变吗？此说无法成立，只会引起混乱！话说得比这委婉一点，意思如此。因此，发表时我特地增加了一段话，说明“杨文的论点，我以为是站得住脚的，但需要解释。……杨献珍的文章不是抽象地讲社会性质随政权性质的改变而改变，是根据特定的环境、条件，论述抗日根据地社会性质这个问题。所以我认为是能够成立的”。现在看来，讨论会上有同志提出质问，并非全无道理。我发表此文，加上一段解释，也有必要。迄今有无文字反驳，我未曾见到，不得而知。

论述抗日根据地的性质，为什么要提起杨献珍的文章呢？1943、1944年我在太行山养病，读物主要限于报纸。那次争论，给我留下了相当深的印象。杨老讲这个问题的文章共两篇，《略论》以外，还有一篇《再论》。草拟《孙中山与中华民国》稿子的过程中，由马洪模同志帮助，找到《杨献珍文集》，才知道《再论》已经改为《附记》。那上面说：“1941年春夏之交时节，中共北方局组织部派了一个代表团到华北敌后抗日根据地晋察冀区参观访问。代表团到达该区时，正遇该区干部在讨论敌后抗日根据地的社会性质问题。他们认为敌后抗日根据地的社会性质已经起了根本性的变化，不再是半殖民地半封建的，而是新民主主义的了。代表团回到北方局后，向北方局领导作了汇报，北方局的干部大都听了这个汇报。听取了汇报后，北方局组织讨论。在讨论中，大家一致同意晋察冀干部的意见，认为他们说的敌后抗日根据地的社会性质已经发生了变化，是新民主主义的，不再是半殖民地半封建的了，这个意见是完全正确的。会后，同志们要我根据讨论的情况写一篇文章发表。这就是这篇《略论敌后抗日根据地的社会性质问题》的文章产生的由来。”[①] 参加广东孙中山学术讨论会以后刚刚回到北京，在一个会议场合见到杨老，我告诉他讨论会上关于抗日根据地社会性质问题的争论。他虽然年事已高，但记忆力很好。当即把《附记》上讲的经过大致复述了一遍，并且说，你应该问问提出反驳的人，要他回答抗日根据地社会是什么性质？杨文《略论》的开头写道：“6 月 9 日《新华日报》发表延安电称：解放日报著文论华北各抗日根据地之社会性质，称之为新民主主义社会。……”[②]1983 年《杨献珍文集》出版，《再论》改为《附记》，其中讲到了《新民主主义论》《论联合政府》和列宁《“左派”幼稚病和小资产阶级性》等著作上的论点，而没有提到另外的理论根据。我对杨文作补充解释时，也只叙述了自己所想到的理由和有关事实。斯大林在《列宁主义问题》上，分析资产阶级革命与无产阶级社会主义革命的区别时说：“资产阶级革命的基本任务就是夺取政权，并使这个政权适合于现有的资产阶级的经济，而无产阶级革命的基本任务，却是要在夺取政权以后来建设新的社会主义的经济。”[③] 这个道理明白晓畅，但不适用于说明抗日民主政权与抗日根据地社会性质的关系，我没有引用，也不曾记忆起毛泽东著作上是否在什么地方讲过这方面的问题。

最近因事翻阅《毛泽东选集》，无意之中发现下面一段话，铿光闪亮跳进自己的眼帘：“（八）还有一些同志，不了解陕甘宁边区和华北华中各抗日根据地的社会性质已经是新民主主义的。判断一个地方的社会性质是不是新民主主义的，主要地是以那里的政权是否有人民大众的代表参加以及是否有共产党的领导为原则。因此，共产党领导的统一战线政权，便是新民主主义社会的主要标志。有些人以为只有实行十年内战时期那样的土地革命才算实现了新民主主义，这是不对的。现在各根据地的政治，是一切赞成抗日和民主的人民的统一战线的政治，其经济是基本上排除了半殖民地因素和半封建因素的经济，其文化是人民大众反帝反封建的文化。因此，无论就政治、经济

① 《杨献珍文集》，第 30 页。

② 同上书，第 23 页。

③ 斯大林：《列宁主义问题》，第 141 页。

或文化来看，只实行减租减息的各抗日根据地，和实行了彻底的土地革命的陕甘宁边区，同样是新民主主义的社会。各根据地的模型推广到全国，那时全国就成了新民主主义的共和国。”[①]这是毛泽东为中共中央写的一个党内指示，题目叫《关于打退第二次反共高潮的总结》，下面注明1941年5月8日。

抗日根据地社会性质讨论的缘起，看来比较清楚了。杨献珍的《略论》发表于1941年7月25日太行《新华日报》，他的依据是6月9日《新华日报》摘登的延安《解放日报》文章。《解放日报》1941年5月24日发表社论，题目叫《论抗日根据地的性质》。它的依据当然就是1941年5月8日毛泽东写的《总结》指示了。剩下一个小小疑问：毛泽东的指示写于5月8日，6月9日太行《新华日报》也摘刊了《解放日报》的文章。杨献珍那时是高级党校负责人，何以没有看到这个重要指示？甚至前方最高领导机关北方局也何以没有看到这个指示，而要从与太行相邻近的晋察冀边区的有关讨论中提出问题？日军封锁，交通发生差错，电报遗漏等，都有可能。好在这与我们的讨论，关系不大就是了。

我们反对教条主义。不管本本上怎么说，都必须问一个为什么。政权与抗日根据地社会性质是一个重要的理论性学术性问题，过去现在，都可以从容讨论。不过作出判断时，毛泽东《总结》中的那段话，显然是很有权威性的。我在发表议论时，偏偏把那段权威性的话丢掉了。掀天骇浪之中，舟人遗楫；动地鼙鼓之下，战士遗弓。这虽是笑话，实在也疏忽到了令人难以相信的程度。如果说，共产党领导的抗日民主政权，标志着抗日根据地的社会性质是新民主主义社会，这是一个发明的话，那么，这个发明的所有权，不属于杨献珍，不属于《解放日报》社论作者，当然更与我无关。这个发明权完全为毛泽东同志所有。他在那个《总结》上指出：“各根据地的模型推广到全国，那时全国就成了新民主主义的共和国。”《孙中山与中华民国》用下面的话结束了自己的论述：中国历史需要有一个资产阶级民主共和国，孙中山和他的革命事业后继者中国共产党，接力赛跑，做完了这个答案。“那就是：解放区民主政权——新的资产阶级民主共和国。”读了毛泽东同志的《总结》，我的话虽属亿言偶中，也算持之有故吧！

1987年4月24日夜

---

①《毛泽东选集》第2卷，第785页。

孙中山对中国国情的认识①

中国和世界的历史上，都发生过一些里程碑式的事件。那些事件或者显著影响历史的进程，或者推动历史前进，开辟了一个新的时代。同时，伴随那些事件的发生，又必然会涌现一些杰出人物，他们站在时代潮流的前面，对于社会的变革和历史的前进，起着推动作用。中国有的文献上把这类事件和这类人物的历史作用，概括为“承前启后，继往开来”。距现在80年以前，在中国发生的辛亥革命和领导这次革命的孙中山，就称得起是这样的事件和这样的人物。我想，这也就是我们把这次学术讨论会的主题定为“孙中山与中国革命”用意所在；同时也是在座的各位对这次讨论会感到兴趣的原因。关于辛亥革命和孙中山这个历史课题，不论在中国和在外国，都有不少历史学家作出了很好的研究，取得了许多很有价值的研究成果。但是人们对一些重大历史事件和对一些重要历史人物的认识，是需要反复研究、反复验证的。历史，可以说是一个难以穷尽的研究领域，大概谁也不能说，自己的某种研究是那个历史课题研究的最后终结。

以1911年10月10日武昌起义为标志的辛亥革命，在短短几个月时间里，就在全国范围内推翻了清王朝的封建统治，建立了中华民国，并且永远结束了封建君主专制的制度，改写了历史的纪元。从鸦片战争到辛亥革命的70年中间，中国人进行过多次反对外国侵略的战争；进行过反对封建压迫的农民革命战争；进行过改良政治的维新变法。结果都失败了。辛亥革命是中国近代历史的一个大突破。这次革命虽然没有完成也不可能完成反帝反封建的民主革命任务，然而毕竟推翻了清朝统治，建立了共和民国，从这个意义上说，是一次历史性的胜利。而孙中山的革命生涯，也因为这次胜利达到了第一个高峰。

---

①本文系为1991年8月在夏威夷举行的“孙中山与中国革命”国际学术讨论会提供的论文，作者本人因身体原因未出席会议，原载《真理的追求》1991年第10期；又载〔日〕卫藤沈吉主编：《中国共和革命》，东京大学1994年版。后收入《刘大年集》。——编者注

辛亥革命为什么能取得推翻清朝的胜利，可以从多方面去分析，从孙中山对于中国国情的认识来考查一下这个问题是有意义的。所谓“国情”，就是中国社会最基本的实际情况和现实生活中最迫切的需要。20世纪初期的中国，最基本的实际情况、最尖锐的社会矛盾，一是帝国主义加紧侵略和中国被宰割，使中华民族面临严重的存亡危机；二是国内的封建压迫和极端腐败的清朝统治。中国在帝国主义和封建主义的双重压迫下，陷于极度的贫弱和落后。人民生活异常困苦，前面一片漆黑。中国人民最紧迫的要求，就是民族独立，民权自由，就是从帝国主义封建主义的残酷压迫下解放出来。孙中山一开始从事革命活动，就强调指出，强邻环列，虎视眈眈，垂涎于中国的物产富饶。中国被蚕食鲸吞，形势危殆，至堪忧虑。往后他又指出，中国数千年来是君主专制政体，人民遭受重压，无法忍受。清朝统治19世纪初已经开始衰落，现在正在迅速走向死亡。孙中山就是根据对中国国情的这种现实，提出他的三民主义理论的。三民主义中的民族主义与民权主义是给现实中国对症下药，民生主义则是鉴于欧洲资本主义社会弊病积重难返，想要作一番未雨绸缪。这些都是从中国国情出发的，都是反映了孙中山对中国国情的基本认识。

用现代人的眼光来看，孙中山对当时中国国情的论述和分析，也许未必深刻而全面，然而在当时，还没有哪一个中国人对国情和对革命的认识能达到孙中山那样的高度。守旧的官僚士大夫自不必说，就说同孙中山等革命党人持不同政见的立宪派，他们对强邻环列、瓜分豆剖的险恶国际环境和严重的民族危机的认识，同孙中山是一致的，甚至表述的语言也基本相同。然而在对于清朝统治者的认识和态度上，就大不相同了。在立宪派看来，救亡图存最好的办法，就是劝说清王朝实行“立宪”的“君民共主”，至于推翻清朝，取消皇帝，则不但不能接受，而且是不可想象的。而在革命党人内部，对于“排满革命”，这是大家一致赞成的，至于在推翻清朝专制政权之后，要实行“民权主义”，掌握行政权力的官员要做人民的“公仆”，还要实行“平均地权”的“民生主义”，那就不是所有革命党人都能同意的了。怎样看待国情，是否尊重国情，本身就是极其严重的斗争。1905年以后几年里改良派与革命派的论战是有代表性的。论战列举了一批题目，其实大部分都涉及如何认识中国国情的问题。改良派在论战中失败了，是在国情认识上的失败。革命派在论战中胜利了，是在国情认识上的胜利。

作为孙中山指导民主革命思想理论的三民主义，其主要组成部分，当然是从西方学来的。然而孙中山并不是把西方的理论和西方的社会的政治、经济模式一一照搬到中国来。他热烈赞扬欧美文化先进、科学技术发达，但他从来也没有把西方的理论学说和西方的社会制度当作医治中国病痛的万应灵药，他不但没有把西方资本主义社会制度看成是理想的"极乐世界"，而且强调指出资本主义制度具有许多无法克服的弊病。孙中山是当之无愧的中国近代事业的开拓者，但是他所追求的近代化，绝不是有些西方人所构想的西方化，即殖民地化；也不是往后某些中国人所臆想和鼓吹的所谓"全盘西化"。他根据中国的国情和中国的需要，构筑自己的理论体系和制订革命的策略。直到今天，我们每逢重读他的许多重要论著和重要讲演，还会感受到一种强烈的中国气派和中国特色。孙中山是努力向西方寻求救国救民真理的人。他的一生贯穿着革命创造精神。他叙述过自己的思想理论来自何处的问题。除了吸收中国传统中的某些东西以外，孙中山所以成为一位革命先驱，就是他的主要思想理论虽然来自西方，而脚跟则是牢固地站在中国国情基点上的。

辛亥革命取得了历史性的胜利，但是很快又悲剧性地失败了。这次革命最大的成就，就在于它第一次用革命的手段推翻了旧的封建政权，建立了资产阶级革命的政权。而它最大的失误，也就在于迫于内外形势，同旧势力妥协而让出了政权。革命政权的得而复失，正是受帝国主义支配的封建政权的失而复得。中国又陷入了北洋军阀统治和帝国主义操纵下的军阀混战的灾难深渊。当初曾经是生气勃勃的革命党人，有些消极甚至悲观失望了，有些则与反动势力同流合污了。孙中山没有在失败和困难面前退缩却步，他冷静地反思过去，以坚毅的革命意志，重新探索前进的道路。在屡遭挫折、反复求索中，孙中山深化了对中国国情的再认识，从而也进一步加深了他对中国革命艰苦性和复杂性的再认识。1919 年他在一次讲演中痛心地说道：我们因为满清政治不良，所以要革命，但革命的结果，所呈的现象比满清尤坏，八年来的中华民国，政治不良到这个地位，实因单破坏地面，没有掘起地底陈土的缘故。这里说的"地底陈土"，无疑就是封建社会的经济基础和帝国主义势力的强大存在。孙中山指出，军阀莫不与列强帝国主义发生关系，军阀"结欢于列强，以求自固"，列强利用军阀，以"攫取利权，各占势力范围"。他这时已经深刻认识到，辛亥革命之所以失败，民国的政治之所以不良，最根本的原因，一是没有触动封建主义的社会经济基础；二是没有赶走帝国主义侵略势力。而不搬掉压在中国人民头上的这"两座大山"，任何政治的、经济的、文化的建设，都是不可能的。要搬掉这两座大山，决不是像辛亥革命那样可以轻易实现的，更不是当时已经分化涣散了的国民党所能完成的。为了寻找新的革命力量，制定新的革命纲领，孙中山断然决定与中国共产党合作，改组国民党。在1924年中国国民党第一次全国代表大会通过的宣言中，孙中山对三民主义作了新的更切合国情的解释。他明确指出："现在是拿出鲜明反帝国主义的革命纲领来唤起民众为中国的自由独立而奋斗的时代了。不如此，是一个无目的无意义的革命，将永远不会成功。"关于民权主义，宣言强调："近世各国所谓民权制度，往往为资产阶级所专有，适成为压迫平民之工具，若国民党之民权主义，则为一般平民所共有，非少数者所得而私。"对于民生主义，则规定了平均地权和节制资本两大原则。孙中山随后又提出："农民是我们中国人民之中的最大多数。如果农民不参加革命，就是我们的革命没有基础。"为了解决至关重要的土地问题，他提出了"耕者有其田"的主张。经过孙中山重新解释和发展了的三民主义，就这样具有了彻底反对帝国主义和彻底反对封建主义的革命性质。这种思想飞跃，不论是在对国情的认识上，还是在革命理论上和实践上，都使孙中山的革命生涯大大超越了第一个高峰而达到了第二个高峰。

孙中山对中国国情和对中国革命认识的高明之处，至少有两点是很明显的。第一，跟随时代前进，把认识国情与革命实践联系起来。他站在时代前列，用发展变化的观点来观察中国问题，而不是离开时代前进的步伐，静止地认识中国。第二，注视世界潮流，把对中国问题的观察与世界潮流联系起来。不是孤立地了解中国，而是要使中国迈开大步走向世界，走向近代化。对于孙中山革命的一生，似乎可以这样说：站立在中国大地上，与时俱进，辨别世界前途的轨迹，走自己的路。

当历史进入20世纪最后10年的今天，辛亥革命过去已经整整80年了；孙中山先生离开我们也已经66年了。现在我们再来回顾一下这80年或这66年中国和世界的历史，都会感到这是动荡与变革、战争与角逐、发展与进步交织而成的历史。历史就是在这种惊心动魄的风云变幻中，按照自己客观发展的规律，曲折前进的。历史的丰碑铭记着推动时代前进的人们为中国和为人类进步事业所作出的卓越贡献。辛亥革命和孙中山的名字，就用大字铭刻在历史丰碑上面，至今放射着光辉。

当前，中国正在全力进行的社会主义现代化事业，正是对孙中山先生生前事业的继承和发展。孙中山在他全部革命政治生涯中，始终致力于把中国建设成一个统一独立与兴盛的国家。他说："统一是全体国民的希望。能够统一，全国人民便幸福。不能统一，便是受害。"这无疑是孙中山对于中国国情认识的重要组成部分，是应当加以重视的。

历史学家们研究讨论每一段历史，目的总在于弄清事实，并试图从中获得启示与教益。对辛亥革命和孙中山的研究也是这样。我想，我们现在的讨论会也应该能够获得一定的启示与教益。

关于研究孙中山与中国近代化问题①

中国近代110年的历史，基本问题是两个：一是民族不独立，要求在外国侵略压迫下解放出来；一是社会生产落后，要求工业化、近代化。两个问题内容不一样，不能互相代替，但又息息相关，不能分离。孙中山的全部革命活动和斗争，都是围绕着这两大矛盾展开和抱着争取解决这两个问题的宗旨去进行的，关于如何使中国实现工业化、近代化，孙中山自从提出“三民主义”起，有一系列的思想、理论主张。不少主张是他同时代的大多数人中最先进的，没有或很少有人超过他。一个短时间里，他并且单刀直入为中国的工业化进行过努力。那就是辛亥革命后他宣布“十年不问政治”，集中精力兴办铺遍全国的铁路。然而中国人一切试图改变前此已经形成的半殖民地半封建统治秩序的努力，包括实现工业化的努力，首先是侵入中国的世界列强所不允许的，同时也是中国封建统治势力所反对的。其中列强处于决定性作用的地位。孙中山的先进、伟大，就是他在备受压迫、极其凶险的环境条件下，把争取民族独立、争取国家工业化和社会进步的斗争坚持下去，并紧跟时代潮流前进。辛亥革命达到了第一个高峰，国民党第一次代表大会达到了第二个高峰。他的斗争推动了历史前进的步伐，然而在争取民族独立和打开中国近代化道路这两个基本问题上又都归于失败，就像美国韦慕廷教授的书名所说，他是“壮志未酬的爱国者”。为什么他的主张和实践是先进的，而事实上在中国又都不能实现？对于中国近代历史研究者，这不能不是一个需要切实考察研究的重要课题。

中国近代历史上存在着一个特殊的矛盾现象：在民族遭受压迫和民族工业出现上存在着虽不相等却是明显的两个走向、两条路线。一条是急剧的下降线，半殖民地半封建统治秩序不断加深，中国最后被推到了接近亡国的险境。一条是曲折而微弱的上升线，19世纪六七十年代中国近代工业出现，20

---

①本文为在“孙中山与中国近代化”国际学术讨论会开幕式上的讲话，载《文汇报》1996年11月13日。后收入《刘大年集》，改题为《中国近代史的两条线》。现仍用原题。——编者注

世纪初短暂地显现出一个小小的浪潮，尽管也只限于轻工业。这个浪潮在第一次世界大战结束，帝国主义再次加紧控制以后成为过去，但是直到日本发动全面侵华战争，民族工业也仍多少保持增长倾向。也就是伴随着它，中国出现了新的社会力量，出现了民族资产阶级、工人阶级、近代知识分子。他们的地位、作用不同，其中工人阶级是近代工业的生产劳动者，最富于革命性、创造性。民族资产阶级、近代知识分子也各有特色。他们是不同于旧的社会力量，不同于大地主、大资产阶级的，在一定条件下，愿意参加反对外国侵略，保卫民族利益的斗争，但最后又或者对外屈膝投降，或者妥协动摇，终归是以保住自己的统治政权为目的而行事的社会力量。这些新的社会力量，各自凭着自己的作用，再加上占人口最大多数的农民群众，才构成了争取民族独立的最后支柱。这些新的社会力量，一般说，和民族工业的出现直接间接，或多或少是相联系的。这也就是说，了解中国近代史上的特殊状况，了解民族压迫与近代工业同时存在的下降与上升两条线、两个走向的矛盾运动，也就可以对中国近代历史有更完整、更丰富、更深刻的了解。照我想，研究中国近代史上有无或有了多少工业化、近代化，意义大致在这里，研究孙中山与中国近代化问题，意义也大致在这里。

孙中山早在辛亥革命以前就强调说，只要中国从“最上之改革着手”，实现推翻清朝统治的革命，在工业和科学技术上采用世界最新成果，在“十年、二十年之后，不难举西人之文明而尽有之，即或胜之焉，亦非不可能之事”。孙中山的意思是说，推翻旧的统治秩序，民族恢复独立以后，中国的工业化、近代化会很快发展起来。他的这个话是很有气魄，也很有远见的。新中国代替旧中国，中华民族遭受上百年的屈辱、压迫以后获得了解放，同时也找到了适合中国国情的实现国家工业化、社会现代化的道路。中国要赶上世界发达国家，还有很长的路要走，但小康已经在望。国际上的分析家对此似乎异议甚少。历史从来是在矛盾中前进的，旧的矛盾克服了，过去了，新的矛盾又会出现。它们之中，可能有来自我们自己社会生活中的窒碍，了解过去，可能有助于客观认识现实。它们之中，也可以来自世界关系中极大地改变了然后又在新形势下重演的旧矛盾的继续。世界与中国是有多方打交道的过去，当今联系更加密切。当今中国丰富多彩的现代化努力是世界日新月异的现代化进程的一部分。中国需要了解世界，世界也需要了解中国。如果在列强交侵的旧中国，在孙中山的时代，在民族不独立的严酷环境条件下，中国只是凭着在前近代高度发展了的社会生产力，在前近代所具有的社会文明以及凭着国家潜力、人们的奋斗精神，使近代工业在中国出现成为不可阻挡的，那么，在那一切或者都过去了，或者都焕然更新了、长足发展了的今天，中国人显然更有理由充满信心，克服前进道路上的困难，取得现代化建设上应有的成就。讨论孙中山与中国近代化问题，可以比较容易地在这方面得出适当的认识。

在这里，我相信，各位学者一定会各抒己见，疑义相与析，共同欣赏奇文与高明之论。

抗日战争研究

抗日战争与中国历史①

中国近代历史的关键性篇章

一部中国近代史，可以分成许多篇章。而绝大多数篇章的标题，离不开两个大字：战争。从鸦片战争到土地革命战争结束，中国人民在反对外国侵略、反对本国反动统治者的斗争和战争中，走过了将近一百年。1937年7月7日日本侵略者挑起卢沟桥事变，中国抗日民族解放战争从此开始。经过八年艰苦奋战，中国人民终于给自己打开了一个全新局面，开辟出了中国大踏步前进的道路。中华民族由衰败到重新振起，出现一个伟大的转折。在近代历史中，我们完全有理由把抗日战争看作关键性的一章。

第一次完全胜利的反侵略战争

战争打响，日本当权势力中大部分人沉浸于一片乐观之中。他们确信日军只消“对支一击”，便可凯旋班师。陆相杉山元奏报天皇，事变能够在一个月左右解决。② 参谋本部制订的《在华北使用武力时对华战争指导纲要》，预定“扫荡”驻扎北平一带的中国第二十九军的时间为两个月，击败国民党中央军的时间是三个月③，陆军省的首领和幕僚们，确认中国是一个不能统一的分裂

① 原载《人民日报》1987年7月6日；又载井上清、卫藤沈吉编：《日中战争与日中关系——卢沟桥事件50周年日中学术讨论会记录》，日本原书房1988年版。后收入《刘大年史学论文选集》。——编者注

② 矢部贞治：《近卫文麿》，东京1976年版，第606页。

③ 臼井胜美、稻叶正夫：《现代史资料》第9卷，东京1964年版，第17—18页。

的弱国，日本只要表示一下强硬态度，中国立即就会屈服。内阁里面一些文职大臣也主张乘机把中国军队势力彻底打垮[①]，迅速全部征服这个西邻弱国。在中国方面，国民党阵营的“知日派”和其他民族失败主义者，也恰恰持同样看法。被人称作蒋介石“宰相”的张群说：“和必乱，战必败；败而后和，和而后安。”[②]胡适说，中国为一中世纪国家，断然不能抵抗近代国家的日本，必须认清战争后果。他除了与高宗武等所谓“南京青年智囊团”商定“外交路线不能断绝”，又面见蒋介石陈述自己的主张，并力荐高宗武与日本方面保持联系[③]，为求降讲和留下后路。日本侵略者、中国失败主义分子，关于中日战争前途的预断，出发点不同，结论一致。中国共产党和中国人民的力量，都根本不放在他们眼里。

卢沟桥事变到1938年10月武汉失守，为抗日战争第一个阶段。这个阶段显著呈现两大特点：一是日军分路深入中国广大领土，正面战场上的攻势达到了顶点。二是敌后战场开辟形成，并且迅速壮大起来。在正面战场上，先后经历了山西忻口、淞沪、台儿庄、武汉等几个大的战役。7月27日，日军向华北中国守军发起大规模进攻，北平、天津相继失陷。日军随即分兵三路，沿平绥、平汉、津浦路进犯。8月13日，日本海陆空军进攻上海，淞沪战役开始。日军陆续投入12个师团约30万兵力，打了将近三个月，占领了上海。日军乘势向西推进，12月13日进入南京。国民党15万大军，在一片混乱中溃败。华北战场上，八路军出师告捷。9月25日在平型关一战，歼灭日军坂垣师团1000余人。平型关之战，表明共产党领导的人民军队有勇气和力量战胜一切凶悍敌人，它及时鼓舞了人民的抗战信心。从战争初起到12月底，半年时间里，敌人在华北已经占领河北、山西、察哈尔、绥远、山东各省，在江南则占领了京、沪、杭地带。1938年3月下旬至4月初，中日双方会战于台儿庄。日军遭受重创，死伤近2万人，中国军队也随即后退。日本企图迅速结束战争，集中12个师团兵力，近38万人，分五路直扑华中重镇

① 武藤章：《军务局长武藤章回想录》，东京1981年版，第97页；信夫清三郎：《日本外交史》下册，商务印书馆1980年版，第620页。

② 郭廷以：《近代中国史纲》下册，第685页。

③ 胡适：《胡适日记》下册，中华书局本，第576—577页。按：中华书局本《胡适日记》残缺。J. H. 博伊尔所著《中日战争期间的通敌内幕》曾引胡适7月6日的日记，中华书局本无此。胡适在这段时间里的活动另有所记。又，郭廷以：《近代中国史纲》下册，第698页。

武汉，又从南面进攻广州。10月25日武汉沦陷，21日广州也告失守。武汉战役还在进行期间，日本参谋本部次长即向军令部次长表示，即使攻占了武汉、广州，中国也不会屈服。日军被拖到中国内地去，对日本非常不利。“一定要迅速实现和平”①。日军第十一军司令官冈村宁次在占领武汉后，也认为“这并不等于我军主力方面的战斗已经完成”，而且“攻占武汉伤亡甚重，这也使我心情忧郁”。②武汉、广州战役结束时，日本摆在中国关内战场上的兵力达24个师团，近100万人。国内空虚，仅剩下了一个近卫师团留守。在这个阶段中，日本占领了中国主要工业城市和富庶地区，封锁了主要海港。从战役上看，它是胜利了。但从战略的全局看，它极大地失败了。日本没有摧毁中国的抵抗力量，更没有动摇中国人民的抗战意志。武汉战役结束，全部正面战场的高潮已经过去，敌后战场的重要地位却在整个战争中突出起来了。

敌后战场的开辟，是与国民党军队从正面战场上像潮水一般溃退同时并行的。1937年11月太原失陷，八路军一一五师一部驻守五台山地区，创立起第一个敌后抗日根据地，包括山西、河北、察哈尔、热河、辽宁五省的各一部分。一二〇师一部坚守在晋西北作战，不久与共产党领导的绥远武装力量汇合，建立晋绥根据地。与此同时，八路军总部率领一二九师开赴太行山前线，转战于晋东南、冀西、冀南、鲁西北、豫北的广大地区，建立晋冀鲁豫抗日根据地。济南和山东其他一些地区沦陷后，共产党就地组织游击队，建立抗日政权。1939年春，八路军一一五师一部挺进山东，鲁中、鲁南、渤海、胶东根据地相继建立。1938年1月，新四军成立，指挥共产党领导的江苏、浙江、安徽、河南、湖北、福建、广东各地的武装，建立华中根据地。在广大人民群众的热情拥护、支持下，这些根据地的抗日武装日益壮大，他们英勇战斗，深入到敌军占领的城市附近和交通线上。这迫使日军必须把相当一部分兵力分散在辽阔的敌后战场上。最初他们还企图掩饰敌后战场的严峻形势，很快就承认必须集中大力来对抗日根据地作战了。1938年9月，华北方面军司令官寺内寿一对前来视察的侍从武官说，八路军游击队“十分猖獗，破坏铁路，袭击各地等不祥事件不断发生。恢复治安的地区实际只限于主要交通线两侧

① 原田熊雄：《西园寺公与政局》第8卷，东京1952年版，第103页。

②《冈村宁次回忆录》，中华书局1981年版，第368—369页。

数千米之内"①。1939年12月，日华北方面军情报主任报告："共产党势力渗透到了华北全境，就连北平周围……也深入到了民众之中"。在山东方面，扩张更为剧烈。②华北方面军参谋长笠原幸雄指出，"以后，华北治安战之癌就是中共及其军队"③。1941年华北方面军司令官多田骏报告说："本军除图谋一扫黄河以北的中央军势力以外，主要对共产党根据地进行毁灭战"，"剿共是肃清的主要目标"。④武汉战役以前，日军主要在正面战场作战，在那以后，日军同时要在甚至主要在敌后战场上作战了。抗日战争这时进入了相持阶段。在这个阶段中，抗日根据地抗击的日军越来越多，最多时达到日军的64%，伪军的95%。这个阶段时间很长，一直绵延到反攻开始。

武汉失守以后，日本对国民党政府加紧诱降活动。1938年12月，汪精卫等人叛逃，以后并"还都"南京，同样挂着国民党招牌，成立傀儡政权。正面战场上的日军这时也发动了一些规模不等的进攻，如南昌、长沙、中条山等战役，都限于占领局部或小块地区。1941年12月，日本要求"解决中国问题"更加迫切，挑起太平洋战争，强化所谓南进态势。1944年日军在正面战场接连发起中原、湘桂等战役，打通了平汉、粤汉、湘桂各路全线交通；在敌后战场上，频繁进行"讨伐作战"，实行"三光政策"。这一切，都没有改变战争总的形势。这时，日本艰难挣扎，四面楚歌，失败已成定局。它在太平洋战争中，最初因偷袭珍珠港，获得"赫赫战果"。第二年美国开始反攻，日军节节败退。最后战火燃烧到了日本本土。1945年8月9日，苏联对日宣战。在世界反法西斯力量的合击下，日本不得不接受《波茨坦公告》，宣布投降。

8月15日，日本向同盟国电发投降照会。9月9日，在南京庄严举行了中国战区投降仪式。抗日民族解放战争以中国人民的完全胜利，日本军国主义的最后失败收场。这是长达一百年的近代历史上，中国人民进行反对外国侵略战争头一次取得完全的胜利。从第一次鸦片战争起，中国每次抵抗外国侵略的战争和交涉，其结果，不是割地赔款，就是被强加给种种新的不平等条约。其中如中法战争，中国在军事上取得了镇南关大捷，导致法国内阁倒

---

①〔日〕防卫厅防卫研修所战史室：《华北治安战》，天津人民出版社1982年版，第80页。

②同上书，第126—127页。

③同上书，第178页。

④《华北方面军多田司令官的报告》，〔日〕《日中战争》2（《现代史资料》9），1964年版，第718—720页。

台，最后照旧签订不平等条约，葬送中国西南边疆种种利权。第一次世界大战日本出兵山东，战后中国作为战胜国的一员参加巴黎和会，结果仍被迫接受日本对山东的占领。抗日战争的完全胜利，第一次洗刷了中国人民上百年所受的奇耻大辱。然而这个胜利付出的代价是无比高昂的。抗战连续八年以上，敌军铁蹄践踏遍多半个中国的大好河山，这真是书契以来所未有。人民生命牺牲多达2000万以上，财产损失约1000亿美元。和平居民所遭受的残暴屠戮污辱，至今来读当时的报纸和有关记录，仍令人毛骨悚然。抗日战争的胜利是伟大的，中国民族所蒙受的灾难是深重的。至于是谁加给了中国如此深重的灾难，我们一向区分日本军国主义者与日本人民。在这场不义之战里，日本人民也深受灾难，他们是日本军国主义势力的牺牲品。

抗日战争胜利与世界反法西斯战争不能分开。在中国抗击日本侵略者，主要靠的中国自己。日本发动侵略战争首先是倾注最大力量来征服中国，妄图一举把中国变为东三省那样的日本殖民地的。1939年12月28日，日外务、陆军、海军三省大臣联合制定的《对外政策的方针纲要》规定："处理中国事变应根据既定的基本方针。……以建立中国新中央政府的工作为中心。"为了集中力量进攻中国，其中确定，对苏联要做到日苏"平静无事"；对美国要促使它们对日本"处理（中国）事变采取赞成态度"。[①]日本的重兵也一直部署在中国。据日本战史《关东军》《大本营陆军部》《中国事变陆军作战史》《昭和二十年的中国派遣军》《大东亚战争全史》等书公布的材料，七七事变前日本常设陆军师团为17个，事变后屡次增加。至1945年，陆军师团共168个。它们历年分布在中国关内战场上的，最多的年份占94%，最少的一年占35%，八年中，平均每年占76.4%。"八一五"以前，中国关内战场上的日军仍多达105万人。[②]日本是用最大力量来侵略、征服中国的，中国是主要靠人民自己的力量战胜日本帝国主义的。世界反法西斯在东方取得胜利的基本事实，就是如此。

---

①〔日〕外务省编：《日本外交年表和主要文书（1840—1945）》下卷，1963年版，《文书》，第421—424页。

②《世界史研究动态》1983年第7期载邹南星《从日本陆军兵力分布看中国战场的地位》说，1945年日本投降时，日本在华陆军28个师团，34个混成旅团，总兵力105万。前引《大东亚战争全史》等书，一般只计师团，未计独立的旅团。师团数与兵力数很不一致，更准确的数字尚需进一步查考。

中华民族的空前觉醒

近代中国历史上多次反对外国侵略的正义战争，都以投降屈服告终，抗日战争开创历史纪录，取得了完全的胜利，为什么？最根本的原因，是中国内部形成了新的团结，中华民族空前觉醒了。尤其在人民中间，这种团结觉醒的程度，是以往一切伟大的斗争没有哪一次能够比得上的。在日本帝国主义全面大举入侵下，中国面临亡国危险。资产阶级，甚至封建军阀，都遇到了存亡问题。出路只有一条：全国各阶层、各民族团结起来，抗日救亡。一面是客观的凶险逼迫，一面是人民的主观抗争，中华民族使自己的觉醒达到了前所未有的高度。这种觉醒表现在一系列的行动上或动向上。

首先，代表中国两大对抗势力的政党——中国共产党和国民党从十年内战流血转为重新合作，并且以此为中心，结成了抗日民族统一战线。

共产党与国民党的关系，是中国政局的决定性因素。共产党早在被“围剿”中，就为建立抗日民族统一战线作了各种努力。1935 年 12 月，中共中央通过建立全民族抗日统一战线的决议，1936 年 5 月放弃“反蒋”口号，同年 12 月坚持和平解决西安事变。凡此种种，都是共产党推动蒋介石转向抗日的重要步骤。战争爆发，加快了国共两党靠拢的进程。7 月 8 日，中共中央发表抗战宣言，呼吁“国共两党亲密合作抵抗日寇的进攻”。7 月 15 日中国共产党又向国民党送交了《中国共产党为公布国共合作宣言》的文件，重申了关于停止推翻国民党政府的武装暴动的方针等四项保证。8 月 22 日国民党政府军事委员会颁布改编红军为国民革命军的命令。9 月 22 日，国民党中央通讯社发表了延搁已久的中国共产党关于国共合作抗日的宣言。第二天，蒋介石发表谈话，承认共产党的应有地位和国共两党合作抗日。抗日民族统一战线正式形成。一百年来，中国统治者在列强的进攻下，不敢依靠人民去抵抗侵略，一味对外屈膝投降，丧权辱国，愈演愈烈。蒋介石国民党掌握政权的最初十年，是“剿共”与新军阀互相厮杀，进行双重内战的十年。日本侵略者在这个时间里制造了一个“满洲国”，又制造了一个“华北特殊化”，华北眼看就要成为第二个“满洲国”了。蒋介石国民党现在同全国人民站在一条战线上共同抗日，这是国内政治形势的一大转变。国共合作促进了国内各阶层、各民族共御外侮的实现。它本身就是中华民族觉醒的鲜明标志。

中华民族的觉醒，当然不是七七事变这一天突然之间从地底下冒出来的。抵抗日本侵略，开展救亡运动，至少“九一八”以后就一直在发展。参加救亡运动的有大批知识青年，也有其他群众。他们各自在不同程度上受到共产党抗日救国号召的影响。战争爆发，民气空前旺盛。工人、农民、知识分子立即卷进了抗日的洪流。他们的情况不同，选择道路不同，同仇敌忾精神是一样的。

农民群众在沦陷区的广大农村里，到处自己组织起来与敌人进行斗争。河北、山东等地，各种名目的农民自卫武装风起云涌。它们竖起“抗日自卫”“剿匪、抗日、保家、卫国”大旗，号召群众。农民争先恐后参加。例如鲁西北范筑先鲁西抗日军短时间猛增至二三十万人。冀中马本斋回民支队、冀南赵辉楼民众自卫抗日军都迅速壮大，发展成了抗日劲旅。延安成了先进青年向往的圣地。万千知识青年从四面八方奔向那里。他们之中，有远从侨居的东南亚克服重重困难，经过千山万水而来的。这些青年经过短期学习后，很快走上抗日工作岗位。北平、天津、南京、上海、浙江、广州、武汉等一些高等学校，迅速往后方迁移，分设于云南、四川、贵州、陕西等地。许多学生、教授分别长途徒步前往。据说当年拿破仑大军入侵德国，歌德和哲学家费希特在敌军的围城中照旧安心读书写作。后来德军攻入法国，占领巴黎，自然科学家巴斯德（Louis Pasteur）也拒绝离开他的显微镜与实验室，专心于细菌研究。中国以前有人利用这些“美妙”故事，来宣传“读书救国论”“科学救国论”，阻止青年参加爱国救亡运动。抗战开始，中国广大知识分子的实际行动，说明他们的爱国心不是什么巧妙宣传可以抵消得了的。也就在同一个时候，一部分实业家、工厂主，抱着“为宗国效力”，“誓不以厂资敌”的热忱，在敌机狂轰滥炸，运输十分困难的条件下，拆卸工厂设备，往内地迁移。1939年以前，从华北、华东、华南迁至西南、西北地区的估计约一千四五百万人。这种迁徙有促进西南、西北地区工农业生产，密切各族人民间的联系等方面的意义。它的主要意义，和大多数人在敌后坚持抵抗斗争一样，是表现了中国人民不甘当亡国奴，克服困难，坚持民族解放战争的顽强不屈的战斗意志。

日本发动这场侵略战争，抱着一口吞下中国的野心。日本的工业水平、军事装备都远居中国之上。日本侵略军又带有封建军事帝国主义的很大野蛮性。这一切，决定了战争必定是残酷的。中国人民在残酷战争的现实面前，显示出了伟大的民族牺牲精神和英雄气概。

无论从整个民族看，还是从多数个人看，情况都是这样。在战场上，战士们奋不顾身，前仆后继。他们像《义勇军进行曲》所激昂高歌的那样，“把我们的血肉筑成我们新的长城”，去抵挡敌军炮火，挺身拼杀。实际的长城在炸弹大炮轰击下很容易摧垮。中国人民用几百万到两千万人的血肉筑起了一条始终摧不垮的长城。他们的肝胆血肉不止涂炭在中国土地上，也涂炭在缅甸的土地上。这是何等的英雄气概，何等的牺牲精神！敌后战场上的人民战争，尤其表现了这种气概，这种精神。在战场外面，古人以为难得的“毁家纾难”这时成了很平常的事。郭沫若记载“七七”一周年武汉支援抗战的一次“献金狂潮”说，五天之中，武汉三镇参加献金的在100万人以上，献金总额多达法币100多万元。献金的从富人到乞丐，什么人都有。许许多多穷苦的人不止献一次两次，时时都在献，天天都在献。那100多万元的数目，很大部分是靠着这些贫苦的爱国者一角两角、一分两分地凑积起来的。[①]了解当时的社会生活，我们就不会用现在的眼光去小看那一两角、一两分钱。须知那是衣食无着的贫苦的中国人，除了血肉之躯以外所能够做出的最大牺牲。一个优秀民族，必定是又智慧、又勇敢的民族。当它需要付出牺牲以求得生存和光荣的时候，人们就敢于去实践。中国人民在抗日战争中，把觉醒变为自我牺牲，无数事实，可歌可泣。它们强烈地表现出中华民族不愧为优秀的民族，表现出了中国人民崇高的爱国主义。

19世纪80年代，外交家曾纪泽在伦敦《亚洲评论季刊》(The Asiatic Quarterly Review)上发表一篇文章，题目叫《睡与醒》(China: the Sleep and the Awakening)，说中国人暂时沉睡，往后会醒过来。也就是所谓“先睡后醒论”。但是那以后相当久中国人还是没有真正觉醒。帝国主义是中国人民认真的教师。中华民族这个观念由于帝国主义侵略不已，越来越深入人心。中国疆域辽阔，政治经济发展不平衡，人民的觉醒自然不会那么整齐划一。事实告诉我们，抗日潮流兴起，中华民族这个观念确实成为最大的凝聚力量了，我们这个伟大民族从睡梦中醒过来了。

社会历史运动规律和自然规律不同。它有长期起作用的，有只在短期起作用的。环境条件改变了，短期起作用的规律也就跟着改变。何况如何判断

---

① 郭沫若：《洪波曲》，第92—94页。

事件，往往只表现为人们的主观愿望，与规律性联系不到一起。甲午战争中，李鸿章为了推卸失败罪责，说他是所谓“以北洋一隅之力搏倭人全国之师”。根本缺少反侵略意愿的清政府，本来只想侥幸取胜，不行就妥协投降。抗日战争中，中国发生了一个巨大进步，中国共产党成了人民力量的坚强组织者和鼓舞者。日本侵略者的对手，再也不是甲午战争中的清政权，不是二十一条时的袁世凯统治，不是“九一八”中的蒋介石国民党政府了。日本侵略者现在的对手，是一个由共产党发挥伟大作用，以国共合作为中心觉醒了的中华民族，是全中国的人民。这就是为什么抗日战争彻底破除了日本军阀和中国亡国论者们的“中国必败定律”。

国内各派政治势力大变化

自然界现象中，地壳每逢大震动，总要引起一些生物产生异常状态。抗日战争引起的全中国社会的反应不下于一次大地震。对外它是一场规模罕有的军事大较量，对内它是一场强烈震撼社会各阶级，使它们改变原来态度，发生深刻变化的巨大政治运动、政治大变革。整个战争期间国民党、共产党、中间势力以及它们相互之间，无时无刻不在变化之中。

先看蒋介石国民党所发生的变化。

蒋介石国民党政权从宣布抗日的时候起，取得了全国的承认、拥护。它这时有两面作用，或双重性格。一面作用、一重性格，在国内来说是爱国的和带着革命性的，在国际上说是站在反法西斯阵线一边的；又一面作用、又一重性格，是坚持大地主大资产阶级统治的，是反民主、反人民和带着反革命性的。前一面符合抗日需要和民族利益，后一面不利于抗日战争，违反民族利益。抗战初期，前一面表现得比较明显。武汉失守以前，它抗战是积极的。尽管那是不肯动员人民参加的片面抗战，也比不抵抗主义进步，是在为保卫祖国而战。政治上，它这时主要是拒绝改变国民党一党专政，但提供了若干改革的诺言。共产党和其他政治派别对那些诺言履行的可能性也予以相当希望。蒋介石国民党这时在政治地位和实力地位上都是向上的，得到发展的。可以认为，由于这些情况，在蒋介石国民党全部22年统治中，那时它达到了值得称赞的最高度。战争进入相持阶段，日本对重庆加紧诱降，共产党在敌后战场上很快发展，国民党的态度迅速逆转。前一面的作用、前一重性格衰减下去，后一面的作用、后一重性格加强起来，消极抗日，积极反共。可是几次反共高潮，并没有把抗日革命势力压下去；相反，在共产党和人民的有力反击下，蒋介石又不得不有所收敛、退缩。“皖南事变”以后，蒋介石发表一篇“军令”“政令”必须统一的反共演说了事。1943 年大军“闪击”陕甘宁边区不成以后又发表一篇演说，声称共产党问题纯属政治问题，要“政治解决”。反共讨不到便宜，反而落得丧失人心。反一次，它的政治地位下降一次，继续反，继续下降。太平洋战争爆发，蒋介石政权一直希望的取得外援，增强实力，夺取胜利果实，似乎可以稳拿了。实际上，这时它像贮藏很糟的苹果，从内部发生的腐烂正在日益恶化。政治上独裁，特务横行，军事继续溃败，人民生活痛苦，蒋家亲党乘势发国难财。据经济学家马寅初估计，单是孔祥熙在抗战中期拥有的资产就多达上 10 亿美元，地产分布于南美巴西等地。美国人写的书上说，1944 年，宋子文仅在美国的财产就超过 4700 万美元。控制党、政、军、财大权的陈立夫兄弟、何应钦、孔祥熙等在国民党内外成了人们反对的众矢之的。蒋介石本人也受到众口交责。国民党统治区人心浮动，怨声载道。1943 年，美英等国宣布废除与中国订立的不平等条约。在对方完全是惠而不费之举，在国内这是中国人民坚持抗战赢得的一次胜利。蒋介石特地发表《中国之命运》。其中大量篇幅讲不平等条约的危害，宣传“平等互惠新约”的重要性，和断言现在、未来的中国之命运，只能依靠戴上“三民主义”帽子的他本人和国民党来掌握、支配。它的意义，一是把自己打扮成废除不平等条约的“民族领袖”，压制人民反对；一是强调重申中国必须由大地主大资产阶级专政，走旧中国的老路。就在此时，蒋介石国民党统治腐朽衰败的严重性，也被因利害关系密切的美国所注意到，由一批外交官、新闻记者的报告和新闻报道揭露出来，纷纷加以指责。他们肯定：“重庆目前仍有政治腐败与保守主义等现象，蒋氏大权独揽，其地位与昔日之帝王相同。彼所领导之国民党，现为主张由国家统治个人思想之陈氏兄弟所把持，此种主张如称之为法西斯主义，未必完全不符。”[①] 后来蒋介石与美国为了是否继续任用史迪威问题，经过激烈争论，美总统罗斯福撤回史迪威，任赫尔利为驻华大使，蒋介石利用美国援助，装备起了一支拥有新式武器的庞

---

① 美《星期晚报》豪塞尔评论。

大军队。但政治上国民党政权的前途更加暗淡了。国民党内部重新有人准备武力倒蒋，驱赶蒋介石下台。

蒋介石国民党的变化——在全国和世界面前充分暴露出它的双重性格中，后一面远远超过前一面。政治地位从高峰下落，一部分人还迷信蒋介石，整个国民党政权在大多数人心目中声名狼藉，信誉扫地。

再看共产党这时发生的变化。

共产党是在它16周岁的时候进入抗日民族解放战争的。在这以前，它经历了大革命和土地革命两个不同历史阶段的斗争和锻炼。抗日战争开始，共产党有约4万党员，3万多人的军队。到1940年，即抗战经过三年以后，党员增加到了80万，军队增加到了近50万。1941至1942年间，由于日军进攻重点转向敌后战场，抗日根据地缩小，八路军人数减少。但在那以后，共产党领导的地区和武装力量又重新扩大、发展，扶摇直上。这种发展的每一个前进，都要经过艰苦的武装斗争，打退日军的占领，摧垮敌伪政权才能实现。一面要抵抗日本侵略，一面又要反对大地主大资产阶级的分裂投降活动。同前面经历的两个革命战争时期相比，共产党这时更加成熟了。实际上，应该说共产党是在总结前两个阶段的经验的基础上，在抗日战争丰富的实践、洗礼中完全成熟起来的。这显著地表现在：（一）从抗日战争的当前实际出发，反教条主义，反关门主义。教条主义只知道背诵本本，用直接违反马克思主义的态度对待马克思主义理论。关门主义不要群众，为渊驱鱼，为丛驱雀。它们都对革命产生过极大的危害。反对教条主义，是要把马克思主义的普遍原理应用于中国革命的具体实践，一切从实际出发，使各项方针政策建立在实事求是的基础上。反对关门主义是要走出狭隘圈子，使自己成为全国性、群众性的大党，与一切抗日爱国力量结成广泛统一战线，去战胜敌人。教条主义尤其害死人，看上去它似乎只涉及思想理论领域，实际上关系到抗日战争现实斗争的所有方针政策。敢不敢大胆地去反对、克服它，是中国革命能否前进的一个关口。1942年至1945年一直蹲在延安的共产国际联络员兼塔斯社记者彼·巴·弗拉基米洛夫的《延安日记》里，记下了他对整风运动、反教条主义等问题的一系列看法，向莫斯科作报告。他认为反教条主义，就是要“否定王明”，反对中国的国际派。“毛泽东从事党的活动的特点，就是修正马克思主义”。毛泽东对马克思主义的态度，正像高尔基描写的某个叫费道尔·邓恩的孟塞维克一样。中国共产党反苏反布尔塞维克。[1]这些丝毫不了解中国情况的完全错误的观点，显然不止反映了弗拉基米洛夫个人的观点。整风运动着重总结了反对主观主义即反对教条主义的经验，又推动了它的深入。（二）坚持抗日民族统一战线中的独立自主。抗日战争中，民族矛盾和阶级矛盾交织在一起，如何对待它，关键是无产阶级在统一战线中是否要把领导权掌握在自己手里。毛泽东在抗日战争开始不久就强调指出，与国民党和其他党派的统一战线，是在一定原则纲领基础上的合作，不是无原则的行动。否则“统一”会成为阶级投降主义，最后成为民族投降主义。不顾国内国际的压力、干扰，共产党制定和坚持了统一战线中独立自主的方针。驻共产国际的代表陈绍禹在抗战爆发后三个月回到延安。他提出一个口号：“一切经过统一战线。”所谓“一切经过”，也就是要一切经过蒋介石、国民党。如果这样办了，共产党的独立存在也就完了。有的研究著作上说，陈绍禹的主张出于斯大林的指示。虽然书上没有提出任何证据，但合乎事实。斯大林在抗日战争和解放战争前期，都主张中国共产党应当接受蒋介石的指挥，不应该讲独立自主。他那时只看重蒋介石的力量，并不看重共产党的力量。对中国共产党的性质也有错误的了解。至 1948 年中国人民解放战争胜利在望，看法才有改变。前面提到的《延安日记》上，把一切经过统一战线叫作“国际策略”。《日记》上认为毛泽东虽然投票赞成统一战线，而又强调独立自主，这是“千方百计要使统一战线解体”[2]，破坏“国际策略”。说穿了，所谓“国际策略”也就是斯大林的主张。1948 年斯大林同南斯拉夫卡德尔的一次谈话中说：“战后我们曾邀请中国同志到莫斯科来，讨论了中国的形势。我们直率地对他们说，我们认为中国起义的发展是没有前途的，中国同志应该设法和蒋介石达成妥协，他们应参加蒋介石政府并解散自己的军队。中国同志在这里的时候表示同意苏联同志的观点，但回国后做的却是另外一套。他们集中力量，建立自己的军队。现在，如我们所看到的，他们正在打败蒋介石的军队。现在，就中国来说，我们承认我们过去是错了。事实证明正确的是中国同志，而不是苏联同志。”[3]这条材料的真实性无可怀疑。谈话只说到了“战后”，实际

---

①《延安日记》，第 203、276—278、354—355、507 页。

②同上书，第 262 页。

③罗津斯基：《中国历史》下卷，第 212 页。

在抗日民族统一战线问题上也是这样。1944年以后，美国又参加进来“重新调整”中国政治力量。美国代表赫尔利劝蒋介石承认共产党的合法地位。办法是“你先交出军队给我，我就给你以民主”。这是要彻底取消共产党在统一战线中的独立自主，最后也消灭共产党。赫尔利先向共产党试探，不能得逞以后，又宣布美国“只与蒋介石合作，不与共产党合作”。1945年7月，新华社连续发表评论，指出赫尔利代表的美国帝国主义政策，将给美国政府和人民造成千钧重负和无穷祸害。国民参政会章伯钧等六参政员这时访问延安。据记载，毛泽东对章伯钧、左舜生说：“蒋先生以为天无二日，民无二王，我不信邪，偏要出两个太阳给他看看。”“我这几条烂枪，既可以同日本人打，也可以同美国人打。第一步，我先把赫尔利赶走再说。”毛泽东更直接对美国人指出：“现在我们有的是小米加步枪，你们有的是面包加大炮。你们爱撑蒋介石的腰就撑，愿撑多久就撑多久。不过要记住一条，中国是什么人的中国？中国绝不是蒋介石的，中国是中国人民的。总有一天你们会撑不下去！”[①] 排除国内国际的压力干扰，坚持在统一战线中独立自主的原则，共产党由此得以牢固地立于不败之地。（三）党的革命理论的完善和系统化。大革命时期和土地革命时期，共产党领导人分别写了不少东西，根据马克思主义理论对中国革命、中国问题作了分析。但那时，党或者处在幼年，或者面临紧迫的军事斗争，他们没有可能更深入地去从事理论思考。抗日战争开始，共产党必须对全国人民公开地系统阐明自己的纲领、政策，回答中国革命究竟应当如何前进，由谁来领导，抗日战争的前途如何等问题，并进而指出中国社会发展前进的方向、道路。毛泽东的《中国革命与中国共产党》《新民主主义论》《论联合政府》等著作，代表了共产党人这时的思考。这些论著全面地阐明了中国革命的对象、任务、动力、性质和前途这些根本性的理论问题。它们的论证是有力的，极大地提高了共产党人自己关于中国革命的认识水平，也回答了中国和世界革命人民关心的问题。反对教条主义、关门主义，坚持统一战线中的独立自主和党的革命理论的完善与系统化，汇集到一起，就是马克思主义理论与中国革命的实际相结合。共产党在抗战中完全成熟起来，又领导抗日战争取得了胜利的结局。

说共产党领导了抗日战争，一些论者不以为然。他们的理由是蒋介石国

① 《毛泽东选集》第4卷，第1133页。

民党掌握全国政权和主要军事力量。在国际上蒋政权是代表中国的。正面战场在战争中始终占着重要的位置，那里并没有共产党的力量起作用。国民党固然指挥不了共产党，共产党更指挥不了国民党。还有，认为共产党领导了抗日，也就相应地应当认为国民党的消极抗战、蒋政权的反动腐朽等等，共产党负着重大的责任，因为它们都发生在同一个领导下面。所有这些都说明，蒋政权对抗战起了领导作用，怎么能说共产党领导了抗日战争呢？

到底谁领导了或谁没有领导抗日战争，应该集中到一些经过历史检验了的实质性问题上去认识。首先，这里说的共产党的领导，并不是指的权力结构形式、组织指挥系统，国际上承认与否，更不是说只有共产党在抗日战争中起了作用，国民党没有起作用。从那些方面去论证，固然形式上可以说国民党领导了抗战，但却无法说明一贯坚持"攘外必先安内"的蒋政权怎么转变为与共产党合作抗日了；抗战中存在的内战、分裂危险，何以终于避免，使抗日坚持下来了，国民党抗战期间政治地位何以衰落下去，共产党的力量何以反而迅速壮大了？它们是抗日战争中一些根本性问题。说国民党领导了抗日，不可能对这些问题得出令人信服的回答。这里说的共产党领导，是讲共产党在抗日战争中，政治上起了领导作用，居于领导地位。这种政治领导并非空谈，是以一定的有组织的力量为依托的。组织力量的增长有一个过程，政治领导力量的充分发挥也有一个过程。从这方面来看，蒋政权从参加抗日到坚持下来，国民党与共产党的力量朝相反方向变化等一些根本问题，就可以得到合理说明了。第二，抗日战争中谁领导谁的问题，一条是共产党独立自主，不被国民党拖着走；又一条是把抗日主力军广大农民群众、资产阶级民主派和其他"同盟者"动员、团结起来，跟着自己走，或者赞成自己的主张、行动。共产党争取和实现了这两条。国民党对前一条无法制止，对后一条不敢实行。不敢和不能依靠抗日主力军农民和广大群众，就无从谈得上领导权的问题。一不领导工人、农民，二不领导革命民主派，除了自己领导自己，还有谁要由它去领导？第三，共产党固然指挥不了国民党，但它与蒋介石国民党又联合又斗争，迫使后者不至于和不敢从抗日统一战线中分裂出去。这一条也完全做到了。皖南事变发生，罗斯福行政助理居里（L. Currie）来探询情况。蒋介石对居里说，中国抗战，一为抵制日本侵略，一为阻止中国"赤化"。蒋介石把抗日、反共两件事并列，表明他深知在人民觉醒、共产党强大存在的情况下，抛弃抗日口号，专打内战是必定行不通，要遭到灭顶之灾的。没有共产党的又联合又斗争，蒋介石国民党的反共分裂活动、妥协投降危险受不到阻止，历史就只能在新的形势下走老路，重演反侵略战争中途夭折的悲剧。第四，正面战场与敌后战场的地位，一般说，它们同样重要，相互支持。前者国民党控制着，后者共产党控制着。认为正面战场始终占据重要地位，却缺乏分析。事情倒应该从相反方面去看待。没有正面战场，敌后战场所受日军压力必定成倍增加，困难自然大得多。但依靠人民群众，抗战能够坚持下去。没有敌后战场，正面战场就无法独立维持。共产党在敌后战场上，把敌人的后方变成了对敌作战的前线，顶住近半数日军和几乎全部伪军；把敌人“以战养战”的资源，变成了对敌作战的资源；把敌后广大的人力由敌人可以驱使的后备军，变成了抗敌的前沿部队和后备军。没有敌后战场，这一切都投到正面战场上，对那里增加的压力就不是一两倍的问题。照此看来，敌后战场极大地保护了正面战场，蒋介石国民党才保住了相当地盘，并赢得了争取外援的时间。共产党在敌后战场上的力量，又直接转化为政治力量，共产党的主张、政策因此更增加分量，不能被轻视。要证明共产党没有起领导作用，就要证明它在敌后战场上没有力量。那必定是徒劳的。最后，说共产党领导了抗战，那它就应该对国民党的政治反动、军事失败负责的问题，前面讲过了，我们说的领导并非指组织系统、权力结构等，大家也知道，蒋介石国民党与共产党彼此都不能指挥。提出它们之间谁对谁负责的问题，前提条件就不存在。如果一定认为凡属提到领导了，归谁负责，必须弄个水落石出，那么，说国民党领导了抗战，国民党就担负着双重的责任：消极抗日，军事指挥无能，和积极反共，没有把共产党反下去，给自己后来被推翻做好了准备。前一半确实存在责任问题，后一半追究起责任来，等于说国民党领导共产党来打倒自己，领导不力，这正像说共产党领导国民党反共一样，岂不太滑稽了吗？说谁领导就应该谁负责，没有实质内容，不成其为否定共产党领导了抗日的理由。对上述各点，无论分别去看或者加在一起来看，都说明共产党争取实现了对抗日战争的领导，无可置疑。

中国共产党的变化——由小到大，飞跃发展。早期的党现在成了完全成熟的全国性的大党。它所代表的无产阶级在中国革命中的领导地位，如今比以往任何时候，都更容易为人们所认识了。

再看看中间阶级，中间势力的变化。

民族资产阶级、上层小资产阶级主张抗日，要求民主，以前受到蒋介石国民党的压制、迫害。抗日战争的大地震在他们身上迅速反映出来。他们主张“拥蒋抗日”，发动民众抗战，实行民主政治。但对抗战由谁来领导，民主如何才能实现，多数寄希望于蒋介石国民党，少数人同情共产党的主张。蒋政权消极抗日，积极反共以后，政治愈加反动。1940 年至 1941 年初，沈钧儒、沙千里被诬以准备在重庆暴动的罪名，由军警监视。马寅初因抨击国民党，被捕入狱。生活书店遭到封闭，邹韬奋出走香港。沈钧儒、章伯钧、史良的参政员资格，也由国民党公然宣布取消。中间阶级与国民党统治集团的矛盾、对立加深，斗争尖锐化。他们中间越来越多的人对共产党的政策有了认识，要求国民党坚持抗战，不要中途妥协，结束一党专政。1941 年 3 月，各民主党派在重庆成立中国民主政团同盟。它意味着民族资产阶级发展到了新的联合行动的阶段。在中国政治舞台上，从此出现了一个介于国共两党之间、包括所有第三种力量的政治联盟。它的内部左中右分立，由于一部分大学教授、青年知识分子加入，进步势力渐占优势，在反对国民党专制独裁的斗争中，成了共产党的有力同盟军。

中间阶级、中间势力的变化——活动分子人数从少到多，经过分化，政治上由中间走向靠左。这个力量兴起，并且向左转变，它有重要的意义。人们不能只看到那些有组织的活动分子的行动，更应该看到他们背后的社会潮流所向。他们的变化从社会生活一个较高的阶梯上，反映了阶级关系的变化。

国内各派政治势力，从蒋介石国民党到中间阶级，在抗日战争大地震中发生的异常反应，重大变化，同时亦即它们相互关系的重大变化，向我们指出，必须从新的角度全面加以理解。

整个抗日战争中，民族矛盾居于第一位，国内阶级矛盾居于第二位。抗日战争一天没有完结，这种矛盾的位置就一天不会改变。但是我们决不能因此就认为，对外抗战的意义与国内阶级关系、政治势力变动的意义，也只能照这种顺序去排列，即对外战争的意义、重要性居于第一位，国内阶级关系、政治势力变动的意义、重要性居于第二位。必须分清它们是不同的两件事，并不存在前一种位置决定后一种位置的逻辑顺序。把它们混淆起来了，我们就不能了解抗日战争的全貌，不能认识抗日战争怎样成了近代中国历史的一个转折关键。抗日战争的八年，有两个过程，两种演变，在大致同步进行。一个过程，一种演变，主要是表现为战场上的，是在中日双方之间进行的；又一个过程，一种演变，主要是表现为政治斗争的，是在国内几个主要阶级、社会势力之间进行的。两种演变中间，有一条明白的界线，但它们又互相影响，互相联系着。国内的政治斗争中，国民党、共产党都要把抗日作为一个直接目标。蒋介石国民党消极抗日，说明它尽可消极，但不能摘掉抗日招牌。共产党极力维护抗日统一战线，对国民党反共军事进攻严格限于自卫。所谓“何（指何应钦）反我亦反，何停我亦停”，是把抗日作为大前提的。国民党、共产党的政治斗争，说明它们又都不只抱着抗战一个目标，还有更长远的打算。国民党坚持积极反共，目光完全在“抗战以后”。共产党坚持独立自主，重在防止抗日战争中途夭折，目光当然也在看着“抗战以后”。因此，我们对抗战八年中的两个过程、两种演变，不能只看到日本的力量由强变弱，由军事胜利推进到最后彻底失败这个过程、这种演变。它只是历史事变的一部分。我们还必须同时看到国内各阶级、政治势力中，大地主大资产阶级统治由政治地位上升到下降，由一度比较得人心到后来大大丧失人心；与此相反，共产党和中间阶级、人民群众的实力，由小到大，由幽谷上升到乔木、到山巅这个过程，这种演变。它是历史事变的又一部分。抗日战争中的两个过程、两种演变，都是关系着中华民族命运，关系中国历史前途的头等大问题。一个民族矛盾，一个阶级矛盾。前一个关系中国亡国不亡国的问题，后一个关系今后将是新中国还是旧中国的问题。民族矛盾，即亡国与否的问题解决得越好，阶级矛盾，新旧中国的问题就越有条件去得到好的解决。谁在抗日战争中最出力，谁就在“抗战以后”更有力量，更有发言权。反过来也是一样。共产党的力量发展了，它是在广阔沦陷区域里，从敌人手中夺回中国土地主权，因而受到人民的拥护，得到发展的；国民党的地位下降了，它是在敌人进攻面前，保存实力，因而失去人心的。抗日战争中的两个过程、两种演变，就这样又和“抗战以后”紧密联系在一起。中国共产党努力抗日，中国人民力量的迅猛增强，抗日民族统一战线由此得以保持下来，把不亡国的问题解决了。新中国还是旧中国的问题，这时强烈提出来了，没有解决。它似乎还是数学上的一个未知数，但是这一道题就像已经列出的一元一次方程，只需要求解了，而且总是可以解出来的。所以我们说，民族矛盾与国内阶级矛盾的位置，与抗战时期国内政治力量的大变化，它们的重要性，并不存在逻辑顺序关系。倒是相反，决定两种演变结果的，是同一个事物，即共产党为领导的中国人民力量的蓬勃兴起。抗日战争的大地震，引发了中国内部人民群众与统治者的力量开始交换位置。

抗战胜利准备了新中国与旧中国的决战，加速中国走进社会主义

铁与血交融的抗日民族解放战争一结束，新中国与旧中国的最后斗争，立即拉开了帷幕。它的斗争场面、内容是新的，双方的阵容是新的，又是老的。这就是历时四年的中国人民解放战争。

新中国与旧中国的对立、区别，一个在有没有民族独立，一个在有没有人民的民主自由。中国近百年来的经济文化落后，人民生活痛苦，其最后根源，就在帝国主义侵略压迫和本国封建主义的统治，中国沦入了半殖民地半封建的社会，民族资本主义得不到发展，社会生产力水平低下。新中国就必须是一个民族独立的中国，一个人民享有民主自由的中国。实现这两条，帝国主义封建主义统治不能再有其存在余地。中国的社会就要从半殖民地半封建秩序下解放出来，走上独立发展的道路。抗日战争胜利了，新中国所需要解决的两个问题都没有解决。症结是蒋介石国民党政权在抗战时期有过的带着革命性的一面，这时不再存在了。它只剩下了并且大力强化了原有的大地主大资产阶级的专政。

关于民族独立，由于美国帝国主义在太平洋战争发生后大力挤进中国，政治、军事势力飞速膨胀。对日战争一结束，美帝国主义就开始进入实际上代替日本统治中国的角色。抗日战争以前，美国在中国的实力地位显然远远地落在日本后面。蒋介石国民党政权，在抗日民族统一战线中对日本侵略者作战，如今变成了在美国出钱出枪支持下，向人民抢夺抗战胜利果实，实行"戡乱"。它凭借美国的支持，也就乐于把自己纳进了美国控制中国，争霸世界的全盘战略计划里面。因此，蒋介石国民党政权这时和抗日战争以前一样，是同外国侵略势力站在一起，压迫中国民族的，而不是充当中国民族独立代表者的。它所统治的地区，照旧没有改变半殖民地半封建的社会性质。这就是为什么人民群众的潮流，由拥蒋抗日，翻转过来变成了反美反蒋。关于人民民主自由，中心是建立一个以全国绝大多数人为基础，在工人阶级领导下面的统一战线的民主联盟的国家制度。当抗战接近胜利的时候，毛泽东在《论联合政府》里面所提出的共产党建立新中国的纲领部分，详细论述了这个问题。国民党统治集团推行的大地主大资产阶级反人民的国家制度完全破产了；民

族资产阶级政治上经济上都很软弱，共产党表现了强大的领导力量，中国不可能建立一个旧式的资产阶级专政。新中国的国家制度只能是新民主主义制度。日本投降一宣布，共产党发表《对于目前时局的宣言》，提出“和平、民主、团结”三大口号，准备与国民党合作，从事国家的和平、民主建设。在共产党与国民党签订的“会谈纪要”即“双十协定”上，蒋介石表面也承认以和平、民主、统一为基础，“长期合作，坚决避免内战，建设独立、自由和富强的新中国”。但他坚持要取消共产党领导的人民军队和解放区政权。蒋介石也要和平合作，那必须是一切归国民党一党专政、蒋介石独裁统治的和平与合作。蒋介石国民党只许存在一个大地主大资产阶级统治的旧中国，绝对不容许它变成一个新民主主义的即民族独立、人民民主自由的新中国。毛泽东在论述共产党建立新中国的纲领中，再次强调了发展民族资本主义的必要。他说，新民主主义制度的任务，其中就包括保证能够自由发展那些不是“操纵国民生计”而是有益于国民生计的私人资本主义经济，保障一切正当的私有财产。“拿资本主义的某种发展去代替外国帝国主义和本国封建主义的压迫，不但是一个进步，而且是一个不可避免的过程。它不但有利于资产阶级，同时也有利于无产阶级，或者说更有利于无产阶级”。[①] 民族独立、人民民主两条不能实现，民族资本主义发展所要求的条件、环境也落了空。

新中国与旧中国决战的结果是大家都知道的。统治了中国22年的蒋介石国民党政权被打倒，中华人民共和国诞生。新中国经过短时间的经济恢复，实行社会主义改造，中国历史从此揭开了伟大社会主义时代的崭新篇章。

讨论到这里，开头我们所说的抗日战争给中国历史打开了一个全新局面，开辟出了中国大踏步前进的道路，它的具体内容，现在就全部显露出来，让人一目了然了。

新中国代替旧中国，是由于它首先存在一个新中国的前身。这个前身，正是在抗日战争中孕育并成长起来的抗日根据地所施行的人民民主政治制度、政权组织、经济文化设施。抗战开始后，中国人民的核心力量中国共产党经过八年努力，取得了与国民党平起平坐的地位。国民党以前从来不承认与共产党的平等地位，此时也不得不承认了。这表现在抗战一结束，国共两党立即举行了平等谈判。国民党统治区和日本占领区的群众中间，还有一些人对

---

①《毛泽东选集》第3卷，第1058、1060页。

蒋介石抱有幻想。但中间阶级，中间力量中许多有影响的人士对国民党已经不抱幻想，他们把希望寄托在共产党身上。人心向背的转移，表明了力量重心的转移。共产党的政治影响不但传播于中国，也传播于世界，尤其受到一只脚踏进了中国大门的美国的密切注视。抗战后期，美国在华“观察家”们一再指出：“共产党已成为最有朝气之力量。”“中共终将获胜，似已无可疑义。”① 共产党的这种地位和政治影响，完全是在抗日战争中发展起来并牢牢建立的。抗战胜利前夕，共产党领导的解放区有了 1 亿人民，100 万军队，200 万民兵。这些解放区北起长城内外，南至海南岛。它们是从抗战开始时只有 150 万人口的陕甘宁边区，只有 3 万多人武装的八路军、新四军发展起来的。1 亿人口，100 万军队，200 万民兵，空前地改变了与国民党实力的对比。共产党领导的解放区和人民，没有新中国的名号，完全具备了新中国之实的资格。新民主主义的中国，必须有明确的政治纲领，指出人民奋斗的目标和前途，毛泽东的《论联合政府》，就是这样的政治纲领，指导群众奋斗的文献。抗日战争的八年，是历史为争取新中国到来做好了全面准备的八年。这就使蒋介石国民党在发动全面内战的一年多以后，中国人民解放军便由防御转入了全国规模的反攻，而且这个反攻真正成了蒋介石 22 年反革命统治由发展到消灭的转折点，成了 100 多年来帝国主义在中国的统治由发展到消灭的转折点，同时，我们还必须特别注意到，在抗战期间，并非单单共产党发展了自己的力量，蒋介石国民党同样也极大地加强了自己的军事力量。毛泽东的《论联合政府》具体指出了新中国的蓝图，蒋介石则更早就在《中国之命运》里规定好了旧中国的前途，他并且紧接着那部著作又出版了一本《中国之命运问答》，要求每个中国人要像封建时代对待“圣谕广训”那样，应以“座右铭态度”加以对待。结果历史判定的命运，不是蒋介石的旧中国，而是人民的新中国。这就更加值得深长思之：民族要独立，社会要发展。只能顺应，不许违逆，顺应者繁昌，违逆者灭亡。当然谁也没有说，抗日战争把一切都给共产党、中国人民准备好了，只等新中国像鼓足风帆的航船自行驶过来了。其他且不说，第二次世界大战中，共产党的力量得到迅速发展，并且领导着强大武装的，这样的情况不只中国一家。例如欧洲的意大利、法国、希腊等国也同样如此。在欧洲，希特勒刚一被打垮，意大利、法国共产党领导的武装很

① 《中美关系》白皮书，第 64 页。

快解散，希腊共产党领导的解放军被英国反动将军斯科比（R. M. Scobie）所血腥镇压。第二次世界大战结束，是全世界历史的一个重大转捩关键。各国有各国的具体情况。中国人民力量在抗日战争中勃然兴起了，如果中国共产党人在这个世界历史转捩关头，不以最大的革命胆略，根据自己的情况判断、办事，那时出现的将是旧中国还是新中国，仍然存在两种可能性。中华人民共和国诞生，宣布中国各革命阶级再接再厉奋斗了110年的民主革命，以彻底的胜利结束。

抗日战争推进中国历史前行的步伐，就到此为止了吗？没有。它没有止步，也没有把速度放慢一些。中国共产党领导的革命，有民主主义与社会主义两个阶段。它们要分作两步走。但在第一步中，抗日战争跨越的难度很大，第二步也就紧跟着迈过来了。打倒帝国主义封建主义统治的民主革命一经完成，经过短期社会主义改造的过渡，中国历史又进到了社会主义。从政权性质来说，中华人民共和国成立，就表示着中国社会主义历史的开端。毛泽东在1949年3月共产党七届二中全会上指出，中国革命在全国胜利以后的矛盾“第一种是国内的。即工人阶级和资产阶级的矛盾”，这种矛盾的规定性，就是中华人民共和国社会主义政权性质的规定性。1954年中华人民共和国第一个宪法明确规定“是社会主义类型的宪法”。从民主革命到社会主义改造的这种快速行进，关键仍在抗日战争。现在我们不必去叙述中国共产党关于民主革命向社会主义转变的理论，也不讨论新民主主义向社会主义转变的经济条件等等。我想只简单说明一下，人们可能产生的这样一个发问：中国缺少独立发展的资本主义，共产党人又主张在一定条件下提倡它的发展，新中国为什么不多用一些时间走新民主主义，而要很快改造资本主义，进入社会主义？问题不取决于谁的主观愿望，而在历史进程的客观现实。民主革命完成，中国向何处去，可以选择的余地不多。一种选择，共产党放弃领导，对资本主义发展不加任何干涉。它的结果很简单，那不会是民族资本主义发展，而是垄断资本与外国资本结合，卷土重来，中国再回到半殖民地的老路上去。谁都知道，这绝对不能允许。再一种选择，共产党领导的国家加强限制，发展“不操纵国计民生”的资本主义。在本国重工业基础薄弱和帝国主义封锁的情况下，很显然，那样的资本主义不会很快提高社会生产力。而且经过一定时间，工人、农民与资产阶级必然造成复杂的矛盾斗争，阻碍社会生产力发展，以至要重新大力来解决与资产阶级的矛盾对立。那两种选择，或者不允许，或者得不偿失。剩下的一个选择：和平改造私营工商业，走社会主义的道路。这是能够比较快地发展社会生产力唯一走得通的道路。而且中国经过长时期的革命斗争，现在把它提到实行日程上来了，谁要阻挡也阻挡不住。所以说，这不是凭什么人的主观愿望所能支配的。它不过体现了历史的前进趋势，必须顺其道而行之。

中国近代历史上反抗外国侵略的战争，大略总计一下，情形是这样：第一次鸦片战争历时两年又三个月；第二次鸦片战争三段，共一年三个月；中法战争一年四个月；八国联军十一个月；1904 年英军进攻西藏地区八个月。日本单独发动的侵华战争——甲午战争，日军占领台湾、再次进兵山东，“九一八”至淞沪抗战、长城抗战，共二年又三个月。把它们全部加在一起，共八年八个月。抗日战争连续八年一个月。在时间上相当于前面所有那些战争的总和。战争规模，外国侵略军深入中国领土的情况，抗日战争就不知超过以往历次战争多少倍。抗日战争要造成中国深刻的社会变化，就为势所必至，理所当然了。中国旧民主主义革命 80 年的牺牲奋斗，没有给中国找到出路。新民主主义革命在抗日战争以前斗争了 16 年，屡起屡仆。抗日战争胜利以后四年，中国一举取得民主革命的最后胜利，紧接着又跨过社会主义改造的大关。在近代历史上，抗日战争以前，每一次革命斗争、爱国运动都有它的一定地位或很重要的地位。论它们推进历史车轮的功绩，却找不到其中哪一次足以比得上抗日战争的显赫辉煌。

在作过上面的论述、比较以后，我们从抗日战争中能够得出什么结论呢？

抗日战争在中国历史上头一次取得反侵略战争的完全胜利，它来自中华民族的空前觉醒。这种觉醒的共同内容就是爱国主义。这是第一条。抗日战争并行着两个过程、两种演变。一种是日本侵略势力从进攻到失败的演变；一种是中国内部人民力量由小到大，大地主大资产阶级统治者的势力由升高到衰落的演变。两种演变不但过程相近，方向也是一致的。那就是反动势力衰亡，进步势力兴起。弱的战胜强的，新的代替旧的。这是第二条。抗日战争的胜利，准备了新中国与旧中国的决战，结果新中国战胜旧中国，同时又加速了中国历史迈进社会主义。这是第三条。20 世纪世界出现社会主义和 17—18 世纪出现资本主义一样，表现了人类社会历史发展的一般趋向。它们都不以人的意志为转移。中国社会主义是抗日战争和民主革命完成以后的必然结果。只有这条道路是中国唯一行得通的道路。事实证明它已经取得了光辉的成就，还将要取得更大的成就。这是第四条。

49 年前，武汉举行群众大会，纪念“七七”抗战一周年，国民参政会最年长的参政员、年逾古稀的老翰林张一麐致词。他说“七七”是中国人最光荣的一天，比起双十节来还要光荣，希望大家加强团结，抗战到底，让中国人永远竖起一条脊梁。我只想补充一句：“七七”以来的 50 年，中国发生了翻天覆地的革命变化，我们仍然应当记住那个光荣的日子，永远竖起自己的脊梁。

抗日战争与中华民族的统一①

一、抗日战争以前的中国是一个统一国家吗?

抗日战争最大的功绩，一是战胜了侵略中国的日本帝国主义，二是把中国国家、中华民族统一起来了。中国民族很古老，中国随着时代环境进入了自己的近代。抗日战争以前中华民族或中国国家是分裂的，不统一的。中国没有把自己建成一个统一的近代国家。

1927 年至 1936 年，国民党南京政府统治的十年，中国是双重内战的十年。一重内战，蒋介石和统治集团其他派系间的矛盾对立和战争，人们称为新军阀战争。它们如潮水般汹涌，此伏彼起。1936 年王芸生发表过一篇《十年观潮记》，述其颠末。后来有人刊行的《1927—1934 年的反蒋战争》讲的也大致是同一内容。这种内战打着不同旗号，宗旨也有不相同的，而首先要求倒蒋则是共同的。再一重内战，是蒋介石“剿共”内战。新军阀各派的战争时起时伏，“剿共”内战则十年一贯，从中南打到西北。中国大地上日日夜夜，总有地方是在枪炮轰鸣中度过的。这些都是中国的国家分裂、民族不统一的表现。日本侵略者直接制造的分裂中国的伪满洲国、内蒙古自治、华北特殊化等还没有列进到这里面。

中国的不统一，分崩离析，看一看帝国主义封建势力残酷统治压榨下的城市与农村之间、农村内部之间的分裂、对立，更加令人触目惊心。举一个例子，1936 年《大公报》刊载记者采访豫北冀南几个县的报道：那里一县人口的半数归依于红枪会、白枪会、黄枪会、黑枪会等十余种枪会以及秘密流行、仿照宫廷称谓的邪门教等组织。会众跟从传法师念老本咒、止血咒，学分身法、土遁法。枪会而外，股匪遍地，民团四设。苛捐杂税，层出不穷。人

① 原载《抗日战争研究》1992 年第 2 期。——编者注

民终年劳苦，得不到衣食住的满足，生趣枯竭，达于极点。海洛因等毒品泛滥，梅毒流行，成了乡间的又一特色。到了那里，“仿佛已到世外之蛮邦，或恍如置身上古之乱世”。报纸随着评论说：“中国政治为都会政治，一切主义政策，皆都会之主义政策，而政治家实业家学者所经营擘画研究思索，举不出于都会。其持以判断事物，锻炼思想者，要以都会生活为其背景。至于全国数百万方里中百分之九十以上大多数同胞之真正生活状态如何，则大抵茫然无所感知。易言之，中国之政治家实业家学者等并不知中国事，不理解中国人生活，与最大多数同胞精神上并无接触是也。……吾人单观冀南数县调查报告，实已不胜文明衰亡之叹！”这里所说的“都会政治”，明白点讲，就是外国资产阶级，中国军阀官僚、地主资本家盘踞城市，掌握城市人力物力，然后又用它去压迫、搜刮广大农村劳动人民的政治和社会秩序。城市与农村对立，百分之几的人与百分之九十以上的人民对立。中国没有什么地方是统一的，是不分裂的。就是这张大城市的报纸也大声发出了“中国文明在哪里”[①]的浩叹。豫北冀南只是一个例子。豫北冀南在全国并非生产力水平最差的地区。

日本发动侵略中国的战争，根源在于日本资本主义的扩张要求，在于日本军国主义势力猖獗。中国国家分裂、民族不统一更使侵略者看到了希望。战争初期担任日军华北派遣军司令、战争末期任过内阁总理的小矶国昭狂妄宣称，根据中国的地势和历史来看，中国统一是困难的，应该在日本势力之下分成几个地区来统治。日本军国主义分子、九一八事变的策划者石原莞尔早就宣传，中国汉族是一个有高度文化的民族，但还不具备建成近代国家的能力。中国软弱、不统一的一面他们确实看准了。不过中国民族要求团结起来，坚决抵抗日本侵略，解放自己的更重要的一面，他们却根本没有，也不愿看到。

查考历史，民族统一与国家统一并非一回事。国家统一主要表现为一个国家统治阶级对内号令的统一；民族统一则主要表示一个国家各阶级、各族人民对外要求、意志的统一。国家统一不等于民族统一了；民族统一则需要以国家统一为条件。中国近代史上发生过多次反对外国侵略的战争，其中有国家政权统一、国内矛盾暂时缓和的，没有民族真正统一的。中国近代史的

---

① 张季鸾：《季鸾文存》上册，重庆大公报馆 1944 年版，第 5—7 页。

大部分时间里反帝反封建两种斗争并存，就说明没有国家统一与民族统一并存。抗日战争开始，中国各派武装力量统一编入对日作战序列，投入前线作战；国民党政府被各方接受为唯一的中央政府；原来混乱黑暗的农村有些地方很快变成了先进的抗日根据地。中国国家统一，中国民族统一同时得到了实现。这是中国社会生活、历史进程出现的一个大变化，大突破。就中国本身来说，抗日战争和中国近代历史上一切对外战争、包括中日甲午战争的最大区别，就是民族统一与否这个区别。抗日战争开始实现的民族统一，从往后的发展演变来看，也正是中国民族运动、民族复兴的新起点。

二、中国民族统一的力量来自何方?

中国民族统一与抗日战争紧密联结在一起，回答了抗日战争靠哪个力量实现的问题，就回答了民族统一力量来自何方的问题。那段历史虽然过去很久了，人们在认识上依然分歧对立。

一种看法，认为抗日战争实现，靠的是国民党蒋介石政权，中国之所以能够抗日，就因为蒋介石政权从各方面做了准备。“攘外必先安内”，坚持“剿共”正是为了准备抗日。九一八事变以后，蒋政权镇压群众救亡运动，解散长城内外抗日军队，相继订立《塘沽协定》《何梅协定》等，也无一非忍辱负重，以屈求伸和积极准备御侮救国的表现。有的持这种论点的抗日战争论著上并引用“外国学人”的文章，证明蒋政权准备抗日的苦心孤诣，认为群众要求抗日是迫使中国走向自杀，中国如果1937年起再坚忍五年不抗日就好了。论者引的“外国学人”——一个丝毫不了解中国的大学生的文章说，“中日战争在中国来说是早了五年，在日本来说，却是迟了五年。日本容许中国准备了五年才开火是太迟了；中国如果自1937年起再坚忍五年，日本或不敢和中国作战，所以中国对日抗战是太早了”。“我们现在才知道当日中国青年怨恨政府容忍日本的侵华政策，正是中国政府切求自存的最好方法。可惜在1931年到1935年有一群大学中学的学生要求政府抗日，并且立即抗日，他们的热情固然值得钦佩，然而迫使中国走上了近于自杀的道路”。[1] 至于中国各阶层人

---

① 吴相湘:《第二次中日战争史》(1931—1945)上册，台北，综合月刊社1973年版，第257页。

士、广大知识分子何以强烈反对蒋政权“攘外必先安内”的政策，要求抗日，据说那是由于野心政客、中国共产党人的宣传鼓动。他们想利用抗日号召实现自己的野心和目的。一些知识分子只知道学南宋人高唱《满江红》，虚憍激昂，不务实际等等。[①]照这个看法，蒋政权是实现抗日，使民族统一起来的唯一力量。他人莫豫焉。

反共内战是否即是抗战的准备，中国抗日是否抗早了，用不着条举史料去指出其颠倒与谬误。内战、“剿共”与抗日是不能并行的两件事。内战就不可能认真准备抗日，抗日就必须停止内战。抗日战争的实现与坚持，证明了这个最简单不过的道理。中国近代历史上充满了各种战争。统治阶级有把对外战争转变为对内战争的，而没有变对内战争为对外战争的。在中国这个半殖民地半封建社会国度中，外国侵略者在那里发号施令。统治阶级既然与人民处在对立的地位，就必定要依靠外国势力来保护其统治地位，至少要使外国能够容忍，不破坏其统治地位，不然便无法生存下去。蒋政权的“攘外必先安内”的政策，本质上是对外国侵略者退让妥协，求得外国侵略者满意，来维护自己统治地位的政策。九一八事变以后，青年知识分子救亡运动的开始，表现了人民要求抗日和争取民族统一运动的开始。日本帝国主义不能容忍它的存在。蒋政权也就不能容忍它的存在，而要严加取缔镇压。西安事变以前蒋政权的政策，从“剿共”到镇压一切爱国运动，都是反对抗日，分裂民族统一，而不是什么准备抗日，促进民族统一。中国果真再迟几年抗日，中国版图上不知还会出现几个“满洲国”，甚至整个中国也会沦为一个大“满洲国”。此非推论，王克敏、王揖唐、汪精卫等在日本如法炮制下纷纷然不止立过一个“中华民国”，实即再版、三版的“满洲国”了。

又一种看法则认为，抗日战争所以能实现，靠的是人民群众，特别靠的是中国共产党的斗争，其他未必都关紧要。蒋介石怎么由不抗日变为抗日的？不是由于西安事变吗？西安事变把蒋介石逼上梁山，他只得被迫答应走抗日一条路。红军北上，共产党的统一战线工作，又是西安事变能够出现的前提。所以说，抗日战争、中国民族统一的实现，主要是靠共产党的斗争。

诚然，共产党的斗争推动，是事情的重要部分，但决非事情的全部。1935年共产党发表《八一宣言》，11月，发表《抗日救国宣言》。就在这年11月，

---

① 吴相湘:《第二次中日战争史（1931—1945）》上册，台北，综合月刊社1973年版，第22页。

蒋介石一方开始主动寻求与共产党联系，考虑政治商谈。陈立夫在台湾发表的周恩来致陈果夫、陈立夫的信，记载了这种联系。[①]1936年1月经过宋庆龄的活动，连续了十年武装对抗的国共两党，重新开始对话了。张学良、杨虎城发动西安事变，共产党事先并没有与闻。西安事变中蒋介石处境十分危殆，共产党主张和平解决，不少地方实力派系以前曾有反蒋历史，而且遭受过失败打击。西安事变发生应该是他们谋取自身利益，倒蒋夺权的好机会。但他们这时权衡利害，有态度暧昧的，没有主张倒蒋分裂的。这一些，都不是共产党单方面所能为力的。

然则，抗日战争、民族统一实现的力量来自何方呢？

从上面的叙述可以知道，颠倒基本事实或者把事情过于简单化，都不足以说明问题。如果一定要用一句话来回答，那就应当说，这个动力是来自中国阶级关系大转变，来自中国民族的觉醒。日本占领东北，制造傀儡政权以后，又很快开始了分裂华北五省的活动，并力图使它的政治、经济势力进一步向全中国扩张。中国广大阶层从日常生活中感受到民族危机的压抑，感到灾祸临头。形势是这样严重，一场暴风雨的冲击倾注已经不可避免了。西安事变就是在这个形势下发生的。蒋介石原来反对抗日，但他毕竟在民族灾难大风暴来临时转变过来了。这种转变决非简单地是他个人态度的转变。在如此大关节上，并不最后取决于他的个人态度。他周围酝酿着强烈的要求改变现状的愿望。不改变不行。他在这个环境下，也和其他人一样身不由己。他的态度改变，是全国阶级关系形势的重大转变。西安事变以前蒋介石经过历次斗争，加强了对国民党各地方实力派系的控制。南京政府在中国大部分版图上建立起了相对的统一。南京政府由英国协助，实行币制改革等，也加强了统一的经济能力。蒋介石成了那个统一力量的领导者。这是事实。没有蒋介石政权的参加，就谈不上全国的抗日行动，中国民族就仍然是分裂的民族。蒋的转变给中国带来的，不是旧篇页的重复，而是新篇页的谱写。这不是蒋介石个人有何神通，而是由于他是一个掌握了极大国家权力、代表着统治阶级利益愿望、那时甚至无人能够取代他的地位和作用的个人。他的态度如何，对事情就不大相同了。共产党与国民党血战十年，由打倒蒋政权改为“逼蒋抗日”和“拥蒋抗日”，是阶级关系重大转变的又一个突出方面。红军从江西

---

① 陈立夫：《参加抗战准备工作之回忆》，台湾《传记文学》第31卷，第1期。

到达陕北，国民党从不同渠道得到情报，说共产党只有“七千人，三千枪”。其实共产党的力量决非单单是武装的人数。共产党提出抗日民族统一战线以后，从孤立封闭状态中走出来，同全国要求抗日的社会阶层建立了联系。共产党分析时局，发表主张，说明民族矛盾是这时的主要矛盾，民族利益是这时所有中国人的共同利益。这些言论主张很快传播到知识群众中去，为一部分人所接受。群众的觉悟提高了。中国阶级关系的大转变，中国民族觉悟的提高，使全国的抗日战争开始了，全民族的统一于是也就实现了。

人们的认识各不相齐。关于中国民族统一如何实现的，它有何意义等，排诋难通之说，至今时有所闻。我们知道，在日本，在事变刚刚过去时，日本言论界出现的一场争论中，一些人就已经把事情看得很明白了。那场争论发生在1936年秋至1937年8月，西安事变、卢沟桥事变都在评论之中。其背景是，日本统治势力中一些人对于如何进一步侵略中国看法分歧。有人认为，南京政府正在成为中国的统一政府，为了对苏联备战，日本今后应该跟南京政府谈判以实现自己的利益。另外的人认为相反，日本只需跟以往一样，对中国分割统治。1936年秋，陆军部某参谋发表《支那的统一倾向与日本对支那之再认识》一文，就提出前面那种主张。然后，近卫文麿智囊团昭和研究会成员尾崎秀实、天津支那问题研究所的中西功以及小川爱次郎等也发表文章，对蒋政权的地位等问题展开讨论。1937年2月东京大学教授矢内原忠雄在《中央公论》上发表《支那问题之所在》，关于所谓支那问题的再认识争论进入高潮。文人们的纸上议论尚在继继，日本下一步应该如何行动，卢沟桥日军的枪炮声最后作出结论了。在那场争论中，尾崎秀实、中西功、小川爱次郎等人讲的一些论点是很值得重视的。他们说：“事实上，与其说中国走向统一，不如说正面临着国家存亡的关头。”① 过去蒋介石政府“背离群众的道路”，已越来越不能适应形势的发展，如果不与群众道路产生一定的联系或关系，就无法维持政权，“这表明不是走向蒋的独裁和群众不自由的方向，而是改造国民党，开始部分地给予群众以‘自由’”。② 卢沟桥事变以后，“从一个民族抵抗来说，即使它离开了一部分民族资产阶级的领导也会进行，而

① 大村达夫（中西功）:《支那问题的所在》，天津《支那问题研究所所报》第4号。见西村成雄《“中国统一化”论争的一个侧面》，载日本《历史学研究》1972年第12期。

② 大村达夫（中西功）:《支那社会的基础范畴与“统一”化的关系》，《满铁调查月报》，1937年8月，第62页。见同上。

且也不用顾虑外国的干涉”[①]。推进中国统一的力量基本上不是国民党政府，而是争取独立民主，走向团结的民族运动，“国民党政权虽然被这巨大的民族运动浪潮所推动，然而它本身绝没有领导、控制这场民族运动的能力。而且，最近事态的发展表明，如稍有不慎，国民党政权就有可能被民族运动浪潮冲垮”[②]。“现在恐怕日中两国的很多人，并没有清楚地认识到这一事件将带来严重的后果，但它必将作为一桩具有世界意义的事件，在不久的将来展现在我们的面前”。“华北问题现已成为整个支那问题。而且，我们所最重视的是这样一个事实，即整个支那问题的解决，不仅是对付支那统一政权的国民政府，而是与整个支那民族为敌”。“国民政府所拥有的武力，恐怕并不是多么了不起的问题，而与支那民族阵线的全面抗日战争相冲突，才是更为严重的问题”。[③] 抗日思想和日益觉醒的民族意识正在四亿民众中迅速生长。“四亿民众的觉醒与复兴的命运，并不是日本一国的势力所能长期压服的”，“现在日本帝国真正面临着兴亡歧路的选择”。[④]

五十多年以后回头来看日本那些中国问题研究者当时讲的话，不能不说是相当深刻的。中国民族统一在中国争取独立、民主的力量推动下实现了。中国民族统一的重大意义在哪里？它的重大意义就在日本侵略者现在面对的不是蒋政权代表的一个国家，而是一个中华民族。日本把自己摆到了与整个中华民族为敌的地位上，走上了覆亡歧途，中国终于取得了抗日战争的全面胜利，其最后根据就在这个地方。他们在分析中说的“四亿民众的觉醒与复兴的命运，并不是日本一国的势力所能长期压服的”，这个论断更带有普遍和长久意义。

---

① 大村达夫（中西功）：《日支事变的第二阶段与国民政府》，《满洲评论》第 14 卷第 1 号（1938 年 1 月），见西村成雄《“中国统一化”论争的一个侧面》，载日本《历史学研究》1972 年第 12 期。

② 尾崎秀实：《西安事变以后的新形势》，《尾崎秀实著作集》第 1 卷，日本，劲草书房 1987 年版，第 147 页。

③ 尾崎秀实：《华北问题的新阶段》，尾崎秀实《现代支那批判》，日本，中央公论社 1937 年版，第 117、127、128 页。

④ 小川爱次郎：《华北事变的真相及其对策》，转引自井上清、卫藤沈吉《日中战争与日中关系》，日本，原书房 1988 年版，第 275 页。

三、抗日战争中国共两党的斗争何以没有导致民族分裂?

中华民族在抗日战争中统一了，国民党与共产党的对立斗争并没有结束。它们之间这时的矛盾斗争主要表现在政治领域和思想意识领域，主要不表现在武装对峙上。中国抗战的阵营能够坚持和运转，这是关键的一环。但是抗日战争使一切都在迅速变动中，国共矛盾对立也由其他形式恶化为武装磨擦与对峙的形式，而且几次爆发危机。如果那种危机不能及时制止，就有可能发生国共分裂，并导致民族分裂、抗日夭折。当时人们不止一次担心过这种分裂和夭折。

共产党和抗日根据地出版的文献把那几次危机叫作第一、二、三次反共高潮。那是从国共两党关系来说的。第一次反共高潮重点在华北。经过斗争，国民党势力退出河北和山西部分地区。第二次重点在江南，即1941年的皖南事变。新四军9000余人被消灭。第三次重点在陕北。国民党30万大军密谋闪击陕甘宁边区，被共产党揭露未能实现。其中皖南事变引起的震撼最为强烈。共产党连续提出两个十二条，要求国民党政府撤销反动命令，惩办祸首，并针锋相对，宣布“何反我亦反”。共产党参政员拒绝出席国民参政会，以示抗议。《新华日报》等单位紧急行动，准备应付突然事变。八路军决定从华北抽调兵力南下，支援新四军。共产党内有人认为这是又一次“四一二”，国共要全面分裂了。有关国家也纷纷表态。英国驻华大使卡尔劝告蒋介石停止国内冲突，避免逼成事变。美总统罗斯福派行政助理居里来华了解情况，居里会见蒋介石，声明美国在国共纠纷未解决前，无法大量援华。苏联驻华大使潘友新、武官崔可夫先后向何应钦、白崇禧提出询问。[①] 在危机缓和以后，国共两党也没有停止它们间的对立和争论。

现在我们知道，双方的斗争，从已经发表的各次谈判记录来看，主要是关于国共两党以何种方式建立联系、共产党领导的武装可以扩编为几军几师等问题。它们的矛盾、斗争，可以归结为国民党限制共产党力量的发展与共产党反对国民党限制的斗争。但是仅仅如此看待，就很可能缩小了事件的意义，也不能说明斗争何以那样尖锐。国共两党谈判中没有讨论、事实上也无

---

① 金冲及主编：《周恩来传》，人民出版社、中央文献出版社1989年版，第491—492页。

法讨论的是，抗日战争中是否需要和施行哪些民主改革，特别是在农村关系上是否需要和施行哪些民主改革的问题。在抗日战争进行的同时，实行怎样的社会政策，这是造成双方斗争尖锐化的一个焦点。蒋政权为了维护自己在农村统治的社会基础，反对一切民主改革，共产党主张民主改革，并且一开始就在抗日根据地施行了。毛泽东在《论联合政府》里总结当时的情况说："在抗日期间，出现了所谓民族革命阶段和民主民生革命阶段的两阶段论，这是错误的。"国共"两党的争论，就其社会性质说来，实质上是在农村关系的问题上。我们究竟在哪一点上触怒了国民党反人民集团呢？难道不正是在这个问题上面吗？"[①] 皖南事变后不久，欧文·拉铁摩尔在《太平洋事务》上发表的一篇题为《四年之后》的报告中也讲到了这方面的问题。他说，在中国，如果得到外国政府的援助和支持，右派政府就能够得以生存，但是，如果敌国的进攻力量大于外国援助的话，政府不与革命合作就会寸步难行。不然，政府也许将在革命中被抛弃。拉铁摩尔特别指出："对中国人民来说，这四年的历史既是争取民族独立的历史，又是国内革命的历史。"中国抗日战争是"争取民族独立和国内民主革命相结合的战争"。[②] 共产党主张改革，即实行某种意义上的民主革命，蒋政权反对改革，即站在某种意义上的民主革命的对立面，它们的斗争因此就不能不是非常尖锐的。

关于中国抗战是"争取民族独立和国内民主革命相结合的战争"这个说法，符合历史。整个抗日战争充满激烈复杂的斗争，内容极其丰富。抗日民族解放战争这个性质由日本加给中国的民族压迫最后规定了，不可能改变。但不能由此就认为它的内容那么单纯，随着抗日战争的进行，中国与日本的关系、力量对比在改变，中国内部的阶级关系、力量对比也在改变。它们的性质各异，进程相同。看到了后面这一条，才看到了抗日战争引起的深层的社会历史变革。

国共两党的对立斗争何以又没有导致抗日阵营的分裂，抗日民族统一战线何以又终于坚持到底了呢？

道理就在于中国民族这时是在两个矛盾中运动行进的。一个民族矛盾，

---

①《毛泽东选集》第3卷，第1076、1077页。

②欧文·拉铁摩尔：《四年之后》，载《太平洋事务》第14卷第2期（1941年6月号），第151页。

一个国内阶级矛盾，两个矛盾并立。中国受到日本全面武装进攻的那个外部条件一天不改变，国内阶级矛盾就一天要受到那个条件约制不会改变。国共双方一面争论对抗，一面又遵守着基本的共同规则。例如双方尖锐的思想舆论斗争不断，高层的谈判也不断。双方指斥批评对方，各自无例外地要高擎抗日旗帜。共产党指斥蒋政权破坏团结，消极抗日；蒋政权则指斥共产党不服从政令军令，破坏抗战，危害国家。双方在斗争中走一步看一次，保持一定位置，不一次走得太远。共产党很注意在反击中有理有利有节，“节”就是不要让全局遭到危害。蒋介石主观上是抗日、反共并重，甚至反共重于抗日。皖南事变以后他对居里说，中国抗战，一为抵制日本侵略，一为阻止中国赤化。再早一点，他对到重庆代表中国共产党出席国民参政会的王明、博古等人说，我的责任是将共产党合并到国民党成为一个组织，“此事乃我的生死问题，此目的如达不到，我死了心也不安，抗战胜利了也没有什么意义。所以我的这个意见，至死也不变的”[①]。照这些说法，他主观上至少是把抗日与反共摆在同等的位置上。但在实际行动中他却并不能按照抗日、反共两个第一去行事。他并不能同时骑在两匹马上，他不能为了反共而卷起抗日旗帜。消极抗日也还是抗日。退出抗日阵线是他的阶级利益所不许可的。他主观上希望实行抗日、反共两个第一，然而实际行动上办不到。结果他实行的还是抗日第一，反共第二。民族矛盾第一，阶级矛盾第二，这是社会历史形成的客观法则。为什么国共斗争没有导致抗战分裂，就是他们都要受这个规则的制约。他们作为有爱国心的炎黄子孙，共同遵守了这个规则。

当社会生活矛盾引起人们酝酿着强大的要求改变社会现状愿望的时候，那种愿望一定要得到满足，成为改变现实的一种推动力量。抗日战争前的阶级关系转变就是这样实现的。同样地，当社会生活矛盾引起人们强烈要求保持住与大多数人利益攸关的某种秩序、状况的时候，它就成为一种足以阻挡洪水冲击的堤坝，使社会生活在一定秩序、轨道上运转，而不致突然崩溃。抗日阵营的团结就是这样坚持下来的。根据和条件不变，矛盾和斗争的性质也就不变。中国民族统一起来了，它正朝一定的方向运转下去，摆动不会超过允许的幅度。

① 金冲及主编：《周恩来传》，第434页。

四、中华民族新的统一与抗日战争的关系问题

抗日战争一旦胜利，中华民族从日本帝国主义的侵略压迫下解放出来，原有的促成统一的外部条件改变了，这时它发生了走向何种前途的问题。中华民族现在面临着三种选择：（一）国共继续合作，中华民族大体上保持抗日战争中又统一又矛盾的状况。（二）在蒋介石一党专政的统治下，民族重新陷于分裂，回到抗日战争以前的老路上去。（三）由共产党领导，实现新的持久的民族统一。第一种，共产党准备实行。日本投降以后，共产党提出和平、民主、团结三大口号，又向党内发出《关于同国民党进行和平谈判的通知》，其中说，国民党“在内外压力下，可能在谈判后，有条件地承认我党地位，我党亦有条件地承认国民党的地位，造成两党合作（加上民主同盟等）、和平发展的新阶段”①，但国民党蒋介石不接受。第二种，国民党蒋政权坚持要实行，但共产党和各民主党派反对。第三种，经过四年解放战争，最后选择了新的民族大统一，这就是社会主义道路上的民族大统一。

中国新的民族统一是怎样得以实现的，它的秘密要从抗日战争中去寻找。

在抗日战争中，共产党、国民党都有自己与民族统一问题有关的纲领，但彼此对立，很难找到共同的地方。这只需看一看毛泽东的《新民主主义论》与蒋介石的《中国之命运》，就一切都清楚了。毛泽东在《新民主主义论》上一开头就提出“中国向何处去？”在经过论证以后，作者说：“无论如何，中国无产阶级、农民、知识分子和其他小资产阶级，乃是决定国家命运的基本势力。这些阶级，或者已经觉悟，或者正在觉悟起来，他们必然要成为中华民主共和国的国家构成和政权构成的基本部分，而无产阶级则是领导的力量。现在所要建立的中华民主共和国，只能是在无产阶级领导下的一切反帝反封建的人们联合专政的民主共和国，这就是新民主主义的共和国，也就是真正革命的三大政策的新三民主义共和国。”②关键指明了，那就是无产阶级领导，反帝反封建。蒋介石的《中国之命运》与《新民主主义论》针锋相对。《中国

①《毛泽东选集》第4卷，第1153页。

②《毛泽东选集》第2卷，第674—675页。

之命运》上写道:“中国国民党乃是中国国民共有共享的一个建国的总机关。中国国民党如能存在一天,则中国国家亦必能存在一天。如果今日的中国,没有中国国民党,那就是没有了中国。如果中国国民党革命失败了,那亦必就是中国国家整个的失败。”那中国的国家就无所寄托,不仅不能列在世界上四强之一,而且就要受世界各国的处分。中国“惟有国民党,他是领导革命创造民国的总枢纽,他是中华民族复兴和国家建设的大动脉”。至于共产党呢?作者这样说:“如果这样武力割据,和封建军阀的反革命势力存留一日,国家政治就一日不能上轨道。这样于国家于革命的前途之妨害和损失之大,真是不知伊于胡底!”“世界上那有一个国家的政党,有从事武装和割据的方式来妨碍本国的国家统一,而阻碍它政治进入轨道的?这还不是反革命?还不是革命的障碍?如果不自动的放弃和撤销,怎么能不祸国殃民?”①照这样的断言,毫无疑问,中国民族的前途命运只有一个,那就是国民党为“总枢纽”“大动脉”指向的前途命运,任何其他思想理论、政治力量指出的前途命运都是不应该有,也不允许有的。

两个纲领,两条道路,两种前途命运,找不出中间办法。拒绝顺着共产党指出的路走下去,就只有顺着国民党蒋政权指出的路走下去。然而那是民族分裂,历史倒退。历史终究没有倒退下去,关键又在于抗日战争。抗日战争为往后的中国大前进做了准备,从而也就为中华民族新的统一做了准备。

抗日战争引起了中国社会力量一系列显著变化。它们是:(一)中国共产党的力量由小变大,由弱变强了。抗日战争开始时,共产党领导的武装力量总共3万多人,革命根据地只有人口150万的陕甘宁边区。国民党不承认与共产党合作,把它们间的谈判、交往说成是投降收编。抗日战争胜利前夕,共产党领导的解放区北连长城,南至海南岛,人口1亿,军队100万,民兵200万。国民党也要承认共产党的平等地位了。有的论及抗日战争的出版物上说,共产党在抗日战争中“坐大了”,那是谬说。共产党的力量发展了,首先它是在坚持敌后抗日战争中得到发展的。敌后是日军枪炮刺刀血腥统治下的地区,斗争极其残酷。谁“坐”了,谁不但大不了,而且马上要被消灭光。共产党领导人民顽强斗争,不断收复失地才大起来了。人民从敌人手中收复的失地越多,日本占领中国的土地就越少,中国收回的国家主权、光复旧物就越多。

---

① 蒋介石:《中国之命运》,重庆正中书局1943年版,第七章。

这怎么算是“坐大”呢？共产党在全国的地位提高了，也不是“坐大”得来的。它处在国民党蒋政权罗网严密控制与层层军事包围之中。国民党为此制定过种种办法和计划，下达过各种命令。如果共产党不是靠积极抗日，受到人民的拥护，也早就被消灭了，何能“坐大”！（二）国民党蒋政权的力量由强转弱，独裁统治行不通了。抗日战争前期，蒋介石国民党的政治地位和实力地位都是向上的，得到发展的。蒋政权统治中国的全部 22 年里，这时达到了黄金时代。战争进入相持阶段，日本对重庆加紧诱降活动，共产党领导的敌后战场发展起来，国民党的态度迅速逆转，消极抗日，积极反共。1941 年日军先后在豫南、中条山发动进攻，消灭汤恩伯、卫立煌两个集团军以后，华北和中原的广大地区，再没有国民党的主力部队了。据统计，1941 年正面战场上国民党军队以 306 个师与日军 11 个师团对峙，几乎 30 个师对日军一个师团。单是计算第一线兵力，也为 22 个师对日军一个师团。宜昌作战是国民党战场唯一的一次主动发起的进攻战役。消极抗日，积极反共的结果，至 1943 年，国民党中委投敌的 20 人，将领投敌 58 人，几十万部队变为伪军。人民要求抗日，反对内战，蒋政权反其道而行之，人心大丧。蒋介石利用美国援助，装备起了一支拥有新式武器的庞大军队，但要凭它把人民镇压住，不起来进行新的革命斗争，去推翻独裁统治，已经不可能了。（三）中间势力兴起。中间势力来自民族资产阶级、上层小资产阶级和开明地主。他们要求抗日，主张实行民主政治。他们反对国民党一党专政，也不承认共产党应当保持武装力量，自主斗争。最初他们的活动是分散的，没有形成有组织的力量。1941 年 3 月中国民主同盟在重庆成立，把中间势力集结起来组成了一个所有第三种力量在内的政治联盟。中国舞台上出现了一个介于国共两党之间有自己的纲领的政治联盟。中间力量经过分化，政治上从中间走向靠左，在反对国民党独裁统治中，成了共产党有力的同盟军。蒋介石陷于孤立了。所有这些变化，是抗日战争开始时所无法预测的。正是这些变化规定了抗战胜利以后 1949 年以前中国历史的面貌和结局。这是一目了然的。

中国近代史上有过多次反侵略战争，它们的环境条件各异，作用也不相同。唯有抗日战争在其中占着特殊的位置。抗日战争是这样一种战争：第一，中国抗日民族解放战争；第二，某种意义上的中国民主革命；第三，争取抗日胜利以后中国民族新的统一前途的斗争。也就是说，抗日战争不止同时是进行某种意义上的民主革命，它同时又是争取抗日胜利以后中国民族统一前途的严重斗争。民族解放，民主改革，争取抗日胜利以后中国民族统一，它们结合在同一个过程里，“三位一体”。不同势力之间的斗争显得格外激烈复杂，引起的社会关系、政治力量之间的变动格外显著。这就是抗日战争的全局，就是抗日战争在中国近代历史上具有特殊重要性的所在。人们不能把它简单地看作鸦片战争、甲午战争一类的重大历史事件，而必须认识它是一个自成段落的历史时代。

中国今天的民族统一，我们说它是新的统一，是由于它是与新中国的历史和社会生活结合在一起的。中国进入社会主义，劳动人民受剥削压迫的制度废除了。长达 100 年遭受外国侵略压迫的民族，变为昂首阔步独立于世界的伟大民族了。以前内部的四分五裂，如今由高度的统一所代替，各族人民空前团结一致了。这种新的统一也就成了一种持久牢固的统一。我们的面前还有任务要去解决：中华民族只有一个，大陆台湾统一要由“一国两制”去解决；中国的现代化一定要实现，要靠社会主义改革实践去解决。从抗日战争中我们了解了中华民族运动的过去，同时也就可以预期它的未来——在新的历史条件下，中华民族继续兴起的潮流不可抗拒，就像伟大的抗日战争的潮流一样不可抗拒。

抗日战争的历史意义与民族精神①

中共北京市委宣传部召开座谈会，讨论准备纪念抗日战争胜利50周年的问题。这个事情抓得很及时。会议通知中列举的一些题目，我讲不出多少意见，只能就其中的两个问题简单说几句。

一、关于抗日战争的伟大历史意义

八年抗战是近代中国历史的一个根本转折。这个根本转折，一是近百年间，中国抵抗外国侵略的战争无不遭受失败，抗日战争第一次取得了反侵略战争的全面胜利；二是八年抗战决定性地改变了中国内部政治力量的对比。抗日战争爆发前，国家权力基本上掌握在蒋介石、国民党及其各派系手里。有蒋介石、国民党的参加，才有了全民族的抗战。否则全民族的抗战就无从实现，一时实现了也无法坚持下去。从这方面看，那些低估蒋介石、国民党在抗战中的重要地位和作用的说法，是不正确、不全面的。抗日民族解放战争以中国的胜利而结束，以中国共产党为核心的人民力量的兴起是基本条件之一。这个基本条件的作用贯穿在抗战的全过程里。没有这个基本条件，全民族抗战就无从实现，蒋介石就只会在“攘外必先安内”的路上走下去；或者全民族抗战一时实现了，中国能否取得胜利，那是一个大问号。从这方面看，那些低估这个基本条件的说法同样是不正确、不全面的。回顾一下近代历史，就会明白这一点。

抗日战争中，客观上存在着两个过程、两种演变。一个过程、一种演变是日本的力量由强变弱，由军事胜利推进到最后彻底失败；又一个过程、一种演变，是共产党与国民党的力量朝相反方向行走，人民力量空前强大起来。这两个过程、两种演变是紧密相连的。前一个演变关系中国亡国不亡国的问题，

① 原载《抗日战争研究》1994年第4期。——编者注

后一个演变关系今后将是新中国还是旧中国的问题。谁在抗日战争中最出力，谁就在抗战以后更有力量，更有发言权，去领导缔造新中国。反过来也是一样。共产党坚持敌后抗战，收复广大国土，得到人民拥护，力量大幅度上升；国民党由前期积极抗战，比较得人心，变为后期消极退守，保存实力，实行专制统治，日益丧失人心，政治影响衰落下去。抗战开始，共产党领导的武装只有3万多人，革命根据地只有一个150万人口的陕甘宁边区。抗日战争胜利前夕，共产党领导的军队多达100万，民兵200万，抗日根据地北起长城内外，南至海南岛，人口多达1亿。以前共产党始终被国民党指为不合法，这以后才开始取得与前者平起平坐的政治地位。抗日战争结束以后，人民解放战争很快取得胜利，中华人民共和国随之诞生，不久，中国便踏上了社会主义发展前进的道路，归根到底就是由抗日战争这个历史的转折所造成的，是和那种政治力量对比的决定性改变分不开的。所以，要问抗日战争胜利的伟大历史意义是什么，我以为用一句话可以回答，那就是，抗日战争是中国复兴的枢纽，抗战胜利准备了新中国与旧中国的决战，加速了新中国走进社会主义。也就是说，中国走向社会主义的前途，是出自历史的选择。它不以人的意志为转移，谁也阻挡不了。蒋介石的800万军队没有阻挡得了，蒋介石和美国加起来也没有阻挡得了。新中国很快就要庆祝自己的45岁的生日。尽管经历过曲折，它至今取得的成就为举世所瞩目。这证明抗日战争所开辟出的道路是合理的，富有生命力的。纵观那段历史，人们将可以从本质上来认识现实，站在更高的位置上来分析现实中存在的问题，满怀信心去从事当前现代化事业的斗争。用不着说，历史不等于现实，它也不可能这样那样为现实辩护。指出抗日战争开辟出了中国前进的大方向，丝毫也不意味着认为它就会像东西长安街那样可以笔直走下去。变化是事物的总规律，问题只在于如何变。

二、关于抗日战争所体现的中国民族精神是什么

对于这个问题，人们首先想到的回答是：中华民族传统悠久、根基深厚的爱国主义，中国人民不甘屈服于外族压迫的精神。这个回答完全对，大家也都熟悉。我们最好能够找出更形象、更具体的说法来表述那种精神。在这

里，可以看一看我们的前辈们在抗日战争展开以后是怎么认识，怎么讲的。1938 年 7 月，武汉举行群众大会纪念抗战一周年。国民参政会最年长的参政员，年逾古稀的老翰林张一麐致词。他说，“七七”是最光荣的一天，比起双十节来更加光荣。希望大家加强团结，抗战到底，永远竖起一条脊梁。主持纪念大会的郭沫若把张一麐老人认为抗战是中国人的光荣，要永远竖起一条脊梁的话，作为民族典诰写在自己的文章里。中国军民面对汹涌而来、猖狂不可一世的日本军国主义的野蛮进攻，奋起抵抗，前仆后继，可歌可泣，这首先就是依靠他们敢于竖起自己的一条脊梁。无疑地，这正是抗日战争所体现的民族精神。有了这个伟大的精神，才有抗日战争的伟大胜利。抗日战争中，中国人空前觉醒，他们强烈要求复兴中国，中华民族表现出了巨大的凝聚力；而这一切，都是由于绝大多数人敢于竖起自己的脊梁，积极行动，顽强斗争。谁都知道，并非无论什么中国人，一律竖起自己脊梁的。那些人中，有日本侵略军所到之处纷纷出面充当日本傀儡的封建余孽；有国民党高层中叛国投敌的汪精卫一伙，以及国民党军几十名喊着“曲线救国”率部降日的将领。然而那些汉奸败类的出现，终究不过是伟大抗日洪流中一刹间就消散了的泡沫。抗日军民的光荣和竖起自己脊梁的民族精神却是永存的。前代的爱国者对这个问题的认识，也应该是现代人以及我们的后来者对这个问题的认识。

中国今天处在最新的历史时期，现代化建设中每一样事情都是崭新的。竖起自己脊梁的民族精神是否意义减少了，需要重要评价了呢？我们的现实斗争的目标、环境条件与 50 年前根本不同了，无论从哪方面看，都不能认为抗日战争所表现的那种伟大民族精神、爱国主义可以丢掉，可以轻视了。今天不是改变对它的评价的问题，而是如何加以发展弘扬使它具有更广阔、更新含义的问题。

第二次世界大战结束到现在，中国和世界都发生了并在继续发生着深刻的变化。其中有向前进的方面变的，也有向后退的方面变的。例如，在当前的国际关系中，美国在全球推行强权政治、霸权主义。在中美关系上，它把所谓遏制中国作为自己的任务，到处插手。美国某些言论媒体经常制造反华舆论。就在今年 7—8 月号的《未来学家》上刊有一篇叫作《世界领导权》的文章，鼓吹创立“大国协作组织”，由美国充当领导，把中国排除在大国组织外面。在那家杂志主持者的眼睛里，中国在亚洲、在世界似乎并不是有合法权利的国家；中国居世界第一位的人口，它的武装力量和经济成果，都是不算数的。又例如日本在第二次世界大战以后，民主力量增强，广大群众、广大知识分子不会容忍战前军国主义的统治再现。和平发展是日本的主流。然而，日本政界一些人给日本侵略中国翻案的喧嚷，越来越频繁，越来越嚣张。他们不满足于日本的经济大国地位，要求重新成为军事大国。他们以前的翻案还只是在历史教科书上把“侵略”改为“进入”之类，现在则扬言日本侵略中国、侵略亚洲邻国不但无罪，而是有功，而且是有大功。这个大功，一是把亚洲国家从英美统治下“解放出来”；二是亚洲国家今天的经济发展，应该“归功于战争”，即归功于日本的侵略、统治。对此我想用不着多费唇舌去加以评判。前些天，《朝日新闻》的一篇社论上说，从1986年以来，日本政府因“战争责任发言”而更换阁僚，到最近撤换环境厅长官樱井，已经是第四次了，不知今后还要重复多少次。那么狂言者屡次因所谓“战争责任发言”，而不得不下台，这说明什么？这说明今天的中国和亚洲确实是一个新中国、新亚洲了。它们岿然屹立在那里，谁要任意颠倒历史再也难以办到了。问题在于，日本政界某些人之所以要屡次跳出来重复那些谎言，是因为他们的话有听众，有人督促他们讲。他们讲了，能够在那些人中博得喝彩，抬高身价，以至猎得权位。这就是说，他们的话是反映了潜在的军国主义势力的动向，反映了日本社会中总有那么一股势力，那么一批人，盼望有朝一日重温“皇军赫赫战果”的旧梦。日本军国主义的受害者不可对此置之不理。

我们从事社会主义现代化建设，要与世界广泛交往，要办外交，要做生意，要让外国人到中国来投资，要进行思想、文化、学术交流，要认识、了解世界多种多样的事物，并对那些事物有所评价。这不是少数人的事，是大家的事，至少是很多人的事。但不论进行哪种交往、交流、评价，我们都要有自己的民族精神，不可缺少民族精神。这个精神是什么，显然应该就是抗日战争所体现的、并因此取得了抗日战争胜利的竖起一条脊梁的精神。这就是在面对霸权主义威胁干涉，有可能丧失民族尊严、国家权益的时候；在受到日本军国主义潜在势力的挑战，须当回应的时候；在外来势力的政治蛊惑、物质引诱下，可能自辱于炎黄子孙的时候，以及在其他情况下，发生人格国格问题的时候；在所有这些时候，我们需要坚持一条：竖起自己的脊梁，保持民族光荣。抗日战争所体现的这种民族精神是不会过时的——至少在可以想象的未来是这样。

（1994年8月24日于北京房山十渡）

民族的胜利　人民的胜利①

抗日战争在中国近代史上占有特殊重要的地位。中国历史上有多次大规模战争，中国近代有多次反对外国侵略的战争，像抗日战争这样的规模、性质和胜利结局的战争，确实为前所未有。中华民族的空前觉醒，以中国共产党为核心的中国人民力量的空前壮大，是取得抗日战争胜利的决定性原因。抗日战争的胜利是民族的胜利，人民的胜利。50年以后回顾那场伟大的战争，我们可以深刻地知道它是怎样转换祖国命运的，并增进对它与现实生活联系的认识。

一、关于抗日战争的性质

抗日战争一开始就叫抗日民族解放战争。日本对中国的民族压迫，从甲午战争、马关条约到“九一八”占领中国东北，这里不去细说。卢沟桥事变爆发不久，日本提出建立所谓“东亚新秩序”，在中国实现“王道乐土”，也就是灭亡中国，把中国变为它的附属国、殖民地。抗战八年中，大半个中国土地遭到日军占领践踏。中华民族真正到了存亡续绝的关头。抗日战争就是中国人民用民族战争来挣脱日本施加的民族压迫，收复中国领土主权，恢复自己的民族尊严。这是全中国人民的神圣事业。中国属于反抗侵略的正义的一方，日本属于施加侵略的非正义的一方。这个性质不仅仅是用种种文字、图像记录下来的，也是用中国人民流成河的血记录下来的。这个性质不仅仅记载在中日双方的文字、图像中，也记载在《开罗宣言》《波茨坦公告》和至今为全世界所普遍承认的《联合国宪章》中，记载在遵循联合国大会批准的国际法原则的东京国际法庭材料中。“侵略”这个词人们可以改成别的什么，日本侵略中国的历史事实却永世也无法改变。

---

① 原载《人民日报》1995年8月15日。后收入《刘大年集》。——编者注

人们也许要问，国际和日本历史学者怎么看。抗日战争是日本侵略中国的战争，国际和日本第一流的被称为“主流派”的历史学者的大量著作都是这么写的。日本少数人宣传“大东亚战争肯定论”“皇国史观”，学术界不认为那是严肃的科学性研究。

事实上，中国抗日战争的性质，根本不需要那段历史过去以后才能作出判断。这里可以看一看就在抗日战争进行中正直的日本皇族成员是怎么说的。1943年至1944年，裕仁天皇胞弟三笠宫崇仁担任中国派遣军总司令部幕僚，在中国战地广泛考察以后，有感于需要对派遣军总司令部的佐、尉级军官进行教育所写的题为《作为日本人对中国事变的内心反省》文中说：“明治维新以来，伴随欧美文化的输入，日本人也感染了霸权主义的侵略压榨思想，并与欧美诸国一起，对中国实施此等行径，如二十一条要求。”“甲午战争以后滋长了侮华思想。”“满洲独立后，日本又对华北怀有野心。”“中国事变爆发以后，日本军队的残暴行为又给中国的抗日宣传提供了事实根据。如掠夺，强奸，杀害平民，放火等等。”“大东亚战争开始以后，把中国看成‘日本的军事基地’，在中枢决策机构内还有人认为，战争的主角是日本，日本必须战胜，所以日本必须榨取中国以自肥。”“如果是‘有取有予’，尚可另论，而现在的日本是无所不取，掠夺殆尽。这还成什么事体！”“烈犬是不狂吠的。回顾以前高喊‘圣战’、‘正义’云云，叫喊的声音越高，事实越近于相反。”三笠宫至今健在。这份文书当时被没收，去年偶然发现。他在回答《读卖新闻》编辑部负责人采访的提问中，接着又讲了许多亲眼目睹的骇人听闻的事实。对于日本从“九一八”占领中国东北以后的所作所为，他的断语是：“连侵入他人所有的土地都要构成非法侵占罪，更何况侵占他国的领土，这能说不是侵略吗？”①

抗日战争50年以后的今天，日本政界一些人极力否认中国抗日战争是抵抗日本侵略的战争，极力给日本军国主义侵略中国翻案。他们扬言日本侵略中国、侵略亚洲邻国不但无罪，而是有大功。这个大功是把中国和亚洲国家从英美统治下“解放出来”了，促进了亚洲国家今天的经济发展。那些人并非不知道《联合国宪章》精神、东京审判材料，不知道日本和国际上一切严肃历史学者的看法，不知道《作为日本人对中国事变的内心反省》那类文件

---

① 日本《读卖杂志》1994年8月号。

上记述的基本事实。但是他们仍然无止无休地颠倒黑白，这表明日本至今仍潜在着一股军国主义势力，表明日本社会中至今仍有那么一批蔑视、轻侮中国的人，盼望有朝一日重温“大东亚战争”“皇军赫赫战果”的旧梦。6月间，日本国会通过的《战后50年国会决议》，受到东京各家大报猛烈谴责，认为“可耻，可悲，难以容忍”。这些言论鲜明地反映了广大知识界、大多数日本人的良知，和他们要求保持民族荣誉的情感，是应该受到尊敬的。但《战后决议》大耍花招，颠倒原则，暗藏蒺藜，甚至有一天可能成为想要复活军国主义势力的所谓“法律根据”。中国人民有充分理由对此感到愤慨。日本政界一些人将把21世纪的日本，把中日关系引向何处去，这就是问题的实质。

二、争取民族解放斗争的胜利是国民党、共产党和全国人民共同取得的

抗日战争时期中国存在两个矛盾，一为民族矛盾，二为阶级矛盾。国民党与共产党的地位、作用，同这两个矛盾的性质与相互关系直接相联。抗日战争是全民族战争，这是民族矛盾居于主导地位所造成的。在全民族战争中起作用的有各派政治势力，中国共产党与国民党由十年内战转为结成统一战线合作抗日，是抗日战争实现并坚持下来的基础。

蒋介石国民党及其各派系，在抗战爆发前基本上掌握着国家政权。有蒋政权参加，才有全民抗战。共产党先把“反蒋抗日”改为“拥蒋抗日”，抗战实现以后又反复强调国共合作，强调全国团结抗战，就是说明了这个事实。中国共产党领导的人民力量的兴起、壮大，是抗日战争实现并取得最后胜利的基本条件之一。共产党政治上是抗日民族统一战线的创导者，军事上领导着敌后战场，有共产党领导的人民力量的参加，全民抗战才有了力量重心。西安事变后，蒋政权由“攘外必先安内”转为准备抗日。抗战开始不久，国民党中央通讯社发表中共关于国共合作抗日宣言和蒋介石发表谈话，承认共产党的应有地位和国共合作抗日，就是说明了这个事实。国共两党合作成为一个历史关键。中国内部新的团结格局由此确定下来。全国各阶级、各民族团结起来，一致抗日救亡。中华民族使自己的觉醒达到了前所未有的新的高度。抗日战争就是这样实现的和虽然经历惊涛骇浪终于坚持到底了的。从双方合

作奠定抗日战争的基础来看，国民党与共产党在抗日战争中的地位，基本是相同的。它们这时都站在争取民族解放斗争的关键位置上，力挽日本军国主义汹涌而来的狂澜。这是历史事实。

抗日战争中，民族矛盾起主导作用，阶级矛盾并没有消失。蒋政权这时具有两面性格。参加抗日民族解放战争，这一面是爱国的，带着革命性的；坚持大地主大资产阶级专政，这一面是反民主、反人民，带着反革命性的。前一面符合民族利益，后一面违反民族利益。抗战初期，前一面表现得比较明显。战争进入相持阶段，日本对重庆加紧诱降，共产党在敌后战场上很快发展，国民党的态度逆转。蒋介石这时谈话多次拿抗日、反共并列，甚至认为反共重于抗日。他要求美国给予军事经济援助时也把担心“国内中共之猖狂”作为重点。中国因此几度出现国共分裂内战、抗日战争中途夭折的严重危险。

一次是皖南事变。蒋政权原是打算与共产党分裂的。这从蒋介石的心腹谋士王世杰给蒋的《密呈》中可以知道。《密呈》分析形势说，“以为目前为彻底制共之最良时机者，殊非的论”。理由是苏联英美都不会赞成中国内部分裂，其中并涉及“世界大战全局关系”；建议“务期以政治方式解决全案”，切勿“引起分裂”。[①] 意思很明白，所谓“彻底制共”，也就是国共彻底分裂，重新内战。王世杰在这里讲出了事情的严重性，但没有提到它的背景。那时日本正通过多条渠道对重庆诱降。1940 年 11 月 22 日，即正当重庆紧锣密鼓策划“围剿”新四军的时候，美国驻日大使格鲁、驻上海领事罗赫德分别向国内发回情报：东京、上海盛传日本御前会议作出决定，要汪精卫与重庆政权合并。罗斯福得到这些消息，担心“日蒋之间在进行一些活动”。也就在这时，蒋介石致电罗斯福，承认日本“渴望与中国缔结一项条件不苛刻的和约”。这说明重庆发动皖南事变与日本诱降直接相关。共产党领导的军队这时达 50 万人，政治影响深入全国。国共分裂内战，重庆政权不可能同时骑在又抗日又“剿共”的两匹马上，紧接的一步就是同日本订立所谓“和约”，与汪精卫合流。这确实涉及“世界大战全局关系”，更与重庆政权生命攸关，显然是它不能承受的。皖南事变于是以“政治方式解决”收场。又一次是 1943 年夏天。蒋介石命令胡宗南闪击陕甘宁边区。这时恰逢甘肃南部民变蜂起。其中以马富善为首的“富善救国军”，短时间里扩大至 10 多万人，占领临夏、定

---

①《中国外交史资料选辑》第 3 册，第 186—187 页。

西等8个县城，打乱了国民党军队的部署。共产党又及时揭露了对方的阴谋。时机过去以后，蒋介石也就同意收兵了。

共产党面对那种形势采取的行动，是与蒋政权尚在抗日的一面相联合，对它发动反共内战的一面进行斗争。这个行动中最重要最可靠的是，巩固发展敌后抗日根据地，通过多种社会和政治改革，动员、武装广大群众加入战争行列。共产党在敌后对日作战的实力越增加，在抵制蒋政权积极反共中的实力也就越增加。共产党对蒋政权又联合又斗争的结果是：第一，把抗日民族统一战线的基础国共合作保住了。这里起关键作用的是人民力量的强大存在，使蒋政权分裂内战那条路完全走不通。它既然不能放下抗日旗帜，就只能与共产党维持合作来保持统治权力，舍此别无他途。国共合作继续下去，终于实现了打败日本帝国主义。第二，在敌后的中国广大土地上把民主革命的要求延续下来了。从政权性质上看，抗日根据地社会具有民主革命所要求的深刻内容。它与蒋政权统治区形成鲜明对照，地平线上正在出现一个与旧中国不同的新中国的雏形。

共产党在上述两个方面的地位、作用，与国民党是不同的。它们“道不同，不相为谋”。这是历史事实。

皖南事变过后不久，担任过蒋介石政治顾问的欧文·拉铁摩尔在一篇题为《四年之后》的文章中说：在中国，如果得到外国政府的援助和支持，右派政府就能够得以生存，如果敌国的力量大于外国援助的话，政府不与革命合作，就会寸步难行。不然，政府也许将在革命中被抛弃。“对中国人民来说，这四年的历史既是争取民族独立的历史，又是国内革命的历史”。抗日战争是“争取民族独立和国内民主革命相结合的战争”。[①]拉铁摩尔的评论是客观的。抗战四年如此，全部八年也如此。争取民族解放斗争的胜利，是国民党、共产党和全国人民共同取得的；保住统一战线的基础国共合作，推动民主革命进程，是共产党领导人民群众取得的。国民党、共产党在抗日战争中的地位、作用，有何相同与不同，大致说，就是如此。

---

① 欧文·拉铁摩尔：《四年之后》，载《太平洋事务》第14卷第2期。

三、抗日战争是中国近代历史的一个根本转折

中国近代历史上有两个基本问题：第一，民族不独立；第二，社会未能工业化、近代化。前者是外国侵略造成的，后者是封建统治造成的。它们一起把中国拖进了濒临灭亡的境地。抗日战争是中国近代历史的一个根本转折。这个根本转折，一是近百年间中国抵抗外国侵略的战争无不遭受失败，抗日战争第一次取得了反侵略战争的全面的胜利；二是八年抗战决定性地改变了中国内部政治力量的对比。抗日战争中，军事上与国内政治关系上同时并存着两个过程、两种演变。一个过程、一种演变是日本的力量由强变弱，由军事胜利推进到最后彻底失败；又一个过程、一种演变是国内两大政治势力共产党与国民党的力量朝相反方向行走，人民力量迅速壮大起来。这两个过程、两种演变紧密相连。前一个演变关系中国亡国不亡国，民族能否独立的问题，后一个演变关系今后将是新中国还是旧中国，能否打开走向近代化前途的问题。谁在抗日战争中最出力，谁就在抗战以后更有力量，更有发言权，或者左右战后的中国。

日本是东方工业军事强国，军事上由胜利推进变为彻底失败了，国民党的力量原来大于共产党，它们向相反方向行走了，是何种事物推动这种演变的？

日本的失败是军国主义统治势力坚持走变中国为殖民地的路线造成的。军国主义者认定了近代中国的分裂、软弱，而不愿正视当前中国的民族觉醒。卢沟桥事变发生后日本政论界的有识之士如尾崎秀实等反复指出："整个支那问题的解决，不仅是对付支那统一政权的国民政府，而是与整个支那民族为敌。""国民政府所拥有的武力，恐怕并不是多么了不起的问题，而与支那民族阵线的全面抗日战争相冲突，才是更为严重的问题。""四亿民众的觉醒与复兴的命运，并不是日本一国的势力所能长期压服的。""现在日本帝国真正面临着兴亡歧路的选择。"日本统治者根本不敢承认这个现实，但动员全国人力物力打了一年多，中国抗战阵营屹立未动。武汉会战一结束，日本就全面调整其"解决中国事变"的政策，由军事进攻为主，改为"谋略"即诱降为主。停止正面战场非必须的进攻；兵力部署重点转向敌后战场。这说明日本从那

时起，已经陷入了严重困境，迫切要求找到某种出路。根本原因，就是它现在所面对的不单是一个政权，而是觉醒起来了的中国全民族。征服中国全民族使它由侵略者摆布，绝对不是日本军国主义力所能及的。往后日本时而策划北进，时而策划南进，中心都在要为“解决中国事变”创造条件。中国是日本志在必得的，太平洋并非日本志在必得的。没有寻找“中国事变”出路问题，就没有南进与太平洋战争。所以日本的失败，最根本的一条，是它与中国全民族为敌、阻止中国民族复兴，是它在这个严重问题上把自己摆到了“兴亡歧路”上而不能自拔的。

国民党与共产党两大政治势力朝相反方向演变，是它们站在不同阶级利益立场上产生的对待抗战的不同态度、与人民群众的不同关系所造成的。国民党前期抗日积极，对人民控制有所放松，其力量也就上升；后来消极抗日，与人民关系恶化，力量也就下降。越往后，恶化情况越突出。豫湘桂战役大批军队一触即溃，八个月时间里丢掉居住着6000万人口的20万平方公里国土。混乱中，河南民团把正规军的一个师缴械，说“不抗日的军队要它干什么！”国民党与人民的关系由此可想而知。共产党坚持抗战，坚持人民利益。共产党能够领导敌后抗日根据地，并不断发展，就是由于它扎根在人民群众中，是与人民一体的。关于这方面的具体情形，仍可以看看前面引述过的三笠宫的记载。他在回答何以“中共猖獗”问题时，列举调查材料说：“共军对民众的军纪也极其严明，绝非日本军队所能企及。在日本军占领地区以及所谓的‘治安地区’内，农民眼看着杂粮成熟了也不去收割，只采集些草籽、树籽等。若问这是什么原因，因为杂粮收割回来终归要被抢掠一空，结果自己的食物仍然是草籽、树籽，所以首先采集这些东西。可以说这样的事情在共产党地区是见不到的。”日本军民之间待遇悬殊，与“中共或采集草籽、树籽等充饥的中国农民相比，其差别之大，就更不啻天壤了。在这种情况下，中共若不猖獗，那将成为世界七大奇迹中的第一大奇迹了吧！在我看来，这样的日本军队，是无法与中共对阵的”。这个叙述和形象结语，把共产党力量为何兴起说对了，说到家了。与大后方区域日见缩小相反，敌后收复区渐增至1亿人口，100万军队，200万民兵，根据就在于此。

日本力量由强变弱，由军事胜利变为失败，国民党与共产党的力量朝相反方向行走，人民力量壮大，这两个过程、两种演变，最后集中到一点，就是抗日战争胜利准备了新中国与旧中国的决战。抗日战争结束以后，人民解放战争很快取得胜利，中华人民共和国随之诞生。不久，中国便踏上了社会主义发展前进的道路，归根到底就是由抗日这个历史的转折，这个力量准备所造成的。新中国代替旧中国，第一，中华民族巍然独立了；第二，国家近代化的前途畅通了。中国于是开始了自己的复兴。用一句话来说，中国复兴枢纽———这就是抗日战争的八年，这就是抗日战争胜利的伟大历史意义。

四、竖起中华民族的脊梁

中国抗战八年，前面四年半是单独对日作战的。那时苏美两大国都没有卷入到战争里面。苏联同情中国，但担心日本北进，苏德战前，苏联与日本订有为期五年的《苏日中立条约》，苏联在中日间保持中立。英美与日本有矛盾，也有与日本妥协牺牲中国的举动。1940年英国按照日本要求，一度封闭滇缅路，截断中国从外面输入物资的通道。1941年美日谈判中，美国最后同意了日本压迫中国投降的“共同防共”、承认“满洲国”的要求。美总统、国务卿共同讨论过的文件上写着：“美日互相合作，抵制中国境内的共产主义运动的进一步发展”；“满洲的独立问题将经过友好的谈判解决”。中国这四年半不仅是单独对日作战，而且是在险恶的国际环境下单独抗战的。

苏德战争、太平洋战争爆发，中国与英美结成了世界反法西斯同盟。中国由此不再单独对日作战，而是与同盟国一起对日作战了。中国抗日战争胜利的结局，于是就变成了在同盟国支持、协同下，共同对日胜利的结局。但这丝毫也没有改变中国是依靠自己的力量取得胜利的。中国抗击的日本兵力最多。太平洋战争爆发后，日本陆军主力仍分布在中国战场上。中国摧毁的日军有生力量最大。日军历年伤病战死在中国战场上的，超过太平洋战争死亡人数的两倍以上。中国先从苏联、后从美国得到共8亿美元的物资援助，中国同样支援了苏联、美国。太平洋战争前，日陆军首脑杉山元说，日本“在中国使用了很大的兵力，北进实际上办不到”。1942年罗斯福说，“假如没有中国，你想一想有多少师团的日本兵可以因此调到其他方面来作战？他们可以毫不费力地把这些地方打下来，他们并且可以一直冲向中东……”中国为战胜日本法西斯伤亡3500余万人，付出了最高昂的代价。这些事实归结到一起，中国抗日战争，（一）太平洋战争以前是第二次世界大战中东方反法西斯的唯一战场；（二）太平洋战争以后是东方反法西斯的主战场；（三）中国是靠自己的力量作战到底，取得胜利的。其中前四年半单独对日抗战的特殊重要性，尤其应当引起重视。

中国抗日胜利与世界反法西斯战争获胜的关系，是同盟国对敌人共同获胜的关系。这是第二次世界大战国际形势演变的总格局、大框架规定的。它并非中国取胜的特点，而是世界反法西斯各国取胜的共同点。苏联红军是打败希特勒德国的决定性力量，仍需要有英美开辟第二战场；美国是太平洋打败日本的决定性力量，仍需要有苏联出兵中国东北。谁也不能因此认为苏联、美国并非单独取胜的，其决定性的地位就降低了。中国抗日战争的胜利同样如此。第一次世界大战实际是欧洲战争，第二次世界大战是真正的世界大战。把抗日战争摆到世界大战里去认识，会发现它多方面的意义。

抗日战争表现的民族精神是什么？要了解这个问题只需看看若干最有代表性的言论就会明白，不用旁征远引。头一个方面，是民族自尊，民族自信，在强敌面前竖起脊梁的精神。1938 年 3 月，毛泽东在延安追悼抗敌阵亡将士的大会上说，八个月来，几百万军队与无数人民都加入了火线。其中几十万人在执行他们的神圣任务中光荣地、壮烈地牺牲。“中华民族决不是一群绵羊，而是富于民族自尊心与人类正义心的伟大的民族。为了民族自尊与人类正义，为了中国人一定要生活在自己的土地上，决不让日本法西斯不付出重大代价达到其无法无天的目的”。同年 7 月，武汉举行群众大会纪念抗战一周年，国民参政会最年长的参政员、老翰林张一麐致词说，“七七”是最光荣的一天，比起双十节来更加光荣。希望大家加强团结，抗战到底，“永远竖起一条脊梁”。1944 年 4 月 16 日重庆《大公报》社评说，“美国就流传着我们的‘起来！起来！’义勇军进行曲。据美国著名音乐家说，这次大战以来，世界歌曲尚无好过此歌的”。这当然不单是指歌曲的艺术，更重要的是指人民面对凶暴侵略者的大无畏气概。

又一个方面，是要求实现独立、民主、现代化的新中国与追求未来理想社会的精神。抗日战争第二周年，朱自清在《这一天》的文章中说：“这一天是我们新中国诞生的日子。”“我们惊奇我们也能和东亚的强敌抗战，我们也能迅速的现代化，迎头赶上去。世界也刮目相看，东亚病夫居然奋起了，睡狮果然醒了。从前只是一大块沃土，一大盘散沙的死中国，现在是有血有肉的活中国了。从前中国在若有若无之间，现在确乎是有了。”“我们不但有光荣的古代，而且有光荣的现代；不但有光荣的现代，而且有光荣的将来无穷的世代。新中国在血火中成长了。”文中说的“新中国”无疑是广大知识分子、广大群众共同追求的独立、民主、现代化的新中国。但是它何以不但“有光荣的现代”而且“有光荣的将来无穷的世代”，这在大多数人不过是朦胧的向往。中国共产党这时提出中国革命要分两步走：第一步，新民主主义；第二步，社会主义。在当时，社会主义是未来的理想社会，大多数人追求实现独立、民主、现代化的中国，一部分先进分子追求先实现民主主义，然后再走向社会主义，他们走在一条路上，齐心协力。

总之，面对强敌，永远竖起一条脊梁，不怕牺牲，为全民族的光荣和后世的光荣理想而奋斗，这就是抗日战争所表现的伟大民族精神。

从思想认识和民族情感来说，抗日战争所表现的民族精神，来自中国悠久文化、爱国精神传统的熏陶、铸造；也来自新的阶级、新的党、新的人、新的思想的赋予。这个新的思想、新的人就是马克思主义，就是觉悟了的广大群众。战场上人山人海的运动是有形的洪流，民族精神、群众觉悟是无形的洪流。抗日战争战场上的有形洪流停止了，那种精神上的无形洪流将像源泉浑浑，在中华民族的血管里川流不息。

50 年前民族的胜利，人民的胜利，重铸乾坤，光照千秋。现在，中国人民正在建设有自己特色的社会主义现代化的道路上拼搏奋进。增进对抗日战争所体现的中华民族的凝聚力、爱国精神传统的认识，增进对中国人民的强大力量，顶天立地气概的认识，也必将增进人们对现代化历程胜利前途和应当如何有所作为的认识。抗日战争胜利是中华民族的光荣，是中国人民的光荣。历史总会这样那样作用于现实，无论现在、将来，我们有充分理由珍惜这个光荣，发扬这个光荣。

抗日战争的几个问题①

民族运动的潮流不可阻挡

九一八事变后出现的抗日救亡运动是一个民族运动。从参加的阶级阶层和人群的广泛，都反映出了救亡运动的全民性，指出了历史潮流的所向。中国共产党在“九一八”发生后马上发出抗日救亡号召。它的声音被封锁，但在国民党统治区仍受到了高声赞扬。《大公报》发表文章，反对视共产党为“匪”，反对“剿共”，说共产党有严密组织，有共同信仰，有实行政纲，又有国际背景，怎么叫作“匪”？担任过南京中央研究院总干事的著名学者、社会活动家丁文江公开发表题目为《假如我是蒋介石》的文章，提出立即与共产党休战，唯一条件是在抗战期间彼此互不攻击。《大公报》、丁文江等的言论，确切表明了救亡民族运动的深度和广度。共产党的功劳，不在于“创造”了民族运动，而在于站在运动之中积极斗争，提出建立抗日民族统一战线，并促其实现了。

与抗日救亡潮流相对抗，蒋介石坚持“攘外必先安内”，不许军队要求抗日，更不许人民抗日。著名政论家、《申报》主笔史量才著文提出“安内必先攘外”，鼓吹反日舆论，被国民党特务暗杀。上层资产阶级知识分子中胡适、蒋廷黻主持的《独立评论》和他们自己的言论，也逆潮流而行，站在抗日救亡运动的反面。他们坚持主张与日本妥协，极力宣传“妥协有理”论。他们把自己的“真切认识”最后归结为一句话：“必须先保存这个国家，别的等到将来再说。”“这个国家”当然就是蒋介石国民党政权。胡适、蒋廷黻是名气很大的教授、“权威学者”，受西方一些人看重。他们的“妥协有理”论，起

---

①本文系作者在纪念抗日战争胜利50周年学术讨论会开幕式上的讲话，经删节载《光明日报》1995年9月11日。后收入《刘大年集》。——编者注

着蒋介石“先安内，后攘外”论所不能起的作用。

抗日救亡民族运动潮流与蒋政权斗争的焦点是：面对外国侵略压迫，坚持抵抗还是妥协投降？历来统治阶级为了保住自己的利益，最后总是妥协投降。中国近百年就是这样衰败下来的。“九一八”以后日本更加紧分割华北，中国是奋起抵抗，挽救危亡，获得复兴，还是继续妥协后退，陷于亡国灭种，到了最后的决定时刻。西安事变发生，蒋介石被迫转变，准备抗日。胡适一派人后来也转到赞成抗日的立场上来。这证明以抗日救亡为内容的民族独立运动是不可阻挡的。抗日救亡运动筑起了民族精神上的血肉长城，准备了与强敌抗战到底。抗日战争洗刷了甲午战争以来的民族耻辱，也开辟了改变中国上百年衰败历史、走向民族复兴的道路。历史在这里昭示了一条基本道理：有侵略者存在，我们的事业要前进，就必须坚持民族独立精神，敢于与侵略者作斗争。后退必然屈辱失败；反之，前面就可以有新局。

日本军国主义的失败从卢沟桥开始

日本从卢沟桥打响全面侵略中国的战争，最后签订投降书则在太平洋美国军舰上。怎么看待它的失败，常常发生争论。日本不少人认为，日本被美国打败了，并没有败给中国。日本政界一些人极力否认日本侵略中国，制造混乱，也是钻这个空子。日本是怎么失败的，败在谁手下，这里确实有要回答的问题，那就是中国抗日战争与太平洋战争究竟是什么关系。

从主要方面来说，太平洋战争是中日战争的延长和扩大。先有中国抗日战争，然后才有太平洋战争。日本在这两个战场上的战争，都是一个目的：最后变中国为日本独占的殖民地。

中国的持久抗战在这里有特殊重要意义。中国八年抗战，前面四年半是单独对日作战的。它证明中国可以靠自己的力量顶住近百万近代化装备的日军野蛮进攻，并继续坚持下去。就在这个时间里，号称“欧洲最大陆军强国”的法国，在希特勒闪击下，仅仅六个星期就失败投降了，两相对照，可以看出我们的民族有多么大的潜力。抗战开始，日本军部打算一个月或两个月、顶多三个月打败中国。战争进行一年多以后，日军攻下了武汉、广州，但已陷入中国持久战的泥潭里，拔不出来了。武汉会战一结束，日本的战略方针大改变即由此而来。日本当权势力中有北进、南进两种主张，着眼点都在如何最后征服中国，争论未决。打一场太平洋战争不但美国当初没有料想到，日本当初也没有真正料想到。美国战略重点在大西洋，极力避免在东方卷入战争。1940 年冬罗斯福第三次竞选总统，中心口号是和平。他反复强调“你们的孩子们不会被送去参加任何外国的战争”。日本陆军主力深陷在中国战场上，北进已无可能，于是就只剩下了南进一条路。日本、美国当初都没有料想到或者希望避免实现的事终于发生了，这里只有一个力量是决定性的，这个力量就是中国前四年半的独力持久抗战。中国的持久抗战迫使日本在战争中走上一条看不到尽头的路，最终改变了亚洲和太平洋的全局。

日本发动太平洋战争，中心课题就是一个：“解决中日事变”，即把美国势力赶出中国和亚洲，以迅速结束中日战争。美国、日本在亚洲各有利益，这些利益的中心在中国。中国是美国在亚洲的防御堡垒，利害关系重大。美国如果允许日本征服中国，那就等于放弃亚洲大陆，放弃对太平洋的控制权。美国为了牢固立足中国，一直坚持“门户开放”“机会均等”。1938 年，日本第二次近卫内阁声明建立“东亚新秩序”，要求各国“正确认识帝国的意图，适应远东新的形势”，即承认日本独占东亚。这正与美国的“机会均等”针锋相对。日本报纸更露骨宣传，“东亚新秩序”就是“东方门罗主义”。日本驻意大利大使说得更明白：日本现在的根本任务是建立“新中国”，“所谓新中国者，实质上亦即第二满洲国”。也就是说，列强应该承认中国是日本的殖民地。1941 年 2 月起，美国、日本为寻求妥协进行谈判，单在华盛顿一地就举行了 110 余次。美国为保存自己的某些利益，准备牺牲中国。它同意所谓“劝告”蒋政权与汪政权合并，承认“满洲国”，并参与“共同防共”。如果这个协定成立，重庆对日投降，汪蒋合流，日本“解决中国事变”的希望，在它看来也就实现了。但日本军国主义的胃口太大，要求美国毫不含糊地承认日本在中国多处驻兵，说“驻兵问题为陆军之生命，绝对不能让步”。美国接受这一条，等于从中国、也从太平洋卷起铺盖，溜回老家去。日本于是用武力来实现其独占中国、独霸东亚的计划。这就是太平洋战争。

据此，我们可以看出，中国的抗日战争与太平洋战争的关系是：（一）它们是由两条线组合在一起的。一条线是从卢沟桥到太平洋，后者是前者的延长和扩大，都是日本为了把中国变为殖民地进行的战争；再一条线是日本与美国争夺以中国为中心的亚洲利益的战争。两条线不同，国际反法西斯统一战线把抗日战争与太平洋战争连接为一条战线，一个阵营了。（二）日本的失败，是败给反法西斯同盟国的，是同时败给中国、美国的，但追根溯源，是败给中国的，是中华民族的觉醒、人民力量的壮大、坚持持久抗战使它走上了全盘输却、彻底失败道路的。这就是为什么说日本的失败是从卢沟桥开始的。讨论这个问题的意义，不在于与谁比高低，争论日本到底败给谁的一类问题。认识日本是怎么失败的，也就是认识中国抗战是怎么胜利的。

两个战场是决定抗日战争的面貌和结局的关键

抗日战争是中国近代历史的转折点，这已经为越来越多的人所承认。转折的内容，一是近代中国抵抗外国的侵略无不遭受失败，抗日战争第一次取得了反侵略战争的全面胜利；二是八年抗战决定性地改变了中国内部政治势力的对比。抗日战争中，军事上与国内政治关系上同时并存着两个过程、两种演变。一个过程、一种演变是日本由军事胜利推进到最后遭到失败；又一个过程、一种演变是国内两大政治势力中国民党力量下降，共产党力量上升。两种演变实现的过程，也就是中国近代历史转折实现的过程。

抗日战争是中国和整个东方世界从未有过的大规模战争。一切战争的过程和结局，无例外地最后取决于战场上的运动和结局。离开了战场上的较量和角胜，就谈不上战争。抗日战争也是如此。抗日战争的特异之处是蒋介石政权控制的正面战场与共产党领导的敌后解放区战场两个战场并存。它们互相依托组合起来与敌人角胜，同时，彼此间又存在着激烈的矛盾斗争。中日间军事形势的演变，国共间力量对比的演变，其最后的根据就在两个战场的运动变化，在于两个战场的实力比赛上。

从两个战场看日本的军事推进到失败：

武汉会战结束以前，是两战场存在的早期。日军这时在正面战场上节节推进。在那以后，敌后战场迅速展开，日军从此在正面战场采取守势，把部分兵力转入敌后战场，并从国内再次向中国增兵。武汉会战以后，国民党军队的主力依然保持完整，正面战场这时主要是招架敌人来攻，但招架也吸引敌人的兵力，而且也有个别打得不错的反攻战役。这使日军仍必须用相当兵力对付正面战场。敌后战场上共产党领导的武装不断壮大，天天都在跟敌人打，而且还有百团大战那样相当于二十几个陆军师规模的战役。这使日军不能不用更大兵力对付敌后战场。武汉会战时，关内日军共有23个师，占其全部兵力2/3。日本投降时，日军在华兵力共36个师，41个独立旅，共计128.3万人。日军这些新增的兵力，大部分是用来对付共产党领导的敌后战场的。正面战场的坚持，敌后战场的强大，它们组合在一起使日军陷入长期战争的泥潭而无法自拔。日军从胜利推进转向失败，就是从中国两个战场上开步走，并一步步走下去的。

两个战场来自国共合作和抗日民族统一战线。国共合作对于抗日战争的意义，侵略中国的日本当局甚至比不少中国人看得更准确。他们策划重大军事行动时，开头是把国共关系考虑在内，越往后越把两个战场考虑在内。日军占领上海以后对于是否夺取南京，参谋本部与首相近卫文麿意见分歧。问题是应否保留南京现政权，让它有能力压制共产党，共同防共，而不去“亲共”。裕仁天皇支持近卫，争端才得解决。日军进攻武汉之前，近卫智囊团昭和研究会提出《关于处理中国事变的根本办法》，强调“只要国民政府还盘踞在汉口，汉口就是主要以西北各省为其势力范围的共产军和主要控制着西南各省的国民党军之间的结合点，和两党合作的楔子”。“所以，首先为了摧毁抗日战争的最大因素——国共合作势力，攻下汉口是绝对必要的，因为占领了汉口，才能切断国共统治地区的联系，并可能产生两党的分裂”。武汉沦陷以后，日方对国共关系重新作出估量。日华中派遣军司令官畑俊六在《关于武汉、广州两战役善后处理的形势判断》中说：“自中日开战以来，虽给中国军队多次打击，但遗憾的是，中国还有相当大的兵力，其主力军仍存在。国共统一战线暂时还不会破裂。”畑俊六说的中国会继续抗战，当然包括已经展开了的敌后战场。日本正是从这时起开始往敌后战场增兵的。皖南事变发生，日本首相东条英机分析国共关系，他说：“华北是日本的根据地，蒋介石要驱逐华中共产军去华北，破坏日本利益。”这等于说破坏日本利益的只有共产党领导的敌后战场，蒋军对日本并不构成威胁。日军要把极大兵力投在华北敌后战场，原因就在这里。1945年日本失败已成定局，其统治集团急于与中国谋和。4月下旬军部起草的《形势判断》指出重庆很可能在美国支持下发动反攻，“尤其延安方面，对我占领地区的活动将日益激化”，要“加强实行对重庆政治工作和对延安的谋略工作”。此后不久，大本营与政府联络会议制订的《对中国作战宣传纲要》又规定：“对中共本部暂称延安政权。……对反共、剿共、灭共等名称，一般情况下也避免使用。中共的名称也尽量不用。”“作为与莫洛托夫谈判的手段，就要考虑怀柔毛泽东。”日本这一系列文件、指令，是直接表述战争进程，反映战场现实的，它们从最初的打算留下南京政府“共同防共”，到最后异想天开地把毛泽东也列在所谓“怀柔”之列。两个战场的力量迫使日军由胜利走向失败，这是太清楚不过了。

从两个战场看国民党与共产党的力量朝相反方向演变：

抗战前期，蒋介石、国民党主导的正面战场是全国战局和政局的重心。共产党开辟敌后战场，武装力量由几万人发展到十几万人，发言权也随着明显增大，抗战局面生气勃勃。战争进入相持阶段，国民党态度逆转，消极抗日，积极反共。1940至1943年三次发动武装进攻共产党，皖南事变尤其引起国内外震惊。共产党采取正确的方针进行斗争，结果阻止了国共分裂的危险。国民党几次反共没有讨到便宜，反而落得丧失人心，政治地位下降。皖南事变不久，各民主党派在重庆成立中国民主政团同盟。它意味着在中国政治舞台上从此出现一个介于国共两党之间的第三种有组织的力量，其中进步力量占优势，在反对国民党独裁专制的斗争中，成了共产党有力的同盟军。

战争进到后期，两个战场的地位发生了新的变动。1944年6月，叶剑英与中外记者参观团谈话，指出这年3月以前，敌后战场抗击日军56万人的64.5%，正面战场抗击35.5%。日伪军两项加在一起，敌后战场抗击敌人总数134万中的110余万，即80%。就在这时，正面战场出现豫湘桂战役大溃败，后方区域更加缩小。敌后战场则正在开展攻势作战。正面、敌后两个战场地位的变化，很快反映为政治领域的新变化。8月中旬，共产党开始与民主党派讨论废除国民党一党专政、建立联合政府问题。毛泽东分析这个力量对比的变化说，过去我们估计不足，总是以为国共之间，蒋介石强大，天下是他的，没有看到重心正在逐渐移到我们这一边来。“现在谁都看得见，中国有了两个平等的东西，不再是一大一小了”。政治力量的重心是从什么地方逐渐移到共产党这一边来的？当然是从两个战场地位的变动移过来的。从此要求废除国民党一党专政、建立联合政府的斗争，一直继续到抗日战争结束。两个战场的演变，最后决定着国民党力量下降，共产党力量上升的演变，这个事实同样是再清楚不过了。

综上所述，可以得出这样的认识：（一）两个战场的存在和运动、变化，是决定抗日战争面貌和结局的关键。日军由胜利推进转向失败，国民党与共产党的力量朝相反方向行走，这两个过程、两种演变的实现，是从两个战场上开始和完成的。(二)两个战场的地位和作用，客观地表现了国民党与共产党在抗日战争的地位和作用。看轻国民党的作用不行，看轻共产党的作用更不行。共产党倡导、坚持抗日民族统一战线，加上创造、主持顶半边天的敌后战场，这就是为什么应该说共产党和它领导的人民力量是抗日战争的中流砥柱。

马克思主义广泛传播从思想理论上准备了旧中国走向新中国

抗日战争历史里面，马克思主义传播有重要地位。马克思主义在中国传播和研究，开始于五四运动，形成规模和广泛深入的影响则在抗日战争时期。举其大要是：

(一)中国共产党摆脱教条主义束缚，真正应用马克思主义的科学思想来观察中国社会、历史，指导革命斗争实践。毛泽东说，要用马克思主义之矢射中国革命实践之的。“的”，广泛地说，也就是中国国情。中国共产党在抗日战争中取得的重大前进，从根本上说是克服教条主义，使马克思主义与中国抗日战争实践相结合所取得的前进。

(二)在学术文化领域宣传历史唯物主义，阐发促进民族解放的思想理论，抵制、批判妨害民族解放的思想理论。

(三)新民主主义理论的创建，毛泽东发表《新民主主义论》。新民主主义理论的中心是中国革命必须分两步走，无产阶级领导的新民主主义革命，其前途是走向社会主义。20世纪，中国有两个人物先后提出了关于中国革命的理论，一是孙中山，一是毛泽东。孙中山的三民主义代表了20世纪前期先进的中国人对自己环境条件与应当如何前进的认识和主张。《新民主主义论》则代表了孙中山以后的先进的中国人对自己的条件环境认识和应当如何前进的主张。它们都是中国人的伟大创造。后者是马克思主义与中国革命实践相结合的经典著作，是前者的继承与发展。

(四)抗日战争时期马克思主义著作的广泛传播，使知识分子，首先是广大青年知识分子发现了一个新天地。他们接受马克思主义理论，建立起革命的人生观、世界观，为民族解放事业献身，为后来的社会主义事业献身，马克思主义的一个观点在这里得到印证：理论一旦掌握群众，就会变成物质的力量。

抗日战争是中国历史上伟大变化的时代，马克思主义的传播与研究，是这个时代意识形态领域所发生的最深刻的变化。它对当时和后来的意义都不可以低估。毛泽东说，共产党的领导干部，如果有一百个至二百个系统地学会了马克思主义，就会加速我们战胜日本帝国主义的工作。对于往后，它的重要性同样明显。抗日战争中人民力量兴起强大，在实际力量上为新中国代替旧中国做了准备，这时马克思主义的进一步传播，马克思主义完成中国化，则在思想理论上为新中国代替旧中国做了准备。

抗日战争与中国近代史基本问题①

一

中国近代史有若干重要篇章，抗日战争是其中极为辉煌的一章。近代历史上的每个篇章，都来自中国社会这时特有的基本矛盾或基本问题。抗日战争同样来自那些基本矛盾、基本问题。我们说，抗日战争是中国近代史上极为辉煌的篇章，并没有夸大其词。近代中国那些基本矛盾、基本问题把中国拖进了半殖民地、殖民地的黑暗深渊，困扰、折磨了中华民族一代又一代人。抗日战争不同于其他篇章的地方，是它给中国近代解决那些基本问题开始凿通坚冰，开始打开了前进的道路。

二

中国近代社会矛盾复杂，什么是这段历史上的基本问题？

中国近代史从150多年前的鸦片战争算起，到中华人民共和国诞生止，共110年。这段历史时间不长，内容繁多，变化很大。要了解其间的基本问题，有个简要办法，就是看它同以前以后的社会相比，多了什么，又少了什么。

近代这110年的前面是独立的封建社会，后面是社会主义新中国。在那期间，明显地多了一个帝国主义的侵略压迫，少了一个民族独立；多了一个帝国主义支持下的封建统治，少了一个社会工业化、近代化。因此，中国近代史上的基本问题是两个：第一，民族独立问题；第二，社会工业化、近代化问题。

---

① 原载《抗日战争时代》，中央文献出版社1996年版。——编者注

关于民族独立：鸦片战争以前，中国独立于世界的东方，政治上、文化上对周围地区广有影响。英国用鸦片和大炮打开中国大门之日起，情况发生了根本性变化。中国在战争中遭受失败，割地赔款，受到不平等条约束缚。民族不独立了，社会开始逐渐走上半殖民地道路。民族矛盾从此成了社会生活里的基本矛盾之一。在第一次鸦片战争以后接着来的英法联军之役，带来了更加严重的后果。中国封建统治势力再次向外国屈服，签订一系列新的不平等条约。清政府作为侵略者的工具的地位确定下来。清政府站在人民的头上发号施令，外国侵略者则站在它的头上发号施令。再往后三十几年，即到19世纪最后10年，特别是日本侵略中国的甲午战争以后，中国完全变成了帝国主义瓜分的对象，亡国的危险迫在眉睫。英国、法国、俄国、日本、德国、美国是这时侵略中国的主要帝国主义。它们都要求在瓜分中国中得到自己的份额。1904年出版的《外交月报》举出30件事，说明过那种情形。30件事里面，有全国税务属于英国，东清铁路属于俄国，粤汉铁路属于美国等等。中国的广大地区这时被列强划作自己的势力范围，中国不能自主。一直到1936年即抗日战争前夕，中国的18个城市辟有外国租界或租借地，中国领土上驻有日、美、英、法、意诸国军队2.8万多人。中国早已不是一个主权独立的国家。我们的民族生活在外国军队的监视下面。

帝国主义侵入改变了中华民族的地位，也直接改变了中国广大人民的生活状况。以前中国人民只受本国封建势力压迫剥削，现在又加上了一层，同时要受外国资产阶级、帝国主义的压迫剥削。人民因此被迫要抵抗外国侵略，掀起反抗斗争和起义。整个近代史上反抗斗争连绵不绝，第一位的症结就来自这里。

有一种观点，认为近代中国所以落后，在于“动乱太多”。国家只有安定才能进步，近代中国太不安定，所以落后了。乍一听，似乎不无道理。分析一下，就知道这种说法是不对的。第一，我们对于近代中国的所谓“动乱”，不能不分青红皂白，一律看待。它们中间有帝国主义强加在中国头上的，如鸦片战争以下的各次侵略战争，有民国以后旧军阀、新军阀混战和国民党进行的反共内战，有人民反对帝国主义封建主义统治的起义，如太平天国、辛亥革命。帝国主义封建主义统治存在，那些“动乱”就是不可避免的，不以人的意志为转移。单是帝国主义侵略中国的战争一项，占的时间就很长。从鸦片战争到1945年抗日战争结束，包括英军进攻西藏、日本两次出兵山东与

“九一八”占领东北等，列强侵略中国的战争共12次，历时16年又9个月。也就是说，近代中国每10年中，就有一年半的时间是在外国侵略者发动的战争动乱中度过的。新、旧军阀混战、国民党的反共内战，也与帝国主义的参与或者支持分不开。如果“动乱太多”影响了中国的进步，要算这笔账，首先应该算在帝国主义头上，其次要算在中国反动统治者头上，算不到人民头上。第二，中国人民抵抗外国侵略、反对封建统治的斗争，不是有过，而是有功，有最大的功。他们进行的斗争，不是加速了民族丧失独立，而是挽救了国家民族沦于灭亡；不是促使了中国的半殖民地化，而是阻止了中国变为殖民地。就拿本身带有很大落后性的义和团运动来说，义和团发生在中国民族危机空前严重的时刻，一举打碎了帝国主义瓜分中国的迷梦。1908年，孙中山讲过他与西方某人谈话的故事。孙中山说，列强怀有瓜分中国的野心，对方回答说，那是义和团以前的事情，义和团使情况大变了，如今再谈论瓜分中国，那是不识时务。从西方人的评论可以看出，义和团运动建立了何等巨大的历史功绩。用表面的所谓“动乱太多”去说明近代中国的落后，只会使人认不清事实真相，是混淆是非。它实际的意思是说中国革命革错了，人民反抗帝国主义侵略，反抗封建统治反抗错了。此说甚谬，不可不察。

正由于争取民族独立是近代中国的一个根本问题，人们经过斗争实践，在认识和感情上把两个相联系的观念突出起来了，这就是中华民族的观念与爱国主义的观念。它们虽然各有其历史来源，但只有在这时才内容一新，表达了新的使命感。帝国主义越是侵略不已，它们就越是深入人心，由一种思想观念，变为最大的凝聚力量，人们由此能够团结起来，不怕牺牲去战胜敌人。中华民族的观念与爱国主义是中国近代史给我们创造和留下的至为宝贵的精神财富。新的时代条件将使它们更加丰富。

关于近代化：近代化的核心是工业化。从落后的封建社会进到工业化，是与资本主义分不开的。中国封建经济相当发达，走上资本主义，实现近代化，是历史发展的一种趋势。但是中国的资本主义还没有来得及露头，就受到了外国侵入的沉重压制。中国的近代化由此陷入了困境，多灾多难。

我们要指出，外国资本主义侵入，对中国资本主义的出现起过刺激和促进作用，那是事实。外国资本主义侵入促使封建经济解体，给中国资本主义生产创造了某些条件和可能，例如机器设备输入、技术引进等。外国既然要利用中国的原料和廉价劳动力，利用中国作为倾销产品的市场，就必须把某些设备、技术带进中国，为自己的利益服务。不那样做是不可能的。然而外国侵入的本来目的，不是要听任中国发展资本主义，而是要变中国为殖民地半殖民地，奴役压榨中国人民，是要阻止中国发展民族资本主义，阻止中国实现国家工业化。他们为了自己的利益，不这样做更是不可能的。

中国资本主义工业冒出地面，是在19世纪70年代。这时洋务派在统治集团中掌握重要的权力。他们主张学习西方语言文字，引进外国技术来维护封建阶级的统治地位，但也害怕一旦机器满天下，富商大贾仿照外洋机器生产牟利，对封建制度就有更大的危险，因此层层加以限制。到90年代这种情况有了一些改变，封建势力仍旧不愿意鼓励资本主义的发展。所以康有为在著名的“公车上书”里向清政府建议，要“富国为先”，“以商立国”，要废除限制人民利用机器、开设新式企业的禁令，要准许并鼓励商人用机器自行开采矿产，制造各项器用，兴办各种近代企业等等。90年代中国民族资本主义工业有了一些增长，外国在中国办的产业则有了更大的增长。据经济史家的研究，中国产业与外国产业资本的比例是，1894年中国占39.3%，外国占60.7%；1913年中国占19.7%，外国占80.3%；1936年中国占21.6%，外国占78.4%。外国资本远远超过中国资本。不仅如此，外国资本是商业掠夺性的，它依靠帝国主义的特权，利用投资获取最大的利润。中国资本根本没有力量竞争，处处要仰外国资本的鼻息，求得生存。中国的工业中主要又是轻工业，重工业几乎等于零。以钢为例，1936年全国除东三省外，钢的产量不足五万吨。1949年全国钢产量也只有15.8万吨，相当于英国19世纪初的水平。中国近代工业的状况就是如此。科学、文化、教育的落后人所共知。政治黑暗，没有民主，更不待言。也许有人认为，中国没有实现近代化，和对外开放不够有关吧！这个看法完全不合事实。中国门户固然不是自己对外开放的，但它早已被帝国主义用大炮打开了。中国的海关掌握在外国人手里，外国人自由地在中国开设银行、工厂，列强的兵舰商船自由地在中国海岸内河航行，列强的军队驻扎在中国土地上，中国的广大地区成了列强的势力范围，而且一国得利，各国均沾。试问还要怎么开放法？问题在于那种开放，不是独立国家的开放，而是丧失了独立的半殖民地的开放。处在那种开放下的社会，只有被无止境的搜刮勒索变得越发贫穷落后，生产凋敝，民穷财尽，而不会产生什么近代化。孙中山说中国是“次殖民地”，比殖民地还次一等，就是指的这种情形。我们知道，殖民地对宗主国绝不存在开放与否的问题，可是世界上哪个殖民地是不落后的，是近代化了的呢？近代中国对外门户洞开，但是在帝国主义封建势力各种方式的搜刮压榨下不得翻身，这正是表现了半殖民地半封建社会的特点。

中国近代史上的民族独立与近代化，这两个基本问题是什么关系，又如何去解决呢？

民族独立与近代化，不是各自孤立的，它们紧密地联结在一起。没有民族独立，不能实现近代化；没有近代化，政治、经济、文化永远落后，不能实现真正的民族独立。中国人民百折不回追求民族独立，最终目的仍在追求国家的近代化。1949 年，毛泽东说："夺取全国胜利，这只是万里长征走完了第一步。"第二步、第三步是什么，那就是解决近代化问题了。但是民族独立与近代化毕竟是两个不同的问题。它们各有各的特定内容。民族独立是要改变国家民族被压迫的地位，推倒半殖民地半封建统治秩序。从根本上说是要解决生产关系的问题。近代化则是要改变中国经济、文化落后的地位，要发展以近代工业生产为主干的社会生产力。从根本上说是要解决生产力的问题。两个问题的内容不同，解决的方法也就不一样。人们无法来实现两个任务同时并举，或者毕其功于一役。那么，先从发展工业、发展资本主义入手，实现中国的近代化，然后去解决民族独立问题，行不行？人们不是没有这样想、这样做过。工业救国、教育救国、科学救国、物质救国的主张者，都从这方面做过了努力。中国资本主义工业在辛亥革命以后并且出现了一个小小的浪潮。但在第一次世界大战结束，帝国主义重新加紧对中国控制以后，中国资本主义的"黄金时代"转瞬即逝了。中国的民族压迫依旧，民族危机日趋严重。这说明此路不通。剩下的唯一解决办法，就是走革命的路，推翻半殖民地半封建统治秩序，取得民族独立，给中国实现近代化打开新的天地。历史就是沿着这条道路行进的。而且终于走通了。这说明它是一条唯一正确的道路。

以前我们把中国近代史叫作"民主革命"时期的历史。"民主革命"里面有民族独立的要求，没有直接的近代化的要求。这当然不是表示革命者们不要求实现近代化，而是表示他们知道中国的近代化要从解决民族独立问题来突破难关。难关一旦克服，中国实现近代化的办法就形成了，前进的道路就打开了。中国近代历史曲折地走过了 110 年，就是大声告诉了中国人这么一条道理。

三

抗日战争是中华民族、中国人民为争取解决近代中国民族不独立，社会未能工业化、近代化这两个基本问题进行的长期斗争的继续。以前那些斗争基本上都失败了，但也各有地位，不可忽视。为什么只说抗日战争为解决近代历史上的两个基本问题凿开坚冰，打开了前进的道路呢？这要对抗日战争的时代环境、结果作具体考察。我们的研究对此已经作过不少考察。如果用一句话来说，那就是抗日战争准备了新中国与旧中国的决战，开辟了新中国代替旧中国的现实可能性。

这种准备、这种可能性，一是中国近百年间第一次取得了反侵略战争的全面胜利，突破了争取民族独立的重大难关；二是国内政治力量对比发生决定性改变，出现了一个代替旧中国的新中国的前身。抗日战争胜利前夕，共产党领导的解放区有了1亿人口，100万军队，200万民兵。这些解放区北起长城内外，南至海南岛。它们地区分散，政治领导、社会制度、斗争目标统一。毛泽东在《论联合政府》中提出的新中国的政治纲领、奋斗目标，大部分也就是解放区已经和正在施行的人民民主政治制度、政权组织和经济文化建设奋斗目标。新中国必须是一个独立的中国，一个人民享有民主自由，便于社会生产力长足发展的中国。在解放区人民政权下，一没有外国干涉者的地位；二没有封建统治的地位。中国近代历史上两个基本问题，这里都不再存在了。共产党领导的解放区和人民没有新中国的名号，完全具备了新中国的资格。解放区不是一个国家，它实质上是人民当家做主的国家，是人民的国家。由此可见，抗日战争八年，是中华民族突破取得民族独立难关的八年，是历史为争取新中国到来做了现实准备的八年。

然而有了准备和可能性，并不见得一定就能变为现实，或马上就能变为现实。抗日战争结束，共产党提出“和平、民主、团结”三大口号，准备与国民党继续合作，从事国家的和平民主建设。国民党在与共产党签订的《双十协定》上，也承认双方要坚决避免内战，合作建立独立富强的新中国。但蒋介石坚持要取消共产党领导的人民军队和解放区政权。他只许存在一个继续由大地主大资产阶级专政的旧中国，绝不允许它变成一个民族独立、人民民主自由的新中国。抗战后期，美国在中国的政治军事势力膨胀，扶蒋反共，控制中国，成了美国准备在战后与苏联争霸的全球战略的组成部分。蒋政权在抗日民族统一战线中对日本侵略者作战，如今变成了在美国出钱出枪支持下，向人民手中夺权，实行“戡乱”。蒋这时拥有多达几百万装备优良的军队，又有美国的大力撑腰。看样子，很可能只需要不长的时间，就可以一举摧毁共产党和人民力量。蒋并且把刚刚投降的日军中国派遣军总司令冈村宁次也起用任命为自己的军事顾问，招集日本军官秘密训练打内战的军队。同时，共产党还受到来自另一方面的压力干扰。抗战一结束，斯大林就郑重其事劝告共产党要与蒋介石达成妥协，参加蒋政权，解散自己的军队；并断言“中国起义的发展是没有前途的”。当此时也，一场新的严重斗争，前面是新中国还是旧中国，近代历史上的两个基本问题能不能就此解决，仍然存在两种可能性，而非一种可能性。共产党独立自主，排除国内国际各种干扰，力破万难，经过四年的人民解放战争，把统治中国22年的蒋政权推倒了。它直接推倒的是一个政权，但不只是一个政权。那个政权的外貌不尽同于鸦片战争以后的清政府、北洋军阀政府，其实质是前者的继续。它体现的是统治了中国110年的社会制度、社会秩序。近代中国的两个基本问题就来自这个社会制度，这个社会秩序。论军事实力，共产党领导的军队不但数量远处于劣势，而且只有“小米加步枪”。仅以短短四年就推翻了一个实力强大得多的蒋政权，根本原因何在？当然并非蒋介石、国民党没有运用一切能够运用的力量和手段来进行反对共产党的战争，更非美国政府没有作出最大的努力来支持蒋政权进行反对中国人民的战争。1949年8月美国政府发表的《中美关系》白皮书上说得很明白：“中国内战所造成的总结果，系在美国政府控制能力范围以外，此乃一不幸而不可避免的事实。此一结果，绝非美国在其能力之合理范围以内所已采取或可能采取之措施所能予以变更，亦非由于美国政府未采取某项措施所致。此一结局，乃中国若干内部力量所造成，美国曾对该力量力谋予以左右而无成。”[①] 白皮书说了大实话。美国为了阻止中国革命进程，保住蒋政权不被推翻，作了最大的努力，但未能奏效，事与愿违。其中所说的造成此一结果的“中国若干内部力量”，美国曾采取种种措施，力谋予以变更，予以左右的“该力量”，就是中国共产党。共产党领导人民解放战

① 艾奇逊：《中美关系》白皮书序文。

争坚持顶住美国的公然干涉，也顶住斯大林从自我利益出发的劝告，取得了伟大胜利，这是历史事实。但这决非凭共产党一个党所能单独做到的，这是凭它与人民站在一起，受到人民的支持才能做到的。中国人民在110年里，积累了一代又一代人的经验，在关键时刻，选择了中国共产党，选择了共产党所指出的中国的前途。抗日战争胜利，是中华民族为争取民族独立所突破的最大难关，解放战争胜利，是这方面突破的最后一道难关。历史的运动于是宣告成一段落，由抗日战争为解决中国近代历史上两个基本问题凿开的坚冰，如今消融了；抗日战争为新中国代替旧中国开辟的可能性，如今变成了现实。它的标志就是中华人民共和国诞生。

历史学作为一门科学，其根本作用是什么？司马迁回答说，它的根本作用在于“究天人之际，通古今之变”。司马迁的时代，是章太炎称之为“神人大巫”的董仲舒今文学当道的时候。所谓“究天人之际”，是说探究天道与人事之间某种神秘关系，反映了董仲舒思想的影响，自不足取。说历史学的根本作用是“通古今之变”，则是凿开混茫的深刻认识。据说修订过《春秋》、编纂过《左传》的孔子、左丘明（近代人对两者均有异议）没有讲过，西方“历史学之父”希罗多德也好像没有讲过。“通古今之变”用现在的话说，就是从历史古往今来，它的前天、昨天、今天的不断演变，不断发展，来认识它的内在矛盾、因果关系、前进方向与客观规律性。司马迁不可能像我们现在讲得这么明白，但他把人们所以要了解历史，归结为“通古今之变”，确实是深刻的。时至今日，有的论著讲历史学有这样那样的作用，就是忘记了它最重要的作用是告诉人们从历史古往今来的不断变化中认识历史的矛盾运动，以及由此产生的一系列基本内容。

中华人民共和国诞生，中国近代历史上“古”与“今”最根本的变化，就是中华民族独立了，中国迈向近代化的道路敞开了。关于民族独立，从150年前开始使中国沦为半殖民地殖民地的世界列强，如今不再是与旧中国那样的关系了。再过四百几十天，英国就要把香港交还中国了。日本政府首脑去年“八一五”对日本侵略中国表示了道歉；前此，日本天皇也特地对中国进行了正式访问。俄国与中国的关系，现在处在历史上最好的时期，两国边界条约和一系列有关协定的签订，把双方的关系建立在长期互利合作基础上了。德国、法国与中国早已不存在任何历史遗留问题，彼此的交往是政治经济文化上的平等交往。唯一例外是超级大国美国在全球推行强权政治、霸权主义，订下“遏制中国”的政策，对中国动不动就施加横蛮干涉威胁，尽管多半也未能得逞。不用说，中国是联合国常任理事国，也算核俱乐部一个成员。这就是中华民族今天屹立于世界民族之林的地位和状况。关于国家工业化、现代化，中国要赶上发达国家还有很长的路要走。但小康已经在望，举世共认，不需要细叙。奇怪的是，美国用霸权主义对待别国，近来又伙同其他一些国家的舆论，宣传“中国威胁论”。这当然全是出于虚构。但它的反面又确实含有真实性，那就是中国民族独立，经济发展，国力增强了，使怀着侵略中国野心不改的人们感到了深为不安。所有这一切，集中到一个焦点，中国获得民族独立、打开通往现代化道路的变化，直接来自中华人民共和国诞生；再往上追溯，则是来自中国近代历史发生转折的抗日战争。认识当代中国的地位，必须掌握近代中国历史上两个基本问题的这种“古今之变”，通晓这个“古今之变”的动力来自何处。

近代历史去今未远，照理说不容易任人随意曲解与公然颠倒。其实不然。只要能够用来实现某种目的，条件环境许可，不管何时的历史，都难免被人胡编乱造。近来一些论者，否认帝国主义侵略使中国丧失了民族独立。他们说，“鸦片战争一声炮响，给中国送来了近代文明”。西方的侵入，主要是提出了中国近代化的任务。意思是说，对帝国主义入侵不能反对，只可欢迎。又一些论者，对于从林则徐抗英、农民起义、维新运动、辛亥革命到共产党领导的革命，无不一一贬低或否定之。他们说，阶级斗争，反侵略史观，“对中国社会的正常发展的确带来了很大的灾难”。如此等等，粗略划分一下，大概可以看作两类。一类是继续和扩展四十多年前，艾奇逊发表《中美关系》白皮书时所说的不存在帝国主义对中国的侵略，只有“外来者”给中国“带来了进取性，带来了举世无双的技术”之类。目的是替侵略者辩护，制造蛊惑人心的舆论。跟他们谈不上学术讨论，那属于目前市场经济中所说的“打假”问题。再一类，是那些论者，或发表“新哲理”“新观点”，或赶时髦，或对矛盾的事物无力分析，或者闻风而动，人云亦云。对于这一类，最好集中若干问题进行讨论，例如中国近代史上是否存在民族不独立，社会缺少工业化、近代化两个基本问题；这样的基本问题与外国的侵略、中国的封建统治是什么关系；如果没有民族运动、革命斗争，中国依靠什么力量来改变自己多灾多难的命运；新中国诞生是斩断了两个基本问题作孽的过去，还是继续着它的过去，等等。只有严肃的讨论，才会给人们带来严肃的“说法”。

黑格尔《小逻辑》上说，人的认识不贵在能够区分显而易见的事物，而贵在区分事物的细小差别。比如说，区分一支笔与一个骆驼，谁也不会说此人有了不起的聪明；如果能够分辨橡树与槐树，或寺院与教堂，虽然还说不上高明，也算比较聪明些。黑格尔的目的是要说明人的认识贵在能够区分异中之同，同中之异。其实他还应该说一声，人在辨别橡树与槐树之类以前，首先要能够辨别笔与骆驼，不然的话，橡树、槐树也难保不变为苍狗白云。有关上述近代史的种种议论，我想首先应该先区分清楚哪是一支笔，哪是一个骆驼。

伟大的转折①

60 年前的 7 月 7 日，就在我们今天开会的卢沟桥这个地方，开始了连续 8 年的日本军国主义全面侵略中国和中国抗日民族自卫战争。抗战一爆发，人们就着手了对事变的记载和评述。其中有后人无法代替的，但当时所知肯定是有限的。如今岁月过去了半个多世纪，对于那段历史，我们已经可以得出一些基本的比较全面的认识了，虽然就像对于其他一些重要历史事件一样，总有这样那样的分歧，要继续研究讨论。

照我们现在达到的认识来说，第一，抗日战争是中国近代历史一个伟大的转折点。中国在近百年里头一次取得了反抗外国侵略的战争的完全胜利；中国内部政治力量这时头一次发生了有利于人民方面的对比。这两者集中起来，从实际力量上准备了新中国代替旧中国，为最后解决中国社会生活中的两大基本矛盾开辟了道路，这两大基本矛盾，一是民族丧失独立，一是社会生产落后，各方面缺少近代化。抗战以后紧接着的空前规模的国内战争，三年多就全局分晓，突出显示了抗日战争推进历史转折，选择中国前进方向的作用。第二，抗日战争是全民族的对外战争；同时也是人民战争。抗战爆发以前，国家权力基本上掌握在蒋介石、国民党及其各派系手里，有蒋介石、国民党参加，才有全民族的对外战争，否则全民族的抗战就无法实现。抗战期间，蒋介石没有放弃反共，也没有放弃抗战。从全民族战争这方面看，蒋介石、国民党在抗战中的地位和作用，应当得到客观的全面的评价。中国共产党领导的人民力量的存在和发展，它所提出和坚持的以国共合作为基础的抗日民族统一战线，是贯穿整个抗战过程的基本条件之一。没有这个基本条件，全民族抗战无从实现，或者一时实现了也没有什么东西保证会坚持下去，而不遭中途夭折。回顾中国近代历次对外战争的结局，就会明了这一点。从民族战争与人民战争相结合这方面看，人民力量的存在和发展这个基本条件的极大重要

---

①本文为 1997 年纪念七七事变 60 周年国际学术讨论会开幕式上的发言，原载《抗日战争研究》1997 年第 3 期。——编者注

性，同样地应该得到客观的全面的评价。抗日战争是全中华民族，即今天海峡两岸的中国人和他们的先辈共同进行的，他们有共同的过去，也就有共同的未来。第三，抗日战争不只在中国历史上有极大重要性，在日本历史上也有极大重要性。中日两国都在这次战争中和战后发生了极大变化。中日两个国家、两国人民都可以而且完全应该从中日战争中学到非常重要的东西。睦邻友好，共同发展前进的道路，是中日两国关系上唯一应该遵循的道路。这是那场严酷战争给予人们的根本教训。日本最近公布的日美军事合作新协议，被国际上一致评论为是给日本自卫队对外作战扫清道路。中国和亚洲人民自然地要表示出他们的关心，人们不应该淡忘历史的教训。第四，抗日战争是第二次世界大战的重要组成部分。有了中国抗日，才有第二次世界大战中同盟国和世界反法西斯战争在亚洲和东方的胜利。了解这方面的事实，不只涉及如何看待中国在世界反法西斯战争中的地位，也涉及如何理解第二次世界大战以后全球、特别是东方发生的一系列历史巨变。抗日战争是那些巨变的开始。抗日战争有何重要意义，这一些，我想是很容易看到的。

在近代中国历史上，抗日战争不但时间最长，规模空前，中国遭受的苦难、牺牲也最惨重。战争发生时，日本是一个实现了近代化的军事强国，中国是一个处在半中世纪状态的工业、政治、军事落后的弱国。双方举国以赴，连续恶战八年的结局，日本彻底失败，中国则取得了完全的胜利。这是怎么发生的，根源在哪里？物体不能从静止状态去简单了解，物体只有从运动中才能认识它是什么与不是什么。抗日战争是中国历史、中国民族空前剧烈的运动。人们很自然地要提问：从抗日战争那场剧烈运动我们可以看出中华民族、中国人民具有怎样的性格、什么特点？中国抗战当然是在一定国际环境、条件下进行的，但它的面貌、格局和结果，最终是取决于自身因素，而非取决于外在因素。这个事实很容易确切证明：抗战八年，前段四年多，中国是在极其险恶的国际环境、条件下单独对日作战的。也正是由于这四年多中国的抗战，迫使日本把对侵略中国的战争扩大、延长为太平洋战争，引起东方全局变化的。因此，探讨和回答上面这个问题，无疑地具有重要的和深层认识的价值。

关于中华民族、中国人民从抗日战争中体现的性格和基本特点怎么样？我以为大致上可以这样说：一，在大敌当前，民族存亡的决定关头，中华民族是一定可以觉醒起来、团结起来的。在这个时候，对立阶级、不同利益的人群一定要转而服从民族生存的共同利益。其中有生存下去的现实需要，也有传统民族大义的驱动。国民党与共产党十年内战转变为合作抗日，使中国历史展开了新的一页。抗战进入中期以后，双方又摩擦不断，以至局部军事对抗。但一直到抗战结束，统一战线的形式仍然保持着。事情就在于他们都是炎黄子孙，都要受民族共同愿望的制约。敌人压迫的客观形势不改变，他们共同对敌的战线也就不会改变。

二，人民大众是中国反抗外国侵略的力量源泉和最终支柱。他们抗日的意志和力量释放出来了，中国就能够顶住任何压力，就能够振起固有的坚强民族精神。全面战争开始，“抗日光荣，抗日必胜”，是抗战舆论的基调。从不同社会层次一致发出的声音，表示出对抗战前途和中国复兴满怀信心。年长参政员张一麐在抗战一周年纪念会上说，“七七”是中国人最光荣的一天，比双十节还要光荣。希望大家抗战到底，“让中国人永远竖起一条脊梁”。1939年2月，陈嘉庚向国民参政会提出的提案，全文30个字：“日寇未退出我国土之前，凡公务员对任何人谈和平条件，概以汉奸国贼论。”抗战二周年，朱自清在《这一天》的文章中说：这一天是我们新中国诞生的日子。中国不但有光荣的古代，如今也有光荣的现代。“新中国在血火中成长了”。这些言论要求，真切反映了绝大多数普通中国人坚决要求抗日，竖起脊梁，不屈服于外国侵略者的决心和激情。日本当时也有人了解和重视这个事实，并且担心日本横蛮压服中国，与中国全民族为敌，给日本带来严重危险。卢沟桥事变爆发，日本一些头脑冷静的中日问题的研究者，包括首相近卫智囊团人士、“满铁”研究人员、天津《支那问题研究所所报》撰稿人等，连续发表文章，指出现在中日两国很多人没有认识到这个事件的严重性，它不久将作为一件具有世界意义的事件，展现在我们面前。“华北问题现已成为整个支那问题，而且，我们所最重视的是这样一个事实，即整个支那问题的解决，不仅是对付支那统一政权的国民政府，而是与整个支那民族为敌”。国民政府的武力大概没有什么了不起，“与支那民族阵线的全面抗日战争相冲突，才是更为严重的问题”。“四亿民众的觉醒与复兴的命运，并不是日本一国势力所能长期压服的”，“现在日本帝国真正面临着兴亡歧路的选择”，等等。日本当权势力根本无视这个事实，不把民族复兴思想日益增长起来了的四亿中国人放在眼里，确信日军只需“对支一击”，便可凯旋班师，结果走上了最后覆灭的道路。

三，爱国、维护民族利益，是含有新的时代内容的道德规范、价值观念准则。“汉奸国贼”罪名同科。日本从统治中国的需要出发，把一些老牌亲日分子、堕落文人看作中国人的合格代表者，“有力人物”。在占领华北、华中以后利用他们充当头目，建立傀儡政权。实际他们帮不了日本人多少忙，汉奸卖国贼面目的公开使他们不为普通中国人所齿。汪精卫叛国投敌，日本一度寄予相当的期望，又是“还都”，成立“国民政府”，又是双方签订“互相承认”条约。至今东京日本外务省档案馆悬挂的历次重要外交事件图像中就有日汪“互相承认”签字仪式的巨幅照片。但是汪精卫一经投敌，就陷于极端孤立，使日本大失所望。裕仁天皇胞弟崇仁1944年在南京日本派遣军总部与中下级军官讨论战争形势、日本人“对中国事变的内心反省”，汪伪是他们着重谈到的问题之一。崇仁在回答参与讨论者提出的“国民政府没有力量”“国民政府没有吸引力”等等问题时说，它为什么没有力量，“这不是因为民众对它不信任吗?”那么，为什么民众对它不信任？说穿了它不过是日本侵略中国的一个工具，是日本掩饰其侵略主义施展的一种小伎俩。“其下层官吏、军人，大部分都是由抗战意识薄弱分子或想利用日本发财而日本又被他们空喊亲日所蒙蔽的一伙人所构成，民众对这样的政府不信任也就是理所当然的了”。崇仁这位正直勇敢、实话实说的皇族成员，讲出了汪伪及其同类为什么受到群众抵制的实情和本质。一个独立自尊的民族崇尚民族正气，唾弃认贼作父的败类，是一般遵行的通则。在中国传统文化里，石敬瑭、张邦昌一类历来是受诛贬的。这个文明社会的通则，如今是增强了的民族凝聚力反映在增强了的价值观念准则上。

四，中国人是有能力在历史转折关头，吸收世界先进思想，结合中国实际去从事革新自己民族命运的斗争的。20世纪初，孙中山提出三民主义，是代表当时先进的中国人对自己环境条件和应当如何前进的主张和认识。抗日战争中，毛泽东提出《新民主主义论》，则是代表了孙中山以后的先进的中国人对自己的条件环境认识和应当如何前进的主张。它们都是中国人的伟大创造，后者是前者的继承和发展。我们不必说它们怎样完美无缺，但我们不能否认它们直接间接与今天的生活联系在一起。其中《新民主主义论》直接产生在抗日战争过程里，它指陈的基本内容、社会变革全都由后来的历史所检验、证实。民族独立了，中国走向近代化的道路开通了。事实俱在，不需要论证。

以上叙述，如果基本不错，我想也不能就算是对于前面提出的从抗日战争那场剧烈的运动可以看出中华民族、中国人民具有怎样的性格和特点这个问题的全面回答。但是，有一条可以充分肯定：中华民族、中国人民中蕴藏着多么巨大的掌握自己命运的潜力，其中包括悠久历史和高度文化的潜力、接受和发展先进思想的潜力是不应当低估的。日本军国主义的致命错误就是自恃霸权在握，不可一世，在总体上、在事物的发展变化上完全低估了它的对手。这适用于研究抗日战争，或者也适用于估量中国的现实。

历史事实有一目了然的，也有并非黑白分明的。七七事变过去了60年，学术界对八年抗战得出了许多重要认识，但同时，仍有各种分歧摆在人们的面前。抗日战争那段历史过去了，它与今天的现实生活的联系并没有完全过去。可以肯定，某些分歧在相当时间里还会继续下去。照我们看来，抗日战争的历史和整部中国历史一样必须成为科学的客观研究的对象。我们必须把抗日战争的研究建立在坚实的科学基础上，提高科学性。何谓科学性，不管有谁是否下过什么定义，历史科学的研究，归根到底，一要坚持以事实为根据，二要具体问题具体分析。这样的要求是客观的，原则上是带有共同性的。无论你主张哪样的方法论或历史观，都要遵守而不能排斥这样的要求。一切严肃的、根据事实、言之成理的不同方法论、历史观的研究者，都有可能对历史提供重要的或有益的认识。我们要反对宗派主义，排除门户之见，要同一切严肃的、根据事实、言之成理的不同方法论、历史观的研究者讨论问题，吸收他们的成就，听取他们的批评，改正和丰富自己的认识，去真正实现提高科学水平的目的。这应该是一种科学上的自觉，只可坚持，不可动摇。或者有人说，抗日战争太复杂，这样的要求未免不现实。回答是历史研究不是现代自然科学上的克隆技术，要再现出一段同样的历史；有许多细节人们是永远不会知道了。但是历史上有过的实实在在的东西永远也不会依照人们的主观愿望随时改变。历史的大纲节目、基本轮廓、前因后果、大是大非、运动规律，是可以认识的。不然的话，就不会吸引人无止境地追求了。每一段历史都是检验科学研究能力、人们思想力量的场所。抗日战争史也无非是这样一个场所。真理的光芒有时是会刺眼的，服从真理的人都会勇敢地去面对它。

推进科学是众人的事业。我们期待这次有国内外知名学者、各方面专家参加的讨论会，将使抗日战争的研究建立在坚实的科学基础上，再迈上一个台阶。